Sexuelle Gewalt in Kindheit und Jugend: Forschung als Beitrag zur Aufarbeitung

Reihe herausgegeben von

Sabine Andresen, Institut Sozialpädagogik & Erwachsenenbildung, Goethe-Universität, Frankfurt am Main, Deutschland

Peer Briken, Sexualforschung, Universitätsklinikum Hamburg-Eppendorf, Hamburg, Deutschland

Barbara Kavemann, Katholische Hochschule für Sozialwesen, Berlin, Deutschland

Heiner Keupp, Ludwig-Maximilians-Universität München, München, Deutschland

Dr. med. Markus Haun, M.Sc. Psych.
Oberarzt
Universitätsklinikum Heidelberg
Klinik für Allgemeine Innere Medizin und Psychosomatik
trasse 4
delberg

Sexuelle Gewalt wurde bis heute national und international häufig aus der Forschung ausgeblendet. Vor allem die Erfahrungen von Kindern und Jugendlichen mit sexueller Gewalt im familiären und privaten Umfeld, ebenso wie in Kontexten kirchlicher oder pädagogischer Institutionen gehörten lange zu den großen Tabus moderner Gesellschaften. Zur Überwindung dieser Defizite beizutragen, ist ein Anliegen dieser Buchreihe. Sie schließt dabei an die ersten Versuche durch mutige Initiativen von Betroffenen in den 1980er Jahren an. Diese haben die Ringe des Schweigens und Verleugnens zwar zunächst kaum durchbrechen können, aber seit einigen Jahren zeigen sich allmählich Veränderungen. Vor allem durch Betroffene von Missbrauch in Institutionen sind die ersten Schneisen für das Thema der sexualisierten Gewalt in die Öffentlichkeit, in das wissenschaftliche Aufmerksamkeitsfeld und in die politische Arena geschlagen worden. Einzelne Institutionen beginnen sich ihrer Verantwortung zu stellen und haben die bis heute nachwirkenden Spuren von Missbrauch und Misshandlungen in der Geschichte ihrer Institution erforschen lassen. Hier zeigt sich, dass Forschung einen wichtigen Beitrag zur Aufarbeitung leisten kann. Vor allem dann, wenn sie sich methodisch für die Erfahrungen der Betroffenen und für deren biografische Konsequenzen öffnet und sie in historische und systemische Kontexte einordnet. Es hat sich gezeigt, dass die Komplexität der damit gestellten Aufgaben am ehesten durch interdisziplinäre Kooperation von Pädagogik, Psychologie, Soziologie und Medizin bewältigt werden kann. Die neue Buchreihe will dies zeigen und deshalb sind alle vier Disziplinen im Gremium der Herausgeberinnen und Herausgeber vertreten.

In der Buchreihe werden Studien veröffentlicht, die auf unterschiedlichen Methoden und Herangehensweisen basieren, aber die der Aufarbeitung sexueller Gewalt verpflichtet sind.

Weitere Bände in der Reihe http://www.springer.com/series/15550

Peter Caspari · Helga Dill ·
Cornelia Caspari ·
Gerhard Hackenschmied

Irgendwann muss doch mal Ruhe sein!

Institutionelles Ringen um Aufarbeitung von sexualisierter Gewalt und Machtmissbrauch an einem Institut für analytische Kinder- und Jugendlichenpsychotherapie

mit einem Vorwort von Matthias Hirsch

Peter Caspari
Institut für Praxisforschung und
Projektberatung (IPP)
München, Deutschland

Cornelia Caspari
Psychologische Psychotherapeutin
München, Deutschland

Helga Dill
Institut für Praxisforschung und
Projektberatung (IPP)
München, Deutschland

Gerhard Hackenschmied
Institut für Praxisforschung und
Projektberatung (IPP)
München, Deutschland

ISSN 2569-1260   ISSN 2569-1279   (electronic)
Sexuelle Gewalt in Kindheit und Jugend: Forschung als Beitrag zur Aufarbeitung
ISBN 978-3-658-35512-8   ISBN 978-3-658-35513-5   (eBook)
https://doi.org/10.1007/978-3-658-35513-5

Die Deutsche Nationalbibliothek verzeichnet diese Publikation in der Deutschen Nationalbibliografie; detaillierte bibliografische Daten sind im Internet über http://dnb.d-nb.de abrufbar.

© Der/die Herausgeber bzw. der/die Autor(en), exklusiv lizenziert durch Springer Fachmedien Wiesbaden GmbH, ein Teil von Springer Nature 2021
Das Werk einschließlich aller seiner Teile ist urheberrechtlich geschützt. Jede Verwertung, die nicht ausdrücklich vom Urheberrechtsgesetz zugelassen ist, bedarf der vorherigen Zustimmung des Verlags. Das gilt insbesondere für Vervielfältigungen, Bearbeitungen, Übersetzungen, Mikroverfilmungen und die Einspeicherung und Verarbeitung in elektronischen Systemen.
Die Wiedergabe von allgemein beschreibenden Bezeichnungen, Marken, Unternehmensnamen etc. in diesem Werk bedeutet nicht, dass diese frei durch jedermann benutzt werden dürfen. Die Berechtigung zur Benutzung unterliegt, auch ohne gesonderten Hinweis hierzu, den Regeln des Markenrechts. Die Rechte des jeweiligen Zeicheninhabers sind zu beachten.
Der Verlag, die Autoren und die Herausgeber gehen davon aus, dass die Angaben und Informationen in diesem Werk zum Zeitpunkt der Veröffentlichung vollständig und korrekt sind. Weder der Verlag noch die Autoren oder die Herausgeber übernehmen, ausdrücklich oder implizit, Gewähr für den Inhalt des Werkes, etwaige Fehler oder Äußerungen. Der Verlag bleibt im Hinblick auf geografische Zuordnungen und Gebietsbezeichnungen in veröffentlichten Karten und Institutionsadressen neutral.

Lektorat/Planung: Cori A. Mackrodt
Springer VS ist ein Imprint der eingetragenen Gesellschaft Springer Fachmedien Wiesbaden GmbH und ist ein Teil von Springer Nature.
Die Anschrift der Gesellschaft ist: Abraham-Lincoln-Str. 46, 65189 Wiesbaden, Germany

Vorwort

Wie kommen gesellschaftliche Entwicklungen zustande? Wie kann man sich erklären, dass es immer wieder Veränderungen des gesellschaftlichen Bewusstseins gibt, dass plötzlich Missbrauchsverhältnisse gesehen und benannt werden können, über die zuvor jahrzehntelang ein Mantel des Schweigens gebreitet war? In den 60er Jahren des 20. Jahrhunderts „entdeckte" der Kinderarzt Henry Kempe (Kempe et al., 1962) in den USA ein „neues" Krankheitsbild: The battered child syndrome, die typischen Folgen der Kindesmisshandlung also, das die Kinderärzte bis dahin übersehen hatten; nach der Veröffentlichung stieg die Zahl der gemeldeten Fälle sprunghaft und exponentiell an: Das Bewusstsein der Existenz der Kindesmisshandlung war sozusagen geweckt worden. Für den familiären sexuellen Missbrauch gab es in Europa Mitte der 80er Jahre einen solchen Bewusstseinswandel (vgl. Hirsch, 1987/1999), plötzlich konnten die Medien, die Justiz, schließlich auch die psychotherapeutischen und psychoanalytischen Fachleute und ihre Organisationen die wahren Verhältnisse benennen. 1999 erschien in der Frankfurter Rundschau ein ganzseitiger Artikel, in dem über die zahlreichen Fälle sexuellen Missbrauchs von Schülern der bekannten reformpädagogischen Odenwaldschule durch ihren Leiter sowie über die Missbrauchskultur an dieser Schule berichtet wurde. Und die Reaktion der Gesellschaft? Der Artikel wurde in keiner Weise zur Kenntnis genommen, von sämtlichen Medien nicht, von der lokalen und überregionalen Politik nicht, auch nicht von den Strafverfolgungsbehörden. Genauso war es unmöglich, die horrenden Missbrauchsverhältnisse in den Kirchen, besonders in der katholischen, wahrzunehmen und zu benennen, bis 2010 der Jesuitenpater Klaus Mertes aufgrund der Forderungen Betroffener nicht anders konnte, als die Aufdeckung sexuellen Missbrauchs im Berliner Canisiuskolleg zu initiieren und somit den Anstoß für eine breite öffentliche

Auseinandersetzung mit dem massenhaften sexuellen Missbrauch von Schutzbefohlenen in kirchlichen Einrichtungen zu geben. In der Folge konnte die Gesellschaft die Augen auch vor den Zuständen in der bekannten reformpädagogischen Schule nicht mehr verschließen; als weiteren Bereich dieser Entwicklung kann man die sogenannte Me-too-Bewegung verstehen.

Und nun machen auch manche psychoanalytischen Ausbildungsinstitute in derselben Weise auf sich aufmerksam. Diese sind ja keineswegs unbeeinflusst von gesellschaftlichen Tendenzen und Entwicklungen. Wenn auch Sexualität der genuine Kern der Freudschen Psychoanalyse ist (war?), wurde doch das Thema Liebe in der Analyse (so der Titel der Tagung der Deutschen Gesellschaft für Psychoanalyse und Tiefenpsychologie, DGPT 1996) eher stiefmütterlich behandelt. In den 80er Jahren gab es einmal international eine Häufung von Veröffentlichungen dazu, in Deutschland die erwähnte Tagung der DGPT, auf der der Psychoanalytiker Günter Bittner sexuelle Beziehungen von Analytiker und Analysandin oder Patientin ausdrücklich legitimieren wollte (vgl. Hirsch, 1998), übrigens mit genau denselben Argumenten, die der Protagonist der vorliegenden Untersuchung verwendete: Die Beziehung von zwei Erwachsenen gehe niemanden etwas an. Der Konflikt über diese Provokation führte zu einer Fachtagung der DGPT 1998, auf der die Frage der Abstinenz und das Problem des sexualisierten Machtmissbrauchs gründlich diskutiert wurden. So gesehen konnten die Ereignisse am Heidelberger AKJP- Institut auch durch die gesellschaftliche und fachöffentliche Ignoranz, die bis in die 90er Jahre herrschten, über lange Jahre hinweg ohne Konsequenzen bleiben.

Die Psychoanalyse ist – nicht zu vergessen – aus Freuds Entdeckung der pathogenen Relevanz des sexuellen Missbrauchs von Kindern in der Familie entstanden. (Allerdings gab Freud diese seine Verführungstheorie 1897 zugunsten einer – ödipalen – Triebpsychologie auf.) Freud entwickelte seine Theorien aufgrund der Erfahrungen mit seinen Patientinnen; die entsprechenden Veröffentlichungen nannte er selbst „Novellen", es waren Fallgeschichten, deren Rezeption in den nachfolgenden Psychoanalytiker-Generationen zu immer wieder neuen theoretischen Vorstellungen führte. Die beeindruckendsten, erschütterndsten Nachrichten von sexualisiertem, narzisstischem Machtmissbrauch in Analysen und Psychotherapien haben wir durch die Berichte von Betroffenen bekommen: Anonyma (1988), Joëlle Augerolles (1989/1990), Christa v. Petersdorff (2003), Margarete Akoluth (2004). Der vorliegende Band aber ist keine Fallgeschichte, vielmehr das Resultat einer sozialpsychologischen Untersuchung, die mit wissenschaftlichen Methoden der Sozialpsychologie und Organisationsdynamik durchaus auf der Grundlage eines zeitgenössischen psychoanalytischen Verständnisses das skandalöse, Jahrzehnte dauernde Missbrauchsgeschehen in einem psychoanalytischen Ausbildungsinstitut (für analytische Kinder- und Jugendlichenpsychotherapie) aufarbeitet.

Wie konnte ein Missbrauchstäter derart lange fast ungehindert sein Unwesen treiben? Individuelle, gruppendynamische und organisationsdynamische Faktoren kamen zusammen. Der Täter kam als Retter eines fast gescheiterten Instituts von außen und wurde von daher bereits idolisiert und idealisiert, er vereinte in seiner Person unkontrolliert eine vielfältige formale und psychologische Machtfülle, er knüpfte Seilschaften von Abhängigen. Es entstanden typische Ängste und Widerstände, den zunehmend offensichtlichen Missbrauch zu erkennen, zu benennen und aufzudecken, Ängste, die mithilfe von Verleugnung, Vertuschung, Rationalisierung, Bagatellisierung und Vergessen bewältigt werden sollten; das oberste Ziel war, die Reputation und letztlich die Existenz des Instituts zu erhalten. Das kennt man von Missbrauchsfamilien, von pädagogischen Institutionen, von der Kirche: Das Ganze wird geschützt, das Opfer noch einmal geopfert. Das zentrale Mittel dazu war ein „funktionaler Pragmatismus", wie die Autoren und Autorinnen es nennen, dem eine Identifikation mit dem (mächtigen) Aggressor zugrunde liegt; dementsprechend fehlten durchgehend Empathie und Identifikation mit den Opfern, genau wie in den genannten Organisationen. Das fast tragische Scheinparadox ist, dass genau das Verleugnen und Vertuschen dazu führen kann, dass die Institution untergeht, dass also das Befürchtete gerade durch das Verhalten bewirkt wird, das es verhindern sollte.

Typischerweise bewirkt das Aufdecken der Missbrauchskultur in Institutionen eine gruppendynamische Spaltung in einen Teil, der den Täter weiter idealisiert, seine Verdienste hochhält und seine Taten bagatellisiert, und einen anderen, der um Klärung und Anerkennung der Realität bemüht ist. Gelingt eine Integration dieser gespaltenen Untergruppen durch (natürlich heftige emotionale) Auseinandersetzung (auch durch externe Hilfe) nicht, kann das Institut nicht überleben, wie es mit der Odenwaldschule und auch einem Münchener psychoanalytischen Institut der Fall war. Dass sich im vorliegenden Fall nur wenige Opfer bereit erklärten, an der Aufarbeitung mitzuwirken, lässt fortdauernde Loyalitäten und Identifikationen vermuten, auch besondere Ängste, die (Berufs-) Gruppenzugehörigkeit zu verlieren. Dieses Moment spielt bei Opfern von sexualisiertem Machtmissbrauch in der Kirche und in pädagogischen Einrichtungen eine geringe Rolle.

Inzwischen gibt es überall in den psychoanalytischen Instituten und Berufsverbänden Ethikrichtlinien, Ethikkommissionen, Vertrauensleute, Ärzte- und Psychotherapeutenkammern sind sensibilisiert. Zurecht aber fordern die Autorinnen und Autoren dieses Buches, dass nicht nur formale Verhaltensnormen und Einrichtungen, sie zu überwachen, notwendig sind, sondern im Sinne einer wirklichen Prävention ein Wandel des Bewusstseins in psychoanalytischen und anderen

Institutionen, eine Veränderung der Organisations- und Gruppenkultur. An erster Stelle sollte es selbstverständlich sein, in der Ausbildung über Liebe und Abhängigkeit in Ausbildungsbeziehungen, ebenso über Macht und narzisstischen und sexualisierten Missbrauch von Macht zu sprechen. Was gesprochen werden kann, muss nicht agiert werden.

Die Entwicklung des gesellschaftlichen Bewusstseins hat den Auftrag für die vorliegende Untersuchung möglich gemacht, und das Buch wird seinerseits einen Beitrag zu einem weiteren Bewusstseinswandel leisten.

Heiligengrabe-Jabel (Brandenburg)   Mathias Hirsch

Literatur

Akoluth, M. (2004). *Unordnung und spätes Leid*. Königshausen & Neumann.
Anonyma. (1988). *Verführung auf der Couch*. Kore.
Augerolles, J. (1990). *Mein Analytiker und ich. Tagebuch einer verhängnisvollen Beziehung*. Fischer (Erstveröffentlichung 1989).
Hirsch, M. (1998). Überlegungen zum Wesen der Analyse, zum analytischen Raum und zur Überschreitung seiner Grenzen. Eine Erwiderung auf „Liebe in der Analyse – ein Fall für den Staatsanwalt?" von Günther Bittner. *Forum der Psychoanalyse, 14*, 312–318.
Hirsch, M. (1999). *Realer Inzest. Psychodynamik des sexuellen Missbrauchs in der Familie* (3., überarbeitete Aufl.). Unveränd. Neuaufl. Psychosozial-Verlag (Erstveröffentlichung 1987).
Kempe, C. H., Solverman, F. N., Steele, B. F., Droegemueller, W., Silver, H. K. (1962). The battered child syndrome. *Journal of the American Medical Association, 181*, 17–24.
Petersdorff, C. V. (2003). *Anonyma: Verführung auf der Couch. Eine Niederschrift*. Psychosozial-Verlag (Erstveröffentlichung 1988).

Vorbemerkung

> *"Aber nichts ist wohl dringlicher, als die Anwendung psychoanalytischer Erkenntnisse auch auf die eigene Gruppe. Man darf gewiß sein, daß eine initiale Unaufrichtigkeit durch hartnäckiges Vertuschen und Verschweigen schließlich als bedrängende Erblast der nachfolgenden Generation übertragen bleibt".*
>
> (Annemarie Dührssen 1994)

Dieses Zitat von Annemarie Dührssen bezieht sich auf die nationalsozialistische Vergangenheit der deutschen Psychoanalyse und einige ihrer Vertreter. Dennoch lässt es sich ausweiten auf den Umgang mit Grenzverletzungen – Abstinenzverletzungen –, die im Kontext von Psychotherapie stattgefunden haben oder stattfinden.

Im Folgenden geht es um die Grenzverletzungen, die sexualisierte Gewalt, die im AKJP-Heidelberg in den Jahren 1975 bis 1993 von dem damaligen ärztlichen Leiter und Vorsitzenden H. M.[1] begangen wurden und die das Institut seit nunmehr fast 30 Jahren als Schatten mit sich trägt.

Als die Gerüchte unüberhörbar wurden, als sich Betroffene an die Institutsleitung des Instituts für Psychoanalyse und Psychotherapie Heidelberg-Mannheim

---

[1] Aus Rücksicht auf die Familie von H. M. nennen wir in diesem Bericht auch seinen Namen nicht, sondern anonymisieren ihn ebenso wie die Namen aller Beteiligten und Interviewpartner*innen.

e. V. (IPPHeidelberg-Mannheim) wandten[2], als die ehemalige Patientin zum zweiten Mal schwanger durch H. M. war und geheiratet wurde, gab es erste Versuche der Aufdeckung und Aufklärung. Ein verstörtes Institut versuchte ab da immer wieder Initiativen zur Aufklärung der Taten von H. M. zu entfalten. Und immer wieder blieben die Versuche stecken. Die einen konnten sich hinter einer beharrlichen Verschwiegenheit von Betroffenen verstecken, die anderen sorgten sich um das Institut, sodass die Aufklärungsinitiativen, die im Lauf der Jahre immer wieder aufflackerten, letztlich versickerten und das Ausmaß seiner Taten Spekulation blieb.

H. M. verließ das AKJP-Heidelberg Institut 1993, später auch den Verein, konnte aber unbehelligt weiter praktizieren und als Gutachter tätig sein. Im Jahr 2017 wurde H. M. wegen mehrfachen sexuellen Missbrauchs seiner Enkelin zu einer Bewährungsstrafe verurteilt. Im Rahmen dieses Prozesses und aus Anlass eines ZEIT-Artikels zur „Causa H. M." beschloss die Mitgliederversammlung des Vereins AKJP-Heidelberg, die Vorfälle extern aufarbeiten zu lassen. Mit dieser Entscheidung schlug das AKJP-Heidelberg einen mutigen Weg der Aufarbeitung ein. Sexualisierte Gewalt und sexualisierte Ausbeutung kommen in psychotherapeutischen Settings immer wieder vor. Sehr selten aber wagen die betroffenen Institutionen den Schritt einer externen Aufarbeitung, noch dazu ohne Druck durch Betroffene, der in anderen Kontexten wie etwa der Kirchen erst zu Aufarbeitungsprojekten von sexualisierter Gewalt führte.

Der jetzt vorliegende Bericht dokumentiert erstmals alle belegbaren Taten von H .M. während seiner Zeit als ärztlicher Leiter des AKJP-Heidelberg und kann diese aus dem Aggregatzustand des Gerüchts herauslösen.

Diese Arbeit wäre nicht möglich gewesen ohne die Auskunftsbereitschaft vieler Menschen, vor allem ehemaligen und aktuellen Ausbildungskandidat*innen und Mitgliedern des AKJP-Heidelberg und des IPP-Heidelberg-Mannheim, den Betroffenen, die sich durchgerungen haben, über ihre Erfahrungen zu berichten und die Zeitzeug*innen und Expert*innen, die uns Rede und Antwort standen. Dafür bedanken wir uns sehr herzlich. Ebenso bedanken wir uns für die Unterstützung durch die Verantwortlichen im AKJP-Heidelberg, die in der Begleitgruppe unsere Studie begleitet, unterstützt und tatkräftig an der Gewinnung von Interviewpartner*innen mitgearbeitet haben. Unser Respekt und unsere Dankbarkeit gelten aber auch der Familie von H. M., insbesondere der Witwe, die uns wichtige und erkenntnisreiche Informationen und Dokumente zur Verfügung gestellt hat.

---

[2] H. M. war auch in verschiedene Positionen im IPP-Heidelberg-Mannheim eingebunden, s. Abschn. 1.2.

Vorbemerkung

Sexualisierte Gewalt in der Psychotherapie ist nach wie vor ein wenig beachtetes Thema im öffentlichen Diskurs. Betroffene finden nur schwer Ansprechstellen. Oft sind die Hürden so hoch, dass die ohnehin vulnerablen Patient*innen vor einer Anzeige oder einem Gerichtsverfahren zurückschrecken. Wir hoffen, mit diesem Bericht nicht nur den Nebel vor der Geschichte des AKJP-Heidelberg zu lichten, sondern auch der gesellschaftlichen Diskussion um die Betroffenen von sexualisierter Gewalt in psychotherapeutischen Beziehungen einen Impuls zu geben.

München
im März 2021

Peter Caspari
Helga Dill
Cornelia Caspari
Gerhard Hackenschmied

Inhaltsverzeichnis

1	**Der Kontext**	1
1.1	Das AKJP-Heidelberg	1
1.2	Wer war H. M.?	3
2	**Die Studie**	5
2.1	Wie kam es zur Beauftragung?	5
2.2	Begleitstruktur	6
3	**Methodik**	9
3.1	Zugang zum Forschungsfeld, Datengewinnung	9
3.2	Verschränkung von Datenerhebung und Datenauswertung	12
	3.2.1 Forschungstheoretische Hintergründe	12
	3.2.2 Qualitative Interviews	15
	3.2.3 Hermeneutisches Vorgehen	17
	3.2.4 Validierung von Interviewdaten – Der narrative Ansatz	20
4	**Deskriptive Befunde als Bezugsrahmen**	27
4.1	Übergriffe, Grenzverletzungen, sexualisierte Gewalt – Erkenntnisse über die Taten von H. M.	27
4.2	Aufdeckungspotenziale und Aufarbeitungsversuche	36
4.3	Aufdeckungspotenziale – Initiativen und Unterlassungen im Zusammenhang möglicher Aufdeckungen	37
4.4	Versuche der Aufarbeitung	51
5	**Rahmenkonzepte zur Einordnung des Geschehens**	57
5.1	Normalität	57
5.2	Professionsethik – Organisationsethik	63

5.3	Abstinenz	68
5.4	Sexualisierte Gewalt	80

6 (Sexuelle) Grenzverletzungen in psychotherapeutischen Beziehungen – eine Bestandsaufnahme ... 87

7 Systemdynamiken ... 99
- 7.1 Geschichte und strukturelle Einbindung des Instituts ... 102
- 7.2 Das AKJP-Institut Heidelberg als wirtschaftlich, wissenschaftlich und therapeutisch orientiertes System ... 104
- 7.3 Berufliche Identität/Organisationsidentität ... 113
- 7.4 Macht, Abhängigkeiten ... 121
- 7.5 Kontexte des Machtmissbrauchs ... 125
- 7.6 Art der Machtausübung ... 130
- 7.7 Organisationsmacht ... 135
- 7.8 Betroffenheiten ... 136
- 7.9 Formen der Abwehr ... 145
  - 7.9.1 Abwehr von Verantwortung ... 145
  - 7.9.2 Vergessen, Verleugnen, Verdrängen, Nicht-Wissen, Schweigen ... 150
- 7.10 Gruppen und Konflikte ... 165
- 7.11 Exemplarische Fallrekonstruktionen ... 172

8 Theoretische Modelle – individuelle und institutionelle Betroffenheit von sexualisierter Gewalt ... 185
- 8.1 Missbrauchssystem – Aufdeckungssystem – Hilfesystem ... 185
- 8.2 Latente Prozesse und manifeste Indexereignisse ... 193
- 8.3 Wissensbestände in verschiedenen Systemen ... 206
- 8.4 Traumatisierte Institutionen ... 218

9 Hintergründe und Funktionsweisen einer strukturellen Prävention ... 225

10 Empfehlungen ... 231
- 10.1 Interne Verfahren und Strukturen ... 231
- 10.2 Qualifizierung ... 232
- 10.3 Externe Kooperationen ... 234

Literaturverzeichnis ... 239

Der Kontext

1.1 Das AKJP-Heidelberg

Das AKJP-Heidelberg ist ein Ausbildungsinstitut für analytisch und tiefenpsychologisch fundierte Kinder- und Jugendlichen-Psychotherapie. Träger des Instituts ist der Verein „Institut für Analytische Kinder- und Jugendlichen-Psychotherapie Heidelberg e. V.", der 1949 gegründet wurde. Der Verein hat aktuell 110 Mitglieder. Zu dem Institut gehören eine psychotherapeutische Ambulanz sowie eine Erziehungsberatungsstelle an drei Standorten in und um Heidelberg. Außerdem ist das Institut seit vielen Jahren an Forschungsprojekten in Kooperation u. a. mit der Universität Heidelberg beteiligt. Hierzu liegen zahlreiche Veröffentlichungen vor (siehe hierzu AKJP, o. J.).

Das AKJP-Heidelberg ist eine Nachfolgeeinrichtung des von Annemarie Sänger nach dem Krieg gegründeten Instituts für Psychagogik, einer Erziehungsberatungsstelle mit tiefenpsychologischer Elternberatung und Kinderpsychotherapie. Die Kinderpsychotherapie wurde damals noch von Psychagog*innen ausgeübt.

Die (Wieder-)Einführung der Psychagogik in Deutschland begann in Berlin im damaligen Institut der DPG (Deutsche Psychoanalytische Gesellschaft). Maßgeblich daran beteiligt waren u. a. Harald Schultz-Hencke und Felix Böhm. Die Psychagogik war konzeptionell pragmatisch orientiert. „Es ist interessant zu sehen, daß hier nicht an die psychoanalytische Tradition des alten Berliner Instituts aus den 20er Jahren angeknüpft wurde, vielmehr wurde ein eher praxisorientierter, an der Sozialtherapie ausgerichteter Beruf geschaffen, dessen Vorbild die Arbeit der social workers an den Child Guidance Clinics in den USA und England war, die in etwa unseren heutigen Erziehungsberatungsstellen vergleichbar sind" (Böhm, 1952; zitiert nach Diepold, 1994).

Psychagog*innen hatten eine pädagogische Grundqualifikation und absolvierten darauf aufbauend eine psychotherapeutische Ausbildung mit Lehranalyse, theoretischer Fachausbildung und Praxisanleitung. Die Ausbildung war lang und anspruchsvoll, dennoch durften die fertigen Psychagog*innen nicht alleine behandeln. Psychagogik wurde vielmehr als ärztlicher Assistenzberuf begriffen. „… die Psychagogen dagegen sollten mit einem Stundenlimit von 35 h die leichteren Störungen betreuen, wohlgemerkt nicht behandeln (…) Psychagogen wurden für etwas ausgebildet, was sie letztlich nicht anwenden durften." (Diepold, 1994). Zudem lag in diesen Anfangsjahren die Ausbildung vollständig in den Händen der Erwachsenenanalytiker*innen. Sowohl die theoretische Ausbildung als auch die Lehranalyse wurde ausschließlich von Erwachsenenanalytiker*innen angeboten. In Heidelberg übernahm das Institut für Psychotherapie und Psychoanalyse Heidelberg-Mannheim (IPP-Heidelberg-Mannheim) diese Rolle[1].

Barbara Diepold sieht in dieser Entstehungsgeschichte die Wurzeln dafür, dass die Psychagog*innen mit einem niedrigen Sozialprestige zu kämpfen hatten, das auch ihre Nachfolgeinstanz, die analytische Kinder- und Jugendtherapie, nicht überwunden hat.

1975 wurde die Berufsbezeichnung geändert: die Psychagog*innen wurden zu analytischen Kinder- und Jugendlichen-Psychotherapeut*innen (vgl. Diepold, S. 7).

Diese Entwicklung führte dazu, dass das Institut für Psychagogik Heidelberg zum Institut für analytische Kinder- und Jugendlichen-Psychotherapie umfirmierte. Allerdings blieb die Abhängigkeit von der Medizin noch bestehen. Ab 1971 wurde die psychotherapeutische Behandlung von Kindern und Jugendlichen unter bestimmten Voraussetzungen als Krankenkassenleistung anerkannt. Dies bedeutete aber, dass psychoanalytisch ausgebildete Ärzt*innen für die Leitung eines Ausbildungsinstituts und für die praktische Ausbildung notwendig wurden.

Diese Position übte H. M. von 1975 bis 1993 im AKJP-Heidelberg aus.

---

[1] Das IPP-Heidelberg-Mannheim wurde 1969 als psychoanalytisches Ausbildungsinstitut gegründet und stand in der Tradition von u. a. Erich Fromm, Frieda Fromm-Reichmann und Viktor v. Weizsäcker. In der Nachkriegszeit entstand die „Heidelberger Schule", die die Schnittstellen zwischen psychosomatischer Medizin und Psychoanalyse in den Fokus nahm. Eine herausragende Rolle nahm in diesem Diskurs Alexander Mitscherlich ein. Das IPP-Heidelberg-Mannheim verstand sich von Beginn an als emanzipatorisch, ja subversiv in der Ablehnung dogmatischer Konzepte. Vielmehr wurde eine Vielfalt der Konzepte und Haltungen in der Psychoanalyse propagiert. (https://ipp-heidelberg.de/ueber-uns/selbstverstaendnis/).

1.2 Wer war H. M.?

H. M., geboren 1932 in München, studierte Medizin in Tübingen, München und Berlin und wurde schließlich Facharzt für Kinderheilkunde. 1966 wechselte er von der Kinderklinik/Kinderpsychiatrie in Kiel nach Berlin. Dort begann er eine psychotherapeutische Ausbildung am Institut für Psychotherapie e. V. Koserstraße und absolvierte parallel das praktische Jahr in der Psychiatrie. Daran schloss sich eine Anstellung am AOK-Institut an, das damals von Annemarie Dührssen geleitet wurde. 1970 wurde er Leiter der Kinderabteilung des Instituts für psychogene Erkrankungen der AOK. 1971 legte er – zusammen mit J. S. – das Examen zum Psychoanalytiker ab.
In seinen nicht veröffentlichten Memoiren schreibt H. M. selbstkritisch und wohl auch in entschuldigender Absicht über seine analytische Ausbildung:

> „Bis zum Examen 1971 – man musste 6 Fälle behandelt haben – hatte ich 4 Kinderfälle und nur 2 Erwachsenenfälle behandelt. Von den Problemen bei der Behandlung Erwachsener, zum Beispiel der Übertragungsliebe und deren Gegenstück, der Gegenübertragungsliebe insbesondere bei Männern, die junge Frauen behandeln, wurde uns nichts mitgeteilt. Außerdem übertrug Frau Dührssen ihren ausgeprägten Narzißmus auch auf ihre Schüler. Wenn man bei ihr im Institut angestellt war, oder sie die meisten Behandlungen kontrolliert hatte, überschätzte sie gerne die Fähigkeiten ihrer Schüler und diese dann natürlich auch sich selbst. Obwohl ich als Pädiater einen Vorteil bei Kinderbehandlungen hatte, weil ich die Sprache der Kinder in den verschiedenen Altersstufen schon etwas beherrschte, geriet es mir zum Nachteil als Psychoanalytiker, dass ich bis zum Examen nur 2 Erwachsene unter Kontrolle behandelt hatte. Ich wurde später, 1975 in Heidelberg Lehranalytiker, ohne ausreichende Erfahrung mit der Behandlung von Erwachsenen gehabt zu haben."

1975 wechselte H. M. nach Heidelberg, wo er die Leitung des Instituts für Psychagogik übernahm – als Nachfolger von Annemarie Sänger und Karl Tornow. Die Initiative zu diesem Wechsel ging von Prof. M. P. aus, dem Ordinarius für Kinderpsychiatrie in Heidelberg.
Das Institut – heute das Institut für analytische Kinder- und Jugendlichen-Therapie Heidelberg e. V. – bestand damals aus einer Erziehungsberatungsstelle und einem Ausbildungsinstitut, an dem Lehrer*innen, Sozialarbeiter*innen und Sozialpädagog*innen berufsbegleitend in 4 bis 5 Jahren zur Psychagog*in ausgebildet wurden.
Wie oben beschrieben war die Psychagogik anfangs eher ein ärztlicher Assistenzberuf. Bis 1993 galt zudem das Delegationsverfahren, dem zufolge ein/e Ärztin/Arzt die Therapiekinder untersuchen und dann zur Behandlung an die Therapeut*innen delegieren musste. Deswegen war es für das Institut damals

unbedingt notwendig, einen ärztlichen Leiter vorweisen zu können. Laut Satzung war der/die Leiter*in auch Vorsitzende/r des Vereins. So war mit dieser Position eine stattliche Machtfülle verbunden.

Weiter war H. M. auch Mitglied im Erwachseneninstitut, dem IPP-Heidelberg-Mannheim. Er war dort Dozent, Lehranalytiker und später auch Vorsitzender des Ausbildungsausschusses.

1993 wurde H. M. im Rahmen einer Mitgliederversammlung des AKJP-Heidelberg aus seiner Leitungsfunktion entlassen, nachdem es im Vorfeld Vorwürfe und Gerüchte im Zusammenhang mit Abstinenzverletzungen in Form von sexuellen Grenzverletzungen/sexualisierter Gewalt gegeben hatte und ihm ein sexuelles Verhältnis mit einer ehemaligen Patientin nachgewiesen werden konnte. Deswegen war H. M. bereits als Mitglied aus dem IPP-Heidelberg-Mannheim ausgetreten. 1999 beendet H. M. seine Mitgliedschaft im AKJP-Heidelberg. Zuvor gab es Überlegungen, ihn aufgrund von Abstinenzverletzungen von seiner Mitgliedschaft auszuschließen. Die Vorwürfe und Gerüchte bezogen sich auf Ausbildungskandidatinnen, Patientinnen sowie Kinder und Jugendliche, Mädchen und Jungen, die im Rahmen von Zweitsichten oder den Untersuchungen im Rahmen des Delegationsverfahrens Grenzüberschreitungen durch H. M. erlebt hatten. 2017 wurde H. M. wegen sexuellen Missbrauchs seiner Enkeltochter zu einer Bewährungsstrafe verurteilt.

Die Causa H. M. beschäftigte das AKJP-Heidelberg seit den 1990er Jahren immer wieder und in vielfältiger Form. Während H. M. lange Zeit Befürworter*innen hatte, die seine Grenzverletzungen und Taten relativierten, gab es gleichzeitig verschiedene Aufarbeitungsversuche. Trotzdem behielten die Gerüchte die Oberhand, wurden über die verschiedenen Ausbildungsgenerationen vererbt und die vorliegenden Fakten zu H. M. nicht zur Kenntnis genommen.

„So blieb die Causa H. M. wie ein Abszess, der sich unter die Haut eingekapselt habe, dort isoliert sei, aber jederzeit aufbrechen könne, um den ganzen Organismus zu bedrohen"[2]. Einer professionellen Auseinandersetzung z. B. unter Zuhilfenahme von externer Gruppensupervision und einer systematischen Aufarbeitung (unter Zuhilfenahme von externen Experten) wurde dennoch über die Jahrzehnte hin ausgewichen.

---

[2] Aus einem Antrag zur Mitgliederversammlung Juni 1998 an die Mitglieder des Vorstands.

Die Studie 2

2.1 Wie kam es zur Beauftragung?

Im Zusammenhang mit dem Gerichtsprozess 2017 wurde die Causa H. M. für das AKJP-Heidelberg wieder virulent. Zum wiederholten Male gründete sich eine Arbeitsgruppe aus Aufklärer*innen, die Antworten auf folgende zwei Leitfragen suchte: 1) „Wie können die H. M.-Zeit und die Versuche der Bewältigung erzählt werden, wenn die Geschichte des Instituts erzählt wird? 2) Wie kann diese Zeit in die Geschichte des Instituts integriert werden?"

In der Mitgliederversammlung des AKJP-Heidelberg im Juni 2018 wurde beschlossen, die „Causa H. M." bzw. „Ära H. M." wissenschaftlich aufzuarbeiten. Im Anschluss daran nahm der damalige Ethikbeauftragte des Instituts Kontakt zum IPP München auf.

Bei einem Treffen am 06.09.2018 mit Vertreter*innen des IPP München und der Arbeitsgruppe „Causa H. M." sowie des Vorstands des AKJP-Heidelberg kam es zu einer Konkretisierung der Fragestellung. Im April 2019 nahm das IPP München seine Arbeit auf.

Im Mittelpunkt der Studie steht der Zeitraum von 1975 bis 1993, also die Ära H. M. Für eine umfassende Aufarbeitung der Thematik der sexualisierten Gewalt innerhalb des AKJP-Heidelberg sollte aber auch eventuellen weiteren Hinweisen auf andere Fälle sexualisierter Gewalt innerhalb des AKJP-Heidelberg nachgegangen werden.

Folgende Fragestellungen waren für die wissenschaftliche Aufarbeitung leitend:

- Welches Ausmaß an sexualisierter Gewalt durch H.M. innerhalb des AKJP-Heidelberg lässt sich belegen?

- Welche Strukturen innerhalb des Instituts haben diese Gewalt begünstigt und deren Aufdeckung behindert?
- Wie ist der Umgang der dem AKJP-Heidelberg angehörigen Verantwortungsträger mit den bekannt gewordenen und vermuteten Fällen von sexualisierter Gewalt zu bewerten?
- Wie kam es zur Beendigung der Mitgliedschaft von H. M. im AKJP-Heidelberg?
- Welche Netzwerkstrukturen gab es innerhalb des Instituts und zwischen den analytischen Instituten Heidelbergs, die die Aufdeckung der Taten lange Zeit verhindert haben?
- Welchen Einfluss hatte H. M. als Ausbildungsleiter auf die Entwicklung der psychoanalytischen Identität der damaligen Ausbildungskandidat*innen?
- Welche Auswirkungen auf das Institut und auf die psychoanalytische Ausbildung am Institut haben die ausgeübte sexualisierte Gewalt und das Wirken von H. M. am AKJP-Heidelberg hinterlassen?
- Welche Auswirkungen hatte die ausgeübte sexualisierte Gewalt auf die einzelnen Betroffenengruppen (Patient*innen [weibliche und männliche Kinder und Jugendliche], Ausbildungskandidat*innen, Lehranalysand*innen, Mitarbeiter*innen)?
- Welche Maßnahmen wurden zur Unterstützung Betroffener sowie zur Verhinderung weiterer sexualisierter Übergriffe innerhalb des AKJP-Heidelberg bislang ergriffen?
- Gibt es darüber hinaus weitere Hinweise auf Fälle sexualisierter Gewalt innerhalb des AKJP-Heidelberg?

2.2 Begleitstruktur

Die Studie wurde von einer Begleitgruppe unterstützt, in der neben Vertreter*innen des AKJP-Heidelberg (die dort in unterschiedlichen Funktionen tätig sind) auch eine Betroffene mitwirkte. Die Begleitgruppe hat sich während der Laufzeit vier Mal getroffen. Wesentliche Unterstützungsleistungen für die Studie wurden vor allem durch die Geschäftsstelle des AKJP-Heidelberg und die Ethikbeauftragten erbracht. Diese verschickten beispielsweise die Briefe mit

2.2 Begleitstruktur

den Aufrufen zur Interviewteilnahme an die (ehemaligen) Ausbildungskandidat*innen, stellten das Dokumentenmaterial zur Verfügung und waren jederzeit für Nachfragen bzw. zeitliche Einordnungen ansprechbar.

Eine wesentliche Rolle spielte die Begleitgruppe auch bei der Planung und Durchführung der öffentlichen Aufrufe und der dazu organisierten Pressetermine.

Methodik 3

3.1 Zugang zum Forschungsfeld, Datengewinnung

Die Hauptintention der Aufarbeitungsstudie zur Causa H. M. besteht in einer multiperspektivischen Rekonstruktion historischer Sachverhalte. Multiperspektivische Zugänge sind in der Lage, Entstehungs- und Verdeckungszusammenhänge im Kontext institutioneller Gewalt offen zu legen und Erklärungen dafür zu liefern, weshalb insbesondere Fälle sexualisierter Gewalt über lange Zeit nicht aufgedeckt wurden bzw. zu keinen wirksamen institutionellen Reaktionen führten, die einen nachhaltigen Schutz von Kindern und Jugendlichen und weiteren Betroffenengruppen gewährleistet hätten.

Die Studie wurde qualitativ angelegt. Leitfadengestützte, qualitative Interviews und eine Akten- und Dokumentenanalyse bildeten den methodischen Kern, ergänzt durch Literaturstudien.

Das Akten- und Dokumentenmaterial stammte aus verschiedenen Quellen: Zum einen stand uns Archivmaterial des AKJP-Heidelberg zur Verfügung. Dieses war teilweise lückenhaft; so fehlten beispielsweise Protokolle von Mitgliederversammlungen oder Schreiben von Berufsverbänden, auf die in vorhandenen Quellen hingewiesen wurde.

Zum anderen konnten wir über Material verfügen, das einzelne Mitglieder bzw. Funktionsträger des AKJP-Heidelberg aus privater Initiative zusammengetragen hatten. Hierzu gehören u. a. Gedächtnisprotokolle und persönliche Aufzeichnungen.

Eine weitere wichtige Datenquelle sind die Tagebücher und Memoiren von H. M., die wir dank der Genehmigung seiner Witwe einsehen konnten. Dadurch erschlossen sich viele Sachverhalte aus der Täterperspektive. Die Tagebücher ersetzen ein Interview mit H. M., das geplant war, aber nicht mehr zustande kam. H. M. starb im März 2019.

Profitieren konnten wir bei der Einsichtnahme in dieses biografische Material durch die Vorarbeiten, die an der ==Universitätsklinik Heidelberg, Institut für Psychosoziale Prävention,== geleistet wurden. Dort wurde der autobiografische ==Nachlass von H. M.== als Vorbereitung für ein mögliches Forschungsprojekt digitalisiert und in eine chronologische Ordnung gebracht.

Aus forschungsethischen und datenschutzrechtlichen Gründen konnten nur die Interviewpartner*innen direkt angefragt werden, die Personen öffentlichen Interesses sind, also beispielsweise Funktionen im AKJP-Heidelberg bekleiden, die eine öffentliche Nennung ihres Namens nötig machen (beispielsweise auf der Homepage) oder die direkt mit der Vergabe der Forschungsarbeiten an das IPP München verbunden waren. Ebenso gilt dies für Expert*innen, die durch ihre Publikationen bzw. ihre Teilnahme an öffentlichen Diskursen namentlich bekannt sind.

Weitere Schlüsselpersonen und Zeitzeug*innen wurden teilweise durch die aktuellen Funktionsträger*innen des AKJP-Heidelberg angesprochen und gebeten, sich mit dem IPP München in Verbindung zu setzen. Die verschiedenen Jahrgänge der Ausbildungskandidat*innen des AKJP-Heidelberg und des IPP-Heidelberg-Mannheim wurden in drei Wellen durch die Geschäftsstelle des AKJP-Heidelberg angeschrieben:

- Aufruf 1a: Ausbildungskandidat*innen des AKJP-Heidelberg (Ausbildungsjahrgänge 1975–1995), verschickt wurden 60 Briefe im Juni 2019,
- Aufruf 1b: Ausbildungskandidat*innen des AKJP-Heidelberg (Ausbildungsjahrgänge 1996–2019), verschickt wurden 53 Briefe im Dezember 2019
- Aufruf 2: Ausbildungskandidat*innen des IPP-Heidelberg-Mannheim (Jahrgänge 1975–1993), verschickt wurden rund 170 Briefe im April 2020.

Abgesehen von wenigen Ausnahmen (Terminprobleme, kurzfristige Absagen) wurden alle Personen, die sich auf die Aufrufe hin gemeldet hatten, interviewt. Anfangs fanden die Interviews in Präsenz statt, in der Regel in den jeweiligen Praxisräumen der Interviewten oder im AKJP-Heidelberg. Ab Frühjahr 2020 wurden die Interviews Corona bedingt telefonisch oder per Video geführt.

Die Interviews wurden leitfadengestützt und problemzentriert geführt. Ausdrücklich sollten hiermit Erzählungen der Interviewpartner*innen generiert werden, mit entsprechenden Nachfragen anhand des Leitfadens. Die Interviews hatten zum einen das Ziel, Material für die historische Rekonstruktion der Geschehnisse in der Ära H. M. zu liefern, zum anderen ging es aber auch darum, die

3.1 Zugang zum Forschungsfeld, Datengewinnung

Atmosphäre im Institut nachzuzeichnen und den persönlichen Erinnerungen mit all ihren subjektiven Färbungen Raum zu geben. So konnten auch die Ermöglichungsbedingungen, die Verdeckungs- und Aufdeckungszusammenhänge sichtbar werden (siehe Abschn. 3.2).

Zentral für die wissenschaftliche Aufarbeitung von sexualisierten Grenzverletzungen/sexualisierter Gewalt ist die Perspektive der Betroffenen. Eine Besonderheit der Geschehnisse im AKJP-Heidelberg war es von Anfang an, dass die Betroffenen dort nicht sichtbar wurden, sich außer gegenüber der damaligen Ansprechperson am IPP-Heidelberg-Mannheim nicht institutsöffentlich als Betroffene geoutet haben. Dies galt zunächst für die betroffenen Ausbildungskandidatinnen, aber auch für die meisten der (ehemaligen) Patientinnen und erst recht für Kinder und Jugendliche, die im Rahmen von Zweitsichten oder Delegationsuntersuchungen grenzüberschreitende Situationen durch H. M. erleben mussten[1].

Um auch diese Gruppe erreichen zu können, wurde ein öffentlicher Aufruf im Rahmen einer Presseaktion gestartet. Dazu entstanden zwei Pressetexte, einer des IPP München und einer des AKJP-Heidelberg. Die Erstellung von letzterem und der Schritt an die Öffentlichkeit machte deutlich, welche spannungsvolle Dynamik die Causa H. M. noch heute im Institut entfaltet, wenn es darum geht, sich gegenüber dieser Vergangenheit zu positionieren. Diese Dynamik wurde im Rahmen einer außerordentlichen, vom IPP München moderierten Begleitgruppensitzung thematisiert und reflektiert.

Die Presseaktion war letztlich erfolgreich. Zwei Artikel über die Causa H. M. und die wissenschaftliche Aufarbeitung erschienen in der regionalen Presse:

- „Heidelberger Institut will Familiengeheimnis lüften" im Mannheimer Morgen am 02.06.2020 und
- „Institut arbeitet den Machtmissbrauch seines Leiters nach Jahrzehnten auf" in der Rhein Neckar Zeitung am 10.06.2020

Aufgrund dieser Artikel melden sich sieben Personen beim IPP München, darunter drei Betroffene.

Unter den Betroffenen waren allerdings keine (ehemaligen) Ausbildungskandidat*innen. Interviewt werden konnten aber Patient*innen aus der Therapie bei H. M. selbst oder aus Zweitsichten bzw. Untersuchungen im Rahmen der Delegationsverfahren bei ihm. Diese Interviews widerlegten endgültig die lange

---

[1] Es war bis zu den Aufrufen im Rahmen der Studie aber auch nicht aktiv und systematisch nach Betroffenen gesucht worden.

Tab. 3.1 Zahl der Interviews nach Gruppen (eigene Darstellung)

Gruppe	Zahl der Interviews
Ausbildungskandidat*innen	25
Expert*innen	3
Schlüsselpersonen	14
Betroffene	4
Gesamt	**46**

aufrechterhaltene Erzählung, H. M. habe sich nie an Kindern oder Jugendlichen „vergriffen" bzw. dass es sich dabei nur um harmlose „Spielereien" handelte. Durchgeführt wurden insgesamt 47 Interviews (Tab. 3.1). Bei 45 davon handelt es sich um ausführliche, leitfadengestützte Interviews (Dauer 90 bis 120 min); zusätzlich gab es zwei telefonische Kurzinterviews. Einige Interviewpartner*innen stellten uns außerdem schriftliches Material zur Verfügung.

Unter Schlüsselpersonen haben wir diejenigen Interviewpartner*innen subsumiert, die zentrale Funktionen im AKJP-Heidelberg bzw. im IPP-Heidelberg-Mannheim oder in der Heidelberger „Szene" eingenommen hatten, z. B. als Vorstandsmitglied, in anderer leitender Position oder als Dozent*in/Supervisor*in. In dieser Gruppe gibt es teilweise Überschneidungen mit der Gruppe der Ausbildungskandidat*innen, sowohl aus dem AKJP-Heidelberg als auch aus dem IPP-Heidelberg-Mannheim.

Die Interviews wurden aufgezeichnet, transkribiert und mithilfe der Auswertungssoftware MAXQDA ausgewertet. Datengewinnung und Datenauswertung werden in den folgenden Abschnitten ausführlich thematisiert.

3.2 Verschränkung von Datenerhebung und Datenauswertung

3.2.1 Forschungstheoretische Hintergründe

Im Zusammenhang mit dem hier dargestellten Forschungsprojekt ist eine deutliche Differenzierung in zwei unterschiedliche Typen von Ergebnissen, die auf jeweils unterschiedlichen Forschungszugängen beruhen, vorzunehmen:

(1) Ergebnisse, die sich auf den Nachweis von Fakten beziehen, nämlich auf die Taten von H. M. und die darauf bezogenen Aufdeckungs- und Aufarbeitungsgeschehnisse. Diese Ergebnisse, die auf dem Studium von Akten, Protokollen und dem Tagebuch

3.2 Verschränkung von Datenerhebung und Datenauswertung

H. M.s beruhen und durch Hinweise aus den Interviews ergänzt und fundiert wurden, sind als deskriptive Befunde im Kap. 4 dargestellt.

(2) Ergebnisse, die dazu dienen, die psychologischen, sozialen und kommunikativen Prozesse zu verstehen, die den erhobenen deskriptiven Daten zugrunde liegen. Hier fungieren vor allem die im Rahmen des Forschungsprojekts geführten Interviews als Datenquellen.

Während die unter (1) beschriebenen Ergebnisse vor allem ein systematisches Sammeln, Sortieren, Kontextualisieren und In-Beziehung-Setzen von Information erforderlich machten, bedarf die Generierung der unter (2) charakterisierten Befunde einer qualitativen Auswertungsstrategie, die im Folgenden ausführlich beschrieben wird. Dabei ist zu beachten, dass die verschiedenen Datenquellen im Laufe des Forschungsprozesses immer wieder zueinander in Bezug gesetzt wurden.

Jedes Forschungsfeld erfordert sein spezifisches Anforderungsmuster, um die gewonnenen Daten aufzubrechen. Oft wird das Konzept der „Grounded Theory" (Glaser & Strauss, 1998) als methodologischer Bezugsrahmen qualitativer Sozialforschungsprojekte verwendet. Bei der Auswertung der auf der Grundlage dieses Paradigmas gewonnen Daten bedient man sich häufig des Programms MAXQDA, welches auch in der vorliegenden Studie angewendet wurde. Für das methodische Vorgehen bei der Auswertung gibt es eine Reihe theoretisch gut fundierter Ansätze wie z. B. die Inhaltsanalyse (Mayring, 1983 & 2015), das zirkuläre Dekonstruieren (Jaeggi et al., 2004), die objektive Hermeneutik (Oevermann, 1995), die dokumentarische Methode (Bohnsack, 2000) oder die qualitative Inhaltsanalyse (Kuckartz, 2012). Bei unserer Auswertung haben wir Anleihen aus verschiedenen der hier aufgezählten Ansätze genommen. Dabei haben wir uns vor allem auch von dem Gedanken leiten lassen, dass ein bestimmtes Forschungsfeld immer auch eine bestimmte Methodik hervorbringt, wie Daten generiert und ausgewertet werden.

Die von Glaser & Strauss in dem Buch „Discovery of the Grounded Theory" ursprünglich entwickelte Methodik ist aus Forschungen über Sterbende im Krankenhaus hervorgegangen (Glaser & Strauss, 1967, 2009). Bei der Grounded Theory handelt es sich um eine methodentheoretische Perspektive, die aus dem symbolischen Interaktionismus (Blumer, 1973) entwickelt wurde. Sie gibt keine starren Vorgehensweisen vor, sondern lässt variabel formbare Strategien zu und bringt je eigene Forschungspraktiken hervor. Umso wichtiger ist es, in Bezug auf die Beschreibung der eingesetzten Methoden transparent zu sein, um Nachvollziehbarkeit zu ermöglichen. Gefundene Widersprüche in den erhobenen Daten müssen daher ebenso dargestellt werden wie die Technik der vergleichenden

Kontrastierung von Daten aus verschiedenen Datenquellen. Indem Deutungen der Forscher*innen als solche gekennzeichnet und latente und manifeste Daten miteinander in Beziehung gesetzt werden, kann der Anspruch auf eine hinreichende Validität der erhobenen Befunde realisiert werden. Da qualitative Forschung im so verstandenen Sinne auf die Wiedergabe einer objektiven Wahrheit[2] verzichtet, dient neben der erwähnten Transparenz in Bezug auf die Forschungsmethode eine offene und nicht wertende Herangehensweise an das Forschungsfeld als Kriterium ihrer Qualität.

Qualitative Forschung zeichnet sich darüber hinaus durch ein induktives Vorgehen in den Auswertungsschritten aus. Im Rahmen einer ersten Auswertung der erhobenen Daten kommt es zu einer reflexiven Annäherung an das Untersuchungsfeld, wobei Themenbereiche zunächst offen kodiert werden, indem bestimmte, als besonders relevant erscheinende Aussagen markiert werden. Doch bleibt die Auswertung von Interviewdaten nicht rein deskriptiv und paraphrasierend, sondern sie wird durch das Kontextwissen und das Heranziehen weiterer Quellen vorstrukturiert, die in die Bildung thematischer Kategorien einfließen. Zunächst werden aber im Rahmen der sogenannten offenen Codierung bestimmte Codes (Verschlüsselungen) entwickelt, wobei im permanenten Vergleich Gemeinsamkeiten und Unterschiede zwischen den Interviews hergestellt werden. Im weiteren Schritt werden Codes zu Kategorien zusammengefasst. Die Kategorienbildung dient also der Verknüpfung der aus den Interviews gewonnenen Daten (im Sinn einer empirischen Quelle) mit dem zunehmenden Kontextwissen, das sich während des Projekts im Forschungsteam herauskristallisiert. Anhand der aus einigen Interviews entwickelten Kategorien werden anschließend die neu erhobenen Interviews codiert und weitere Diskriminationen und Veränderungen an der Empirie-Theorie-Verknüpfung vorgenommen (Glaser & Strauss, 1998). Somit handelt es sich bei der Auswertung um eine zirkuläre, spiralförmige Entwicklung des Datenmaterials, indem sich die Forscher*innen in der Suchbewegung zwischen Datenquellen aus dem Forschungsfeld und der Kontextanalyse hin und her bewegen und in regelmäßigen Abständen ihre Auswertungen austauschen (vgl. Caspari, 2012).

Im vorliegenden Forschungsprojekt waren diese Suchbewegungen besonders erkenntnisreich, da dem Forschungsteam drei ebenso unterschiedliche wie reichhaltige Datenquellen zur Verfügung standen:

---

[2] Der Anspruch auf die Wiedergabe objektiver Tatsachen wird aber sehr wohl in Bezug auf die deskriptiven Befunde im Kap. 4 verwirklicht.

- Interviews mit Beteiligten,
- Protokolle und Dokumente
- Tagebücher

3.2.2 Qualitative Interviews

Der gewählte qualitative Forschungszugang mittels Interviews macht einige Vorüberlegungen erforderlich: Welche Art von Daten soll produziert werden? Wie können Daten gewonnen werden? Wie können Erkenntnisse über einen Fall[3] gewonnen werden? Ausgehend von Antizipationen über aussagekräftige Fallergebnisse bedarf es Überlegungen, wie ein Fall möglichst umfassend „beleuchtet" und auf welche Weise eine Vielfalt an Perspektiven integriert werden kann. Das heißt: Wer und was trägt dazu bei, einen Fall hinreichend zu beschreiben? Eine Fallbeschreibung bedeutet nicht eine deskriptive Darstellung eines Einzelfalls, sondern seine re-konstruktive Auswertung aus dem Datenmaterial nach den oben beschriebenen Vorgehensweisen. Die Darstellung des Falles unterliegt einem vielfältigen Transformationsprozess, da man letztlich durch bestimmte Kriterien eine Auswahl und somit eine Reduktion der Daten wählen muss (Merkens 2003; Rosenthal & Fischer-Rosenthal, 2003).

Im vorliegenden Feld bot sich eine Interviewerhebung mit unterschiedlichen Beteiligten – Zeitzeug*innen, Betroffenen – a n. In einer Interviewsituation begegnen sich zwei Subjekte, die sich über „den Fall" austauschen. Dabei verfügen sie über jeweils unterschiedliche Wissensbestände und eine unterschiedliche Motivationslage in Bezug auf den Fall. Beide „Parteien" wissen jedoch am Beginn der Erhebung nicht, inwieweit der jeweils andere Part informiert ist und wie viel an Wissen schon transportiert wurde. Das heißt, einerseits sind beide Wissende und zugleich Unwissende im Feld, sodass auch ihre Interaktion im Rahmen eines subjektorientierten Zugangs von Interesse ist (Hermanns, 2003). Dies ist vor allem im hier untersuchten Forschungsfeld entscheidend, da wir Psychoanalytiker*innen befragten, die aufgrund ihrer Berufssozialisation gewohnt sind, Fragen zu stellen und Interaktionen zu deuten. Die Interviewsituation verkehrt zunächst einmal diese Position, was nicht selten zu ersten Irritationen führte:

---

[3] Die Definition des „Falles" ist in der qualitativen Forschung offen. Es kann hier damit sowohl der „gesamte" Untersuchungsgegenstand gemeint sein, auf den ein Forschungsprojekt fokussiert, als auch eine bestimmte Person, die im Rahmen eines Interviews „als Datenquelle dient".

Wer fragt zuerst? Wie viel muss ich reden? Wie lange wird das Interview dauern? Zudem bedurfte es bei einigen Interviewpartner*innen unmissverständlicher Vergewisserung und Rückversicherung: Warum muss der Fall wieder aufgerollt werden? Warum gerade jetzt? Wer hat wen beauftragt?

Im folgenden Beispiel sind unterschiedliche Informationslagen und auch Fehlinformationen zu erkennen, die im Interview mit einer Psychotherapeutin zunächst geklärt werden mussten. Dabei war es interessant, die vorhandenen subjektiven Hypothesen über das Zustandekommen des Forschungsauftrags zu erfragen.

A: Mich würde noch interessieren Ihr Hintergrund jetzt, damit ich weiß, (?) sind Sie jetzt bei dem Institut fest angestellt, oder sind Sie sozusagen beauftragt von woanders her?

I: Genau. Also es sind viele Festangestellte in dem Institut. Ich selber arbeite auf Honorarbasis. Ich bin psychologische Psychotherapeutin, Tiefenpsychologie und mach das also, weil´s mich interessiert und weil es ein Nebenjob ist beim IPP München.

A: Sie sind Erwachsenen-Psychotherapeutin?

I: Genau.

A: Und habe ich das richtig verstanden, das sind die Kinderanalytiker, die das aufarbeiten wollen?

I: Genau. Der Auftrag kam vom AKJP (Heidelberg), genau.

A: Die Kinderanalytiker.

I: Genau. Die haben das beauftragt.

A: Nur damit ich weiß, wenn ich mit Ihnen spreche.

I: Ja klar.

Viele Interviews fanden in den Praxisräumen unserer Gesprächspartner*innen statt, was ebenfalls zur oben erwähnten Verkehrung ihrer gewöhnten Berufssituation beitrug. Später wurden aufgrund der Pandemie und des anschließenden Lockdowns auch Interviews per Video bzw. Telefon geführt. Es ist davon auszugehen, dass dies Einfluss auf das Interaktionsgeschehen und somit auf die Daten genommen hat. Analog zu einer psychoanalytischen Behandlung, die per Video durchgeführt wird, ist auch ein qualitatives Interview mit anderen Gesprächsqualitäten assoziiert, wenn es per Video – im Vergleich zum persönlichen Kontakt – geführt wird. Da aber auch die Erhebung manifester Daten ein wichtiger Bestandteil unseres Forschungsauftrags war, hat das Projekt auch von den per Telefon oder Video geführten Interviews sehr profitiert. In der Auswertung der Daten wurden aber Unterschiede zwischen den Gesprächssettings reflektiert.

Aber nicht nur auf der Seite der Interviewten war eine gewisse Vorsicht erkennbar, auch als Forschende selbst begegneten wir „Berufsanalytiker*innen" nicht ohne Vorannahmen. So kann zunächst aufgrund der Rolle der Interviewten davon ausgegangen werden, dass diese über ein spezifisches Wissen und „Handwerkszeug" in Bezug auf Gesprächsführung und Reflexion verfügen. Als Interviewer*innen befanden wir uns somit teilweise in einer Doppelrolle als Wissenschaftler*innen und Berufskolleg*innen. Das Herstellen einer gelingenden Gesprächssituation obliegt beiden Parteien, indem man Empathie zeigt, um überhaupt eine Öffnung des Gesprächsraums zu ermöglichen (Hermanns, 2003). Dies bringt die/den Interviewer*in eine anforderungsreiche Lage, da sie/er einerseits Verständnis für die Schwierigkeiten der Befragungssituation aufbringt, zugleich aber auch im Hinblick auf Ergebnisse bestimmte Fragen stellen muss. So spricht Hermanns davon, dass die/der Interviewer*in auch in eine Schonhaltung gegenüber den Befragten geraten kann, indem sie/er Peinlichkeiten und Intimitätsverletzungen befürchtet und daher zum Beispiel Nachfragen bei Widersprüchen vermeidet (Hermanns, 2003). Dies gilt es im Vorfeld zu reflektieren und sich darauf entsprechend vorzubereiten und spätestens in der Analyse der Daten miteinzubeziehen.

3.2.3 Hermeneutisches Vorgehen

Schon beim Erstellen des Interviewleitfadens wurden gewisse Vorannahmen über die Gewinnung des Datenmaterials deutlich. So interessierte uns zum Beispiel, was die/den Interviewte/n zur Teilnahme an der Studie motivierte, welches Kontextwissen sie/er einbringt und welche reflektierenden Gedanken sie/er bezüglich des Falles anstellt. Neben diesen objektiven Informationen, die notwendig sind, um das Interview und die Auswertungskategorien zu kontextualisieren und das Gesprochene einzuordnen, sind aber auch latente Gesprächsinhalte wichtig. Daher bedarf es zusätzlich einer offenen Herangehensweise jenseits des Gesprächsleitfadens, um zum Beispiel Nachfragen bei auftauchenden Widersprüchen zu ermöglichen.

Der erste Auswertungsschritt besteht darin, sich – ähnlich der Gegenübertragungsgefühle der Analytiker*innen – von den Interviews anmuten zu lassen. Die ersten Sätze, Szenen, Situationen oder Konstellationen können dabei für die weitere Auswertung wichtig sein. Diese tragen zur ersten Orientierung bei, müssen aber in der Folge, da es sich um latente Informationen handelt, im Auswertungsmaterial validiert werden. Finden sie in der Auswertung keine weiteren Anknüpfungspunkte, werden sie auch wieder fallen gelassen. Interessant ist jedoch, dass die latenten Informationen häufig wieder als manifeste Daten im Interview zutage treten. Ein Beispiel hierfür wäre ein Zuspätkommen zum Interview oder das Vergessen des Interviewtermins, was sich in inhaltlichen Verwirrungen oder im Vergessen von Daten und Namen in Bezug auf den erforschten Fall widerspiegelt. Obzwar fehlende oder fragmentarische Erinnerungen natürlich auch dem Umstand geschuldet sind, dass die Ära H. M. schon lange zurück liegt, erschien ihre Häufung dennoch symptomatisch. Verwirrungen in Bezug auf Daten (vor allem Zeiten und Namen) erlebten aber nicht nur die Interviewten, sondern auch das Forscherteam selbst. Immer wieder gab es Unklarheiten darüber, wann und in welcher Funktion welche Personen an bestimmten Vorgängen und Sachverhalten beteiligt waren. Diese Auffälligkeiten waren unter anderem Thema bei den Diskussionen über die Auswertung und die Ausrichtung des Forschungsprozesses, sodass im Sinne einer größtmöglichen Präzision des Datenmaterials immer wieder „nachjustiert" werden musste. Ähnlich wie bei der Vorgehensweise in Balintgruppen entstand bei uns mehr und mehr das Gefühl, als bilde sich der Fall H. M. mit all seinen Verzweigungen und Widersprüchen in unseren Diskussionen erneut ab.

Vor allem in der Auswertungsmethode der Tiefenhermeneutik findet die Tatsache, dass beobachtbare Inszenierungen den latenten Inhalt der Daten abbilden, eine explizite Berücksichtigung (König, 2003). Daher wird in der qualitativen Methodik oft auf Parallelen zwischen dem psychoanalytischen Vorgehen und der Deutung qualitativer Daten hingewiesen (Devereux, 1984). Aber nicht nur in der Analyse der Daten gibt es Parallelen, sondern auch in dem „Sich-aufeinander-Einlassen" im Interview. So soll ein/e Analytiker*in alle ihre/seine Sinne auf die Begegnung mit der/dem Analysand*in richten und mit einer gleichschwebenden Aufmerksamkeit wahrnehmen, wie das Gespräch und die Szene das früher Erlebte in seiner spezifischen Form wiedergeben (Freud, 1912). Dabei ist nicht alleine das verbale und faktische Wissen von Interesse, sondern es soll auch ein darüber hinaus gehendes Verstehen intuitiv erschlossen werden. Entsprechend wird die/der Forscher*in ebenso wie die/der Analytiker*in das Material verwickelt. Diese Verwicklung ist wichtig, da nur so ein Verstehen der retrospektiv betrachteten Dynamiken ermöglicht werden kann. Erst durch das Einlassen auf die Interviewsituation und somit auf eine Reinszenierung kann sich ein Bild über den Untersuchungsgegenstand (erneut) repräsentieren. Doch muss auch hier, ähnlich wie in der Analyse, die Verwicklung verstanden und gedeutet werden, um Erklärungen und Erkenntnisse auf einer Metaebene entwickeln zu können. Einen ähnlichen methodischen Zugang beschreiben beispielsweise Burka et al. (2019), die die Dynamiken in einem psychoanalytischen Institut in Kalifornien in Folge schwerer ethischer Verstöße durch maßgebliche Kollegen untersuchten: „We offer the collected interview responses not as ‚facts' but as the result of conscious and unconscious exchanges that occurred between each participant/interviewer dyad, which were then subjected to analysis" (S. 254). Die Autor*innen sprechen hier von einem zweistufigen Prozess, wobei den interviewten Personen zunächst die Gelegenheit gegeben wird, ihre eigenen Erfahrungen darzustellen, während es im zweiten Schritt Aufgabe der Forscher*innen ist, die erhobenen Daten zu interpretieren. Da auf beiden Stufen dieses Prozesses Bedeutungen und Deutungen generiert werden, bezeichnen die Autor*innen das Verfahren als „double-hermeneutic" (Burka et al. 2019, S. 254).

Umso wichtiger erwies sich für uns also der Schritt, die manifesten Daten anzuschauen und abzubilden, um andere Interpretationen daran zu spiegeln. So zum Beispiel durch die Auflistung der einzelnen Grenzverletzungen, die nachgewiesen werden können, und durch die exakte Darstellung der Analyse der Protokolle aus der damaligen Zeit (vgl. Wolff, 2003).

Somit handelt es sich in der qualitativen Analyse immer um eine Rekonstruktion der gewonnenen Daten, die sich fortwährend dahingehend rückversichern muss, was in den Daten zu finden ist. Die Bewegung von Induktion und Deduktion endet in einem abduktiven Schluss, an dem sich das weitere Vorgehen orientiert (Dausien, 1995; Reichertz, 2003). Dieser logische Schluss ergibt sich nicht irgendwie, sondern in der Auseinandersetzung mit und durch die Involviertheit in den Daten und dem Forschungsgegenstand.

Durch die genaue Analyse der Protokolle (aus Mitgliederversammlungen, Schreiben, Besprechungen, …) stellt sich eine dokumentarische Wirklichkeit her, die zu den Aussagen in den Interviews kontrastiert werden konnte. Spannend an diesem Prozess, der sich zeitlich versetzt und durch die Konfrontation mit den heutigen Interviewdaten verschränkt, ist, dass man Personen und deren Verwicklungen im Nachgang zunehmend erkennen kann. Dadurch werden Erkenntnisse sowohl durch das Gesagte als auch durch das Nicht-Gesagte generiert. Durch die verschränkte Auswertung der Datenquellen, die zuweilen den Charakter detektivischer Rekonstruktionen annimmt, werden Informations- und Erkenntnislücken nach und nach aufgefüllt. Auf diese Weise wird im Verlaufe des Forschungsprozesses auch klar, dass manche Interviewte in bewusster Kenntnis dieser Leerstellen bestimmte Informationen nicht preisgegeben haben, sodass sich die Analyse auch auf die damit verbundenen Motivationen richtet. Vor dem Hintergrund, dass nicht alle Interviewten gleichermaßen informiert sind, bestand unsere Aufgabe auch in einer möglichst exakten Zuordnung zu bestimmten Zeiträumen und Kontexten (z. B. AKJP-Heidelberg oder IPP-Heidelberg-Mannheim, Ausbildungsjahrgang, etc....). Dazu dienten sowohl die Protokolle und Tagebücher als auch entsprechendes Nachfragen in den Interviews. Die Protokolle liegen zwar „näher am Geschehen" als die aktuellen Interviews und vermitteln somit eine schlüssige zeitliche Orientierung, aber auch diese Datenquellen geben letztlich eine Konstruktion dieser Geschehnisse wieder, die entsprechend dekonstruiert werden muss (Wolff, 2003). Solche Dekonstruktionen erfordern vor allem eine Trennung von Inhalt, Form und Interpretation.

Wenn wir aus heutiger Zeit rückblickend Daten interpretieren, spielt auch die Frage nach der Zeitgeschichte der 1970iger und 1980iger Jahre und nach dem damals verfügbaren Diskurswissen über sexuellen Missbrauch eine Rolle. Der historische Hintergrund der Auseinandersetzungen zu sexuellem Missbrauch in der Psychotherapie und speziell in der Psychoanalyse dient ebenso als Interpretationsschablone und stellt eine weitere Rahmung dar. Daher war es wichtig, nicht nur Zeitzeug*innen zu befragen, die diesen geschichtlichen Prozess direkt mitgestalteten, sondern auch eine umfangreiche Analyse zeitgenössischer Veröffentlichungen zu diesem Thema vorzunehmen.

3.2.4 Validierung von Interviewdaten – Der narrative Ansatz

Die von den jeweiligen Interviewpartner*innen berichtete Motivation an der Studie teilzunehmen bildet häufig eine Reflexionsebene, zu der weitere Aussagen aus einem Interview in Beziehung gesetzt werden. Dies gilt nicht nur für die Gruppe der Befragten, die sich eher kritisch gegenüber der Aufarbeitungsstudie äußerte, sondern genauso auch für die Befürworter der Studie. Auf dieser Reflexionsebene können u. a. solche Angaben eingeordnet werden, die sich auf tatsächliche oder vermutete Wissensbestände bzw. auf den behaupteten Mangel an Wissen beziehen. Die beiden folgenden Zitate aus dem Interview mit einer/einem Psychotherapeut*in verweisen exemplarisch auf häufig vorkommende Erzählungen von Nicht-Wissen oder unterstelltem Wissen.

I: Und der Sohn, der war H. M.s Sohn.

A: Ja. Der sah ihm auch sehr ähnlich, er konnte seinen Vater nicht verleugnen. Also (lacht) er sah ihm sehr ähnlich.

I: Aber wer war die Mutter? Wussten Sie das?

A: Mutter, keine Ahnung. Wusste ich nicht, war keine da, also zumindest war mir keine bewusst.

3.2 Verschränkung von Datenerhebung und Datenauswertung

> *„Also die hätten das, die hätten das stoppen können! Die wussten ja, die wussten ja, was läuft! Das haben sie ja auch – das hat´s ja auch geheißen, H. M. hat sein Kind nicht verleugnet, das er da hatte, das sprang da am Institut rum. Also es war bekannt! Die haben alle nichts – nicht nur nichts gemacht."*

Hier kann in der Auswertung gefragt werden: Wer kann was gewusst haben? Warum wusste die/der Befragte nichts, ist sich aber sicher, dass andere was wussten? Somit ergibt sich hier der Auftrag, das Interview genauer zu analysieren und mit weiteren manifesten Daten aus anderen Interviews in Beziehung zu setzen. Daher ist es wichtig, eine bestimmte Anzahl von Interviewpartner*innen zu einzubeziehen, um die notwendige Informationsbreite zu erreichen. Die Auswahl der Interviewpartner*innen erfolgte aber nicht willkürlich, sondern hypothesengeleitet im Sinne des „theoretical Sampling" (Glaser, 1978). Dies ist mit der immer wieder neu zu stellenden Frage verbunden, welche Perspektiven und Zeitzeug*innen für den zu untersuchenden Fall noch aussagekräftige Informationen erwarten lassen. Im vorliegenden Untersuchungsfeld fiel auf, dass es viele Querverweise durch die Interviewten auf mögliche Wissende und auch Betroffene gab, die sich jedoch nicht für ein Interview zur Verfügung stellen wollten. So hatte man immer das Gefühl, dass im Orbit der Studie ein Geflecht von Schatteninterviewten und Kontextwissen schwirrt, das sich aber nicht in manifeste Daten überführen lässt. Auch diese Beobachtung muss in die Auswertung einbezogen werden bzw. stellt bereits ein wichtiges Ergebnis dar.

Neben dem Zugang der „Grounded Theory", die aus der Tradition des symbolischen Interaktionismus stammt und als handlungstheoretische Metaebene die Außenperspektive der Auswertung adressiert, kann über die Analyse von Narrativen die Binnensicht der Befragten im vorliegenden Untersuchungsfeld erfasst werden. Dabei geht es nicht nur um Beschreibungen solcher Perspektiven, sondern auch um deren Repräsentationen. Der/Die Interviewte erscheint dabei sowohl als Ich-Erzähler*in als auch als Ich-Figur, die sich zu dem berichteten Fall verhält. Die Entwicklung eines Narrativs geschieht im Rahmen der Herstellung einer Wir-Wirklichkeit, in der die/der Zuhörende als Reflexionspunkt und Teil der Geschichte fungiert. Dabei gilt dem Zeithorizont eines Interviews ein besonderes Augenmerk, da sowohl der aktuelle Gegenwartsbezug als auch der Rückblick in die Vergangenheit und Erwartungen in Hinblick auf eine Zukunftsperspektive erfragt werden (Rosenthal & Fischer-Rosenthal, 2003). Im vorliegenden Fall ist dies besonders spannend, da die Untersuchung infolge des Gerichtsverfahrens gegen H. M. und der Veröffentlichung des Artikels in der „ZEIT" initiiert wurde. Beide Ereignisse führten im Untersuchungsfeld nicht zuletzt deshalb zu heftigen

Reaktionen, weil sie zwar einerseits Informationen über die Vergangenheit verfügbar machten, andererseits aber auch viele offene Fragen erkennbar werden ließen. Insgesamt stellt eine Zeitspanne von 27 Jahren nach der ersten ernsthaften Aufdeckung der Übergriffe eine recht umfangreiche, aber durchaus nicht außergewöhnliche Untersuchungsperspektive für eine externe Aufarbeitung dar. Für die Auswertung stellen vor allem Erzählungen aus der Gegenwartsperspektive, in denen frühere Sachverhalte aufgrund aktueller Geschehnisse und Diskurse gedeutet werden, den zentralen Kristallisationspunkt dar. Die auf Rückerinnerungen basierende Erzählung geschieht immer unter Rückgriff auf eine unmittelbare Bewertung der gegenwärtigen Situation und in einem Gerichtetsein darauf, was das Erzählte für die Zukunft bedeuten könnte. In der qualitativen Sozialforschung wird die Narration zwar als „kulturwissenschaftliche Schlüsseldisziplin" (Vogd, 2005; Köhle & Koerfer, 2011) betrachtet, gerät aber zugleich dadurch in die Kritik, dass der/dem Erzählten und der/dem Erzähler*in (zurecht?) skeptisch begegnet wird. So betrachten beispielsweise Rosenthal und Fischer-Rosenthal ihre Studien und Auswertungen zu erzählten Lebensgeschichten prinzipiell als hypothetisch. Dies bedeutet, dass anhand der Analyse einzelner Gesprächsanteile Hypothesen an das Material gerichtet werden, die sich nur innerhalb des Textes und seiner Erzählstruktur bestätigen bzw. widerlegen lassen (Rosenthal, 1987; Rosenthal & Fischer-Rosenthal, 2003). Dazu ein Beispiel aus einem Interview mit einer/einem Psychotherapeut*in im Rahmen unserer Studie:

I: Und warum hat da keiner was gesagt?

A: Ah, da haben viele was gesagt. Das war auch Thema auf den Tagungen, auf der VAKJP; und: Skandal! und so. Und ich habe ja im letzten Jahr noch ein Schreiben von X bekommen, wo er von dem Vertuschungssystem spricht, einem „notorischen Vertuschungssystem" hier in Heidelberg, ja, und da eine unheimliche verletzende und wütende ..., ein wütender Angriff auch auf mich vorgenommen wurde. Und die Y das dann so ein bisschen versucht hat zu erklären, warum der X so verletzend ist, ja? Weil die waren – das ist die Ohnmacht gewesen, also es war ja ... Ich mein, der Fachverband war ohnmächtig, es gab keine Handhabe, ja?, ihm das zu entziehen. Ja? Weil ...

I: Das müssen Sie mir noch erklären. Wieso gab's keine Handhabe, wenn jemand so ...

A: Es lag nichts vor, ja? Es gab ein paar ...

I: Also jetzt lassen wir noch mal die Kindersachen auch außen vor: Aber hier lagen doch jetzt, was die Abstinenzverletzung betrifft, das war ja hier quasi fast aktenkundig.

A: Ja, das ...

3.2 Verschränkung von Datenerhebung und Datenauswertung

I: Hätte aus dem Institut heraus das, jetzt sag ich mal, angeklagt gehört, oder hätte man das anklagen müssen und sagen: Wir können das belegen, er hat hier, was weiß ich, mindestens mit fünf Analysandinnen eine sexuelle Beziehung gehabt? Die Zahl ist jetzt beliebig, aber ...

A: Ja, das mit den Kindern war klar (...), weil die hatten ...

I: Er hat zweimal Kinder gezeugt, im Nachhinein aber nur einmal geheiratet.

A: Aber im Bereich der Kindertherapie und der Diagnostik, die Übergriffigkeit in der Diagnostik, ja?, die konnten wir ja nur ...

I: Nur indirekt darauf schließen.

A: Indirekt, ja, indirekt. Also wir waren vielleicht auch feige, ja?, wir waren vielleicht auch ängstlich. Das würde ich sagen, ja. Und wie das so ist: Man möchte eigentlich auch nicht dauernd mit diesem Scheiß zu tun haben, ne?

In diesem Interviewabschnitt wird die ==Ambivalenz oder besser das Nebeneinanderstehen von Wissen und Nichtwissen, von Tun und Unterlassen, von Machbarkeit und Ohnmacht== formuliert. Im Erzählen und Formulieren des „Tatbestands", so wie er empfunden wird, wird dieser im Interview zunehmend zu einer Realität, die er zugleich aber immer auch schon war. Durch die per Audioaufnahme gesicherte Aktualisierung im Forschungsinterview kann diese Erzählung aber auch Auswirkungen auf die Zukunft haben. In der Analyse der Narrationen interessieren auch Abbrüche und Unterbrechungen im Erzählfluss, die Hinweise auf eine Blockierung geben können (Rosenthal, 1987). Im hier vorliegenden Gesprächsausschnitt kann man vermuten, dass sich der Befragte selbst fragt, warum nicht mehr unternommen wurde und was es bedeutet, wenn er genau dies im Rahmen des Interviews formuliert. Der Interviewer signalisiert durch ein empathisches Mitgehen in der Befragungssituation, dass er einerseits verstehen kann, dass es schwierig war, etwas zu unternehmen, andererseits bringt er auch Verwunderung darüber zum Ausdruck, dass damals bestehendes Faktenwissen nur unzureichend zur Kenntnis genommen wurde. Die Fragen, die sich in dieser Sequenz aufdrängen, sind nicht allein im Rahmen dieses Interviews zu beantworten, sondern nur durch das Hinzuziehen weiterer Befragungsteilnehmer*innen und Daten. Der Befragte macht den Eindruck, dass sich ihm die Frage nach unzureichenden Interventionen in der Vergangenheit entweder erst jetzt in aller Deutlichkeit aufdrängt oder aber er fürchtet, sich oder andere zu sehr zu belasten, wenn er den Sachverhalt zu genau benennt. Entsprechend empfänglich scheint er für die ihm vom Interviewer angebotene Begründungsfigur, dass man nur indirekt auf Übergriffe gegen Kinder schließen konnte, sodass er einen Ausweg aus dem für ihn schwierigen Gesprächsabschnitt zu finden vermag.

Der Erklärungswert dieser Argumentationsfigur ist jedoch nur vorläufig, da die grundsätzliche Frage offenbleibt, warum damalige Bemühungen um Aufklärung (z. B. mithilfe der Durchsicht von Akten) regelmäßig im Sand verliefen:

> *I: Sie haben halt mal reingekuckt, und Sie sind ja auch fündig geworden. Also Sie haben ...*
>
> *A: Also sagen wir mal so, da müsste man jetzt auch noch mal ein bisschen genauer kucken: Wer war damals im Vorstand? (...) Oder was waren die Leitfiguren? Oder so. So könnte man vielleicht auch noch mal ein bisschen schauen. Ich glaube, das hat viel mit der A. A. zu tun, dass es keinen Impetus gab, der uns vielleicht auch befördert hätte: Mach da weiter. Ja? Oder das müssen wir aufdecken, oder so. Sondern es war natürlich auch immer wieder eine Bremse drin, ja? Das würde ich sagen.*
>
> *I: So im Nachhinein, ja.*
>
> *A: Das habe ich damals nicht so wahrgenommen. Und ich meine, wir sind ja in der Hinsicht auch, pfff ... Was solche Sachen angeht, ist man ja ganz gerne auch wieder raus aus dem Ding, nicht? Oder verleugnet es auch wieder ganz gerne oder lässt es ein bisschen ruhen oder so. Ja? Das stimmt. Also wir haben das nicht im Einzelnen dann weiterverfolgt. Also das wäre sicher noch mal ein interessantes Gespräch auch mit denen, die damals mit dabei waren, das auch noch mal zu reflektieren, wie das eigentlich so gelaufen ist.*

Der formulierte Widerspruch, einerseits nachzuforschen, andererseits immer aber auch steckenzubleiben und nichts weiter zu unternehmen, wird erneut offenbart. Dieser zeigt sich auch im Sprachduktus des Interviews. Nicht nur der Befragte bricht seine Sätze immer wieder ab, sondern auch der Interviewer unterbricht den Erzählfluss, so als würden sich Handeln und Denken der Vergangenheit als Strukturgleichung im Formulieren der gegenwärtigen Gesprächspartner spiegeln.

Aus heutiger Sicht drängt sich die Frage auf, warum damals nicht konsequenter gehandelt wurde. Genauso kann aber gefragt werden, was das Institut dazu veranlasste, den Fall H. M. doch immer wieder an die Oberfläche zu bringen, obwohl er ja in gewisser Weise abgeschlossen war. Etwas konnte offenbar nicht zur Ruhe kommen.

Anhand dieses kurzen Beispiels sollte veranschaulicht werden, wie Narrative methodisch erschlossen und Daten interpretiert werden können. Die qualitative Sozialforschung betrachtet die Narration immer auf einer symbolischen Ebene des Geschehens. Gerade durch die Erzählung und ihre Struktur offenbart sich der Fall als das, was das Untersuchungsfeld ausmacht.

Auch hier gibt es eine Parallele zur Praxis der Psychoanalyse, die sich mit den Narrativen der Patient*innen und deren Bedeutung beschäftigt und in Deutungen transformiert. Streng genommen ließe sich am empirischen „Wahrheitsgehalt" von sozialwissenschaftlich erhobenen, qualitativen Interviewdaten grundlegend zweifeln. Aber ähnlich wie in der Psychoanalyse stellt der Dialog im Rahmen des Interviews einen besonders aussagekräftigen Erkenntniszugang in einem subjektorientierten Feld dar. Die Narration, in der die Geschichte verbalisiert wird und in der wir uns selbst in der Geschichte verbalisieren und formulieren, ist das, was Erkenntnis schafft.

Deskriptive Befunde als Bezugsrahmen 4

4.1 Übergriffe, Grenzverletzungen, sexualisierte Gewalt – Erkenntnisse über die Taten von H. M.

Im Folgenden findet sich eine Zusammenstellung von durch H. M. begangenen sexuellen Übergriffen sowie von sexuellen Beziehungen von H. M. im Kontext seiner Tätigkeiten am AKJP-Heidelberg sowie am IPP-Heidelberg-Mannheim. Als Grundlage dieser Informationen fungieren, wie oben beschrieben, folgende Datenquellen:

- mündliche und schriftliche Berichte Betroffener;
- mündliche und schriftliche Berichte v. a. ehemaliger Mitarbeiter*innen und Leitungskräfte des Kinderinstituts sowie des Erwachseneninstituts (hier vor allem Informationen aus unseren qualitativen Interviews);
- Aktenbestände und Protokolle aus dem AKJP-Heidelberg; Protokolle aus dem IPP-Heidelberg-Mannheim; Tagebuchaufzeichnungen von H. M.).

Es wurden nur solche Informationen in die Auflistung aufgenommen, die mit hoher Wahrscheinlichkeit als gesichert angesehen werden können. Dies ist nicht im Sinne einer justizförmigen Beweiskraft zu verstehen, sondern als Ergebnis eingehender Prüfungen der oben genannten Quellen, die zu der Einschätzung führten, dass die entsprechenden Informationen als hinreichend plausibel betrachtet werden können. Dies impliziert auch, dass einige Hinweise auf der Basis von Sekundärquellen (Hinweise Dritter, die uns von Gesprächspartner*innen übermittelt wurden) Berücksichtigung fanden.

Im Anschluss an die eher kursorisch gehaltene Auflistung der berichteten sexuellen Grenzverletzungen und sexuellen Beziehungen werden einige Angaben wiedergegeben, deren überblicksartige Erwähnung einer aus unserer Sicht wichtigen Kontextualisierung der als gesichert eingestuften Informationen dient. Nachweisbare sexuelle Grenzverletzungen und sexuelle Beziehungen von H. M. im Kontext der beiden Ausbildungsinstitute AKJP-Heidelberg und IPP-Heidelberg-Mannheim:

1. Im Zusammenhang mit einem Fest anlässlich der Ernennung von H. M. zum Institutsleiter, das etwa ein Jahr nach Beginn seiner Tätigkeit im AKJP-Heidelberg (1975) stattfindet, wird von einer „zwielichtigen" und „übergriffigen" Atmosphäre berichtet. Die Stimmung zwischen H. M. und einigen Ausbildungskandidatinnen wird als unangemessen im Sinne unklarer Grenzziehungen beschrieben.
2. Etwa im Jahr 1976 hat H. M. eine sexuelle Beziehung zu einer Ausbildungskandidatin, die sich sowohl am Erwachseneninstitut als auch – vorübergehend – im Kinderinstitut ausbilden lässt.
3. Zu einem nicht näher bestimmbaren Zeitpunkt in den Jahren 1975–1977 wird ein kindlicher Patient (Junge im Grundschulalter) von H. M. im Rahmen der Zweitsicht aufgefordert, sich nackt auszuziehen.
4. Im Jahr 1976 sagt H. M. im Rahmen einer psychotherapeutischen Sitzung zu einer 15-jährigen Patientin, dass sie keine Angst vor ihrem ersten sexuellen Kontakt haben müsse. Er bietet ihr an, ihr zu zeigen, wie es geht. Auf ihr irritiertes Nachfragen, was er konkret damit meine, erwidert er, er könne es hier (im Behandlungsraum) mit ihr machen. In den darauffolgenden Sitzungen kommt er immer wieder von sich aus auf dieses Thema zu sprechen und bietet ihr mehrfach an, mit ihr (mit dem Zug) wegzufahren. Er macht ihr weitere sexuelle Avancen. Es kommt auch dazu, dass er ihr an die Brüste fasst.
5. Im Jahr 1977 oder 1978 fragt H. M. eine 14- oder 15-jährige Patientin im Laufe einer psychotherapeutischen Sitzung, ob sie sich manchmal nackt im Spiegel anschauen würde. Außerdem erkundigt er sich bei ihr, ob sie sich manchmal selbst streicheln würde, wenn sie nackt sei, auch im Genitalbereich. H. M. stellt diese Fragen trotz deutlichen Unbehagens aufseiten der Patientin. Im weiteren Verlauf beugt sich H. M. weit vor und fragt mit sanfter Stimme: „Wie wäre es, wenn ich dich in den Arm nähme und dich streichelte? Würde dir das gefallen?" Dies führt zu weiteren schwerwiegenden Belastungsreaktionen aufseiten der Patientin.

6. Im Jahr 1979 beginnt H. M. eine sexuelle Beziehung mit der 18-jährigen R. R. Diese war als 16-Jährige von H. M. als Patientin aufgenommen worden. Die sexuelle Beziehung beginnt vermutlich nach Abschluss der Therapie. Im Alter von 19 Jahren bringt Frau R. einen Jungen zur Welt. H. M. ist der Vater dieses Kindes.
7. An einem nicht näher bestimmbaren Zeitpunkt Ende der 1970er/Anfang der 1980er Jahre wird ein Junge im Rahmen einer psychotherapeutischen Behandlung von H. M. mehrfach angefasst bzw. unsittlich berührt.
8. An einem nicht näher bestimmbaren Zeitpunkt (vermutlich 1970er Jahre) berührt H. M. im Rahmen einer Zweitsicht die Brust einer 14-jährigen Patientin, die aufgrund selbst erlittener sexueller Übergriffe das Kinderinstitut aufsucht. Er verübt diese Handlung unter dem Vorwand, den von der Jugendlichen geschilderten sexuellen Übergriff nachspielen zu wollen.
9. In den Jahren 1979–1981 (oder 1980–1982) hat H. M. als Institutsleiter eine sexuelle Beziehung mit der Ausbildungskandidatin D. T. Der Kontakt zu Frau T. besteht mindestens bis 1990, wobei unklar ist, ob es in diesem Zeitraum noch zu sexuellen Begegnungen kommt. Während ihrer Beziehung mit H. M. ist Frau T. verheiratet. Unter anderem bittet sie eine Ausbildungskollegin, ihr für einige Tage deren Wohnung zur Verfügung zu stellen, damit sie sich dort mit H. M. ungestört treffen könne.
10. Im Jahr 1982 beginnt H. M. in seiner Funktion als Lehranalytiker (am IPP-Heidelberg-Mannheim) eine sexuelle Beziehung mit der verheirateten Lehranalysandin B. U. Diese Beziehung dauert bis 1990. Obwohl sie ihre Ausbildung noch nicht abgeschlossen hat, verhilft H. M. Frau U. zu einer Dozententätigkeit am AKJP-Heidelberg.
11. In einem nicht näher bestimmbaren Zeitraum fasst H. M. eine Ausbildungskandidatin, die bei ihm in Supervision ist, zur Begrüßung jedes Mal um die Hüfte, geleitet sie so in das Behandlungszimmer und berührt während der Sitzungen häufig ihren Oberschenkel.
12. Etwa Mitte der 1980er Jahre wird ein etwa 14/15-jähriger Patient bei H. M. zur Zweitsicht vorgestellt. H. M. „spielt" im Rahmen der Untersuchung mit dem Penis des Jugendlichen.
13. Im Jahr 1986 oder 1987 wird ein etwa 10- oder 11-jähriges Mädchen mit Verdacht auf eine posttraumatische Belastungsstörung an das AKJP-Heidelberg überwiesen. H. M. stellt ihr im Erstgespräch unangenehme Fragen zur Sexualität (z. B. was sie bei nackten Männern empfindet, ob sie schon einen Brustansatz hat) und bohrt diesbezüglich immer wieder nach. Er lässt sie Übungen machen, die bei ihr im Nachhinein den Eindruck erwecken, dass

er dabei ihren Brustansatz sehen wollte. Er fasst sie auch auf unangenehme Weise an. Weitere Termine verweigert sie.
14. Im November 1988 beginnt H. M. eine sexuelle Beziehung mit seiner 18-jährigen Patientin J. E. Diese Beziehung dauert über ein Jahr (ca. bis Januar 1990).
(Zum Alter der Patientin gibt es unterschiedliche Angaben: Es ist auch davon die Rede, dass sie zu Beginn der Beziehung zu H. M. erst 15 oder 16 Jahre alt war).
15. Im Jahr 1989 muss ein 7-jähriger Patient seine Hose vor H. M. ausziehen, was es H. M. ermöglicht, den Penis des Jungen zu betrachten.
16. Spätestens seit 1989 hat H. M. sexuelle Kontakte zu A. A. (Vermutungen zufolge bestehen diese sexuellen Kontakte aber auch schon wesentlich früher, nämlich bereits zur Zeit ihrer Ausbildung am AKJP-Heidelberg). A. A. ist zu diesem Zeitpunkt Mitglied des Vorstands des AKJP-Heidelberg. Sie absolviert ihre Ausbildung zur Kinder- und Jugendlichenpsychotherapeutin in den Jahren 1978–1983 am AKJP-Heidelberg, arbeitet dort als Dozentin und wird 1987 in den Vorstand des Instituts gewählt. Es ist unklar, wie lange es nach 1990 sexuelle Kontakte zwischen H. M. und A. A. gibt. A. A. ist verheiratet und hat eine Tochter. Diese ist im Jugendalter mit E.M. befreundet. Etwa im Jahr 1987 wohnt E. M. für etwa ein Jahr bei der Familie A.
17. Spätestens seit 1988 (vermutlich aber schon früher) hat H. M. eine sexuelle Beziehung mit der verheirateten V. G. Es ist unklar, ob es sich bei ihr um eine Ausbildungskandidatin oder Patientin handelt.
18. Im Jahr 1989 kommt es bereits zu Beginn der psychotherapeutischen Behandlung einer 20-jährigen Patientin zu sexualisierten Übergriffen (Blicke auf die Brüste) durch H. M. Der Psychotherapeut befragte die junge Frau eindringlich und detailliert zu den massiven sexualisierten Gewalterfahrungen, die sie durch ihren Pflegevater erleiden musste. Die Patientin hat den Eindruck, dass sich H. M. an diesen Schilderungen „aufgeilt".
19. Im Jahr 1989 oder 1990 reibt H. M. den Penis des 4-jährigen Patienten T. L., der auf der Untersuchungsliege im Behandlungszimmer liegt. H. M. sagt zu dem Jungen, dass er das in Zukunft öfters machen könne.
20. An einem nicht näher bestimmbaren Zeitpunkt (Ende der 1980er/Anfang der 1990er Jahre) „spielt" H. M. mit dem Penis eines Patienten (wahrscheinlich im Grundschulalter).
21. Zu Beginn des Jahres 1990 beginnt H. M. eine sexuelle Beziehung mit seiner 21-jährigen Patientin E. M. (siehe Fall 18). Aus dieser Beziehung entsteht im Jahr 1991 eine Tochter (geb. 07.07.1991). Als E.M. mit der zweiten Tochter schwanger war, heiraten H. M. und E. M. am 18.03.1993. die zweite Tochter

4.1 Übergriffe, Grenzverletzungen, sexualisierte Gewalt … 31

kommt am 03.07.1993 zur Welt. Zur Trennung der Eheleute kommt es im Jahr 2016.
22. Spätestens seit Anfang der 1990er Jahre hat H. M. eine sexuelle Beziehung zu seiner Lehranalysandin I. O.
23. Ab dem Jahr 1992 melden sich bei einer Vorständin des IPP-Heidelberg-Mannheim vier oder fünf Frauen, die von sexuellen Übergriffen durch bzw. sexuellen Beziehungen mit H. M. im Rahmen von Lehranalysen oder Supervisionen berichten. Unter ihnen befinden sich die unter den Punkten 10. und 22. dokumentierten Fälle. Über die zwei oder drei anderen Fälle können keine Angaben gemacht werden.
24. An einem nicht näher bestimmbaren Zeitpunkt (vermutlich Anfang der 1990er Jahre) kommt es im Rahmen einer Erstvorstellung zu sexuellen Übergriffen durch H. M. gegen ein Brüderpaar (vermutlich im Grundschulalter).
25. An einem nicht näher bestimmbaren Zeitpunkt muss sich ein 5–6-jähriger Patient im Rahmen der Zweitsicht bei H. M. „nackt machen". H. M. berührte den Penis des Jungen.
26. An einem nicht näher bestimmbaren Zeitpunkt verweigert ein 8-jähriges Mädchen weitere Termine bei H. M. mit der gegenüber ihrer Mutter geäußerten Begründung, dass es bei ihm „schweinisch" sei.
27. Im Jahr 1994 beschweren sich Eltern im Rahmen eines Tages der offenen Tür bei einer Therapeutin der Erziehungsberatungsstelle Ebersbach (frühere Ausbildungskandidatin am AKJP-Heidelberg) über Grenzverletzungen, die am AKJP-Heidelberg gegen ihre Kinder begangen wurden. Auch wenn dies nicht explizit genannt ist, ist davon auszugehen, dass die inkriminierten Übergriffe von H. M. ausgeübt wurden. Unklar ist, um wie viele betroffene Kinder es sich handelt und wann die fraglichen Taten begangen wurden.

Die folgenden Vorfälle beziehen sich auf die Zeit, in der H. M. nicht mehr am AKJP-Heidelberg arbeitete, sondern in einer eigenen Praxis in Seckach tätig war:

28. Wahrscheinlich im Jahr 1994 lässt sich H. M. (vermutlich im Rahmen einer Zweitsicht) von einem Jungen dessen Genital zeigen. H. M. erkundigt sich bei dem Jungen über dessen Masturbationspraktiken und -Fantasien und masturbiert ihn.
29. Wahrscheinlich im Jahr 1995 fragt H. M. eine etwa 9-jährige Patientin im Rahmen einer Zweitsicht, ob die Brust ihrer älteren Schwester schon wachsen würde und ob deren Brustwarze fest wird.

30. Im Jahr 1996 fasst H. M. in seiner Praxis in Seckach einem 9-jährigen Patienten zwischen die Beine (oder in die Hose). Aus diesem Grund wird ein Ermittlungsverfahren gegen H. M. eingeleitet, das ohne Konsequenzen bleibt.
31. Etwa im Jahre 1996 wird eine Patientin von H. M. von ihm in sein Schlafzimmer geführt.
32. Im Jahr 2016 verübt H. M. sexuellen Missbrauch gegen seine 4-jährige Enkeltochter. Ihm werden im darauffolgenden Gerichtsverfahren elf Delikte gegen seine Enkeltochter nachgewiesen, die diesen Tatbestand erfüllen. (Weitere Hinweise auf innerfamiliäre sexualisierte Gewalt sind nicht Gegenstand der vorliegenden Untersuchung).

Anzumerken ist, dass sich viele Beschreibungen hinsichtlich der sexuellen Übergriffe gegen Jungen im Rahmen von Zweitsichten sehr stark ähneln. Da diese Fälle sorgfältig rekonstruiert wurden, sind Doppelnennungen ausgeschlossen.

Im Folgenden werden einige Informationen angeführt, die von uns als 1) nicht hinreichend fundiert, 2) als geringfügig, 3) als verallgemeinernde Einschätzung, 4) als schwierig zuzuordnen oder 5) als ergänzende Information zur Auflistung oben eingestuft wurden. Diese Hinweise eignen sich aber zur Vervollständigung des Bildes, das sich vom Umgang des Psychotherapeuten H. M. mit Grenzen und mit dem Gebot der Abstinenz machen lässt: (Nicht-sexualisierten Grenzverletzungen wird weiter unten ein eigener Abschnitt gewidmet).

- Im Jahr 1976 berichtete H. M. in einem Anamneseprotokoll von einem knapp 9-jährigen Jungen, der bei der Untersuchung „sofort eine Erektion" bekam, was – so H. M. – „nach meiner Erfahrung bei Tagnässern sehr typisch ist". Laut Protokoll schildert der Junge bei der Untersuchung auch, dass er abends onaniere.
- In einem Zweitsichtprotokoll aus dem Jahr 1985 berichtete H. M. im Zusammenhang mit der Untersuchung eines 8-jährigen Jungen, dass bei diesem – „wie bei den meisten Enuretikern, die ich untersucht habe" – durch Palpation des Bauches eine Erektion ausgelöst wurde.
- Im Jahr 1985 dokumentiert H. M. in einem Zweitsichtprotokoll, dass er einen knapp 10-jährigen Jungen fragte, ob er manchmal eine Gliedversteifung habe. Im weiteren Verlauf beschreibt er Reaktionen sowohl des Jungen als auch der Mutter zu diesem Thema, die erkennbar starke Schamgefühle zum Ausdruck bringen, die von H. M. aber offenbar unbeachtet bleiben.
- An einem nicht näher bestimmbaren Zeitpunkt erfolgen strafrechtliche Ermittlungen gegen H. M. wegen des Verdachts auf Besitz „kinderpornografischen" Materials. Das Verfahren wird eingestellt.

4.1 Übergriffe, Grenzverletzungen, sexualisierte Gewalt ...

Für die Gesamteinschätzung der hier und weiter oben beschriebenen sexualisierten Grenzverletzungen gegenüber Kindern ist der Hinweis wichtig, dass von mehreren Kindern bekannt ist, dass sie vom Verhalten H. M. s außerordentlich irritiert waren, weitere Termine bei H. M. strikt verweigerten und zum Teil nachhaltig belastet waren. Diese Informationen sind deshalb von besonderer Bedeutung, weil sie eine Klassifizierung der Verhaltensweisen H. M. s als „normale kinderärztliche Untersuchung" keinesfalls zulassen. Die Jungen und Mädchen fühlten sich von den Grenzüberschreitungen des Arztes beschämt, verunsichert und bedroht. Zu ergänzen ist, dass H. M. in einer Tagebuchnotiz im Jahr 2016 angibt, dass ihn „bei körperlichen Untersuchungen von Knaben im Institut nur diejenigen [interessierten], die beim Entkleiden spontan eine Erektion hatten. Auf dieses ‚Signal' wartete ich, untersuchte dann, fühlte dann eventuell noch einmal die Erektion an und das ‚Ritual' war vorbei."

- Zu Beginn des Jahres 1990 fühlte sich H. M. sehr stark zu einer jungen Patientin namens K. hingezogen. Ob es zu sexuellen Handlungen mit ihr kam, lässt sich nicht eruieren.
- Es ist kein Fall belegbar, in dem H. M. sexualisierte Grenzverletzungen gegen Mütter kindlicher Patient*innen beging. Berichtet werden lediglich „merkwürdige" Äußerungen im Rahmen von Fallbesprechungen, in denen H. M. bestimmte Mütter als „sexuell bedürftig" bezeichnete. Es gibt aber eine Stelle im Tagebuch, in der H. M. großes Interesse an der Mutter einer Patientin erkennen lässt. Er versucht, sich mit ihr zu verabreden. Das Rendezvous kommt aber nicht zustande. Daraufhin überweist H. M. die Tochter an eine Kollegin.
- Zu einem nicht näher bestimmbaren Zeitpunkt sagte H. M. zu der Institutssekretärin, dass er gerne Kinder mit ihr haben möchte.
- Eine Supervisandin von H. M. die ihre Ausbildung wahrscheinlich am Erwachseneninstitut gemacht hatte, erzählte später einer Kollegin, dass H. M. in den Supervisionen zwar keine sexuellen Übergriffe gegen sie begangen habe, „dass sie aber verstehen könne, wie das abgelaufen sei".
- Eine Interviewpartnerin berichtet, dass ihr H. M. während einer Supervisionssitzung an ihre in Brusthöhe angeheftete Brosche fasste.
- Eine weitere Interviewpartnerin schildert das distanzlose Verhalten H. M. s während ihres Bewerbungsgesprächs.
- In mindestens einem Fall ist bekannt, dass es im Rahmen einer sexuellen Beziehung zu einer Patientin zu einer Vergewaltigung durch H. M. kam.
- Über die Zeit nach dem Ausscheiden aus dem AKJP-Institut Heidelberg 1993 ist bekannt, dass H. M. mit Patientinnen, die er in seiner Praxis behandelte,

essen ging, sie zu Hause besuchte und ihnen Geschenke machte. In einem Fall habe er sich von einer Patientin einen Anzug schneidern lassen.
- Aktuelle Patient*innen einer Klinik berichten, dass sie Opfer von H. M. waren. (Dazu gibt es keine Zeitangaben bzw. keine Informationen, ob sie als Kinder, Jugendliche oder Erwachsene von den Übergriffen H. M. s betroffen waren).
- Eine Kinder- und Jugendpsychotherapeutin berichtet noch ca. 2016/2017 von „ganz vielen Beschwerden von Patienten über H. M.".

Zu vielen der hier gemachten Angaben ist anzumerken, dass eine eindeutige Zuordnung der von den Grenzverletzungen betroffenen Personen zum AKJP-Heidelberg einerseits bzw. zum IPP-Heidelberg-Mannheim andererseits sehr schwierig erscheint. Es ist in den meisten Fällen (aus Sekundärquellen) von „Ausbildungskandidatinnen", „Lehranalysandinnen" „Supervisandinnen" oder „Kolleginnen" die Rede, die von Grenzverletzungen H. M. s betroffen waren. In der Gesamtschau aller Informationen besteht jedoch kein Zweifel daran, dass H. M. sowohl am AKJP-Heidelberg als auch im Rahmen seiner Tätigkeiten am IPP-Heidelberg-Mannheim sexuelle Grenzverletzungen gegenüber Ausbildungskandidatinnen beging bzw. sexuelle Beziehungen zu Ausbildungskandidatinnen oder Kolleginnen hatte. Wenn man die Information aus H. M. s Tagebuch, wonach er zu mehr als 50 Frauen sexuelle Beziehungen hatte, mit seinem ebenfalls in seinem Tagebuch formulierten Eingeständnis, wonach sich seine sozialen Beziehungen fast ausschließlich auf Ausbildungskandidat*innen, Patient*innen und Kolleg*innen beschränkten, kombiniert, so ließen sich daraus vorsichtige Hypothesen über das Ausmaß an Betroffenheiten im Kontext der psychotherapeutischen Ausbildungsinstitute in Berlin und Heidelberg ableiten.

Die erhobenen und hier präsentierten Daten legen die Annahme eines umfangreichen Dunkelfeldes hinsichtlich der von H. M. begangenen sexualisierten Grenzverletzungen gegenüber Kindern, Jugendlichen, Ausbildungskandidatinnen, Lehranalysandinnen, Mitarbeiterinnen, Supervisandinnen und erwachsenen Patientinnen nahe. Die oben beschriebenen über 30 Tatbestände bilden demnach mit einiger Gewissheit nur die Spitze eines Eisberges aus uns nicht bekannt gewordenen Grenzverletzungen und Übergriffen. Diese Annahme bezieht sich zunächst auf Kinder und Jugendliche, die H. M. zur Zweitsicht oder zur Therapie vorgestellt wurden. Es ist davon auszugehen, dass sich bei weitem nicht alle Kinder und Jugendlichen, die im Untersuchungszimmer des Arztes von diesem beschämt, bedrängt und angefasst wurden, ihren Eltern anvertraut haben. Darüber hinaus sind mit Sicherheit nicht alle diesbezüglichen Informationen, die Eltern von ihren Kindern erhalten haben, an andere Personen kommuniziert worden. Die bekannt gewordenen Untersuchungspraktiken von H. M. scheinen einem

4.1 Übergriffe, Grenzverletzungen, sexualisierte Gewalt …

Muster zu folgen, das sich zwar nicht ohne Einschränkungen auf alle von ihm durchgeführten Sitzungen generalisieren lässt, dass aber andererseits keineswegs zufällig oder gar „unabsichtlich" erscheint. Unabhängig von den zugrunde liegenden Motivationen des Arztes bestand bei ihm ohne Zweifel eine Disposition, Scham- und Angstgefühle aufseiten der von ihm untersuchten Kinder in Kauf zu nehmen, ja sogar absichtsvoll herbeizuführen. Die uns bekannten Informationen über Grenzüberschreitungen gegenüber jugendlichen Mädchen sind unmissverständlich. Auch in dieser Altersgruppe ist die Schwelle zur Mitteilung erlittener sexualisierter Grenzverletzungen als sehr hoch anzusehen, sodass uns nur ein Bruchteil des wahrscheinlich gängigen Repertoires aus invasiven Befragungen, Beschämungen und Berührungen des Behandlers H. M. bekannt sein dürfte. Der schiere Umstand, dass H. M. über viele Jahrzehnte hinweg Kinder und Jugendliche diagnostizierte und behandelte und dass über den gesamten hier betrachteten Untersuchungszeitraum Fälle nachweisbar bekannt geworden sind, lässt es als wahrscheinlich erscheinen, dass im Laufe von mindestens 40 Jahren eine sehr große Zahl von Mädchen und Jungen sexualisierte Grenzverletzungen durch H. M. in unterschiedlicher Intensität und Häufigkeit über sich ergehen lassen mussten. Auch wenn es nicht möglich ist, diesbezüglich eine seriöse Hochrechnung vorzunehmen, so kann als gesichert gelten, dass alle Kinder und Jugendlichen, die im Laufe der Jahrzehnte bei H. M. vorgestellt wurden, gefährdet waren, sexualisierte Grenzverletzungen oder Übergriffe im Behandlungskontext zu erleiden, da über die Bereitschaft des Arztes, solche Taten zu begehen, kein Zweifel besteht.

==Die Fälle von R. R., E. M. und J. E. machen deutlich, dass H. M. sexuelle Kontakte und Beziehungen zu jungen, gerade erst erwachsen gewordenen Patientinnen suchte.== Die Schwangerschaften von zwei dieser jungen Frauen führten zu einer partiellen Erhellung eines möglicherweise auch in Bezug auch auf diese Personengruppe bestehenden größeren Dunkelfeldes, ohne dass dies zur Abwendung weiterhin bestehender Gefährdungen geführt hätte.

==Hinsichtlich seiner Funktionen als Institutsleiter, Lehranalytiker und Supervisor ist von einer grundlegenden Bereitschaft H. M. s auszugehen, solche professionellen Settings vorsätzlich zu sexualisieren, Grenzverletzungen zu begehen und längerfristige sexuelle Beziehungen zu initiieren.== Aus unseren Interviews wissen wir, dass es nicht in jedem Fall zu solchen Vergehen kam, was aber nichts an dem Umstand ändert, dass entsprechende Gefährdungen regelhaft angenommen werden müssen. Das Spektrum der Taten reicht hier von scheinbar zufälligen Berührungen über „irritierende" Bemerkungen, anzügliche Blicke bis zur unmissverständlichen Sexualisierung professioneller Settings, sexuellen Handlungen und langjährigen sexuellen Beziehungen. Angesichts der weiter unten noch im Detail ausgeführten gewichtigen Aufdeckungshindernisse ist auch in Bezug auf solche sexualisierten Grenzüberschreitungen in professionellen Settings von einem erheblichen Dunkelfeld auszugehen.

Der oben dargestellten Aufzählung ist zu entnehmen, dass es zeitliche Überschneidungen zwischen Grenzverletzungen, Übergriffen und sexuellen Beziehungen gegenüber verschiedenen Personengruppen gab. Auch dies deutet auf eine prinzipiell jederzeit vorhandene Bereitschaft H. M. s hin, Untersuchungs-, Behandlungs- und Beziehungskonstellationen zu initiieren, in denen Mädchen, Jungen und Frauen potenziell schwer geschädigt werden konnten.

4.2 Aufdeckungspotenziale und Aufarbeitungsversuche

Die folgenden Ausführungen zu Aufdeckungs- und Aufarbeitungsversuchen sind zunächst vorwiegend deskriptiv. Es geht hier also vor allem um eine Darstellung dessen, was von verschiedenen Seiten im Zusammenhang mit einer möglichen Offenlegung bzw. reflexiven Bearbeitung der Taten von H. M. unternommen bzw. unterlassen wurde. Diese Auflistung bildet sozusagen eine empirische Grundlage für die sich daran anschließenden Analysen und Erörterungen. Zwei Vorbemerkungen erscheinen uns aber bereits an dieser Stelle angebracht:

(1) Die Unterscheidung zwischen Aufdeckung und Aufarbeitung ist nicht trennscharf. Eine eingehendere begriffliche Diskussion wird zeigen, dass es sich dabei um ineinandergreifende Prozesse handelt, die einer sich wechselseitig anregenden Dynamik unterliegen. Dennoch erscheint uns aus Gründen der Übersichtlichkeit auf der hier behandelten deskriptiven Ebene eine Differenzierung zwischen Aufdeckung und Aufarbeitung sinnvoll.

(2) Die hier beschriebenen Aufdeckungs- und Aufarbeitungsphänomene folgen einer Logik, die wir an anderer Stelle als iterative Abfolge latenter Prozesse und manifester Indexereignisse beschrieben haben (Caspari, 2021; Mosser & Hackenschmied, 2018). Dies verweist auf den Umstand, dass sich die aufgelisteten Situationen und Konstellationen einer isolierten Betrachtung weitgehend entziehen und daher nur vor dem Hintergrund einer komplexen Prozessdynamik verstehbar werden. Gerade aufgrund dieser Vielschichtigkeit erscheint uns aber eine einleitende komprimierte Übersichtsdarstellung zweckmäßig, da diese einen stabilen Referenzrahmen für die darauffolgenden Analysen bilden.

4.3 Aufdeckungspotenziale – Initiativen und Unterlassungen im Zusammenhang möglicher Aufdeckungen

Wir wählen hier den Begriff „Aufdeckungspotenziale", um Offenlegungsversuche und Versäumnisse gleichermaßen zu erfassen. Es geht hier vor allem um die Darstellung sozialer Interaktionen, die geeignet waren, sexualisierte Gewalt und schädigende Beziehungskonstellationen aus dem Bereich des Mikrokosmos der Intimbeziehung bzw. der Täter-Opfer-Dyade in eine Arena der sozialen (bzw. teilöffentlichen) Verhandelbarkeit zu transformieren. Da sich die aufgelisteten Situationen vielfach auf die oben beschriebenen Grenzverletzungen beziehen, werden jeweils entsprechende Verweise in Klammern eingefügt.

1. H. M. hat in mehreren Protokollen seine Untersuchungspraktiken und Beobachtungen im Rahmen von Zweitsichten bei kindlichen Patient*innen dokumentiert. Es liegen ab den 1970er Jahren eine Reihe solcher Protokolle vor, aus denen beschämende körperliche Untersuchungen von Jungen hervorgehen. Es ist davon auszugehen, dass diese Protokolle von Schreibkräften verfasst und von den behandelnden Kinder- und Jugendlichen-Psychotherapeut*innen (die zum Teil auch Ausbildungskandidat*innen am AKJP-Heidelberg waren) gelesen wurden. Eine kritische Thematisierung der von H. M. beschriebenen Untersuchungspraktiken oder entsprechende Mitteilungen an andere Personen blieben unseres Wissens aus. Es ist anzunehmen, dass solche Protokolle über mehrere Jahrzehnte hinweg immer wieder verfasst wurden, ohne dass jemand Anstoß daran genommen hätte.
2. Bereits in den 1970er Jahren ist unter Ausbildungskandidatinnen am AKJP-Heidelberg bekannt, dass Kolleginnen im Rahmen von Supervisionen von H. M. „angegraben" werden.
3. Mitte der 1970er Jahre erzählt ein Junge im Grundschulalter seiner Mutter am Nachhauseweg nach einer Untersuchung bei H. M., dass ihn der Arzt aufgefordert habe, sich nackt auszuziehen. Es kommt danach noch zu maximal einem Untersuchungstermin bei H. M. (siehe Fall 3).
4. Etwa 1976 oder 1977 ist zumindest zwei Frauen, die sich am AKJP-Heidelberg als Ausbildungskandidatinnen beworben haben, bekannt, dass H. M. eine sexuelle Beziehung zu einer Ausbildungskandidatin (am IPP-Heidelberg-Mannheim und am AKJP-Heidelberg) hat (siehe Fall 2).
5. Ende der 1970er Jahre ist eine (verheiratete) Ausbildungskandidatin am AKJP-Heidelberg mit H. M. liiert. Diese Kollegin spricht mit anderen Ausbildungskandidatinnen offen über diese Beziehung. In einem Fall bittet sie

eine Kommilitonin darum, ihr für ein paar Tage die Wohnung zu überlassen, damit sie dort mit H. M. ungestört Zeit verbringen könne. Fotos von zumindest einer gemeinsamen Reise von H. M. mit der mit ihm liierten Ausbildungskandidatin liegen im Institut aus (siehe Fall 9).

6. Unter den Ausbildungskandidatinnen am AKJP-Heidelberg ist bekannt, dass eine Kommilitonin während ihrer gesamten Ausbildungszeit ein Verhältnis mit dem Dozenten Dr. M. hat. Auch damit wird offen umgegangen.

7. Einige wenige Zeitzeug*innen, die ihre Ausbildung in den 1980er Jahren am AKJP-Heidelberg machten, erzählen im Rahmen unserer Interviews, dass man mitbekam, dass „immer irgendetwas" zwischen H. M. und einzelnen Ausbildungskandidatinnen „lief". Es sei nicht zu übersehen gewesen, dass bestimmte Ausbildungskandidatinnen von H. M. „fasziniert waren", ihm „folgten" bzw. ihm „sehr nahestanden". Es kursierten Gerüchte, wonach die Bereitschaft, eine intime Beziehung mit H. M. einzugehen, mit Vorteilen für den Ausbildungsverlauf verbunden war. Sein Habitus gegenüber einzelnen Ausbildungskandidatinnen wird von einer Zeitzeugin als „sehr körperlich" charakterisiert.

8. Es war unseren Erhebungen zufolge vermutlich vielen Personen am AKJP-Heidelberg und am IPP-Heidelberg-Mannheim bekannt, dass H. M. Kontakte sowohl zu Ausbildungskandidatinnen (und explizit auch zu Lehranalysandinnen) als auch zu Patientinnen nach außerhalb des professionellen Kontexts verlagerte. So war die Rede davon, dass man sich mit H. M. im Weinlokal oder im Café treffen sollte, wenn etwas mit ihm zu besprechen wäre oder – noch drastischer – „man nimmt am besten gleich das Betttuch mit, wenn man sich bei ihm auf die Couch legt" (Dies war auch am IPP-Heidelberg-Mannheim bekannt). Auch von Saunagängen mit Kolleginnen wird berichtet.

9. Verschiedentlich wird von Institutsfesten berichtet, bei denen nach Wahrnehmung einiger Anwesender eine unangemessene Nähe zwischen H. M. und einzelnen Ausbildungskandidatinnen erkennbar wurde.

10. Ab 1982 hat H. M. eine Beziehung mit einer Lehranalysandin (am IPP-Heidelberg-Mannheim). Dieser verschafft er im Laufe der 1980er Jahre eine Dozentenstelle am AKJP-Heidelberg. Etwa im Jahr 1987 beobachtet eine Kommilitonin am IPP-Heidelberg-Mannheim, wie diese Lehranalysandin am frühen Morgen das Haus verlässt, in dem H. M. wohnt. Davon alarmiert erzählt sie diese Begebenheit ihrem Lehranalytiker, der aber nicht reagiert. In leitenden Gremien des IPP-Heidelberg-Mannheim wird bekannt, dass H. M. seiner Lehranalysandin eine Dozententätigkeit am AKJP-Heidelberg

4.3 Aufdeckungspotenziale – Initiativen ...

vermittelt habe. Dies wird aber nicht problematisiert. Unter den Ausbildungskandidatinnen ist die Beziehung zwischen H. M. und der als Dozentin tätigen (verheirateten) Frau bekannt, da beide Beteiligte kein Hehl daraus machen. Etwa ab Ende 1980er Jahre hängen Bilder von gemeinsamen Reisen (z. B. nach Jemen) an Wänden des Instituts. Es ist praktisch jedem bekannt, dass es sich bei der Reisegefährtin um eine Lehranalysandin handelt. Die Sekretärin macht Ausbildungskandidat*innen und Mitarbeiter*innen aktiv auf Urlaubsbilder der beiden aufmerksam (siehe Fall 10).

11. Etwa Mitte der 1980er Jahre erzählt eine Ausbildungskandidatin am AKJP-Heidelberg ihrer Lehranalytikerin, dass ein etwa 14-/15-jähriger Patient weinend zu ihr in die Sitzung gekommen sei, da H. M. im Rahmen einer Zweitsicht an seinem Penis gespielt habe (siehe Fall 12).

12. Etwa im Jahr 1986/1987 berichtet eine etwa 10- oder 11-jährige Patientin ihrer Mutter von grenzverletzenden Untersuchungspraktiken von H. M. Es kommt zu keinen weiteren Terminen bei H. M. (siehe Fall 13).

13. Etwa Mitte der 1980er Jahre berichtet eine Patientin ihrem Psychotherapeuten, dass es im „ganzen Stadtviertel", in dem sie wohnt und in dem sich auch das AKJP-Heidelberg befindet, bekannt sei, dass H. M. mit seinen Patientinnen schläft. Der Psychotherapeut konfrontiert H. M. beiläufig mit dieser Information, was H. M. mit einer indifferenten Reaktion abtut. Es kommt zu keinen weiteren Aufklärungsbemühungen.

14. Im Februar 1989 wendet sich ein 7-jähriger Junge mit der Information an seine Mutter, dass er im Rahmen einer Untersuchung durch H. M. seine Hose ausziehen musste, worauf H. M. seinen Penis angeschaut habe. Die Mutter überlegt, H. M. darauf anzusprechen, da ihr Sohn in der Folge sehr belastet scheint. Sie nimmt davon aber Abstand (siehe Fall 15).

15. 1980 wird der Sohn von H. M. geboren. Die Mutter ist eine frühere Patientin von H. M. und zum Zeitpunkt der Geburt 19 Jahre alt. Dieser Umstand ist mehreren Personen im Institut und seinem Umfeld bekannt. H. M. selbst annonciert die Geburt seines Sohnes stolz im Institut. Im Laufe der 1980er Jahre wird er häufig von seinem Sohn (und seiner Mutter) in den Institutsräumen des AKJP-Heidelberg besucht. Die Sekretärin erzählt im AKJP-Heidelberg im Laufe der Jahre immer wieder von dem Verhältnis, aus dem das Kind entstanden ist. Es ist nicht bekannt, dass dieser Umstand bei Mitarbeiter*innen oder Ausbildungskandidat*innen am AKJP-Heidelberg ausführlich problematisiert worden wäre (siehe Fall 6). H. M. notiert in seinem Tagebuch „...weil ich durch meinen Vaterstolz geblendet, selbst im Institut über die Geburt von [Name des Sohnes] berichtet habe, und sich

diese Kunde über alle Couchen, auf denen meine Ausbildungskandidaten bei allen Lehranalytikern Heidelbergs lagen, mit Windeseile verbreitete."

16. Zu einem nicht näher bestimmbaren Zeitpunkt (Ende der 1980er Jahre/Anfang der 1990er Jahre) erzählt ein Junge seiner Mutter, dass H. M. im Rahmen einer Untersuchung an dem Penis des Jungen gespielt habe, nachdem er die Mutter gebeten hatte, das Untersuchungszimmer zu verlassen. Der Junge spricht häufiger über diesen Vorfall, aber die Mutter nimmt dies nicht ernst (siehe Fall 20).

17. Am Beginn des Jahres 1990 beginnt H. M. eine sexuelle Beziehung mit einer 21-jährigen Patientin. Diese Patientin ist mit der Tochter der Vorständin des AKJP-Heidelberg, A. A., befreundet. Etwa ein bis zwei Jahre zuvor hat die Patientin sogar über einen Zeitraum von etwa einem Jahr bei der Familie A. gewohnt. Bei der Patientin handelt es sich um eine sehr belastete junge Frau, die in verschiedenen Jugendhilfemaßnahmen zum Teil schwer traumatisierende Erfahrungen gemacht hatte. Zwischen H. M. und Frau A. A. besteht während dieser Zeit ebenfalls eine sexuelle Beziehung (siehe Fall 21).

18. An einem nicht näher bestimmbaren Zeitpunkt (vermutlich Anfang der 1990er Jahre) kommt es im Rahmen einer Erstvorstellung zu sexuellen Übergriffen durch H. M. gegen ein Brüderpaar (vermutlich im Grundschulalter). Die Jungen kommen weinend nach Hause und flehen ihre Mutter an, nie wieder zu einem Termin zu H. M. zu müssen. Sie erzählen aber nichts von sexuellen Übergriffen. Diesbezüglich vertrauen sie sich später einem Geistlichen gegenüber an (siehe Fall 24).

19. Anlässlich des 60. Geburtstags von H. M. im Juli 1992 gratulierte Dr. M. P. in einer Rede im Rahmen einer größeren Veranstaltung dem Jubilar zur Geburt seiner Tochter. Das Kind ist zu diesem Zeitpunkt 1 Jahr alt. Vielen Teilnehmer*innen an der Veranstaltung ist bekannt, dass dieses Kind aus einer Verbindung zwischen H. M. und einer (früheren), sehr jungen Patientin entstanden sei (siehe Fall 21).

20. In zeitlicher Nähe zu dieser Feier wird eine frühere Ausbildungskandidatin und nach wie vor mit dem AKJP-Heidelberg verbundene Psychotherapeutin von einer Freundin darüber informiert, dass sie ihren Sohn im Alter von 5 oder 6 Jahren am Institut vorgestellt habe und dass sich dieser bei der Zweitsicht bei H. M. nackt ausziehen musste und dieser seinen Penis berührt habe (siehe Fall 25).

21. Spätestens im Jahr 1992 wird das Jugendamt in Heidelberg auf die offenbar als problematisch betrachtete Beziehung zwischen H. M. und seiner um 37 Jahre jüngeren (früheren) Patientin aufmerksam. Dies vermutlich auch

4.3 Aufdeckungspotenziale – Initiativen ...

deshalb, da die junge Frau im Laufe ihrer Biografie in mehreren Jugendhilfemaßnahmen betreut worden war. Es gibt Hinweise, dass das Jugendamt mit dem IPP-Heidelberg-Mannheim den Fall besprach (siehe Fall 21).

22. Im Jahre 1992 berichtet eine Patientin ihrer Psychotherapeutin am Ende der allerletzten Therapiestunde, dass ihr inzwischen erwachsener Sohn ihr vor kurzem anvertraut habe, dass er vor ca. zehn bis 15 Jahren von H. M. im Rahmen von Untersuchungen „mehrfach angefasst und unsittlich berührt" worden sei. Die Patientin kommt der Bitte der Psychotherapeutin nach Entbindung von der Schweigepflicht nicht nach. Da unmittelbar danach diverse Vorwürfe gegen H. M. publik werden, wird die Psychotherapeutin nicht weiter aktiv (siehe Fall 7).

23. Ende November 1992 wird dem Vorsitzenden des IPP-Heidelberg-Mannheim (wahrscheinlich durch das Jugendamt) die Verbindung von H. M. mit seiner (früheren) Patientin bekannt. Es wird eine außerordentliche Mitgliederversammlung für Februar 1993 anberaumt, um H. M. aus dem IPP-Heidelberg-Mannheim auszuschließen (siehe Fall 21). Ab Dezember 1992 wenden sich mehrere Frauen an eine Vorständin des IPP-Heidelberg-Mannheim und berichten von gravierenden Abstinenzverletzungen durch H. M. hauptsächlich im Rahmen von Lehranalysen (insgesamt sind es ca. vier oder fünf Frauen, die sich – zu nicht genau rekonstruierbaren Zeitpunkten – mit entsprechenden Informationen bei dem Vorstandsmitglied melden) (siehe Fälle 10 und 22). Die Ansprechpartnerin, die auch als Dozentin am AKJP-Heidelberg tätig ist, trägt diese Informationen unter Berücksichtigung der Anonymität der betroffenen Frauen in den Vorstand des IPP-Heidelberg-Mannheim. Erstmals kommt es an dieser Stelle zu einer grundlegenden Problematisierung der Grenzüberschreitungen von H. M. und zur Androhung von Konsequenzen.

24. Im Januar 1993 informiert der Vorsitzende des IPP-Heidelberg-Mannheim die Vorsitzende und den Justitiar der DGPT über den geplanten Ausschluss von H. M. und die entsprechenden Begründungen. H. M. kündigt im Januar seine Mitgliedschaft im IPP-Heidelberg-Mannheim. Seiner Funktionen im IPP Heidelberg-Mannheim war er bereits im Dezember 1992 enthoben. Es erfolgt auch eine Mitteilung an die Kassenärztliche Vereinigung (KV), wonach H. M. nicht mehr am IPP-Heidelberg-Mannheim tätig sei.

25. Ende Januar 1993 wenden sich Mitglieder des Trägervereins des AKJP-Heidelberg an den Vorstand des IPP-Heidelberg-Mannheim, um Informationen zu erhalten. Dieser konfrontiert die Anfragenden mit seiner Einschätzung, dass die Abstinenzverletzungen von H. M. dem AKJP-Heidelberg seit vielen Jahren bekannt sein müssten.

26. Sobald die Vorwürfe gegen H. M. bekannt werden, formiert sich am AKJP-Heidelberg eine kleine Gruppe von Ausbildungskandidat*innen (ca. 4–7 Personen), die die Forderung erhebt, dass H. M. seine Funktionen am AKJP-Heidelberg ruhen lassen müsse, solange die Verdachtsmomente im Raum stehen. Diese Forderung stößt innerhalb des Instituts, v. a. auch auf Leitungs- und Mitarbeiter*innenebene, auf massive Widerstände. Auch von Seiten des IPP-Heidelberg-Mannheim erhält diese Gruppe keine zuverlässige Unterstützung.
27. Ende Februar wird der Fall „H. M." in einer außerordentlichen Mitgliederversammlung des IPP-Heidelberg-Mannheim ausführlich diskutiert. Anwesend sind auch leitende Mitglieder des AKJP-Heidelberg.
28. Anfang März 1993 erläutert H. M. auf einer gut besuchten Mitgliederversammlung des AKJP-Heidelberg seine Perspektive auf die ihm zur Last gelegten Vorwürfe – verbunden mit der Ankündigung, in ca. 2 Jahren seine Funktionen am AKJP-Heidelberg niederzulegen.
29. Eine Dozentin am AKJP-Heidelberg erzählt einer Kollegin zu einem nicht näher bestimmbaren Zeitpunkt (vermutlich im Gefolge der Diskussionen um den Rücktritt von H. M. im Jahre 1993), dass H. M. bereits während seiner Zeit in Berlin sexuelle Übergriffe begangen habe. Diese Mitteilung bleibt ohne Konsequenzen.
30. Im März 1993 heiraten H. M. und seine frühere Patientin, die die Mutter seiner Tochter ist. Sie ist zu diesem Zeitpunkt erneut schwanger. Anlässlich der Heirat stellen sich einige leitende Mitglieder (auch Vorstände) des AKJP-Heidelberg als Gratulant*innen ein (siehe Fall 21).
31. Ende April 1993 wird H. M. von der Kriminalpolizei Heidelberg vernommen. Aufgrund von Hinweisen des Jugendamtes wird ihm sexueller Missbrauch Minderjähriger (gemeint sind R. R. und E. M., die von ihm schwanger wurden) zur Last gelegt. Aufgrund der Klarstellung H. M. s, dass die jungen Frauen zum Zeitpunkt der sexuellen Kontakte bereits volljährig waren, kommt es offenbar zu keinen weiteren Ermittlungen.
32. Auf Initiative einer ehemaligen Ausbildungskandidatin des AKJP-Heidelberg wird der Fall „H. M." im Bundesvorstand der Vereinigung analytischer Kinder- und Jugendlichenpsychotherapie-Institute (VAKJP) thematisiert und problematisiert. Die Diskussionen münden in ein Schreiben an die Mitglieder des AKJP-Heidelberg, in dem der sofortige Rücktritt von H. M. gefordert wird, andernfalls der Fortbestand des Instituts gefährdet sei. Dieses Schreiben wird von 21 Mitgliedern der Regionalgruppe Baden des VAKJP (Vereinigung Analytischer Kinder- und Jugendlichen-Psychotherapeuten in

Deutschland e. V.), die in ihrer Initiative vom Justitiar des VAKJP beraten werden, unterzeichnet – vier davon sind Ausbildungskandidatinnen des AKJP-Heidelberg. (Diese bilden mit wenigen Anderen eine kleine Gruppe am AKJP-Heidelberg, die sich gegen heftige institutsinterne Widerstände für eine sofortige Entlassung von H. M. einsetzen). Das Schreiben beinhaltet den bemerkenswerten Passus: „Einige von uns haben Kenntnis von verschiedenen Abstinenzverletzungen gehabt und haben geschwiegen, andere haben die Atmosphäre von Grenzüberschreitungen gespürt, haben darüber hinweggesehen oder diese ironisch kommentierend hingenommen."

33. In einer außerordentlichen Mitgliederversammlung im Mai 1993 werden wichtige Weichen gestellt: 1) H. M. bittet um Auflösung seines Vertrags am AKJP-Heidelberg bereits im August 1993. 2) A. A. wird zur 1. Vorsitzenden des Trägervereins des AKJP-Heidelberg gewählt. 3) Es wird klargestellt, dass H. M. explizit keine Grenzverletzungen gegenüber Kindern vorzuwerfen seien. Entsprechende Gerüchte, die in einem Schreiben des Vorstands des VAKJP erwähnt wurden, seien haltlos.

34. In weiterer Folge verschärfen sich zwei wesentliche Konfliktlinien hinsichtlich der Bewertung der „Causa H. M.": Die erste verläuft zwischen den beiden Instituten IPP-Heidelberg-Mannheim und AKJP-Heidelberg; die zweite wirkt innerhalb des AKJP-Heidelberg. Während die eine Seite nachhaltige massive Konsequenzen auf Berufsausübung und Funktionen von H. M. aufgrund seiner gravierenden Abstinenzverletzungen fordert, neigt die andere Seite zur Bagatellisierung der nachgewiesenen Abstinenzverletzungen und zum Anzweifeln weiterer – nicht offiziell bekannter – Grenzüberschreitungen und Übergriffe. Diese Seite vertritt auch die Auffassung, dass nichts dagegenspreche, H. M. weiterhin mit Zweitsichten und Supervisionen zu betrauen, wobei auch die Verdienste H. M. s für das Institut gewürdigt werden.

35. In den darauffolgenden Jahren werden vor allem durch den Vorstand des IPP-Heidelberg-Mannheim immer wieder Versuche unternommen, über die Ärztekammern ein Berufsverbot sowie ein Verbot der Gutachtertätigkeit für H. M. zu erwirken. Da die vorgebrachten Anschuldigungen aufgrund fehlender Aussagen der Betroffenen als nicht ausreichend fundiert angesehen werden, werden vonseiten der Kammer keine Konsequenzen gezogen. Parallel dazu erreichen das IPP-Heidelberg-Mannheim über die Jahre hinweg immer wieder Berichte von schweren Verfehlungen H. M. s durch dessen Ehefrau. Aus Gründen persönlicher Abhängigkeiten liefert aber auch sie

keine Informationen, die einen Entzug der Approbation bei der Bezirksregierung oder einen Widerruf der Gutachtertätigkeit durch die Ärztekammer begründen würden.
36. Im Jahr 1994 wird H. M. vom Vorstand des VAKJP – auf Initiative des Vorsitzenden des IPP-Heidelberg-Mannheim – aufgefordert, von seiner Tätigkeit als Gutachter zurückzutreten. Das Gutachtergremium entscheidet sich gegen einen Rücktritt von H. M. Dem VAKJP sind nach Auskunft seines Justitiars die Hände gebunden, solange keine eindeutigen Beweise gegen H. M. vorgelegt werden.
37. In einem Treffen führender Vertreter*innen von AKJP-Heidelberg und IPP-Heidelberg-Mannheim im März 1994 werden unterschiedliche Wissensbestände über die Grenzüberschreitungen von H. M. zum Anlass wechselseitiger Vorhaltungen gemacht. Die Vertreter*innen des AKJP-Heidelberg kommen übereinstimmend zu der Auffassung, dass sie nicht gegen die Gutachtertätigkeit von H. M. aktiv werden möchten. Sie begründen dies mit sozialen Erwägungen im Zusammenhang mit der „jungen Familie", die H. M. mit der früheren Patientin gegründet hatte.
38. Eine Mitarbeiterin des AKJP-Heidelberg informiert andere Psychotherapeutinnen (ehemalige Ausbildungskandidatinnen des AKJP-Heidelberg) im Rahmen einer Intervisionsgruppe darüber, dass gegen H. M. auch der Vorwurf des sexuellen Missbrauchs von „ein oder zwei" Jungen erhoben wurde. Zumindest eine der Kolleginnen kommt zu der Einschätzung, dass ihre Patienten, die bei H. M. zur Zweitsicht waren, keine sexuellen Grenzverletzungen durch diesen erlitten haben.
39. Im Jahr 1994 beschweren sich Eltern im Rahmen eines Tages der offenen Tür bei einer Therapeutin der Erziehungsberatungsstelle Ebersbach (frühere Ausbildungskandidatin am AKJP-Heidelberg) über Grenzverletzungen, die am AKJP-Heidelberg gegen ihre Kinder begangen wurden. Die Therapeutin fasst daraufhin den Entschluss, nichts mehr mit dem AKJP-Heidelberg zu tun haben zu wollen. Sie informiert eine Kollegin, die die Information über die Grenzüberschreitung wiederum an den Institutsleiter weiterleitet (siehe Fall 27).
40. Ebenfalls im Jahr 1994 (oder Anfang 1995) informiert eine Kinderpsychiaterin aus Weinheim H. M. darüber, dass sich Eltern bei ihr über ihn beschwert hätten, da er ihren Sohn masturbiert hätte. Gegenüber dem Institutsleiter des AKJP-Heidelberg empört sich H. M. über diese Vorhaltungen und erklärt sein Verhalten mit üblichen ärztlichen Untersuchungspraktiken (siehe Fall 28).

Im Jahr 1995 eröffnet H. M. eine Praxis für psychosomatische Medizin und Psychotherapie in Seckach (Odenwald).

4.3 Aufdeckungspotenziale – Initiativen ...

41. Wahrscheinlich im Jahr 1995 teilt eine Mutter dem Psychotherapeuten ihrer etwa 9-jährigen Tochter mit, dass das Mädchen im Rahmen einer Zweitsicht von H. M. gefragt wurde, ob die Brust ihrer älteren Schwester schon wachsen würde und ob deren Brustwarze fest wird. Weder die Mutter noch der Psychotherapeut (ehemaliger Ausbildungskandidat am AKJP-Heidelberg) werden aktiv (siehe Fall 29).
42. Mitte des Jahres 1995 wird H. M. die Beauftragung von Begutachtungen von Anträgen aus dem Rhein-Neckar-Kreis (dies beinhaltet auch Anträge aus Heidelberg) auf Initiative des Institutsleiters des AKJP-Heidelberg weitgehend entzogen. Begründet wird dies letztlich damit, dass die Vergabe von Gutachteraufträgen in lokaler Nähe im Allgemeinen unüblich sei. Es ist unklar, inwieweit die in diesem Vorgang involvierte Kassenärztliche Bundesvereinigung (KBV) über die Hintergründe der Initiative explizit informiert wurde.
43. Im Oktober 1996 informiert Dr. M. P. den Institutsvorstand des AKJP-Heidelberg darüber, dass in Seckach ein Ermittlungsverfahren gegen H. M. laufe. Es besteht der Vorwurf, dass er einem 9-jährigen Jungen zwischen die Beine (bzw. in die Hose gefasst) habe. Es ist davon auszugehen, dass das Ermittlungsverfahren eingestellt wurde (siehe Fall 30).
44. Etwa im Jahre 1996 berichtet eine Patientin während einer stationären Behandlung an der psychosomatischen Klinik in Heidelberg ihrer Therapeutin, dass sie von ihrem ambulanten Psychotherapeuten H. M. in dessen Schlafzimmer geführt worden war. In der Teambesprechung an der Klinik plädiert die Therapeutin dafür, die Patientin nicht mehr zur Psychotherapie zu H. M. gehen zu lassen. Der Klinikleiter vertritt eine gegenteilige Auffassung (siehe Fall 31).
45. Zu einem nicht näher bestimmbaren Zeitpunkt (vermutlich 1996/1997) erzählt eine Patientin ihrem Psychotherapeuten, dass ihr inzwischen jugendlicher Sohn ihr vor mehreren Jahren berichtet hätte, dass H. M. im Rahmen einer Untersuchung mit seinem Penis gespielt habe. Sie habe dies damals nicht ernst genommen, obwohl der Junge wiederholt darüber gesprochen habe. Der Psychotherapeut erklärt seiner Patientin, dass ihr Sohn damals wahrscheinlich zutreffende Angaben gemacht habe (siehe Fall 20).
46. Im April 1997 wird in einem von 49 Mitgliedern des IPP-Heidelberg-Mannheim unterschriebenen Brief an den 1. Vorsitzenden des VAKJP darauf hingewiesen, dass die weiterhin bestehende Tätigkeit von H. M. als Gutachter der Kassenärztlichen Vereinigung (KV) und als Fachberater der Psychotherapiekommission als „unvereinbar mit unserem gemeinsamen Berufsethos"

angesehen wird. Angesichts der in dem Brief erwähnten Abstinenzverletzungen wird der Adressat aufgefordert, „eine lange anstehende Klärung herbeizuführen". Anfang Mai 1997 lässt der 1. Vorsitzende des VAKJP die Mitgliederversammlung darüber abstimmen, ob der Brief verlesen werden sollte. Diese entscheidet sich dagegen.

47. Im Juni 1997 wendet sich die Mutter eines Jungen an den Institutsleiter des AKJP-Heidelberg mit folgender Information: Im Rahmen einer Untersuchung durch H. M. im Jahre 1989 musste ihr damals 7-jähriger Sohn seine Hose ausziehen, worauf H. M. seinen Penis angeschaut habe. Die Mutter habe damals überlegt, H. M. darauf anzusprechen, da ihr Sohn in der Folge sehr belastet schien. Sie habe aber davon Abstand genommen (siehe Fall 15).

48. Im Juli 1997 berichtet eine Mitarbeiterin des AKJP-Heidelberg in einer Teamsitzung von jenem Kollegen, dessen Patientin in der Therapie von den sexuellen Übergriffen erzählt habe, die ihr Sohn mehrere Jahre zuvor in einer Untersuchungssituation durch H. M. erlitten hatte (siehe Fall 20). Im Rahmen dieser Teamsitzung werden insgesamt fünf in den Jahren 1994–1997 an das Institut herangetragene Informationen über von H. M. begangene sexuelle Grenzverletzungen an Jungen gesammelt und besprochen (Fälle 15, 20, 27, 28, 30).

49. Zu einem nicht näher bestimmbaren Zeitpunkt teilt eine Mitarbeiterin des AKJP-Heidelberg einer befreundeten Kollegin mit, dass sie keines ihrer Therapiekinder alleine zu H. M. gelassen habe. Sie habe H. M. kein Kind vorgestellt, ohne dass sie mit dabei gewesen wäre. Es ist unklar, auf welchen Zeitraum sich diese Mitteilung bezieht. Die Mitarbeiterin äußert sich ihrer befreundeten Kollegin gegenüber ansonsten sehr zurückhaltend zur „Causa H. M.", erweckt aber den Eindruck „einiges zu wissen".

50. An einem nicht näher bestimmbaren Zeitpunkt berichtet ein 8-jähriges Mädchen nach zwei Sitzungen bei H. M. gegenüber ihrer Mutter, dass sie nicht mehr dorthin gehen möchte, da es dort „schweinisch" sei. Es bleibt unklar, wie die Mutter mit dieser Information in weiterer Folge umgeht (siehe Fall 26).

51. Im Rahmen der im Jahre 2000 durchgeführten AKJP-Heidelberg-internen Gruppe „Vergangenheit – Gegenwart – Zukunft" wird von sexualisierten Grenzverletzungen von H. M. gegenüber Kindern berichtet. Im Zuge dessen (und/oder aufgrund von Diskussionen in Teamsitzungen) durchsuchen zwei Mitarbeiter*innen Aktenbestände (v. a. Protokolle von Zweitsichten) aus dem AKJP-Heidelberg nach möglichen Auffälligkeiten, da ältere Kolleg*innen entsprechende Hinweise auf grenzüberschreitende Untersuchungspraktiken gegeben hatten. Die Ergebnisse dieser Recherchen werden wiederum in die

4.3 Aufdeckungspotenziale – Initiativen ...

Gruppe zurückkommuniziert. Rückblickend fasst eine/r der beiden Mitarbeiter*innen dazu zusammen: „Aus Erinnerungen der Kommissionsmitglieder (= Gruppe „Vergangenheit – Gegenwart – Zukunft") wie auch aus den schriftlichen Anamneseberichten, die H. M. selbst angefertigt hatte, entstand in der Kommission der Eindruck, dass H. M. seine Rolle als psychotherapeutischer und ärztlicher Diagnostiker vermischte." Im Weiteren wird u. a. ausgeführt, dass sich Jungen während der Untersuchungen durch H. M. nackt ausziehen mussten.

52. Im Jahr 2000 erhält ein Mitarbeiter des AKJP-Heidelberg von einer Psychiaterin, der gegenüber er von den Vorgängen am Institut berichtet, die Information, dass eine Verwandte von ihr im Jahr 1976 als 15-jähriges Mädchen sexuelle Grenzverletzungen durch H. M. im Rahmen der Therapie erlitt. Es ist nicht bekannt, wann sich das Mädchen in ihrer Verwandtschaft offenbarte und welche Konsequenzen aus dieser Mitteilung gezogen wurden (siehe Fall 3).

53. Im Juli 2000 gesteht eine Mitarbeiterin des AKJP-Heidelberg gegenüber dem Institutsleiter, dass sie die Vorgänge um H. M. lange Zeit falsch eingeschätzt habe. Sie müsse erkennen, dass sie belogen worden sei. Sie wisse sehr viel, könne aber nicht darüber reden.

54. Im April 2013 wendet sich die Mutter eines inzwischen erwachsenen Mannes, der im Jahr 1989 als Junge von H. M. untersucht worden war, sowohl an das AKJP-Heidelberg als auch an den VAKJP, um Erkundigungen über die Vorgänge von damals einzuholen. In diesem Zusammenhang kommt es entweder durch die Mutter oder den Betroffenen selbst zu einer Strafanzeige gegen H. M. wobei die Ermittlungen aber eingestellt werden (siehe Fall 19).

55. Aufgrund einer Anzeige seiner Tochter bei der Bezirksärztekammer Nordbaden wird H. M. mit Wirkung zum 01.01.2014 seine ärztliche Approbation entzogen. Die Vorwürfe beziehen sich auf pädosexuelle Neigungen und entsprechendes Foto- und Videomaterial. H. M. bestreitet zunächst diese Sachverhalte, gibt dann aber seine Approbation zurück. Es gibt keine Hinweise, dass die erhobenen Vorwürfe strafrechtliche Ermittlungen nach sich gezogen hätten. H. M. sind darauf hin sämtliche ärztliche Aktivitäten, u. a. auch das Verfassen von Gutachten, untersagt. In weiterer Folge wird deutlich, dass sich H. M. nicht an diese Auflagen hält und weiterhin Gutachten verfasst.

56. Etwa im Jahr 2015 erzählt eine Psychotherapeutin ihrer Supervisorin von „perversen Videoaufnahmen", die der Vater ihrer Patientin von deren Tochter (also seinem Enkelkind) macht. Die Supervisorin vergewissert sich, dass es sich bei dem Großvater um H. M. handelt. Da die Patientin ihre Therapeutin

nicht von der Schweigepflicht entbindet, kann der Fall nicht aufgedeckt bzw. zur Anzeige gebracht werden. Es könnte allerdings sein, dass der ein Jahr später realisierte Entschluss der Patientin, ihren Vater anzuzeigen, aufgrund der Unterstützung ihrer Therapeutin zustande kam.
57. Im Juni 2016 erstattet eine Tochter H. M. s Strafanzeige gegen ihren Vater wegen sexuellen Missbrauchs an ihrer zu diesem Zeitpunkt vierjährigen Tochter (siehe Fall 32).
58. Etwa Ende 2016/2017 gibt es am AKJP-Heidelberg Überlegungen, über einen öffentlichen Aufruf Personen zu erreichen, die bei H. M. in Behandlung (oder zur Zweitsicht) waren. Diese Initiative wird aber nicht weiterverfolgt.
59. Im März 2017 wird dem Angeklagten H. M. sexueller Missbrauch gegen seine Enkeltochter in elf Fällen nachgewiesen. Er wird zu einer Bewährungsstrafe im Umfang von 18 Monaten verurteilt. Trotz entsprechender Bemühungen insbesondere des Ethikbeauftragten des AKJP-Heidelberg sind die Grenzverletzungen von H. M. im Kontext seiner beruflichen Tätigkeit am AKJP-Heidelberg nicht Gegenstand der Gerichtsverhandlung. Am Rande des Prozesses kommt es zu mehreren Mitteilungen über frühere Grenzverletzungen H. M. s, die im Kreise früherer und aktueller Institutsmitglieder geäußert werden.
60. Durch die Veröffentlichung eines im Zuge des Gerichtsprozesses gegen H. M. recherchierten Artikels der Wochenzeitung „Die ZEIT" (erschienen am 16.08.2018) wird das Ausmaß der Taten von H. M. (gegen Lehranalysandinnen, junge Patientinnen und Kinder) einer größeren Öffentlichkeit zumindest ansatzweise bekannt.

Die hier aufgelisteten Aufdeckungspotenziale sind zunächst unter dem Gesichtspunkt der Prävention zu sehen. Es erhebt sich die drängende Frage, ob eine konsequente Aufdeckung von Grenzverletzungen und Übergriffen zu früheren Zeitpunkten zu einer Abwendung einer Vielzahl weiterer Taten, die mit zum Teil schweren Schädigungen von Mädchen, Jungen und Frauen verbunden waren, geführt hätte. Aus dieser Frage konstituiert sich nicht zuletzt der Bewertungsrahmen, innerhalb dessen die hier dargestellten Situationen zu verorten sind. Die Frage, wodurch nachhaltige Aufdeckungen über so lange Zeiträume verhindert worden sind, wird Gegenstand ausführlicher Erörterungen weiter unten sein. An dieser Stelle seien lediglich einige deskriptive Bemerkungen angeführt: Es ist insgesamt ein Bild vieler potenzieller Aufdeckungsstränge erkennbar, die unverbunden ins Leere führen. Viele Personen ahnen etwas, viele äußern oder erhalten konkrete Hinweise auf Taten, deren isolierte Bewertung offenbar große Schwierigkeiten bereitet. Man sollte dabei nicht dem Glauben verfallen, dass die hier

4.3 Aufdeckungspotenziale – Initiativen ...

dargestellten 60 Aufdeckungspotenziale das diskursive Geschehen um H. M.s Grenzverletzungen vollständig abbilden. Vielmehr drängt sich die Annahme auf, dass diese Auflistung exemplarischen Charakter zwar für qualitative Aspekte entsprechender Kommunikationen hat, aber keine Auskunft über das Ausmaß dessen gibt, was innerhalb professioneller und privater Teilöffentlichkeiten wahrgenommen, gedacht, angedeutet, gesprochen und gehört wurde.

Es lassen sich hier voneinander unterscheidbare soziale Segmente skizzieren, innerhalb derer die Sprache der Aufdeckung über lange Zeit immer wieder zum Erliegen kam:

- Im ersten Segment bewegen sich Eltern, die die Mitteilungen ihrer Söhne und Töchter über „merkwürdige Untersuchungsmethoden" des Arztes H. M. zur Kenntnis nahmen und in vielen Fällen damit allein blieben.
- Das zweite Segment wird von Psychotherapeut*innen bevölkert, die im Behandlungssetting vielfältige Informationen über Grenzüberschreitungen ihres Kollegen erhalten und sich im Verschwiegenheitsraum der psychoanalytischen Methode dazu verurteilt sehen, hilflos um solche Informationen zu kreisen. So berichtet ein/e Interviewpartner*in davon, wie sie/er ihrem/seinen Lehranalytiker*in von Verdachtsmomenten gegen H. M. erzählte:

„Ich mein, das ist ja die Scheiße, sag ich jetzt mal (lacht), Sie können ja dann in so einem Fall in der eigenen Analyse dem Analytiker auch nicht sagen, Sie müssen jetzt was dazu sagen. Ich kann das zwar sagen, du musst jetzt – nicht Du, aber Sie müssen jetzt was dazu sagen – aber er sagt halt vielleicht nichts."

- Die jeweiligen Institutsöffentlichkeiten am IPP-Heidelberg-Mannheim und am AKJP-Heidelberg bilden ein weiteres Segment. Dieses ist lange Zeit durch einen Diskurs charakterisiert, der im Ungefähren bleiben muss, um das Rauschen des Verdachts am Leben zu erhalten, ohne tatsächliche Handlungserfordernisse erkennbar werden zu lassen.
- Im vierten Segment sind externe Instanzen versammelt: Jugendamt, Polizei, Dachverbände, Krankenkassen. Man kann keineswegs sagen, dass das AKJP-Heidelberg einen hermetischen Komplex konstituierte, aus dem keine Hinweise auf die Taten von H. M. durchgesickert wären. Externe Instanzen werden – zumindest ab 1992 – im Gegenteil durchaus vielfältig in den Diskurs über H. M. miteinbezogen. Aber auch in diesem Segment bilden sich Stränge, die im Sand verlaufen: Es werden Strafanzeigen gestellt, das Jugendamt sieht offenbar erhebliche Gefährdungsindizien, Krankenkassen und Dachverbände

werden offensichtlich mit einer Vielzahl von Informationen versorgt, die Handlungserfordernisse im Umgang mit H. M. begründen, aber nicht aufgegriffen werden.
- Das fünfte Segment wird von der operativen Leitungsebene der Institute AKJP-Heidelberg und IPP-Heidelberg-Mannheim sowie von den Vorständen der Trägervereine konstituiert. Auch dieses Segment erscheint nicht ausreichend verbunden mit den anderen sozialen Gliederungen, in denen Hinweise auf Gefährdungen durch H. M. virulent sind.
- Das letzte Segment kann als „Heidelberger Psychotherapieszene" beschrieben werden, die institutionell in verschiedenen Kliniken und in den Praxen niedergelassener Therapeut*innen zu verorten ist. Hier gibt es naturgemäß relevante Überschneidungen zu den Instituten AKJP-Heidelberg und IPP-Heidelberg-Mannheim. Aber diese Überschneidungen scheinen zumindest über lange Zeit nichts dazu beizutragen, um kursierende Informationsstränge im Sinne einer koordinierten Aufdeckungsstrategie zusammenzuführen.

Aus diesen Beobachtungen lässt sich der Befund vielfältiger verpuffender Aufdeckungspotenziale ableiten. Tatsächlich hat es bis Ende 1992 keinen erkennbaren Versuch gegeben, die vielfach bekannt gewordenen Grenzüberschreitungen, Übergriffe, Abstinenzverletzungen und den mit sexualisierten Mitteln verübten Machtmissbrauch ernsthaft zu problematisieren, geschweige denn zu beenden. Die Hinweise, die im Jahr 1993 zur Absetzung H. M. s als Institutsleiter führten, können angesichts der Vielzahl und Massivität der von ihm bis dahin begangenen Taten bestenfalls als fragmentarisch bezeichnet werden. Dennoch begründeten diese ein zumindest partiell erfolgreiches Aufdeckungshandeln. Auch spätere Problematisierungs- und Skandalisierungsversuche basierten auf Indizien, die anhand vergleichsweiser dünner und mangelhaft konturierter Informationsstränge identifizierbar wurden. So musste jeder Versuch der Offenlegung von gewichtigen Zweifeln begleitet werden, da sich das Gesamtbild nicht erschloss. Die Isolation der oben beschriebenen sozialen und institutionellen Segmente wurde nur an wenigen Stellen aufgehoben, sodass sich kein umfassendes Aufdeckungsgeschehen entwickeln konnte. Beispielhaft seien hier jene Fälle erwähnt, in denen sich Psychotherapeut*innen gegenüber Kolleg*innen mit der Information anvertrauten, wonach ihnen vor längerer Zeit von Patientinnen mitgeteilt wurde, dass sie von ihren Kindern wiederum vor langer Zeit erfahren hatten, dass sie sexualisierte Übergriffe durch H. M. in der Untersuchungs- oder Behandlungssituation erfahren haben. Doch nicht jede Mitteilung bedarf Jahrzehnte, um die dicken Mauern der Scham und der Angst zu durchdringen. Wir erfahren auch, dass H. M. die Geburt eines Jungen im Institut bekannt gibt, der aus seiner Beziehung mit einer jungen Patientin, deren Therapie gerade erst beendet worden war, hervorgegangen ist. Dreiste Offenbarungen konstituieren ebenso versandende Aufdeckungsstränge wie die jahrzehntelang verzögerten Mitteilungen betroffener Kinder, ihrer Eltern und deren behandelnde Psychotherapeut*innen.

Das hier skizzierte Unterlassungsgeschehen erhält seine Form durch isolierte Informationsstränge, die auf unterschiedlichen Zeitebenen in voneinander abgetrennten sozialen Segmenten kursieren. Wie sich diese Formationen, die eine nachhaltige Aufdeckung der Taten H. M. s verhinderten, entwickelt haben, wird weiter unten analysiert.

4.4 Versuche der Aufarbeitung

Wie oben beschrieben, wird im vorliegenden Zusammenhang aus Gründen der Übersichtlichkeit eine Trennung zwischen Aufdeckung und Aufarbeitung auf einer rein deskriptiven Ebene vorgenommen. Tatsächlich zeigt sich aber, dass Aufarbeitungsversuche häufig mit Elementen der Aufdeckung assoziiert waren und Aufdeckungsgeschehnisse ihrerseits wiederum die Notwendigkeit zur systematischen Aufarbeitung in das Bewusstsein einzelner Personen gehoben haben.

1. Im September 1993 wird von M. P. in einem Brief an G. C., den damaligen Vorsitzenden des IPP-Heidelberg-Mannheim, festgestellt, dass man am AKJP-Heidelberg „zur Aufarbeitung des Problems" eine Lehrveranstaltung anbietet und einen Gesprächskreis gebildet hat, der allen Beteiligten offen stünde.
2. Mitte Dezember 1993 gibt es im Rahmen einer Mitgliederversammlung des AKJP-Heidelberg „eine kurze Rückschau" auf die Ereignisse, die zum Rücktritt von H. M. geführt haben. Es wird der Wunsch geäußert, dass zumindest ein Mitglied des AKJP-Heidelberg-Vorstands mit dem Vorstandsmitglied des IPP-Heidelberg-Mannheim spricht, das als direkte Ansprechpartnerin der betroffenen Frauen fungiert. Damit ist die Hoffnung verbunden, Klarheit über die Vorwürfe gegen H. M. zu gewinnen.
3. Im März 1994 findet die oben erwähnte Aussprache zwischen führenden Vertreter*innen der beiden Institute AKJP-Heidelberg und IPP-Heidelberg-Mannheim statt. Im Protokoll ist dazu festgehalten, dass damit eine zwar unangenehme, aber notwendige Arbeit geleistet worden sei, indem man die „facts" diskutiert habe.
4. Im Frühjahr 1994 plant das IPP-Heidelberg-Mannheim eine Arbeitstagung zum Thema „Grenzverletzungen in der Psychotherapie".

5. Im Laufe des Jahres 1994 gibt es am AKJP-Heidelberg zwei wenig besuchte Versammlungen, die nicht explizit als Mitgliederversammlungen deklariert werden. In einem dieser Treffen wird u. a. über die Möglichkeit einer Aufarbeitung in Form einer Gruppensupervision gesprochen. Diese Idee wird auch von einem Vorstandsmitglied des VAKJP forciert. Im Januar 1995 schlägt eine Teilnehmerin dieser Treffen (ehemalige Ausbildungskandidatin am AKJP-Heidelberg) in einem Schreiben an den Institutsleiter die Initiierung von Gruppensupervisionen im genannten Sinne vor.
6. Im Juli 1996 wird auf einer Mitgliederversammlung des AKJP-Heidelberg die Forderung nach einer externen Supervision zur Aufarbeitung der Vorgänge am Institut wieder laut. Der Institutsleiter sowie die Vorstandsvorsitzende weisen darauf hin, dass dieser Versuch schon einmal unternommen worden sei, sich jedoch kaum jemand in die im Seminarraum ausgehängte Liste eingetragen hätte.
7. Im Jahr 1997 wird die Jahrestagung des VAKJP unter dem bewusst gewählten Thema „Traumatisierte Kinder und Jugendliche – Theorie und Behandlung" in Heidelberg veranstaltet. Die Regionalgruppe Baden betrachtet dies als Beitrag zur Aufarbeitung der Vorgänge um H. M.
8. Ende April 1998 wird in einem Gespräch zwischen dem Institutsleiter und mehreren Mitarbeiter*innen die Frage nach einer Aufarbeitung jenes Teils der Geschichte des AKJP-Heidelberg, der den Fall H. M. betrifft, aufgeworfen. In weiterer Folge stellen zwei Mitarbeiter*innen einen Antrag für die Mitgliederversammlung des AKJP-Heidelberg im Juni 1998. Darin wird problematisiert, dass die Diskussionen über H. M. am AKJP-Heidelberg seit drei Jahren verstummt seien, dass inzwischen mindestens drei Fälle bekannt geworden seien, in denen H. M. sexuelle Übergriffe gegen Jungen begangen habe und dass H. M. weiterhin als Gutachter der KV und als Fachberater der Psychotherapie-Kommission tätig sei und eine Psychotherapiepraxis für Erwachsene, Kinder und Jugendliche in Seckach betreibe. Da ihnen die Mitgliederversammlung nicht als das geeignete Gremium erscheine, schlagen zwei Mitarbeitende die Gründung einer Ethikkommission vor, in der man sich mit den Vorfällen auseinandersetzen sollte.
9. Im Juni 1999 beantragen diese beiden Mitarbeiter*innen des AKJP-Heidelberg die zeitnahe Einberufung einer außerordentlichen Mitgliederversammlung, um über den Ausschluss von H. M. aus dem Trägerverein des AKJP-Heidelberg zu entscheiden. Im Rahmen der ordentlichen Mitgliederversammlung wird von zwei Vorständen des AKJP-Heidelberg angekündigt, dass sie eine Gruppe für alle jene Mitglieder anbieten möchten, die eine Aufarbeitung der Vorfälle um H. M. wünschen.

4.4 Versuche der Aufarbeitung

Im August 1999 kündigt H. M. seine Mitgliedschaft im Trägerverein des AKJP-Heidelberg.

10. Im Jahr 2000 werden insgesamt 7 Sitzungen der AKJP-Heidelberg-internen Gruppe „Vergangenheit – Gegenwart – Zukunft" durchgeführt (Termine: 12.1.; 22.02.; 05.04.; 17.05.; 12.07.; 11.10.; 13.12.). Diese Gruppe wird von dem Vorstandsmitglied M.K. moderiert. An der Gruppe nehmen viele ehemalige und aktuelle Mitglieder des AKJP-Heidelberg teil. Eine Protokollierung der Gespräche wird verabsäumt. In einem Schreiben vom Dezember 2000 werden die Mitglieder des AKJP-Heidelberg über den Verlauf der Gruppe informiert: „Nach Klärungs- und Aufarbeitungsprozessen die Vergangenheit des Instituts betreffend (1–4. Abend), widmete sich der Gesprächskreis im 2. Teil seiner Arbeit (5.–7. Runde) Fragen der Mitglieder nach dem wissenschaftlichen Standort, der Außenwirkung und der Identität des Instituts." Aus einer Zusammenfassung des letzten Treffens geht hervor, dass die Causa H. M. in diesem nicht mehr thematisiert wurde.

11. Vermutlich im Zusammenhang mit der Gruppe „Vergangenheit – Gegenwart – Zukunft" kommt es zu der oben erwähnten Durchsuchung von Aktenbeständen des AKJP-Heidelberg durch zwei Mitarbeiter*innen des Instituts. Es ist nicht erkennbar, dass die dadurch generierten Informationen weitere Aufarbeitungsbemühungen anregen.

12. Im November 2002 veranstaltet das AKJP-Heidelberg anlässlich seines 50-jährigen Bestehens eine Tagung mit dem Titel „Gelingendes Heranwachsen Heute". Vor allem im Rahmen einer Podiumsdiskussion wird der Fall „H. M." Gegenstand von zum Teil emotional geführten Auseinandersetzungen.

13. Im Jahr 2004 bietet der Institutsleiter ein Seminar für AKJP-Heidelberg-Ausbildungskandidat*innen an, das sich mit der Geschichte des Instituts und auch explizit mit der „Causa H. M." befasst.

14. Im April 2010 werden eine Mitarbeiterin und ein Mitarbeiter auf Antrag eines der beiden im Rahmen einer Mitgliederversammlung zu Ethikbeauftragten des AKJP-Heidelberg gewählt.

15. Im Juli 2013 wird im Rahmen einer Vortrags- und Diskussionsveranstaltung am IPP-Heidelberg-Mannheim (gemeinsam mit den Heidelberger Instituten HIT und HIP) mit der Vertrauensanalytikerin der DGPT Giulietta Tibone über „problematische behandlungstechnische Konstellationen, die zu Beschwerden bzw. Grenzverletzungen führen" diskutiert.

16. Im November 2016 bieten der Institutsleiter und der Ethikbeauftragte ein Seminar für AKJP-Heidelberg-Ausbildungskandidat*innen an, das die von

H. M. begangenen Grenzverletzungen und daraus zu ziehende Erkenntnisse und Konsequenzen zum Gegenstand hat. Im Vorfeld dieser Veranstaltung hatte sich der Leiter des IPP-Instituts Heidelberg-Mannheim besorgt darüber geäußert, dass sich J. S. und A. A. der Geschichte des AKJP-Instituts Heidelberg auf eine Weise bemächtigen, die zur Verleugnung der Taten von H. M. beiträgt.

17. Im Juli 2017 bietet die Ehefrau von H. M. dem Institutsleiter des AKJP-Heidelberg Tagebuchaufzeichnungen von H. M. an, in denen Grenzverletzungen beschrieben sind. Der Institutsleiter diskutiert dieses Angebot mit dem Ethikbeauftragten. Zu einem nicht näher bestimmbaren früheren Zeitpunkt hatte die Ehefrau von H. M. einer Vorständin des IPP-Heidelberg-Mannheim eine damalige Version des Tagebuches von H. M. übergeben. Diese gab das Tagebuch zu einem späteren Zeitpunkt an ihre Nachfolgerin als Ethikbeauftragte des DGPT weiter. Die darin enthaltenen zahlreichen Informationen über sexuelle Grenzverletzungen wurden nicht gegen H. M. verwendet.

18. Aus dem Ende 2016 angebotenen Seminar konstituiert sich am AKJP-Heidelberg eine Gruppe aus früheren und aktuellen Mitgliedern des Instituts, die sich die Aufarbeitung des Falles H. M. zur Aufgabe macht.

19. Im Zusammenhang mit dem Gerichtsprozess gegen H. M. wegen sexuellen Missbrauchs an seiner Enkeltochter (März 2017) nimmt der Rechtsanwalt der Ehefrau von H. M. Kontakt zu einem in dieser Sache recherchierenden Journalisten der Wochenzeitung „Die ZEIT" auf. Der Journalist wendet sich an den damaligen Ethikbeauftragten des AKJP-Heidelberg. Die „ZEIT" recherchiert umfangreich im institutionellen Umfeld von H. M. über seine dort verübten Grenzverletzungen und Übergriffe. Dabei wird u. a. die Rolle des AKJP-Instituts Heidelberg und verschiedener Protagonist*innen der Heidelberger Psychotherapieszene problematisiert. Innerhalb dieser Kontexte kommt es nach der Veröffentlichung des Artikels am 16. August 2018 zu einer weiteren Dynamisierung des Konfliktgeschehens.

20. Am IPP Heidelberg-Mannheim (Ausbildungsinstitut der DPG in Heidelberg) werden nach dem Gerichtsprozess Überlegungen angestellt, sich intensiv mit der „Causa H. M." zu befassen, da viele Mitglieder ihre Ausbildung am IPP-Heidelberg-Mannheim gemacht hatten. Es kommt aber diesbezüglich zu keinen konkreten Initiativen. Alle Beteiligte waren Mitglied in der DGP.

21. Der Ethikbeauftragte des AKJP Heidelberg stellt 2017 Strafanzeige gegen H. M., weil dieser weiter als Gutachter tätig ist. In dieser Sache wurden Ermittlungen aufgenommen, aber H. M. starb vor Verfahrenseröffnung.

22. Auf Initiative der Aufarbeitungsgruppe am AKJP-Heidelberg wird auf einer Mitgliederversammlung des AKJP-Heidelberg Ende 2018 der Beschluss

4.4 Versuche der Aufarbeitung

gefasst, das Institut für Praxisforschung und Projektbegleitung München (IPP München) mit der systematischen Aufarbeitung der „Causa H. M." zu beauftragen. Dies erfolgt gegen den Widerstand einer Gruppe von Mitgliedern v. a. aus dem Umfeld von J. S., die Sorgen in Bezug auf damit zusammenhängende finanzielle Belastungen und auf die Reputation des Instituts in der Öffentlichkeit äußert.
23. Das IPP München beginnt die wissenschaftliche Aufarbeitung der „Causa H. M." im Februar 2019.

Im März 2019 stirbt H. M. im Alter von 86 Jahren.

Auf einer deskriptiven Ebene ist zunächst festzustellen, dass die Anzahl von Aufarbeitungsinitiativen in der Folge des Aufdeckungsgeschehens im Jahr 1993 enorm hoch ist. Oberflächlich betrachtet könnte man sagen, dass seither von verschiedenen Seiten über zwanzig Anläufe gemacht wurden, um den notwendigen Schritt einer bewussten institutionellen Reflexion der Vorfälle um H. M. zu vollziehen. Dies überrascht nicht angesichts der Tatsache, dass wir uns in einem professionellen Umfeld bewegen, dessen zentrale Methodik in der Bewusstwerdung vergangener Geschehnisse besteht. Vor diesem Hintergrund wurde daher schon früh an verschiedenen Stellen die Einsicht formuliert, dass Aufarbeitungsbedarf besteht. Ausgehend von dieser Beobachtung formiert sich aber ein Bild, das jenem, das weiter oben im Zusammenhang mit Aufdeckungspotenzialen beschrieben wurde, nicht unähnlich ist: Initiativen, die in verschiedenen Systemen platziert werden und auf zunächst schwer nachvollziehbare Art und Weise im Sand verlaufen. Beispielhaft dafür sind Anregungen in Bezug auf Gruppensupervisionen in den 1990er Jahren und die Etablierung einer Ethikkommission am AKJP-Heidelberg, zu der es erst im Jahr 2010 kam. Es wurde eine Reihe von Veranstaltungen durchgeführt, in deren Rahmen die „Causa H. M." diskutiert wurde, was offenbar mit kurzfristig, aber unsystematisch auftretenden Bewusstwerdungs- und auch Aufdeckungsprozessen bei einzelnen Personen im Umfeld der Institute AKJP-Heidelberg und IPP-Heidelberg-Mannheim assoziiert war. Das IPP-Heidelberg-Mannheim nimmt für sich in Anspruch, Grenzverletzungen und Abstinenzverletzungen im psychoanalytischen Setting regelmäßig zum Gegenstand gut besuchter Veranstaltungen gemacht zu haben. Anhand der uns vorliegenden Daten lässt sich dies nicht zweifelsfrei belegen, andererseits aber auch nicht falsifizieren. Als „Indexgeschehen" für institutionelle Aufarbeitung lässt sich die Gruppe „Vergangenheit – Gegenwart – Zukunft" am AKJP-Heidelberg im Jahr 2000 interpretieren. Auf der Ebene der institutionellen Symptomatik lassen sich aber mehrere Phänomene identifizieren, die deutlich machen, dass der mit dieser Gruppe verschiedentlich verbundene Anspruch auf Aufarbeitung umfassend gescheitert ist:

(1) Innerhalb der Gruppe wurden sexualisierte Grenzverletzungen von H. M. gegenüber Kindern und Jugendlichen thematisiert. Die Tatsache, dass H. M. in dieser Zeit eine psychotherapeutische Praxis für Kinder, Jugendliche und Erwachsene betrieb, löste keine Handlungsimpulse in Richtung Kinderschutz aufseiten der Gruppe aus.

(2) Im Nachhinein haben führende Mitglieder der Gruppe „vergessen", dass dort die sexualisierten Grenzverletzungen H. M. s gegenüber Kindern und Jugendlichen überhaupt besprochen worden seien. Dies geht aus unseren Interviews zweifelsfrei hervor.

(3) In der letzten Sitzung der Gruppe wurde der „Fall H. M." gar nicht mehr thematisiert. Die inhaltliche Bewegung ging zunehmend in eine methodisch-fachliche Richtung, sodass der Eindruck entsteht, dass sich der Modus des Beschweigens der Grenzverletzungen H. M. s „stillschweigend" mehr und mehr Raum verschaffte.

(4) Bereits zwei Jahre später wurden auf einer Veranstaltung anlässlich des 50-jährigen Bestehens des AKJP-Heidelberg die massiv unterschiedlichen emotionalen und ethischen Interpretationen des „Falles H. M." in aller Öffentlichkeit sichtbar. Spätestens diese Auseinandersetzungen hätten zu einer bewussten retrospektiven Infragestellung der Sinnhaftigkeit und Wirksamkeit der Gruppe führen müssen.

(5) Auch in den darauffolgenden Jahren wurde eine nach wie vor bestehende Konfliktdynamik, die sich an der „Causa H. M." entzündet, immer wieder manifest.

Von besonderem Interesse ist die Zuspitzung des lange Zeit ruhenden Aufarbeitungsgeschehens über 20 Jahre nach den im Jahr 1993 stattgefundenen Aufdeckungen. Zunächst ist dazu lediglich festzuhalten, dass die Heftigkeit der damit assoziierten Konflikte und die Dynamik zwischen Handlungsimpulsen und Widerständen recht deutlich darauf verweisen, dass alle bis dahin initiierten Versuche einer institutionellen Aufarbeitung die mit ihnen verbundenen Erwartungen nicht erfüllt haben. Der Gerichtsprozess gegen H. M. und die Veröffentlichung des „ZEIT"-Artikels können als weitere „Indexgeschehnisse" geltend gemacht werden, die die Notwendigkeit einer institutionellen Selbstreflexion – auch ca. 25 Jahre nach dem Austritt H. M. s aus den Instituten IPP-Heidelberg-Mannheim und AKJP-Heidelberg – erkennbar werden ließen.

Rahmenkonzepte zur Einordnung des Geschehens 5

In diesem Abschnitt werden einige Konzepte diskutiert, die zu einer Orientierung in Bezug auf die Einordnung der von H. M. initiierten sexualisierten Grenzverletzung und sexuellen Beziehungen beitragen. Da wir es im Zusammenhang mit H. M. mit einer Fülle von Fallkonstellationen zu tun haben, bedarf es einer konzeptuell begründeten Sortierung, um die hier diskutierte Problematik begrifflich zu fassen und somit zu einem verbesserten Verständnis der Vorgänge an den psychoanalytischen Instituten AKJP-Heidelberg und IPP-Heidelberg-Mannheim beizutragen.

5.1 Normalität

Der Begriff der Normalität ist ebenso intuitiv wie anforderungsreich. Behauptete Normalität bildet einen Referenzrahmen, an dem sich die Bewertung von Wahrnehmungen und Beobachtungen häufig orientiert. Dies bedeutet keineswegs, dass das „Normale" regelhaft mit dem „Positiven" gleichgesetzt wird, aber Normalität begründet nichtsdestotrotz eine bestimmte kulturelle Übereinkunft, der eine relevante Argumentationskraft zugeschrieben wird. Für den hier diskutierten Zusammenhang ist es wichtig auf Normalitätsvorstellungen in Bezug auf Sexualität und sexualisierte Gewalt zurückzugreifen (vgl. Araji, 1997; Schuhrke, 2002). Dabei erweist sich die Unterscheidung verschiedener Dimensionen von Normalität insofern als aussagekräftig, als deren Nichtberücksichtigung zu Missverständnissen und Handlungsblockaden im Zusammenhang mit Vermutungen oder Verdachtsfällen in Bezug auf sexualisierte Gewalt führen. Ein/e Interviewpartner*in bringt dies folgendermaßen zum Ausdruck:

„Und jetzt ist es auch ganz schlicht, ich hab einfach mehr Erfahrung. Mein Horizont hat sich schon deutlich erweitert von damals, also diese Form der Naivität find ich beeindruckend (lacht), wenn ich so zurückblicke, was ich alles nicht gesehen hab."

Im vorliegenden Zusammenhang wird eine Unterscheidung zwischen vier verschiedenen Dimensionen von Normalität vorgenommen, um die verschiedenen in Frage stehenden Fallkonstellationen diskursiv zu fassen (vgl. Mosser, 2012): 1) Moralisch begründete Normalität, 2) strafrechtlich begründete Normalität, 3) gesundheitsbezogene Normalität, 4) statistische Normalität.

Moralisch begründete Normalität:
Diese Dimension beschreibt jenen Bereich, den wir „intuitiv" mit Normalität verbinden. Normal ist das, „was sich gehört", wobei derartige Urteile auf ein subjektives moralisches Empfinden abzielen, das biografisch und gesellschaftlich geformt ist. Dieses Empfinden wird beispielsweise dann aktiviert, wenn es Anlass zu moralischer Empörung gibt. Vorgänge werden dann als „abnormal", „abartig" oder „pervers" beurteilt. Im Zusammenhang mit den Taten H. M.s ist im Allgemeinen eine Art reflexiver Marginalisierung des moralischen Arguments beobachtbar: Die sexuellen Übergriffe gegen Kinder und Jugendliche werden lange Zeit entweder gänzlich abgewehrt oder aber in den Bereich des medizinisch begründeten Handelns verwiesen. Die schon früh bekannten Beziehungen H. M. s zu Ausbildungskandidatinnen und Lehranalysandinnen setzen hingegen moralische Empfindungen frei, die – so wirkt es häufig in den Interviews – aktiv „zurückgepfiffen" werden müssen: Das sind Angelegenheiten zwischen Erwachsenen. Dass die Frauen, mit denen H. M. sexuelle Beziehungen eingeht, verheiratet sind, kann nicht Anlass für moralische Empörung sein. Dass er möglicherweise gleichzeitig mehrere Beziehungen hat, ebenfalls nicht. Es ist, als würde der groß angelegte Rückzug des moralischen Arguments zugleich all das, was an diesen Beziehungen darüber hinaus problematisch ist, in einen allumfassenden argumentativen Abgrund mitreißen, in dem überhaupt nicht mehr darüber gesprochen werden kann, was sich vor den Augen einer umfangreichen Institutsöffentlichkeit abspielt. Der „Zeitgeist" trug das seine dazu bei, dass ins soziale Abseits geraten konnte, wer sich über den offensichtlich sehr an Frauen interessierten Institutsleiter moralisch empört. Interessant ist hier zweierlei: Eine umfassende Tabuisierung des moralischen Empfindens (so als würde man unprofessionell argumentieren, wenn man moralisch argumentiert) und ein abruptes Aufflammen des moralischen Arguments in dem Moment, in dem man die Erkenntnis zulässt, dass H. M.s „Anfassen" von Kindern nicht mehr in Kategorien „normaler" medizinischer Praxis unterzubringen ist. Dies führt aber in

den meisten Fällen zunächst zu einer Abwehr: „Dass er auch mit Kindern was machte, das habe ich nicht gewusst!" Diese Abwehrreaktionen gehen mit der spekulativen Annahme einher, dass die moralische Empörung und entsprechend konsequentes Handeln aktiviert worden wären, wenn man nur davon gewusst hätte (vgl. Mitscherlich & Mitscherlich, 2007). Um den „ZEIT"-Artikel gruppiert sich eine erstaunte erweiterte Institutsöffentlichkeit, die nicht fassen kann, dass sich H. M. auch an Kindern vergangen hat. An diesem Punkt besteht nun die Erlaubnis zur moralischen Empörung, die man sich angesichts dessen, was in all den Jahrzehnten zuvor gewusst werden durfte, versagte. Am schwersten wiegt diese Versagung angesichts der Beziehung zwischen H. M. und seiner (Ex-)Patientin E. M. Der Umstand, dass ein alter Mann, zumal ein psychotherapeutisch tätiger Arzt und angesehener Institutsleiter, eine Liebesbeziehung zu einer fast vierzig Jahre jüngeren Frau hat, drängt die moralische Empfindung in dem Moment zurück, in dem sie sich anschickt, Empörung zu evozieren. Man ist "aufgeklärt" genug, um nicht Anstoß an etwas zu nehmen, worüber sich die eigene Elterngeneration, die überwunden zu haben man stolz ist, wahrscheinlich noch furchtbar aufgeregt hätte. Wieder besteht das Risiko einer generalisierten Abwehr des moralischen Urteils: Wenn das, was daran in nicht näher beschreibbarer Weise als „unanständig" qualifizierbar wäre, aus dem moralischen Urteil ausgeschlossen wird, dann muss auch das offensichtlich aus allen Fugen geratene Machtverhältnis zwischen dem alten Doktor und der jungen Frau, die in der Jugendhilfe sozialisiert wurde, nicht weiter problematisiert werden. Wie stark die Wirkung des abgewehrten moralischen Urteils ist, zeigt sich in dem Moment, da die Heirat zwischen den Beiden verkündet wird. So stark die Irritation über diesen grotesken Schachzug war, so deutlich zeigt sich nun, dass das moralische Argument durchaus wirkmächtig geblieben ist. Tatsächlich setzt an einflussreichen Positionen des AKJP-Heidelberg eine Art „Beruhigung" darüber ein, dass H. M. seine Beziehung zu seiner (Ex-)Patientin durch Heirat nachträglich „legitimierte". Dass er es „offensichtlich ernst meint" mit der Beziehung zu der jungen Frau, ist ein Urteil, dass allein auf jene moralischen Empfindungen rekurriert, die zuvor noch abgewehrt werden mussten.

Strafrechtlich begründete Normalität:
Das Strafgesetz definiert zwar nicht explizit Normalität, aber es bietet wichtige Orientierungen hinsichtlich der Einschätzung, ob etwas normal ist oder nicht. Dass diese Orientierungen wandelbar sind, zeigt ein oberflächlicher Blick auf die Geschichte des Sexualstrafrechts, in der z. B. die Bewertung homosexueller Handlungen, die Sanktionierung sexualisierter Gewalt im Rahmen der Ehe oder sexualisierter Gewalt gegen Männer grundlegenden Änderungen innerhalb

eines noch nicht sehr lange zurückliegenden Zeitrahmens unterworfen wurden (Rohne & Wirths, 2018). Strafrechtlich begründete Normsetzungen waren in Bezug auf die Taten H .M.s an verschiedenen Punkten durchaus bedeutsam und wurden auch immer wieder in die Diskussion eingebracht: Der sexuelle Missbrauch von Kindern, der H. M. letztlich durch sein Verbrechen gegen seine Enkeltochter nachgewiesen werden konnte, hätte jederzeit als Straftatbestand geltend gemacht werden können. Soweit bekannt, wurden daher zumindest zweimal auch entsprechende Ermittlungen eingeleitet, die aber vorzeitig eingestellt wurden. Dies verweist zunächst auf eine sehr wirkmächtige Diskrepanz zwischen Strafrechtsnormen und Strafrechtspraxis (vgl. Jehle, 2012). Dies ändert jedoch nichts daran, dass alle sexualisierten Handlungen H. M. s gegen Minderjährige prinzipiell strafbewehrt waren. Die „Geringfügigkeit" oder die „medizinischtherapeutische Begründbarkeit" erweisen sich angesichts dessen, was inzwischen bekannt ist, als haarsträubende argumentative Schimären. In Bezug auf seine Beziehungen zu (auch jungen) erwachsenen Frauen erweisen sich strafrechtlich begründete Normsetzungen als uneindeutiger. Die Frage, ob ein Institutsleiter mit Ausbildungskandidatinnen oder sogar Lehranalysandinnen und Patientinnen sexuelle Beziehungen eingehen darf, hat sich bis 1998 jeglicher strafrechtlicher Bewertung entzogen (vgl. Schleu et al., 2018). Ansatzpunkte für Ermittlungen hätten sich lediglich bei nachweislich gewaltförmigen sexuellen Handlungen, also sexuelle Nötigung oder Vergewaltigung, ergeben können.

Gesundheitsbezogene Normalität:
Für die hier zu untersuchenden Fälle spielen möglicherweise Gesundheitsnormen die größte Rolle. Was im sexuellen Bereich als „normal" qualifiziert wird, kann sich daran orientieren, ob das Risiko einer Schädigung der Gesundheit einer beteiligten Person besteht. Für sexuelle Handlungen zwischen Erwachsenen und Minderjährigen ist dies regelhaft der Fall und bedarf keiner weiteren Diskussion (vgl. Mosser, 2018). In der Analyse der Vorgänge um H. M. ist bemerkenswert, dass das „Gesundheitsargument" in Bezug auf die jungen Frauen, die von ihm geschwängert wurden, nur marginal in die Diskussion eingebracht wurde. Zumindest in Bezug auf E. M. stellt dies ein erstaunliches Versäumnis dar, da es sich bei ihr um eine psychotherapeutische Patientin handelte, die offensichtlich mit gesundheitlichen Problemen zu kämpfen hatte. Wenn eine solche junge Frau von ihrem Psychotherapeuten in eine sexuelle Beziehung verstrickt wird, so besteht eigentlich – nicht nur in der einschlägigen Fachöffentlichkeit – akuter Anlass zur

5.1 Normalität

Sorge um ihre psychische Gesundheit[1] (Becker-Fischer & Fischer, 1996). Interessant ist hier, dass in der Auseinandersetzung um den Fall eher auf strafrechtlich oder professionsethisch Bedenkliches rekurriert wurde und weniger auf das für alle offensichtliche Schädigungspotenzial, dass dieser Beziehung innewohnte. Gerade das Gesundheitsargument wurde in der psychotherapeutischen Diskursarena zurückgedrängt, während man sich viel stärker mit pragmatischen Fragen des institutionellen Umgangs beschäftigte. So als bestünde kein weiterer – ethisch begründeter – Handlungsauftrag in dem Moment, da die Gesundheitsschädigung durch Eheschließung „privatisiert" wird. Im Vergleich dazu wurde die Bedeutung des Gesundheitsarguments im Zusammenhang mit den Frauen, die im Rahmen von Ausbildungsverhältnissen und Lehranalysen von H. M. sexuell ausgebeutet worden waren, deutlich hervorgehoben. Der Umstand, dass die betroffenen Frauen den Informationen der von ihnen ins Vertrauen gezogenen Vorständin des IPP-Heidelberg-Mannheim zufolge unter den Auswirkungen ihrer Beziehungen zu H. M. schwer zu leiden hatten, wurde von denen, die Konsequenzen für H. M. forderten, sehr deutlich in die Diskussion eingebracht. Auf diese Weise versuchte man dafür zu sensibilisieren, dass es sich hier nicht einfach nur um Beziehungen zwischen Erwachsenen handelte. Auch die Darstellung H. M.s, wonach man die Beziehungen jeweils erst nach Beendigung der Lehranalysen angefangen hätte, wurde dadurch entkräftet. Spätestens hier wird deutlich, dass gesundheitliche Normalität mit moralischer Normalität keineswegs immer in Übereinstimmung zu bringen ist, sondern dass es sich um eigenständige Dimensionen handelt, die bei der Bewertung sozialer Phänomene, insbesondere auch bei der Einschätzung von Abstinenzverletzungen im Rahmen von Psychotherapien, separat reflektiert werden müssen[2]. Dass Abstinenzverletzungen dadurch die Gesundheit von Patient*innen schädigen, dass sie die Therapie kontaminieren, wird auch in der folgenden Einschätzung einer/eines Vertreter*in des Erwachseneninstituts zum Ausdruck gebracht:

---

[1] Gleiches gilt für die Mutter des 1980 geborenen Sohnes von H. M. Auch sie war eine ehemalige Patientin, sehr jung und ebenfalls von der Jugendhilfe betreut. Diese Beziehung hat erstaunlicherweise weder im Institut noch in der erweiterten Institutsöffentlichkeit zu Konsequenzen, ja nicht einmal zu Nachfragen geführt.

[2] Siehe hierzu aber die Bemerkung Krutzenbichlers (1998) mit Verweis auf die schweren gesundheitlichen Schädigungen durch sexuelle Grenzüberschreitungen in der Psychotherapie, wonach „nicht die tatsächlich auftretenden, sondern das bewusste In-Kauf-Nehmen dieser möglichen Folgen zugunsten persönlicher Bedürfnisbefriedigung (...) solches Handeln als zutiefst unethisch (bestimmt)" (S. 321).

„Da gab´s unzählige Seminare zu, und das find ich auch richtig. Und zwar nicht, weil es um irgendeine Moral geht, sondern weil die Übertragung nicht funktioniert, die sehr gestört wird, wenn jemand aus eigenem Bedürfnis als Analytiker eben aus seinem Leben erzählt, dann ist die Übertragung so gestört, also das war das Motiv, nicht ein moralisches Motiv."

Allerdings fällt in der unterschiedlichen Behandlung der verschiedenen Abstinenzverletzungen eine moralische Differenzierung des Gesundheitsaspektes bei den Zeitzeug*innen auf. Die jungen Patientinnen waren trotz ihrer bekannten Behandlungsbedürftigkeit nicht im Fokus, wenn es um die gesundheitsschädigenden Folgen der Grenzverletzungen durch H. M. ging. Dieses Argument wurde fast ausschließlich im Zusammenhang mit den (bald) zur eigenen Zunft gehörigen Ausbildungskandidatinnen bzw. Lehranalysandinnen bemüht.

Statistische Normalität:
Diese Dimension bezieht sich auf ein Argument, wonach normal ist, was häufig vorkommt. Was zunächst kaum anfechtbar anmutet, wirft auf den zweiten Blick komplizierte Fragen auf. So würde etwa die sich im Laufe der vergangenen Jahrzehnte zunehmend verdichtende Erkenntnis, dass sexualisierte Gewalt durch Kleriker häufig vorkam (Dreßing et al., 2018), eher nicht zu der Einschätzung verleiten, dass es sich dabei um ein normales Geschehen handelt (da moralische, strafrechtliche und gesundheitsbezogene Normalitätsvorstellungen diskrepante Urteile nahelegen). Im Rahmen unserer Interviews vernahmen wir zuweilen den Hinweis, dass es „viele" Fälle gibt, in denen Psychotherapeuten Patientinnen sexuell ausbeuten oder sexuelle Verhältnisse mit Lehranalysandinnen oder Ausbildungskandidatinnen initiieren[3]. Der Verweis auf die schiere Häufigkeit des Vorkommens solcher Konstellationen scheint wahlweise zwei argumentative Funktionen zu erfüllen: Entweder als Hinweis auf die Ernsthaftigkeit des Problems und die mit dem psychotherapeutischen Setting verbundenen Risiken oder aber als „Entschärfung" des spezifischen Falles H. M.: Implizit wird hierbei suggeriert, dass es des besonderen Aufhebens nicht bedarf, da man anderswo schließlich einen pragmatischeren Umgang mit ähnlichen Fällen gefunden habe. Zugespitzt bedeutet dies: In gewisser Weise sind solche Fälle, weil sie nicht selten sind, „normal" (vgl. Bittner, 1998). Solche Normalitätsbehauptungen boten zum Beispiel auch schon in den 1970er und 1980er einen Bewertungsrahmen, als der Dozent K. H. eine sexuelle Beziehung mit

---

[3] Siehe dazu Hirsch (2012): „Man kann sagen, dass heute jeder Therapeut von einem oder mehreren Fällen von massivem narzisstischem und sexuellem Missbrauch aus seiner näheren oder weiteren Umgebung weiß" (S. 35).

einer Ausbildungskandidatin hatte und man auch von anderen Instituten hörte, dass Beziehungen zwischen Dozent*innen und Ausbildungskandidat*innen nicht unüblich seien. Möglicherweise war man selbst in solche Beziehungskonstellationen verstrickt, möglicherweise war man als Lehranalytiker in seine Analysandin verliebt, möglicherweise hatte die Konstruktion von Normalität in Bezug auf das Verhalten H. M. s eine wirkmächtige, das eigene Selbst schützende Funktion. Das nachträgliche Entsetzen darüber, das H. M. sich auch an Kindern vergangen hatte, lässt die eigenen Normalitätsvorstellungen, wonach es im Institutsleben auch schon mal zu sexuellen Beziehungen kommen kann, unangetastet. Solche Vorstellungen von Häufigkeit können moralische oder gesundheitsbezogene Normalitätsorientierungen korrumpieren, indem sie eigentlich Abgelehntes sozusagen statistisch (und sei es nur in Form vermuteter Dunkelziffern) legitimieren.

Es wird deutlich, dass sowohl innere als auch diskursiv verhandelte Normalitätsvorstellungen eine wichtige Rolle im Umgang mit der „Causa H. M." spielten. Dies ist insofern erstaunlich, als sich das Bild, das sich in der retrospektiven Betrachtung zu diesem Fall formt, mit keinen Normalitätsvorstellungen, die eine Chance auf soziale Übereinkunft besitzen würden, vereinbaren lässt. Es ist zu vermuten, dass die bewusste oder unbewusste Ausblendung bestimmter Normalitätsdimensionen einen wesentlichen Beitrag sowohl zur Aufdeckungsresistenz in Bezug auf die Handlungen H. M. s als auch zu institutionellen Handlungsblockaden im Gefolge des Bekanntwerdens einzelner Taten und Beziehungskonstellationen leistete (vgl. Burka et al., 2019; Sandler & Godley, 2004).

5.2 Professionsethik – Organisationsethik

In der Rückschau auf die verschiedenen Zeitepochen, in denen H. M. am AKJP-Heidelberg und am IPP-Heidelberg-Mannheim wirkte und in denen sich die Institute mit seinem Fall auseinanderzusetzen hatten, fallen Veränderungen hinsichtlich der diskursiven Bezugnahmen auf. Hier ist zunächst zu konstatieren, dass es am AKJP-Heidelberg bis 1993 offensichtlich keine zuverlässige Orientierungsmöglichkeit gab, die es erlaubt hätte, das mehr oder weniger bekannt gewordene Verhalten H. M.s zu bewerten.

Den Informationen einer/eines Expert*in zufolge, die wir im Rahmen unserer Studie zur entsprechenden Diskursentwicklung befragt haben, wurde spätestens in den 1990er Jahren der Umgang mit sexualisierten Interaktionen innerhalb von Psychotherapien in den Psychotherapieverbänden intensiv thematisiert:

„Also das haben wir diskutiert. 94 hätte ich ja schon viele Diskussionen hinter mir gehabt, da hätte ich schon gewusst, dass es auf jeden Fall falsch ist (...). Und für die [Psychoanalytiker*innen, Anm. d. Verf.] war Abhängigkeit der zentrale Begriff dabei. Also darum sag ich ja, die hatten eigentlich eine intensivere ethische Diskussion."

Dieses Informations-, Urteils- und Handlungsdefizit am AKJP-Institut Heidelberg lässt sich in Termini der Professionsethik und der Organisationsethik fassen. Als zentrales Kriterium für die professionsethische Selbstverortung all derer, die am IPP-Heidelberg-Mannheim und am AKJP-Heidelberg tätig waren (sowohl als Lehrende als auch als Lernende) ist das Konzept der Abstinenz zu nennen, dem weiter unten eingehendere Ausführungen gewidmet werden. Professionsethik bezieht sich auf einen positiv formulierten Wertekanon, der das Selbstverständnis einer bestimmten Profession grundlegend konstituiert (vgl. Hutterer-Krisch, 2007; Schleu & Habenicht, 2014). Dabei stellt sich häufig die Frage, inwieweit solche ethischen Maßstäbe eher implizit bleiben oder sich im professionellen Handeln immer wieder aktualisieren und somit Anlass zu einer entsprechenden sozialen Validierung bieten. Bemerkenswert ist hierzu die Feststellung Krutzenbichlers aus dem Jahr 1998, wonach es keinen Kodex der psychoanalytischen Ethik gibt „und schon gar keinen allgemein akzeptierten" (S. 320). Man könnte sagen, dass die psychoanalytische Behandlung durch die Vielzahl von Fragen, die sich um die Auslegung der Abstinenzregel gruppieren, geradezu prädestiniert ist für die Explikation professionsethischer Probleme[4] (Tibone & Schmieder-Dembek, 2015). In unseren Interviews haben wir den Eindruck gewonnen, dass das psychotherapeutische Setting mit Kindern mit eher impliziten professionsethischen Selbstverortungen assoziiert zu sein scheint und nur selten bewusste Selbstbefragungen wie im folgenden Beispiel freisetzt:

„Also ich habe noch so einen Kindertherapieraum und hab meinen Platz hinterm Tisch (lacht), dann den Tisch davor und dann da das Kind. Und zwischendrin steht das Spielhaus. Aber dann kommen die ab und zu – dann versuchen sie, so zu mir zu kommen, da muss man total klar sich positionieren. Und das muss man, find ich, in den Supervisionen ganz klar auch vermitteln, was man da machen kann und was nicht."

Da sexualisierte Grenzverletzungen gegenüber Mädchen oder Jungen in der psychotherapeutischen Behandlung bei vielen Psychotherapeut*innen offenbar

---

[4] Körner (1998a) weist der Abstinenzregel die unverzichtbare Funktion eines Elements innerhalb einer psychoanalytischen Triade zu: „Die Regeln verbieten die Verwendung des anderen, sie sind – insbesondere als Rahmen der Situation – das „Dritte", was der Willkür der beiden Beteiligten entzogen ist" (S. 341).

5.2 Professionsethik – Organisationsethik

jenseits jeglicher Vorstellungskraft liegen, erscheinen diesbezügliche Orientierungen zunächst unkompliziert. Die Antwort auf die Frage, ob ein weinendes Kind in den Arm genommen werden darf oder ob man einer Jugendlichen aufmunternd auf die Schulter klopfen kann, wird möglicherweise eher in den Bereich der persönlichen Intuition delegiert. Vieles erscheint „klar", weil das persönliche Empfinden Orientierungen zu vermitteln scheint.

Es ist wichtig zu verstehen, dass solche Selbstverortungen eigentlich auf elementare professionsethische Fragen verweisen, die eines expliziten Diskurses bedürfen (vgl. VAKJP, 2001). Dies wird spätestens dann deutlich, wenn man an den Arzt und Psychotherapeuten H. M. denkt, der von Kindern verlangt, sich nackt auszuziehen. Es mutet geradezu haarsträubend an, dass man innerhalb der Institutsöffentlichkeit offenbar niemals ernsthaft die Frage aufwarf, was der Institutsleiter eigentlich im Rahmen von Hunderten oder Tausenden Zweitsichten eigentlich tatsächlich macht. Da die Zweitsichtprotokolle keinen Zweifel daran ließen, dass H. M. die Penisse von Jungen sah, hätten diese Anlass für professionsethische Selbstbefragungen seiner Kolleg*innen und Ausbildungskandidat*innen geben müssen. Darf H. M. das „als Arzt"? Kann es Teil der psychotherapeutischen Diagnostik sein, Kinder nach ihren Masturbationserfahrungen zu befragen? Wie spricht man mit jugendlichen Patient*innen über ihre Sexualität? Kann es Teil der psychoanalytischen Behandlungstechnik sein, bei minderjährigen Patient*inne Schamgefühle hervorzurufen? Und wenn ja, bis zu welchem Ausmaß? Sollten jemals solche Fragen gestellt worden sein, so wurden sie in den exklusiven bzw. klandestinen Raum der Supervision delegiert. Unabhängig davon, inwieweit die dort erarbeiteten Orientierungen hilfreich waren, erscheint das Instrument der Supervision zumindest im Rückblick als Symptom der Zersplitterung des professionsethischen Diskurses. Es geschah dort nichts, was Anlass für eine kritische Befragung des psychotherapeutischen Handelns des Institutsleiters gegeben hätte. Es hätten auch andere Fragen gestellt werden können: „Ist es mit den ethischen Grundsätzen unserer Profession vereinbar, mit (jungen) Patient*innen nach Beendigung der Psychotherapie sexuelle Beziehungen anzufangen?" „Wie viel Zeit muss nach Abschluss der Therapie vergehen, bis man das darf?" „Wie groß darf der Altersunterschied zwischen den Beteiligten sein?" „Sind sexuelle Beziehungen zwischen Lehranalytiker*innen und Lehranalysand*innen professionsethisch vertretbar?" (vgl. Schleu et al., 2018). Man kann solche Fragen intuitiv beantworten, indem man sich auf das persönliche Empfinden zurückzieht. Ein/e von uns interviewte Expert*in vertritt in diesem Zusammenhang die These von einem – zumindest in früheren Zeiten – vorauseilenden Glauben an die Unfehlbarkeit von Psychotherapeut*innen:

„Ich glaube, dass in den 80ern noch eigentlich das Bild war, dass wir eine gute Arbeit machen und eigentlich auch davon ausgehen, dass wir gute Menschen sind. Wer macht schon so einen Beruf sonst? Und so ein professionelles Selbstbild erst sich langsam entwickelt hat, über das, was zu tun ist, Grenzen des Tuns."

Wenn aber die oben aufgeworfenen Fragen nicht professionsethisch begründet diskutiert, sondern „gefühlsmäßig" eingeschätzt werden, dann entstehen in einer Institutsöffentlichkeit unverbunden herummarodierende Diskursfiguren wie jene vom „einmaligen Ausrutscher", vom „Institutsleiter, der die Frauen fasziniert" und vom „Arzt, der die Kinder bei der Untersuchung auch mal anfassen darf".

An diesem Punkt wird die Bedeutung organisationsethischer Fragen sichtbar. Diese bezieht sich auf die Kultur einer jeweiligen Organisation und damit auf „geteilte Annahmen, Werte, Überzeugungen und Normen, auf deren Grundlage angemessenes und unangemessenes Verhalten unterschieden wird" (Christmann & Wazlawik, 2019, S. 237). Dies verweist auf die Notwendigkeit eines Transfers professionsethischer Diskurse in die jeweiligen organisationalen Zusammenhänge, in denen diese sozusagen praktische Anwendung finden. Gemeint ist damit eine „kontinuierliche selbstreflexive Auseinandersetzung mit den eigenen Kulturen, Strukturen, Dynamiken, Regeln und Haltungen als langfristiger Organisations- und Qualitätsentwicklungsprozess" (ebd., S. 239). Organisationsethik beinhaltet zunächst eine „gegenstandsbezogene Dimension, auf der sowohl die ethisch zu verhandelnden Themen markiert werden als auch die in einer Organisation zur Verfügung stehenden strukturellen Elemente benannt sind" (S. 242). Darüber hinaus bedarf es einer dezidiert prozessorientierten Komponente, die mit der Aufgabe verbunden ist, „ethische Fragestellungen und Aushandlungsprozesse konsequent durch ‚organisierte Räume, Regeln, Kontexte und Rituale der gemeinsamen Auseinandersetzung' zugänglich zu machen." (ebd. S. 242). Diese Ausführungen verweisen auf das Ausmaß an Versäumnissen, das das AKJP-Heidelberg über lange Zeiten prägte. Dabei ist die kritische Retrospektive nicht mit dem Argument zu entkräften, dass es in den 1970er/1980er Jahren noch keine etablierten organisationsethischen Diskurse gab; vielmehr ist an das zu erinnern, was mit „Organisationsethik" gemeint ist und was ohne Zweifel auch schon damals zum Repertoire jedes psychotherapeutischen Ausbildungsinstituts hätte gehören müssen. Die Frage des institutionellen Selbstverständnisses und der institutionellen Selbstverortung kann sich nicht in der Diskussion über die bevorzugte psychoanalytische Behandlungsmethode erschöpfen. Gerade weil es sich um einen Typus von Organisation handelt, in dem hohe professionsethische Standards Gültigkeit haben und in dem zwischenmenschliche Beziehungen als zentraler Bezugspunkt des eigenen professionellen Handelns fungieren, muss

5.2 Professionsethik – Organisationsethik 67

das, was man „Organisationsethik" nennt, im oben beschriebenen Sinne reflektiert werden: „Wie gehen wir hier miteinander um?" „Welche Regeln gibt es hier?", „Welche Haltungen vertreten wir?" Möglicherweise gilt aber nicht nur für das AKJP-Heidelberg, dass die Transformation formal festgelegter professionsethischer Standards (z. B. der DGPT oder des VAKJP) in eine Organisationsethik der jeweiligen Institute nicht hinreichend entwickelt ist.

Die konsequente Vermeidung eines zuverlässigen organisationsethischen Diskurses am AKJP-Heidelberg erscheint im Nachhinein symptomatisch. Weit davon entfernt, hier von einer bewussten „Täterstrategie" zu sprechen, wird dennoch deutlich, dass der Verzicht auf eine deklarierte Organisationsethik dazu beitrug, dass das Handeln aller Beteiligten im Wesentlichen ihrem eigenen Gutdünken überlassen war. Da es keinen entsprechenden Bezugsrahmen gab, entstand ein System der ethischen Vereinzelung, innerhalb dessen vieles möglich wurde: Beim Institutsfest eng mit dem Institutsleiter tanzen, barbusig auf dem Tisch tanzen, amouröse Anbahnungen beobachten, Fotos von Reisen mit (ehemaligen) Ausbildungskandidatinnen und/oder Lehranalysandinnen in den Institutsräumen aufhängen, als Sekretärin am Institut „Pikantes" aus dem Privatleben des Institutsleiters preisgeben, usw… Und wenn man eine Ausbildung anerkannt und eine Approbation mit freundlicher Mithilfe des Institutsleiters bekommt, auch wenn nicht alle Voraussetzungen dafür erfüllt sind, dann steigt durchaus die Bereitschaft, sich mit den „Eigenheiten" des Instituts (und seines Leiters) zu arrangieren. Manche nahmen Anstoß an diesen Eigenheiten, manche wunderten sich, manche waren „nicht so eng mit dem Institut verbunden", aber niemand schien einen systematischen Diskurs darüber einzufordern, nach welchen professionellen Gesetzmäßigkeit jenes Institut, in dem man immerhin arbeitete und/oder seine psychotherapeutische Ausbildung absolvierte, eigentlich funktionierte. Dass der Institutsleiter selbst kein Interesse an einer solchen Diskussion hatte, ist angesichts der Tatsache, dass ihm diese „Organisationskultur" uneingeschränkte Macht, sexuelle Kontakte, eine hohe Reputation und finanzielle Vorteile ermöglichte, nicht weiter erklärungsbedürftig. Offensichtlich haben aber auch andere Personen, die am AKJP-Heidelberg arbeiteten und/oder dort Leitungsfunktionen ausübten, von dem vollkommenen Verzicht auf einen systematischen organisationsethischen Diskurs stark profitiert. Dass man auf diese Weise die Schädigung einer Vielzahl von Kindern, jungen Erwachsenen und Kolleg*innen in Kauf nahm, konnte offenbar mithilfe der Rationalisierung des Irrationalen akzeptiert werden.

Soweit dies rekonstruierbar ist, waren zumindest seit Beginn der 1990er Jahre professionsethische Fragestellungen am Institut IPP-Heidelberg-Mannheim erkennbar repräsentiert. Seminare, Vorträge und Tagungen sowie entsprechende

Initiativen des Dachverbands DGPT leisteten einen Beitrag zur Integration professionsethischer Themen in den eigenen organisationsethischen Zusammenhang. Hinsichtlich des AKJP-Heidelberg bietet sich ein etwas anderes Bild: Nach der partiellen Aufdeckung der Übergriffe des Institutsleiters H. M. im Jahr 1993 war das Verhältnis zum Dachverband VAKJP sehr belastet. Über viele Jahre hinweg existierte zumindest in Teilen des AKJP-Heidelberg eine ausgeprägte Abwehrhaltung gegenüber ethikbezogenen Impulsen vonseiten des VAKJP und des IPP-Heidelberg-Mannheim. Fragen der Professions- und Organisationsethik waren lange Zeit durch diskrepante Haltungen zur „Causa H. M." kontaminiert. Dies hing auch damit zusammen, dass Personen in leitenden Gremien des AKJP-Heidelberg repräsentiert waren, die das organisationsethische Versagen des AKJP-Heidelberg über viele Jahre mitgetragen und davon auch profitiert hatten. Als Ende der 1990er Jahre im AKJP-Heidelberg der Ruf nach Gründung einer Ethikkommission laut wurde, wurde dieser – soweit dies im Nachhinein zutreffend rekonstruiert werden kann – in die Gruppe „Vergangenheit – Gegenwart – Zukunft" umgeleitet. Interessant ist dabei, dass man dort zunächst den Fall H. M. diskutierte und sich danach auf behandlungstechnische Fragen und auf die Außendarstellung des Instituts konzentrierte. Von einem Bemühen um eine organisationsethische Selbstverortung und um die Entwicklung entsprechender Verfahren und Strukturen ist hier nichts zu erkennen. Erstaunlicherweise kommt es erst zehn Jahre später zur Einsetzung zweier institutsinterner Ethikbeauftragter. Soweit erkennbar, werden erst danach vor allem professionsethische Fragen im Rahmen der Ausbildung explizit als solche behandelt. Zudem scheint sich eine systematische organisationsethische Reflexionskultur spätestens seit den Vorgängen um den Gerichtsprozess gegen H. M. zu verdichten.

5.3 Abstinenz

Eine spezifische Variante einer professionsethischen Verortung des Verhaltens des Psychotherapeuten H. M. wird durch Bezugnahmen auf psychoanalytische Leitkonzepte eröffnet. Da die vorliegende Untersuchung die Aufnahme sexueller Beziehungen im psychotherapeutischen Setting zum Gegenstand hat, erfolgt in den folgenden Ausführungen eine Fokussierung auf die Konzepte „Übertragungsliebe" und „Abstinenz". In Bezug auf das Konzept der Abstinenz präzisiert Kreische (1998) dass es sich dabei um ein technisches Prinzip handelt, „das die Vermeidung von Übertragungsgratifikationen, d. h. das Unterlassen der Erfüllung von Übertragungswünschen fordert (…). Abstinenz heißt Enthaltsamkeit. Durch das Abstinenzprinzip wird vom Analytiker Enthaltsamkeit gefordert: Er soll auf

5.3 Abstinenz

Übertragungsgratifikationen verzichten, auch dann, wenn ihm selbst das Erfüllen dieser Wünsche gefallen würde" (S. 385). Ausgehend von diesen Feststellungen ist es wichtig, dass Prinzip der Abstinenz von jenem der Neutralität zu differenzieren. Kreische (1998) zufolge ist Abstinenz nicht als Aspekt der Neutralität zu verstehen, sondern die diesen beiden Konzepten zugrunde liegenden Dynamiken unterscheiden sich grundlegend: „Neutralität in der psychoanalytischen Behandlung besagt, dass der Analytiker seine Gegenübertragung und seine eigene Übertragung auf den Patienten unter Kontrolle halten soll, dass er vermeiden soll, seine eigenen Wertvorstellungen dem Patienten aufzuoktroyieren und dass er die Fähigkeit des Patienten stärker als die eigenen Vorlieben als Richtschnur seines Handelns benutzen soll" (S. 386). Auf der Basis dieser definitorischen Grundlegungen ließe sich die Unterscheidung treffen, dass das Erfordernis der Abstinenz auf eher reaktive Prozesse abzielt, während Neutralität eher die aktiven Motivationen und Intentionen der/des Therapeut*in adressiert. Den Ausgangspunkt des Abstinenzgebots bildet das Gegenübertragungsgefühl der/des Therapeut*in, das seinen Ursprung in jenem Material hat, das die/der Patient*in im Rahmen der Psychotherapie präsentiert. Neutralität lässt sich hingegen viel eher in Termini einer prinzipiellen „Haltung" der/des Therapeut*in fassen. Genau genommen verweist der Unterschied zwischen diesen beiden Konzepten auf Annahmen darüber, wo der „eigentliche" Ursprung sexualisierter Grenzverletzungen im psychotherapeutischen Setting liegt. Das Abstinenzgebot verlagert diesen primär in die/den Patient*in, da es sich ja im engeren Sinne um ein „Gegenübertragungsgebot" handelt. Als therapeutische Haltung verweist das Prinzip der Neutralität hingegen viel stärker auf die Möglichkeit, dass eine Sexualisierung oder Erotisierung einer therapeutischen Beziehung auch „genuin" von Seiten des/der Therapeut*in initiiert werden könnte. Wenn man entsprechende Risiken also nicht allein auf die Notwendigkeit zum verantwortungsvollen Umgang mit Gegenübertragungsgefühlen reduziert [wie es Freud (1914) nahelegt], dann wäre das hier behandelte Problem der sexualisierten Grenzverletzungen in der Psychotherapie eher unter dem Begriff der Neutralitätsverletzung zu fassen. Dem entsprechend vermutet Kreische (1998) in der prioritären Verwendung des Abstinenzbegriffes einen „Abwehrvorgang" bei Psychoanalytiker*innen, „durch den die Täter-Opfer-Relation umgekehrt oder verwischt werden soll" (S. 386).

Im hier vorliegenden Zusammenhang interessieren vor allem zwei Fallkonstellationen, nämlich sexuelle Beziehungen H. M.s zu jungen Patientinnen und sexuelle Beziehungen, die er zu Lehranalysandinnen aufnahm. Dabei soll mit der Konzentration auf jene Einzelfälle, in denen zumindest fragmentarische Informationen verfügbar sind, nicht jener Reduktionismus reinszeniert werden, der sowohl in der Phase der Aufdeckung als auch noch lange Zeit danach eine zutreffende Beurteilung des Geschehens vernebelte. Daher ist darauf hinzuweisen, dass eine Berücksichtigung des Kontextes, innerhalb dessen die sexuellen Beziehungen zu Patientinnen und Ausbildungskandidatinnen initiiert wurden, die Bewertung dieser Beziehungen erheblich vereinfacht. Wenn wir wissen, dass H. M. jugendlichen Mädchen in der psychotherapeutischen Situation an ihre Brüste fasste und sie zu weiteren sexuellen Handlungen einlud und wenn bekannt ist, dass er als Institutsleiter oftmals sexuelle Beziehungen zu mehreren Ausbildungskandidatinnen gleichzeitig unterhielt, dann bietet dies deutliche Orientierungen hinsichtlich der Genese jener „Liebe", die in den von H. M. durchgeführten Psychotherapien entstand.

Im psychoanalytischen Diskurs zu Abstinenz und Übertragungsliebe wird unter anderem die Frage aufgeworfen, wie „streng" die Haltung der Abstinenz im psychotherapeutischen Setting umgesetzt werden muss, d. h. auch, wie „neutral" sich Psychotherapeut*innen gegenüber den Äußerungen, Wünschen und Bedürfnissen ihrer Patient*innen verhalten müssen, um die therapeutischen Ziele zu erreichen (z. B. Bauriedl, 1998; Pfannschmidt, 1998). Freud hat bereits 1914 darauf hingewiesen, dass die Frage des Umgangs mit der „Übertragungsliebe" sowohl ethische als auch behandlungstechnische Aspekte beinhaltet (Freud, 1914). Dabei geht es aber nicht so sehr darum, das Arzt-Patient*innen-Verhältnis mit bürgerlichen Moralvorstellung jederzeit vereinbar zu machen, sondern die ethische Verpflichtung zur Abstinenz ergibt sich aus der Tatsache, dass ihre Nichtberücksichtigung die Aussicht auf die Erreichung der therapeutischen Ziele vernichtet (Hirsch, 2012; Tschan, 2005). Lange bevor sich die Psychoanalyse zu einer „intersubjektiven Wende" hin entwickeln konnte, verortete Freud die Entstehung von Liebesgefühlen in der Psychotherapie allein in der wahlweise „kranken", „neurotischen" oder „hysterischen" Patientin. Dem Arzt obliegt die Aufgabe eines verantwortungsvollen Umgangs mit den von der Patientin ins Spiel gebrachten Liebesgefühlen. An diesem Punkt wird zunächst deutlich, dass sich diese Konstruktion nur bedingt zum Verständnis dessen eignet, was in den Psychotherapien des H. M. geschah. Man könnte fast annehmen, dass Freud nicht in der Lage war, sich einen „Arzt" auszumalen, der die psychotherapeutische Situation von Anfang an aktiv und explizit sexualisierte. Jedenfalls ging er von anderen Voraussetzungen aus, als er schrieb, dass der Arzt, auf den sich die Liebesgefühle der Patientin beziehen, erkennen muss, „dass das Verlieben der Patientin durch die analytische Situation erzwungen wird und nicht etwa den Vorzügen seiner Person zugeschrieben werden kann, dass er also gar keinen Grund hat, auf eine solche ‚Eroberung' (…) stolz zu sein" (Freud, 1914, S. 2). Hier ist die Szene der therapeutisch induzierten Übertragungsliebe beschrieben und nicht die durch die

5.3 Abstinenz

offensive Grenzüberschreitung des Psychotherapeuten „erzwungene" Erotisierung der therapeutischen Beziehung. Tatsächlich beschränken sich Freuds Ausführungen auf solche Liebesgefühle, die in der Folge von Übertragungsdynamiken vonseiten der Patientin in die therapeutische Situation eingebracht werden. Dies entspricht einem Verständnis von „Neutralität", aus dem die Äußerung biografisch geformter emotionaler Impulse aufseiten des Psychotherapeuten nicht vorgesehen ist. Es bedurfte tatsächlicher eines grundlegenden Paradigmenwechsels im Sinne eines intersubjektiven Verständnisses der Therapeut*in-Patient*in-Beziehung, um eine systematische Auseinandersetzung mit der Möglichkeit zuzulassen, dass psychoanalytische Therapien auch durch destruktive Wünsche und Bedürfnisse aufseiten der Therapeut*innen kontaminiert sein können (Tibone & Schmieder-Dembek, 2015). Hirsch (2012) kommt daher zu einer Einschätzung, die jener von Freud diametral widerspricht: „Im Falle der sexuellen Grenzüberschreitung ist es in der Regel gar nicht die Patientin, sondern der Analytiker oder Psychotherapeut, der seine eigene und gleichzeitig auch die Bedürftigkeit der Patientin sexualisiert und mit der Sexualität seine Geste einbringt (...)" (S. 55).

Bezogen auf den Fall H. M. ist vieles von dem, was Freud in den Bemerkungen über die „Übertragungsliebe" schreibt, dennoch von hoher Relevanz, weil es eine professionsbezogene bzw. professionsethische Bewertung der bekannt gewordenen Fakten auch in Unkenntnis ihrer Entstehung ermöglicht hätte. An dieser Stelle ist noch einmal daran zu erinnern, dass H. M. im Zuge der Aufdeckungen 1992/1993 zugab, dass er sexuelle Beziehungen zu zwei jungen Patientinnen (nämlich jenen, die von ihm schwanger wurden) und drei Lehranalysandinnen angeblich *nach* Beendigung der Therapien (oder der „diagnostischen Gespräche") und *nach* Beendigung der Lehranalysen aufgenommen hatte. Abgesehen davon, dass diese Behauptungen falsch sind, erhebt sich die Frage, was Freud über diesen „Arzt" gesagt hätte. Zunächst wäre er von folgendem Problemumriss ausgegangen: „Wenn sich also die Patientin in den Arzt verliebt hat, wird er meinen, dann kann es nur zwei Ausgänge haben, den selteneren, dass alle Umstände die dauernde legitime Vereinigung der beiden gestatten, und den häufigeren, dass Arzt und Patientin auseinandergehen und die begonnene Arbeit, welche der Herstellung dienen sollte, als durch ein Elementarereignis gestört aufgeben. Gewiss ist auch ein dritter Ausgang denkbar, der sich sogar mit der Fortsetzung der Kur zu vertragen scheint, die Anknüpfung illegitimer und nicht für die Ewigkeit bestimmter Liebensbeziehungen; aber dieser ist wohl durch die bürgerliche Moral wie durch die ärztliche Würde unmöglich gemacht" (Freud, 1914, S. 2). Bekanntlich wurde es zu einem identitätsstiftenden Merkmal der psychoanalytischen Behandlung, dass Freud einen vierten „Ausgang" beschrieb, indem er die Verliebtheitsgefühle zu einem wesentlichen Material des

Durcharbeitens im psychotherapeutischen Settings erklärte, womit besonderen Anforderungen an den Arzt verbunden sind: „Man hütet sich, von der Liebesübertragung abzulenken, sie zu verscheuchen oder der Patientin zu verleiden; man enthält sich ebenso standhaft jeder Erwiderung derselben" (ebd., S. 5). Es geht dabei um nichts anderes als um die Integration der Übertragungsliebe in einen verantwortungsvoll durchgeführten therapeutischen Prozess, in dessen Verlauf sich die Patientin hin zu einer zunehmend freien – d. h. von infantilen Fixierungen gelösten – Verfügung über ihre Liebesfähigkeit bewegt, die sie nicht „in der Kur verausgaben" darf, sondern die für „das reale Leben bereitgehalten" werden soll (ebd., S. 7). Um über den anforderungsreichen Weg der Bearbeitung erotischer Übertragungsgefühle die hier formulierten therapeutischen Ziele zu erreichen, bedarf es einer klaren Festlegung der Rolle des Arztes: „Die Kur muss in der Abstinenz durchgeführt werden" (ebd. S. 5). Und daher steht „für ihn fest, dass er keinen persönlichen Vorteil aus ihr [der Übertragungsliebe, Anm. d. Verf.] ziehen darf" (ebd. S. 7). Auch wenn vieles von dem, was Freud über das Arzt-Patientinnen-Verhältnis schreibt, anachronistisch anmutet, so nimmt er grundlegende Markierungen vor, die unmittelbar auf die ethische Dimension psychoanalytischen Handelns abzielen. Der Verzicht auf die Erwiderung von Liebesgefühlen im Rahmen der psychoanalytischen Behandlung folgt nicht den Grundsätzen einer „bürgerlichen Moral", sondern er bietet einen notwendigen Rahmen für die Erfüllung des therapeutischen Auftrags. Die reale Liebesbeziehung und/oder die reale sexuelle Handlung sind daher nicht deshalb unethisch, weil sie bürgerlichen Moralvorstellungen zuwiderlaufen, sondern weil damit die Verantwortung, die mit jeder therapeutischen Behandlung verbunden ist, von Seiten des Psychotherapeuten ignoriert wird und somit das Weiterbestehen oder die Verschärfung gesundheitlicher Schädigungen in Kauf genommen werden (vgl. Tschan, 2005). Denn „wenn die durch den analytischen Prozess hervorgerufenen Leidenschaften zum aggressiv-destruktiven oder sexuellen acting out führen, wenn der Rahmen durch Handeln zerstört wird, wirkt Psychoanalyse zutiefst iatrogen" (Krutzenbichler, 1998, S. 322). Daher „bleibt für den Analytiker das Nachgeben ausgeschlossen. So hoch er die Liebe schätzen mag, er muss es höherstellen, dass er die Gelegenheit hat, seine Patientin über eine entscheidende Stufe ihres Lebens zu heben. Sie hat von ihm die Überwindung des Lustprinzips zu lernen, den Verzicht auf eine naheliegende, aber sozial nicht eingeordnete Befriedigung zugunsten einer entfernteren, vielleicht überhaupt unsicheren, aber psychologisch wie sozial untadeligen" (Freud 1914, S. 8).

Sowohl die Patientinnen als auch die Lehranalysandinnen hätten in diesem Sinne von H. M. etwas „lernen" können – und es hätte eigentlich schon zu jener Zeit, als diese Beziehungen mehr oder weniger interessiert beäugt wurden, für

5.3 Abstinenz

jeden klar sein müssen, dass H. M. diesen Frauen jene Entwicklungspotenziale vorenthielt, deren Aktivierung und Ausweitung den ursprünglichen Anlass für ihre Begegnung bildeten. Pragmatisch gesprochen kann man hier durchwegs von „misslungenen" Psychotherapien und Lehranalysen sprechen. Um das Geschehen aber noch besser einordnen zu können, ist es sinnvoll, über den von Freud formulierten grundlegenden Orientierungsrahmen hinauszugehen und zeitgemäße Diskurse zu Rate zu ziehen.

Spätestens seit den 1980er Jahren wurde – insbesondere in der US-amerikanischen Literatur – eine Vielzahl von Fallberichten und auch empirischen Analysen veröffentlicht, die die sexuelle Ausbeutung zumeist weiblicher Patientinnen durch zumeist männliche Psychotherapeuten zum Gegenstand hatten (Celenza, 1991; Gabbard, 1994; Gartrell et al., 1987; Holroyd & Brodsky, 1977; Pope & Bouhoutsos, 1994; Rutter, 1990). Dies führte zu einer grundlegenden Verunsicherung von Psychoanalytiker*innen in Bezug auf die Frage des Umgangs mit erotischen Gefühlen und sexualisierten Verhaltensweisen im Kontext von Psychotherapien. Die Vielzahl diesbezüglicher Manifestationen machte Differenzierungen erforderlich, zumal parallel zum psychoanalytischen Diskurs eine umfassende Sensibilisierung und Skandalisierung in Bezug auf sexualisierte Gewalt in vielen gesellschaftlichen Bereichen erfolgte (vgl. Kavemann & Lohstöter, 1993). Hirsch (2012) referiert eine Vielzahl von Zugängen zu einer terminologischen Fassung erotischer bzw. sexualisierter Manifestationen im psychoanalytischen Setting und bietet selbst eine Unterscheidung an, die für unsere Zwecke gewinnbringend scheint: 1) Erotisch-sexuelle Liebe (Übertragungsliebe), 2) Sexualisierte (engl. *erotized*) Liebe, 3) (sadomasochistisch-) perverse Liebe.

Im Sinne eines verbesserten Verständnisses der Vorgänge um H. M. wird unter Berücksichtigung seines „Tatmusters" zwischen den von Hirsch (2012) vorgeschlagenen Begrifflichkeiten navigiert. Dies geschieht unter Zuhilfenahme dreier Konzepte, denen für die Einordnung erotisch-sexueller Manifestationen im psychotherapeutischen Setting ein hoher Erklärungswert zuzuschreiben ist: 1) Narzisstische Liebe, 2) Die Grenze zwischen Fantasie und Realisierung, 3) Die Ich-Grenzen der Patientin.

Narzisstische Liebe:
Wenn wir uns das von Freud formulierte Verbot, „keinen persönlichen Vorteil" aus der Übertragungsliebe zu ziehen vergegenwärtigen, dann wird angesichts dessen, was wir über die Beziehungen H. M. s zu seinen Patientinnen und Lehranalysandinnen wissen, schnell klar, dass das Überschreiten dieses Verbots eine wesentliche Motivation für das Handeln des Institutsleiters darstellte. In allem,

was wir von H. M. aus seinen Tagebüchern und aus Gesprächen mit Personen, die ihn kannten, erfahren, wird ein geradezu beängstigendes Ausmaß an narzisstischer Bedürftigkeit erkennbar. Es ist ohne weiteres nachweisbar, dass er sich über Jahrzehnte hinweg in einer geradezu tragisch, jedenfalls zwanghaft anmutenden Wiederholungsschleife befindet, innerhalb derer er die sexuelle Ausbeutung von Frauen zur vorübergehenden Befriedigung seiner narzisstischen Bedürfnisse benutzt. Tatsächlich bietet sich hier das Bild eines Wiederholungszwanges im klinischen Sinne. Dabei wird der Psychotherapeut immer wieder aufs Neue von „tatsächlichen" Liebesgefühlen euphorisiert, wobei sich das, was ihn hier beglückt, nicht die Verbindung zu anderen Menschen ist, sondern der zumindest vorübergehend reichhaltige narzisstische Gewinn. Liest man die Tagebücher H. M.s, dann liefern sie ein ziemlich exaktes Abbild dessen, was Hirsch (2012) über die Dynamik der narzisstischen Liebe schreibt: „Der alternde Analytiker verspricht sich die Partizipation an der Jugendlichkeit seiner Patientin, oder er sieht Eigenschaften in ihr, die er selbst vermissen muss und die er meint, durch die Liebe und die damit verbundene Vereinigung seinem Selbst hinzufügen zu können. Treffen zwei so narzisstisch Bedürftige zusammen, sehen sie das jeweils Fehlende im Anderen und versprechen sich eine Selbstergänzung, Selbstaufwertung in einer narzisstischen Kollusion in der Liebesvereinigung" (S. 63). Sehr verkürzt könnte man sagen, dass die narzisstische Selbstaufwertung von Patientinnen und Lehranalysandinnen darin bestand, von dem angesehenen Arzt und Institutsleiter „auserwählt" worden zu sein (was z. B. für ein traumatisiertes, in der Jugendhilfe sozialisiertes Mädchen einen unerwarteten psychologischen Gewinn darstellt).

Für den in die Jahre gekommen Psychotherapeuten besteht der Profit dieser narzisstischen Aufwertung in der sexuellen Selbstvergewisserung, die – so den folgenden Ausführungen Hirschs (2012) zufolge – einer Selbstvergewisserung der ganzen Person gleichkommt: „Der männliche Körper bzw. noch reduzierter das männliche Geschlechtsteil und seine Idolisierung („Bewunderung", Akzeptanz) [sollen] ein fehlendes Selbstwertgefühl, ein mangelndes Identitätsgefühl (gerade als Mann) kompensieren. Der Analytiker verwechselt seine analytische Kompetenz, vielleicht auch (nicht unbedingt!) seine größere Lebenserfahrung mit sexueller Potenz, die mit den Jahren vielleicht real abgenommen hat" (S. 91).

Es ist leicht erkennbar, dass H. M. sowohl seine Patientinnen als auch seine Lehranalysandinnen in einen narzisstisch motivierten Wiederholungszwang verstrickt, der relativ unkompliziert zu initiieren ist: Für beide Beteiligten wird der narzisstische Gewinn aus der Sexualisierung der Beziehung jeweils schnell erlebbar. Man kann hier von einer regelhaft „induzierten Liebe" sprechen, die nicht annähernd den Charakter einer Übertragungsliebe hat, sondern als potenzielle

Begleiterscheinung einer narzisstisch motivierten Sexualisierung des therapeutischen Settings fungiert. Vor diesem Hintergrund spielt es tatsächlich keine Rolle, ob die sexuelle Beziehung während oder nach der „offiziellen" Beendigung der Psychotherapie oder der Lehranalyse begann, denn man wird mit einiger Berechtigung behaupten können, dass es – im Sinne psychoanalytischer Behandlungsrichtlinien – gar keine Therapie und gar keine Lehranalyse gegeben hat.

Die Grenze zwischen Fantasie und Realisierung:
Die psychoanalytische Fachdiskussion zu der Frage, ob erotische Gefühle aufseiten der/des Psychotherapeut*in gegenüber ihrer/seiner Patient*in „erlaubt" sind, kann in Bezug auf die „Causa H. M." im Grunde für obsolet erklärt werden. In dieser Diskussion werden zuweilen Verwirrungen mit dem Argument erzeugt, wonach die psychoanalytische Behandlungstechnik ihrer Substanz beraubt wird, wenn das Entstehen solcher Gefühle von vornherein verpönt oder wenigstens als suspekt betrachtet wird (vgl. Bittner, 1998). Solche Argumentationen lassen sich mit Hinweis auf Freud relativ unkompliziert entkräften, da Übertragungsliebe und entsprechende Gegenübertragungsgefühle dem üblichen Repertoire der psychoanalytischen Behandlung zuzurechnen sind. Das bedeutet: Dass Psychotherapeut*innen Verliebtheitsgefühle gegenüber ihren Patient*innen empfinden, ist weder professionsethisch verwerflich noch als Indiz eines Behandlungsfehlers zu werten. Die entscheidende Frage ist vielmehr, wie mit solchen Gefühlen „gearbeitet" wird (Hirsch, 2012; Pfannschmidt, 1998). Während Freud die Ansicht vertrat, dass es sich bei Übertragungs- und Gegenübertragungsliebe um keine „realen" Liebesgefühle handelt, da sie vergangenen konfliktlosen Liebesbeziehungen entstammen, vertritt Hirsch (2012) unter Bezugnahme auf Krutzenbichler & Essers (1991) die Auffassung, dass die in der psychotherapeutischen Situation auftauchenden Liebesgefühle „realen" Charakter haben. An diesem Punkt manifestiert sich das Kriterium der „Legitimität" solcher Gefühle in der Unterscheidung zwischen Fantasie/Begehren auf der einen Seite und „dem Agieren solcher Wünsche in die Realität hinein" (Hirsch, 2012, S. 65) auf der anderen Seite. Hier ist an alles zu erinnern, was Freud in den „Bemerkungen über die Übertragungsliebe" zur psychoanalytischen Behandlungstechnik und der ihrer Wirksamkeit zugrunde liegenden Mechanismen gesagt hat (Freud, 1914). Die emotionale Realität des Liebesgefühls stellt das „Material" für die therapeutische Behandlung dar, die in dem Moment zunichte gemacht wird, wenn dem Drang nach realem (sexuellen) Vollzug dieses Gefühls nachgegeben wird. Hirsch (2012) betont daher die Bedeutung „restriktiver Schranken", die „zwischen Denken, Sprechen, fantasieren einerseits und Tun, Handeln, Agieren einerseits" (ebd.,

S. 68) eingehalten werden müssen[5]. Grundlegend ist daher die Fähigkeit des Analytikers „zu fantasieren, Wünsche und Impulse erst einmal mental durchzuspielen und nicht gleich in die Tat umsetzen zu müssen" (ebd., S. 68). Das Einzige, was H. M. in diesem Zusammenhang zu Gute gehalten werden kann, ist der Umstand, dass er sein narzisstisch motiviertes sexuelles Begehren nicht immer „gleich" in die Tat umsetzen musste. Festzustellen ist aber, dass die hier geforderte Fähigkeit, zwischen Symbolisieren und Agieren eine klare, für den Erfolg der psychoanalytischen Behandlung ausschlaggebende Grenze zu ziehen, offenkundig unterentwickelt war. Inwieweit er dabei absichtsvoll den Eindruck erzeugte, von den Patientinnen und Lehranalysandinnen „verführt" worden zu sein, ist irrelevant, da es in seiner Verantwortung lag, dass die Grenze zwischen Begehren und Handeln keinesfalls überschritten wird.

Die Ich-Grenzen der Patientinnen:
Diesen zuletzt genannten Aspekt der Verantwortungszuweisung hebt Hirsch (2012) explizit hervor: „Wenn auch die Komplementarität und die Kollusion zwischen den narzisstischen Ausbeutungsbedürfnissen des Analytikers und der illusionären Vatersehnsucht der Patientin, die beide sich Heilung der narzisstischen Wunde durch Sexualität versprechen, anerkannt werden müssen, so liegt die Verantwortung, das Agieren der Wünsche zu verhindern, immer beim Therapeuten" (S. 130). Um den destruktiven Charakter einer agierten Sexualisierung im psychotherapeutischen Setting deutlich zu machen, argumentiert Hirsch (2012) identitätstheoretisch: Die Patientin kommt als Hilfesuchende in die Psychotherapie oder – in der Übertragung – als schutzbedürftiges und zu versorgendes Kind. Indem sie dies tut, setzt sie sich der Abhängigkeit gegenüber dem Psychotherapeuten aus, „denn durch die Anordnung der psychoanalytischen Therapie (…), in der der Patient sich gänzlich offenbaren, öffnen soll, während der Analytiker über sich selbst nichts mitteilt, entsteht eine Asymmetrie: der Analytiker hält eigene emotionale Bereiche heraus, reagiert vielmehr mithilfe der sogenannten Gegenübertragung in professionell kontrollierter und reflektierter Weise auf die Emotionen des Patienten, der sich nun ganz öffnen soll" (S. 163). Es ist unmittelbar evident, dass durch das hier beschriebene, regressionsfördernde Setting eine erhöhte Vulnerabilität hinsichtlich der Ich-Grenzen der Patientin „strukturell angelegt" ist[6] (vgl. Bauriedl, 1998). Damit die Patientin ihre „Identität als

---

[5] Körner (1998b) leitet gerade daraus die besondere Verantwortung von Psychotherapeut*innen in Bezug auf die Ebene des Handelns ab: „Weil wir alles fantasieren dürfen, müssen wir umso sicherer in den Grenzen unseres Handelns sein" (S. 299).
[6] „In der psychotherapeutischen Behandlung werden bestimmte, entwicklungspsychologisch betrachtet eingeschränkte, behinderte oder fehlende Funktionen eines Patienten gefördert,

5.3 Abstinenz

Patientin" aufrechterhalten kann, ist es von substanzieller Bedeutung, dass ihre Ich-Grenzen gewahrt bleiben. In dem Moment, da der Analytiker die therapeutische Beziehung sexualisiert und die Liebesgefühle von der symbolischen Ebene des Begehrens in den realen (sexuellen) Vollzug entlässt, verliert die Patientin ihre Identität als Patientin. Sie wird sozusagen ihres Rechts, Patientin zu sein und Hilfe in Anspruch zu nehmen, beraubt. Oder anders formuliert: Die Ich-Grenzen der Patientin werden so sehr verletzt, dass sie aufhört, als Patientin zu existieren (so wie die Schülerin nicht mehr als Schülerin existieren kann, wenn ihr Lehrer die Beziehung sexualisiert; so wie die Tochter nicht mehr als Tochter existieren kann, wenn ihr Vater die Beziehung sexualisiert).

Im Fall von H. M. lässt sich deutlich konstatieren, dass sowohl Patientinnen als auch Lehranalysandinnen ihrer Identität, mit der sie zu H. M. in Kontakt traten, beraubt wurden. Das bedeutet: In dem Moment, da die Beziehung sexuell agiert wurde, haben die Patientinnen keine Hilfe mehr bekommen und die Lehranalysandinnen keine Lehranalyse mehr erhalten. Entsprechend schwerwiegend waren die Folgen für die auf diese Weise ausgebeuteten Frauen (vgl. Becker-Fischer & Fischer, 1996; Burka, 2008; Wallace, 2007). Aus den Patientinnen und Lehranalysandinnen wurden Geliebte des Arztes und Institutsleiters. Der damit verbundene narzisstische Gewinn hinterließ sehr bald eine schwer erträgliche Leere – und die regelhaft eintretende Erkenntnis, irgendwann weder Patientin/Lehranalysandin noch Geliebte H. M. s zu sein, machten den Schmerz über die tief verletzten Grenzen des Ich in seinem ganzen Umfang spürbar[7].

---

sodass sie nachreifen können. Um eine solche psychische Veränderung erreichen zu können, sind eine Lockerung der psychischen Strukturen und damit eine mindestens partielle Regression notwendig, die mit einem Teilverlust von Autonomie einhergehen. Diese Veränderungen werden mit dem Leidensdruck aufseiten des Patienten gefördert und ermöglicht. Andererseits machen die genannten eingeschränkten Funktionen sowie die regressiven Prozesse mit Lockerung der intrapsychischen Strukturen einen psychisch erkrankten Patienten auch besonders verletzlich und anfällig (…)" Schleu et al. (2018, S. 14).

[7] Dies erinnert an einen von Schleu et al. (2018) beschriebenen Fall: „Zunächst wird durch den Psychotherapeuten die Sehnsucht der Patientin entfacht, sie wird „gefüttert" mit Anerkennung (…) und zu heimlicher Nähe und Intimität verführt. Im weiteren Verlauf wird die missbräuchliche Beziehung jedoch abrupt beendet, wobei die Verheimlichung nicht mehr gelingt. Der Psychotherapeut nimmt den Verlust der vermeintlichen Liebe ohne eigenes Leid hin, für die Patientin bricht aber eine illusionäre Welt zusammen mit den entsprechenden schädigenden Folgen: psychischer Zusammenbruch mit Verwirrung und Handlungsunfähigkeit, Verlust persönlicher Beziehungen, soziale Isolation, Arbeitsunfähigkeit, schwere behandlungsbedürftige depressive Störungen bis hin zur Suizidalität" (S. 18).

Die hier vorgenommenen Überlegungen verweisen auf die Bedeutung grundlegender psychoanalytischer Konzepte in Bezug auf die Gestaltung psychotherapeutischer Settings im Allgemeinen. Ohne den diesbezüglichen Diskurs an dieser Stelle auch nur annähernd abbilden zu können, wird dennoch erkennbar, dass die Beachtung von Übertragungs-Gegenübertragungsdynamiken und eine fortdauernde reflexive Selbstvergewisserung in Bezug auf psychotherapeutische Haltungen und psychotherapeutisches Handeln elementar sind. Eine Betrachtung der „Causa H. M." im Spiegel psychoanalytisch begründeter Konzepte führt zu der Einsicht, dass es sich um einen Extremfall handelt. Der allenthalben vorgenommene Versuch, seine Vergehen als „Abstinenzverletzungen" begrifflich zu fassen, mutet zunächst euphemistisch an. Allerdings ermöglicht diese Etikettierung eine zutreffende professionsethische Orientierung, die als Grundlage für Konsequenzen im Sinne zumindest berufsständisch begründbarer Sanktionen fungieren kann (Tibone & Schmieder-Dembek, 2015). In der Retrospektive kann konstatiert werden, dass über lange Zeit alles, was wirkungsvoll gegen H. M. vorgebracht werden konnte, unter Rückgriff auf das Konzept der Abstinenzverletzung argumentiert wurde. Diese Einsicht ist wichtig, da weder das Strafrecht noch die moralische Empörung vergleichsweise nachhaltige Interventionen ermöglichten (Molitor, 1998). Es musste nicht alles gewusst werden, um dennoch die Abstinenzverletzungen in einem Ausmaß nachweisen zu können, das zum Rücktritt als Institutsleiter, zum Austritt aus den psychoanalytischen Dachverbänden und zumindest zu einer lokalen Einschränkung seiner Gutachtertätigkeit führte.

In der Gesamtschau wird allerdings deutlich, dass sich H. M. keineswegs in einem „Grenzbereich" der Abstinenzverletzung bewegte. Dieser Grenzbereich ist jener, um den sich vielfältige Diskussionen innerhalb der psychoanalytischen Szene gruppieren (Bittner, 1998; Hirsch, 2012). Dort ist etwa die Frage anzusiedeln, wie lange die „Latenzzeit" nach einer abgeschlossenen Psychotherapie dauern muss, um eine „legitime" Liebesbeziehung zwischen Psychotherapeut*in und Patient*in eingehen zu können (Schleu et al., 2018). Hierüber gibt es in den verschiedenen psychoanalytischen Vereinigungen unterschiedliche Positionen[8]. Der Versuch, die „Causa H. M." auf solche Fragen zu reduzieren, kommt

---

[8] Siehe z. B. hierzu die Musterberufsordnung der Bundespsychotherapeutenkammer v. 10.11.2007, § 6 (7): „Das Abstinenzgebot gilt auch für die Zeit nach Beendigung der Psychotherapie, solange noch eine Behandlungsnotwendigkeit oder eine Abhängigkeitsbeziehung des Patienten zum Psychotherapeuten gegeben ist. Die Verantwortung für ein berufsethisch einwandfreies Vorgehen trägt allein der behandelnde Psychotherapeut. Bevor private Kontakte aufgenommen werden, ist mindestens ein zeitlicher Abstand von einem Jahr einzuhalten."

5.3 Abstinenz

einer bewussten argumentativen Verwirrung gleich, die von ihm selbst und seinen Verbündeten aktiv betrieben wurde. Auch wenn diagnostische Aussagen nicht Bestandteil der hier vorliegenden Untersuchung sind, so legen alle verfügbaren Informationen die Annahme nahe, dass es sich bei H. M. um einen „Wiederholungstäter vom sexuell-perversen Typus" (Hirsch, 2012) handelt. Diese Zuschreibung drängt sich auf, wenn wir uns folgende Skizzierung der den sexualisierten Grenzverletzungen zugrunde liegenden Motivlagen vergegenwärtigen (Wirtz, 1989; zit. n. Hirsch 2012, S. 91): „Bei den sexuellen Übergriffen in der Therapie geht es ja oft weder in erster Linie um Sexualität und noch weniger um Liebe und Therapie, sondern um das süchtige Suchen nach Bestätigung, um den Mangel eines verinnerlichten Akzeptiert-Seins oder das Auskosten von Macht in einer Abhängigkeitsbeziehung." Wenn man es mit solchen Tätern zu tun hat, stellt sich naturgemäß nicht mehr die Frage, ob die sexuelle Beziehung während oder nach der Therapie begonnen hat. Es stellt sich auch nicht die Frage, ob es eine Therapie oder nur diagnostische Gespräche gab oder in welchem Zeitraum nach Abschluss der Therapie die sexuelle Beziehung aufgenommen wurde. Und die Annahme, dass eine Heirat eine auf diese Weise entstandene Beziehung legitimiert, kann vermutlich nur von solchen Menschen geäußert werden, die angesichts ihrer Versäumnisse und Fehleinschätzungen auf improvisierte Selbstberuhigungen angewiesen sind.

Die folgenden Ausführungen aus dem Tagebuch H. M.s fundieren die hier vorgenommene Einordnung. Sie liefern sowohl Hinweise auf seine soziale Bedürftigkeit als auch darauf, dass er mit der manipulativen Legitimation seiner Taten offenbar auch vor sich selbst nicht Halt machte:

„Wenn eine Frau als Patientin jahrelang vor mir sitzt oder auf der Couch liegt, mir ihre Sorgen, ihre Enttäuschungen, ihre Sehnsüchte, ihr gesamtes Lebensschicksal erzählt, dann entwickelt sich eine äußerst vertraute, persönliche Beziehung, welche in der Regel intensiver ist, als Beziehungen, wie sie im gewöhnlichen Leben entstehen. Die von Freud beschriebene sogenannte Übertragungsliebe vom Patienten auf den Therapeuten stellt sich häufig ein, ähnlich

---

In den Ethik-Leitlinien der DGPT (Version v. 23.09.2011) wird festgelegt: „Insbesondere nimmt er [der Psychotherapeut, Anm. d. Verf.] keine sexuelle Beziehung zu Patienten/Analysanden auf. Er achtet das Abstinenzgebot auch über die Beendigung der analytischen Arbeitsbeziehung hinaus."

In den „Ethical Principles of Psychologists and Code of Conduct" der American Psychological Association (APA) vom 1.1.2017 wird folgende, strenge Regelung festgesetzt: „Psychologists do not engage in sexual intimacies with former clients/patients for at least two years after cessation or termination of therapy." Auch nach zwei Jahren "Latenzzeit" ist die Aufnahme einer sexuellen Beziehung zwischen Psychotherapeut*in und ehemaliger/m Patient*in nur unter sehr spezifischen Bedingungen möglich.

wie auch im gewöhnlichen Leben. Sehr häufig heiraten Frauen Männer, die ihren Vätern oder Brüdern gleichen, suchen Männer in ihren Frauen Mütter oder Schwestern. Die Gegenübertragungsliebe vom Therapeuten auf den Patienten während einer Analyse entwickelt sich ebenso intensiv gegenüber solchen Menschen, in die man sich auch im gewöhnlichen Leben verlieben könnte. Dass ich besonders anfällig war, lag nicht zuletzt daran, dass ich nach meinem Umzug nach Heidelberg, 1975, keine feste Partnerin mehr hatte und gesellschaftliche Veranstaltungen, wo ich Frauen hätte kennenlernen können, schon immer gemieden habe. Meine Mitarbeiter, meine Patienten und Patientinnen waren meine sozialen Beziehungen! Das wurde mir zum Verhängnis. Es ist leicht, sich über diese Schwäche moralisch zu entrüsten, aber diese spezifische Situation einer langjährigen Analyse, die nur gelingt, wenn sich eine intensive Vertrautheit entwickelt hat, kann eigentlich nur jemand beurteilen, der diese Situation selbst erfahren hat."

5.4 Sexualisierte Gewalt

Wie wir gesehen haben, ist eine begriffliche Verortung der Taten von H. M. in einem professionsethischen Zusammenhang sinnvoll und notwendig, kann aber dort nicht stehen bleiben. Die Etikettierung als „Abstinenzverletzung" erscheint angesichts der Vielzahl der Taten und der – soweit bekannt – schwerwiegenden Folgen für die Betroffenen tendenziell verharmlosend. Es ist daher wichtig, sich im Sinne einer präzisen begrifflichen Bestimmung der hier untersuchten Phänomene aus einem Diskursfeld zu nähern, das nicht genuin psychotherapeutisch ist, sondern seine Ursprünge in einer gesellschaftspolitisch motivierten Skandalisierung der sexuellen Ausbeutung von Mädchen und Frauen in den 1970er/1980er Jahre hat. Der ursprünglich vor allem feministisch begründete Diskurs erfuhr seither vielfältige Ausdifferenzierungen, ist aber letztlich immer noch auf jene wesentlichen Grundkonzepte rückführbar, durch die das Thema „sexuelle Ausbeutung" eine sprachliche Repräsentation erfuhren (Maurer, 2018).

Im Zusammenhang von H. M. ist eine auf diese Diskurse bezogene Begriffsfindung nicht einfach, da wir es mit sehr heterogenen Tatkonstellationen und Handlungen zu tun haben. Dies wird unmittelbar evident, wenn wir die Aufforderung an einen 6-Jährigen, sich im Untersuchungszimmer zu entkleiden, mit einer jahrelangen sexuellen Beziehung zu einer Lehranalysandin kontrastieren. Womit hat man es hier zu tun? Im Folgenden werden einige Standortbestimmungen vorgenommen, die Orientierungscharakter haben und zu einer terminologischen Einordnung des Geschehens beitragen sollen.

5.4 Sexualisierte Gewalt

Betrachten wir zunächst die Handlungen, die H. M. gegenüber Jungen und Mädchen in der Untersuchungssituation verübt hat, dann bietet sich eine Bezugnahme auf eine bekannte Definition von Bange und Deegener (1996) an: „Sexueller Missbrauch an Kindern ist jede sexuelle Handlung, die an oder vor einem Kind entweder gegen den Willen des Kindes vorgenommen wird oder der das Kind aufgrund körperlicher, psychischer, kognitiver oder sprachlicher Unterlegenheit nicht wissentlich zustimmen kann. Der Täter nutzt seine Macht- und Autoritätsposition aus, um seine eigenen Bedürfnisse auf Kosten des Kindes zu befriedigen" (S. 96). Unter Berücksichtigung der hier formulierten Maßgabe erscheint es legitim und zutreffend, sämtliche sexualisierte Handlungen H. M.s gegenüber Jungen und Mädchen im Kontext von Psychotherapien und Zweitsichten als sexuellen Missbrauch zu bezeichnen. Das, was ihm erst im Jahr 2017 im Zusammenhang mit seiner Enkeltochter „von Amts wegen" nachgewiesen wurde, hatte er zuvor bereits über Jahrzehnte hinweg mit einer unbekannten Anzahl von Kindern praktiziert. Unter einer strafrechtlichen Perspektive werden solche Handlungen mit den §§ 176[9] und 176a StGB erfasst. In diesem Zusammenhang ist zu berücksichtigen, dass es aufgrund der oben beschriebenen entwicklungspsychologischen Aspekte keine einvernehmlichen sexuellen Handlungen zwischen Kindern und Erwachsenen geben kann. Das heißt, dass auch eine vordergründige „Kooperation" von Jungen und Mädchen in der Untersuchungssituation nichts daran ändert, dass der Tatbestand des sexuellen Missbrauchs erfüllt ist. In Unkenntnis der juristischen Argumentationen, die in zwei uns bekannten Strafverfahren gegen H. M. (1995 und 2013) wegen sexuellen Missbrauchs von Kindern zur jeweiligen Einstellung dieser Verfahren geführt haben, kann angenommen werden, dass im zweiten Fall (2013) die Verjährungsfrist abgelaufen war, während im ersten Fall vermutlich jene Legitimationsstrategien zur Anwendung kamen, die H. M. für alle derartigen Fälle zur Verfügung standen: Geringfügigkeit der Tat, medizinisch begründete Notwendigkeit der Untersuchungspraktiken. Es ist zudem anzunehmen, dass den zuständigen Ermittlungsbehörden kein definierter Kodex dahingehend zugänglich war, was ein Delegationsarzt im Rahmen der psychoanalytisch fundierten Zweitsicht darf und was nicht. Dem Doktor dürfte eine plausible Assoziation des Sexuellen mit dem Psychoanalytischen nicht schwergefallen sein. Die erst ein Jahr später veröffentlichte Definition von Bange und Deegener (1996) hätte hierzu wertvolle Einsichten vermitteln können: „Der Täter

---

[9] § 176 StGB Abs. (1): „Wer sexuelle Handlungen an einer Person unter vierzehn Jahren (Kind) vornimmt oder an sich von dem Kind vornehmen lässt, wird mit Freiheitsstrafe von sechs Monaten bis zu zehn Jahren bestraft."

nutzt seine Macht- und Autoritätsposition aus, um seine eigenen Bedürfnisse auf Kosten des Kindes zu befriedigen".

Im Gegensatz zu sexuellen Handlungen zwischen Erwachsenen und Kindern (unter 14 Jahren) sind sexuelle Handlungen zwischen Erwachsenen und Jugendlichen nur unter bestimmten Voraussetzungen, die sich vor allem auf die nachweisbare Ausnutzung der fehlenden Fähigkeit zur sexuellen Selbstbestimmung aufseiten der jugendlichen Person beziehen, strafbewehrt (§ 182 StGB). Eine strafrechtliche Sanktionierbarkeit der von H. M. nachweislich begangenen sexuellen Übergriffe gegen – vor allem weibliche – jugendliche Patientinnen kann zwar regelhaft angenommen werden, allerdings können aus heutiger Perspektive keine Einschätzungen über die damalige Rechtspraxis in solchen Fällen vorgenommen werden. Auf jeden Fall würde hier der § 174c zur Anwendung kommen, der sich auf sexuellen Missbrauch im Rahmen der Psychotherapie bezieht. Dies würde im konkreten Fall all jene Delikte betreffen, die ab 1998 begangen wurden. Aber auch vor 1998 wäre eine strafrechtliche Sanktionierung über den Tatbestand der sexuellen Nötigung möglich gewesen.

Die Paragrafen §§ 174a, b und c StGB verweisen darauf, dass sich der Begriff des sexuellen Missbrauchs nicht nur auf sexuelle Handlungen gegenüber Minderjährigen bezieht. Diese Gesetze regeln den sexuellen Missbrauch an Erwachsenen in unterschiedlichen Abhängigkeitsverhältnissen (z. B. in Gefängnissen, Betreuungsverhältnissen, …). Da er für den hier untersuchten Zusammenhang von zentraler Bedeutung ist, wird der § 174c, Abs. 2 im Wortlaut wiedergegeben:

> „§ 174c Sexueller Missbrauch unter Ausnutzung eines Beratungs-, Behandlungs- oder Betreuungsverhältnisses:
>
> (2) Ebenso wird bestraft, wer sexuelle Handlungen an einer Person, die ihm zur psychotherapeutischen Behandlung anvertraut ist, unter Missbrauch des Behandlungsverhältnisses vornimmt oder an sich von ihr vornehmen lässt."

Da diese Rechtsvorschrift erst im Jahre 1998 eingeführt wurde, konnte sie auf die uns näher bekannt gewordenen Fälle von sexuellen Beziehungen mit erwachsenen Patientinnen und Lehranalysandinnen keine Anwendung finden. Die Voraussetzung des „Missbrauchs des Behandlungsverhältnisses" hätte zudem die Argumentationsschwelle für etwaige Klägerinnen erhöht. Es ist aber darauf hinzuweisen, dass über die Straftatbestände der Vergewaltigung oder der sexuellen Nötigung (die mit Drohung, Anwendung von Gewalt oder Ausnutzen einer Zwangslage verbunden sind) mögliche Ansatzpunkte für eine strafrechtliche Sanktionierung vorhanden waren.

5.4 Sexualisierte Gewalt

Es wird deutlich, dass das Strafgesetz zwar wichtige begriffliche Orientierungen und auch Handlungsoptionen bietet, dass es andererseits aber nur unzureichend geeignet ist, um die unterschiedlichen Formen sexueller Ausbeutung zu erfassen und vor allem auch einer zuverlässigen Sanktionierung zuzuführen[10] (Schleu et al., 2018).

Um die Jahrtausendwende begann sich in der Fachdiskussion der Begriff der „sexualisierten Gewalt" zu etablieren, der das in Frage stehende Geschehen stärker auf das Empfinden des Opfers bezieht und die Dynamik des in Frage stehenden Geschehens vor allem mit einer Sexualisierung von Machtverhältnissen[11] in Zusammenhang bringt. Retkowski et al. (2018) verorten diese Begriffsbildung als Ergebnis einer längeren Diskursgeschichte. Aus ihrer Sicht wird mit dem Begriff „sexualisierte Gewalt" der „strukturelle, diskursive, symbolische Aspekt von Gewalt ebenso aufgegriffen wie institutionelle und organisationale Gewaltverhältnisse" (S. 23). Unter Zuhilfenahme dieses Begriffs wird die Perspektive auf „strukturelle und institutionalisierte Ungleichverhältnisse als Ermöglichungsbedingungen von sexualisierter Gewalt" (ebd., S. 23) verstärkt. Auf diese Weise kommt es also zu einer Erweiterung des begrifflichen Horizonts, der über das strafrechtlich zu fassende Tatgeschehen „sexueller Missbrauch" deutlich hinausweist. Dennoch haftet dem Terminus „sexualisierte Gewalt" etwas Ambivalentes an: Indem er einerseits den destruktiven Charakter jeder sexuellen Grenzverletzung zum Ausdruck bringt, verstellt er zugleich den Blick auf all das, was von Betroffenen oder anderen Personen, die von solchen Fällen Kenntnis haben, als „nicht gewaltförmig" wahrgenommen wird. Es geht hier also um das Problem unterschiedlicher subjektiver Repräsentationen des Gewaltbegriffs, das im Zusammenhang mit jahrelangen „Liebesbeziehungen" zwischen dem Institutsleiter und Lehranalysandinnen ebenso zum Vorschein kommt wie bei der Aufforderung an

---

[10] Die Frage nach der strafrechtlichen Sanktionierung sexueller Grenzüberschreitungen im Rahmen der Psychoanalyse war im Jahre 1997 Gegenstand kontroverser Diskussionen auf einer Tagung der DGPT. Eine Argumentationslinie bestand – vereinfacht formuliert – darin, dass es problematisch sei, wenn die Lösung der im Verlauf des psychoanalytischen Prozesses auftauchenden Konflikte und Dynamiken nach außen, d. h. an staatliche Instanzen delegiert wird. Eine sehr pointierte Metapher für dieses Problem formuliert Pfannschmidt (1998): „Wer es in seinem Haus zum Brand kommen lässt, den er nicht selber unter Kontrolle bekommt, muss dulden und auch damit zufrieden sein, dass ihm die Feuerwehr die Türen eintritt, damit sie löschen kann. Dass der Schaden durch Löschen oft ganz erheblich ist, war noch nie ein Argument dafür, nicht zu löschen" (S. 371).

[11] Der Terminus „sexualisierte Gewalt" findet aktuell im Zusammenhang mit dem „Entwurf eines Gesetzes zur Bekämpfung sexualisierter Gewalt gegen Kinder" erstmals Eingang auch in den juristischen Diskurs (siehe dazu https://www.bundestag.de/presse/pressemitteilungen/pm-201202-recht-gewalt-kinder-811100).

das zur Zweitsicht vorgestellte Kind sich zu entkleiden. Es eröffnen sich hier jedenfalls Interpretationsspielräume, die nicht einfach dadurch aufgelöst werden können, dass man bestimmte Handlungen von „autorisierter" Seite einfach als Gewalt deklariert.

Eine insbesondere für die pädagogische Praxis wichtige Differenzierung bieten Enders et al. (2010) unter Zuhilfenahme der Termini „Übergriffe" und „Grenzverletzungen, die unabsichtlich verübt werden". Kriterien für die Zuordnung entsprechender Handlungen sind vor allem die Häufigkeit des Auftretens sowie die Ansprechbarkeit bzw. Reflexionsfähigkeit in Bezug auf das eigene Verhalten seitens jener Person, die die Handlungen initiierte. Hier eröffnen sich nützliche Ansatzpunkte für die Psychotherapie, da es auch im psychotherapeutischen Setting zu „unabsichtlich verübten Grenzverletzungen" kommen kann, die eben nicht in Kategorien eines sexuellen Übergriffs oder sexuellen Missbrauchs erfassbar sind. Solche Grenzverletzungen sind möglicherweise in die begriffliche Nähe von Abstinenzverletzungen zu rücken, die sich in nicht-sexuellen körperlichen Berührungen oder als unangenehm (im Sinne von „grenzüberschreitend") empfundenen Fragen manifestieren können. In Abgrenzung dazu handelt es sich beim sexuellen Übergriff um ein absichtsvolles Vergehen, das aber noch unterhalb der Schwelle zur strafrechtlichen Sanktionierbarkeit liegt. Beispielhaft seien hier die beschämenden Gespräche und Befragungen genannt, die H. M. mit seinen Patient*innen führte.

Es wird deutlich, dass fundierte Differenzierungen wichtige Grundlagen für adäquate professionelle Reaktionen auf „auffälliges Verhalten" bieten, da nicht jede Grenzverletzung als „Missbrauch" oder „sexualisierte Gewalt" qualifiziert werden kann und entsprechende Fehleinschätzungen sowohl zu Überreaktionen einerseits oder aber Versäumnissen andererseits führen können. Wichtig ist darüber hinaus, dass sich Betroffene häufig erst im Laufe ihrer Biografie „einen Begriff davon machen", was ihnen in einer früheren Lebensphase zugefügt wurde (Draucker & Martsolf, 2008; Kavemann et al., 2015; Keupp et al., 2019; Rieske et al., 2018). Die Liebesbeziehung zum Institutsleiter oder zum Psychotherapeuten oder das merkwürdige Erlebnis beim Kinderarzt können häufig erst Jahre später in eine begriffliche Struktur eingepasst werden, die dem eigenen emotionalen Empfinden viel stärker entspricht als das wirkmächtige manipulative Narrativ des Täters (der damals nicht als solcher erkennbar war) (Unabhängige Aufarbeitungskommission, 2017). Die sprachliche Kennzeichnung von Vorgängen, die häufig im Geheimen stattfanden und der Deutungsmacht einer einzigen Person unterlagen, ist daher von besonderer Wichtigkeit (Draucker & Martsolf, 2008).

Die Analyse der „Causa H. M." ermöglicht zumindest nachträglich entsprechende Standortbestimmungen, wobei sich die verwendete Terminologie partiell

5.4 Sexualisierte Gewalt

am Strafrecht orientiert, damit aber naturgemäß keine justizförmig abgesicherte Festlegung verbunden ist:

Die uns bekannt gewordenen sexualisierten Handlungen gegenüber Kindern (unter 14 Jahren) in Zweitsichten und Psychotherapien erlauben eine Einordnung als sexuellen Missbrauch von Kindern.

Die Übergriffe gegenüber Jugendlichen im Rahmen von Zweitsichten und Psychotherapien sind als sexueller Missbrauch Jugendlicher, sexuelle Übergriffe oder sexuelle Nötigung zu qualifizieren.

Alle sexuellen Handlungen, die sich auf erwachsene Patientinnen und Lehranalysandinnen bezogen, wären inzwischen als sexueller Missbrauch unter Ausnutzung eines Behandlungsverhältnisses zu sanktionieren.

H. M. handelte absichtsvoll, wobei er die Beschämung und/oder die Verletzung der körperlichen und psychischen Integrität der Minderjährigen und Erwachsenen, auf die sich die von ihm initiierten Sexualisierungen bezogen, in Kauf nahm. Eine zusammenfassende Betrachtung der einzelnen Tatkonstellationen rechtfertigt die Anwendung des Begriffes „sexualisierte Gewalt" auf alle uns bekannt gewordenen Fälle, da sich H. M. jederzeit der von ihm miterzeugten strukturellen und institutionellen Ungleichverhältnisse (Retkowski et al., 2018) bediente, um seinen persönlichen Bedürfnissen zur Durchsetzung zu verhelfen. Als Institutsleiter, Arzt, Psychotherapeut, Lehranalytiker und Supervisor initiierte er die Sexualisierung von Interaktionen und Beziehungen immer aus der Position des Mächtigen heraus. Es ließe sich einwenden, dass die Anwendung des Begriffs „sexualisierte Gewalt" auf alle sexuellen Handlungen von Personen, zwischen denen ein Machtungleichgewicht herrscht, überzogen ist. Für H. M. kann aber dieser Einwand nicht geltend gemacht werden, da er sich grundsätzlich und in ständiger Wiederholung seiner Machtposition bediente, um sich gegenüber Kindern, Jugendlichen und jungen Frauen sexuelle Erregung zu verschaffen.

(Sexuelle) Grenzverletzungen in psychotherapeutischen Beziehungen – eine Bestandsaufnahme

6

„Die Kur muß in der Abstinenz durchgeführt werden; ich meine dabei nicht allein die körperliche Entbehrung, auch nicht die Entbehrung von allem, was man begehrt, denn dies würde vielleicht kein Kranker vertragen. Sondern ich will den Grundsatz aufstellen, daß man Bedürfnis und Sehnsucht als zur Arbeit und Veränderung treibende Kräfte bei den Kranken bestehen lassen und sich hüten muß, dieselbe durch Surrogate zu beschwichtigen. Anderes als Surrogate könnte man ja nicht bieten, da die Kranke infolge ihres Zustandes, solange ihre Verdrängungen nicht behoben sind, einer wirklichen Befriedigung nicht fähig ist." (Freud 1949 [1914], S. 313)

H. M. war und ist kein Einzelfall. Wie ein kursorischer Blick in die einschlägige Literatur zeigt, wurde das Thema Grenzverletzungen schon früh in der psychoanalytischen Community diskutiert, wie das Beispiel der Beziehung zwischen Sabina Spielrein und C. G. Jung Anfang des 20. Jahrhunderts zeigt. Eine intensivere Debatte entstand in den 1990er Jahren, auch im Zusammenhang mit frauenpolitischen Diskussionen um (männliche) Gewalt und Macht, die ihren Widerhall in der psychotherapeutischen Fachöffentlichkeit und in der medialen Öffentlichkeit fand und schließlich in einer Reform des Strafrechts mündete. 1998 wurde der § 174 c, Abs. 2 StGB eingeführt, der eine rechtliche Sanktion von sexuellen Handlungen in psychotherapeutischen Beziehungen und Beratungen möglich machte[1]. Nachdem die Strafbarkeit von sexuellen Handlungen im

---

[1] § 174c in der Fassung vom 11.4.2004 Sexueller Mißbrauch unter Ausnutzung eines Beratungs-, Behandlungs- oder Betreuungsverhältnisses.
(1) Wer sexuelle Handlungen an einer Person, die ihm wegen einer geistigen oder seelischen Krankheit oder Behinderung einschließlich einer Suchtkrankheit oder wegen einer körperlichen Krankheit oder Behinderung zur Beratung, Behandlung oder Betreuung anvertraut ist, unter Mißbrauch des Beratungs-, Behandlungs- oder Betreuungsverhältnisses vornimmt oder

Gesetzbuch festgeschrieben war, ebbte die öffentliche Diskussion zunächst wieder ab.

Schon bei Freud wurden Grenzverletzungen in psychotherapeutischen Situationen thematisiert. Die sogenannte Abstinenzregel hat im Laufe der Jahre Veränderungen durchgemacht, wurde in den unterschiedlichen Richtungen der sich ausdifferenzierenden Psychoanalyse unterschiedlich interpretiert und diskutiert. Unstrittig ist der Kern der Abstinenzregel: sexuelle Beziehungen zwischen Therapeut*innen und Patient*innen während der Therapie sind tabu. Erotisches Agieren im Freud'schen Sinne führt zu einer Auflösung der therapeutischen Beziehung und überführt diese in eine Alltagsbeziehung (vgl. Bossi, 1994, S. 45).

Dennoch kamen und kommen Grenzverletzungen in psychotherapeutischen Beziehungen immer wieder vor. Lange war dies aber kein Thema außerhalb einer eingegrenzten Fachöffentlichkeit. Bossi (1994, S. 47) vermutet hier Gründe, die in einer besonderen kollektiven Verdrängung sexueller Kontakte zu Abhängigen liegen und auch für weitere Abhängigkeitsbeziehungen gelten könne. Diese kollektive Verdrängungsleistung kann auf jeden Fall in Bezug auf ehemalige Heimkinder, Internatskinder und/oder Kinder und Jugendliche in kirchlichen Zusammenhängen bestätigt werden[2]. Hier setzte erst ab etwa 2010 und auch nur durch Druck der Betroffenen eine öffentliche Aufdeckung bzw. Aufarbeitung ein.

Bezogen auf die Grenzverletzungen in psychotherapeutischen Beziehungen begann eine erste Diskussion in den 1980er Jahren in den USA. Erste empirische Daten lieferten eine Ahnung über das Ausmaß. So ergaben verschiedene regionale und landesweite Studien in den USA, die zwischen 1968 und 1990 durchgeführt wurden, dass zwischen 4,8 und 17 % der männlichen Therapeuten sexuelle Kontakte zu Patient*innen unterhielten. Weibliche Therapeutinnen wurden nur in zwei Studien berücksichtigt. Hier gaben zwischen 0,6 und 3,5 % der Befragten sexuelle Kontakte zu Patient*innen an (Bossi, 1994, S. 49 f.).

In der deutschsprachigen Psychotherapieszene führten diese Ergebnisse zu einem intensiven Diskurs, der bis Ende der 1990er Jahre anhielt. Hier war vor

---

an sich von ihr vornehmen läßt, wird mit Freiheitsstrafe von drei Monaten bis zu fünf Jahren bestraft.
(2) Ebenso wird bestraft, wer sexuelle Handlungen an einer Person, die ihm zur psychotherapeutischen Behandlung anvertraut ist, unter Mißbrauch des Behandlungsverhältnisses vornimmt oder an sich von ihr vornehmen läßt.
(3) Der Versuch ist strafbar.
In der Fassung vom 1.4.1998 fehlte noch der Passus „oder wegen einer körperlichen Krankheit oder Behinderung". Außerdem war in dieser ersten Fassung noch eine Geldstrafe möglich. Dies wurde 2004 gestrichen.
[2] Vgl. hierzu die Aufarbeitungsstudien des IPP München: Keupp et.al 2017a, 2017b, 2019; Caspari et.al. 2021.

allem ein Kreis von Therapeutinnen aus der Deutschen Gesellschaft für Verhaltenstherapie (DGVT) aktiv, die Arbeitsgemeinschaft „Frauen in der psychotherapeutischen Versorgung". 1991 fand in Bonn ein öffentliches Hearing mit dem Titel „Sexuelle Übergriffe in der Therapie. Kunstfehler oder Kavaliersdelikt?" statt, das eine breitere Diskussion des Themas anstieß. Empirische Forschung zu diesem Feld begann in Deutschland ebenfalls in den 1990er Jahren. Hier seien vor allem die Arbeiten von Monika Becker-Fischer und Gottfried Fischer genannt, die 1993 begannen, im Auftrag des Bundesministeriums für Familie, Senioren, Frauen und Jugend epidemiologische und forensisch-psychologische Aspekte sexueller Übergriffe in Psychotherapie und Psychiatrie zu untersuchen. 1996 erschien der Band „Sexueller Mißbrauch in der Psychotherapie – was tun? Orientierungshilfen für Therapeuten und interessierte Patienten" (Becker-Fischer & Fischer, 1996), der sowohl einen Überblick über den Forschungsstand und die Datenlage enthielt als auch Hinweise auf Hilfsmöglichkeiten für Betroffene. Die Veröffentlichung beruhte auf einer Studie für das Bundesministerium für Familie, Senioren, Frauen und Jugend (Becker-Fischer & Fischer, 1985) und bot erstmals eine Datengrundlage für Deutschland.

Auch das IPP-Heidelberg-Mannheim beteiligte sich an dem Diskurs. Um 1995 fand ein Panel statt, dessen Beiträge im Heft 12/1995 der Institutsschrift „Psychoanalyse im Widerspruch" erschien. Im Vorwort schreibt der damalige Leiter des Instituts: „Das Modethema sexueller Missbrauch hat in Form von gravierenden Abstinenzverletzungen auch unser Institut erreicht. (…) Die Ereignisse haben uns gezeigt, dass sich eine psychoanalytische Institution in ihren Reaktionen bzw. bewußten und unbewußten Abwehrmechanismen in keiner Weise von üblichen familiären und begleitenden sozialen Strukturen unterscheidet. Bewußtes Nicht-wahrnehmen- wollen, Angst vor der Schande und Scham, Verleugnung, Diffamierung, Druck auf die Opfer, formaljuristische Drohungen, und vor allem der Versuch, die Opfer und diejenigen, die den Mißbrauch benennen, zu den eigentlichen Tätern zu machen, sind Erfahrungen unsers Instituts geworden" (Psychoanalyse im Widerspruch, 13/95). In diesen knappen Sätzen, ausgelöst durch die Dynamik im IPP-Heidelberg-Mannheim, sind die Abwehrmechanismen der Zunft deutlich benannt.

Betroffene bzw. die gesundheitlichen Folgen für die Betroffenen standen in den Anfängen der Diskussion eher weniger im Fokus. Schon bei Freud klingt an, dass es ein bestimmtes Krankheitsbild ist, das die Liebe der (weiblichen) Patientin zum (männlichen) Therapeuten begünstigt: die Hysterie. Für Freud spielt sich die Übertragungsliebe scheinbar nur im heterosexuellen Raum ab und ist von der Patientin ausgehend auf den Therapeuten gerichtet. Das Konzept der Gegenübertragung wurde von Freud erst etwas später ausgearbeitet.

Bei der Übertragungsliebe muss der Arzt entsprechend professionell reagieren, muss reflektieren und darf der Liebe nicht erliegen, will er nicht die „Kur" gefährden.

„Der analytische Psychotherapeut hat so einen dreifachen Kampf zu führen, in seinem Inneren gegen die Mächte, welche ihn von dem analytischen Niveau herabziehen möchten, außerhalb der Analyse gegen die Gegner, die ihm die Bedeutung der sexuellen Triebkräfte bestreiten und es ihm verwehren, sich ihrer in seiner wissenschaftlichen Technik zu bedienen, und in der Analyse gegen seine Patienten, die sich anfangs wie die Gegner gebärden, dann aber die sie beherrschende Überschätzung des Sexuallebens kundgeben und den Arzt mit ihrer sozial ungebändigten Leidenschaftlichkeit gefangen nehmen wollen." (Freud 1949 [1914], S. 320)

Auch in der erneut einsetzenden Debatte in den USA und später in Deutschland stand zunächst die Beteiligung der Patient*innen im Fokus.

„Eine besondere Gefährdung der Abstinenzhaltung des Analytikers entsteht bei der Arbeit mit Patienten, bei denen eine strukturelle Ich-Störung, eine prägenitale Störung vorliegt, eine Struktur, die Variationen der Technik erforderlich macht." (Cremerius, 1988; zitiert nach Heyne, 1991).

Aus verschiedenen Studien bzw. Befragungen wurde eine Art Psychopathologie der Patient*innen entwickelt. Demnach waren vor allem Borderline-Patient*innen gefährdet. Ebenso Opfer innerfamiliären sexuellen Missbrauchs, bei denen vier Faktoren ausgemacht wurden, die sie für eine Wiederholung der Missbrauchserfahrung prädisponieren:

„schwerwiegende psychopathologische Störungen (…), idiosynkratische Dynamik, atypische Sozialisation bzw. Verwahrlosung, unterdurchschnittliches kognitives Problemlösungsniveau, v. a. als Folge emotionaler Verwahrlosung" (Bossi, 1994, S. 60).

Bossi weist in diesem Zusammenhang daraufhin, dass solche Daten häufig – sowohl in der psychotherapeutischen Community, als auch in der Rechtsprechung – fehlinterpretiert werden, indem den Patient*innen damit eine Mitschuld zugewiesen werde. Oder, anders gewendet, die Verantwortung der Therapeut*innen geschmälert würde.

Ähnlich argumentierte Ursula Wirtz. „Die Unfähigkeit, dem idealisierten Therapeuten gegenüber eine klare Grenze zu ziehen, die Unfähigkeit zum ‚Nein' wird dann fälschlicherweise als ein erwachsenes ‚Ja' interpretiert, als ein freiwilliges

Zustimmen zu sexuellen Kontakten. Die scheinbare Freiwilligkeit charakterisiert geradezu das typische Szenario eines Mißbrauchs von Abhängigkeit und Vertrauen" (Wirtz, 1994, S. 40).

Becker-Fischer und Fischer konnten demgegenüber in ihren Studien zeigen, dass in 78 % der Fälle die Initiative zum sexuellen Kontakt vom Therapeuten ausging (Becker-Fischer & Fischer, 1995, S. 43). In der Nachfolgestudie von 2006 waren es 80 %. „Dabei handelte es sich in der Regel nicht um einen plötzlichen, unvermittelten Überfall, sondern der sexuelle Kontakt wurde mit subtilen Mitteln vorbereitet" (Becker-Fischer und Fischer, 2018, S. 61). Dazu gehörten kleine Grenzüberschreitungen, Gefälligkeiten, private Treffen wie Restaurantbesuche, die Offenbarung seiner persönlichen Schwierigkeiten seitens des Therapeuten oder Befindlichkeiten, so die Autor*innen.

Die Rolle der Frauenbewegung
Vor allem Frauen, die in der Frauenbewegung und in psychotherapeutischen Berufsverbänden aktiv waren, haben in den 1990er Jahren den Missbrauch in der Psychotherapie thematisiert und in einen (berufs-)politischen Diskurs um Macht und Abhängigkeiten überführt. Dadurch wurde die Debatte in der öffentlichen Wahrnehmung auf sexualisierte Grenzverletzungen, Abstinenzverletzungen zwischen männlichen Therapeuten und erwachsenen weiblichen Patienten zugespitzt. Männliche Betroffene kamen in der Fachliteratur kaum vor. Weibliche Täterinnen am Rande. Im Zentrum des Interesses standen die heterosexuellen Beziehungen und Orientierungen, sowohl auf der Seite der Therapeuten als auch auf der Seite der Patientinnen. Minderjährige Patient*innen waren nicht Gegenstand des wissenschaftlichen oder fachlichen Interesses. Bossi zitiert lediglich eine Studie, in der sich überraschende Angaben zum Alter und zum Geschlecht der Patient*innen finden:

„Bajit (1989) stellte fest, daß eine Mehrheit der Patienten, mit denen Therapeuten Sexualkontakte unterhielten, minderjährig war. Etwas mehr als die Hälfte davon war weiblich. Das Alter variierte bei Mädchen zwischen 3 und 17 Jahren und bei den Knaben zwischen 7 und 16 Jahren. Das Durchschnittsalter betrug bei Mädchen 13 und bei Knaben 12 Jahre. Darüber hinaus verfügen wir über keine Studien, die detailliert über das Alter der Patienten mit Sexualerlebnissen im Rahmen therapeutischer Beziehungen Auskunft geben können" (Bossi, 1994, S. 53)[3].

---

[3] Diese „Abstinenz" der Forschung gegenüber der Frage von Grenzverletzungen gegenüber Kindern und Jugendlichen in therapeutischen Settings zieht sich bis in die heutige Zeit durch. Studien zu dieser Thematik finden sich kaum. Fegert beschäftigt sich 2006 mit sexuellem Missbrauch durch Professionelle in Institutionen (nicht in ambulanten Therapiesituationen) und sieht ein strukturelles Problem darin, dass die Nähe in Betreuungsverhältnissen

Diese Ausnahme ändert nichts daran, dass die Thematisierung von sexuellen Grenzverletzungen in psychotherapeutischen Beziehungen in den 1990er Jahren eingebettet ist in den damaligen frauenpolitischen Diskurs um (männliche) Macht und daraus folgenden (weiblichen) Abhängigkeiten. Insofern reproduziert die Debatte der 1990er Jahre die schon bei Freud erkennbare Verengung auf heterosexuelle Beziehungen unter Erwachsenen.

„Wir werden – ganz unabhängig von unserer speziellen Vorgeschichte – solange grundsätzlich gefährdet sein, Opfer sexueller Gewalt zu werden, wie Männer daran festhalten, ihre Machtansprüche gegenüber uns Frauen geltend zu machen, indem sie Sexualität als Mittel der Destruktion einsetzen" (Heyne, 1991, S. 150).

Gut dokumentiert ist diese Argumentationslinie in dem öffentlichen Hearing „Sexuelle Übergriffe in der Therapie. Kunstfehler oder Kavaliersdelikt?", das 1991 von der DGVT zusammen mit dem Paritätischen Wohlfahrtsverband veranstaltet wurde (Vogt, 1991).

Damit war die öffentliche Debatte auf den Weg gebracht worden, wenn auch zunächst in einer politisch legitimen Verengung auf erwachsene Frauen als Betroffene. Die oben dokumentierten Aufdeckungsversuche im Zusammenhang mit dem AKJP-Heidelberg und H. M. als Täter sind eingebettet in diesen Diskurs.

Wenig thematisiert wurde allerdings die Betroffenheit von Ausbildungskandidat*innen und/oder Lehranalysand*innen, obwohl diese in einem besonderen Abhängigkeitsverhältnis stehen. Bei Bossi finden sich einige Hinweise auf Studien aus den USA in den 1980er Jahren. Demnach hatten zwischen 1,6 und 23 % der Studierenden/Auszubildenden sexuelle Kontakte zu ihren Lehrern bzw. Therapeuten oder Analytikern. Die Mehrheit dieser Beziehungen begann schon früh in der Ausbildung, manche führten zu späteren Eheschließungen. Die Frage der damaligen Forscher*innen, ob Therapeut*innen, die während ihrer Ausbildung sexuelle Kontakte zu ihren Ausbildern hatten, später eher zu Grenzverletzungen gegenüber den eigenen Patient*innen neigten, konnte nicht zufriedenstellend beantwortet werden. Weitere Folgen für die Kandidat*innen wurden nicht thematisiert (Bossi, 1994, S. 60 f.).

Auch in dem Panel des IPP-Heidelberg-Mannheim finden sich zu dieser speziellen Abhängigkeit keine Beiträge, wohl aber eine Bemerkung. Maier-Kirstätter fragt in ihrem Beitrag nach der „Lücke", die auch bei der Aufdeckung im IPP-Heidelberg-Mannheim blieb: „Was ist eigentlich passiert? (…) Diese Frage

---

das Risiko der Ausbeutung durch ein asymmetrisches Machtverhältnis in sich trägt (Fegert 2006).

konnte im Interesse der betroffenen Frauen nicht beantwortet werden. Es blieb eine Lücke (…) und ich stieß in mir (…) auf eine mir zunächst seltsam erscheinende Unfähigkeit, zu dieser Frage, was ist wirklich passiert, Fantasien zu entwickeln. (…) Rückblickend denke ich, diese Unfähigkeit überfiel mich nicht so sehr als Therapeutin, auch nicht als Frau, wohl aber als Analysandin bei einem Lehranalytiker und als Ausbildungskandidatin" (Maier-Kirstätter, 1995, S. 7).

Die daraus entstehenden weitergehenden Fragen blieben (und bleiben) unbeantwortet. Ist es eine andere Form von Betroffenheit, wenn sich zwischen einer fast schon fertigen Kollegin und einem Lehranalytiker eine sexuelle/intime Beziehung entwickelt? Kann das nach der Ausbildung durch Heirat ungeschehen gemacht werden? Unter welchen zusätzlichen Macht- und Abhängigkeitsverhältnissen stehen die Betroffenen? Und wie sind sie auf ihre Arbeit als Psychotherapeutin vorbereitet worden?

Täterprofile

Zu den Täterprofilen gibt es in den 1990er Jahren verschiedene qualitative und quantitative Studien aus den USA und auch aus dem deutschsprachigen Raum. Becker-Fischer und Fischer berichten von einer Tätertypologie, die aufgrund langjähriger Erfahrung in der Behandlung von „betroffenen Patientinnen und grenzüberschreitenden Therapeuten" gewonnen wurde (Becker-Fischer & Fischer, 2018). Die amerikanischen Kliniker*innen Schoener, Milgrom und Luepker erkannten 6 Tätertypen:

1. Uninformierte Naive. Hierunter fallen vor allem semiprofessionelle Therapeuten mit wenig Ausbildung und wenig persönlicher Reife.
2. Gesunde oder durchschnittliche Neurotische. In diese Gruppe gehören Einmal-Tater, die ihre Verantwortung erkennen und die den „Fall" aufarbeiten wollen.
3. Schwer Neurotische und/oder sozial Isolierte. Diese Therapeutengruppe hat selbst deutliche emotionale Probleme, die sie durch die therapeutische Arbeit kompensieren will.
4. Impulsive Charakterstörungen. Diesem Typus gehören Therapeuten mit Schwierigkeiten in der Triebkontrolle an. Meistens haben sie schon vor ihrer therapeutischen Arbeit Grenzverletzungen begangen. Diese Therapeuten haben meist sexuelle Kontakte mit vielen Patientinnen, gleichzeitig oder nacheinander. Schuldgefühle zeigen sie nur, wenn ihnen Konsequenzen drohen.
5. Soziopathische oder narzisstische Charakterstörungen. Die Therapeuten aus dieser Gruppe sind Experten im Verführen von Patientinnen und im Vertuschen dieser Taten gegenüber Kolleg*innen.

6. Psychotische oder Borderline-Persönlichkeiten. Diese Gruppe verfügt nur über eine schwache soziale Urteilsfähigkeit. Ihr Realitätssinn ist gestört. Die Prognose für eine gelingende Rehabilitation ist nach Schoener et.al. nur in der Gruppe 2 gegeben (zit. nach Becker-Fischer & Fischer, 2018, S. 45 ff)

Bossi berichtet unter Berufung auf Twemlow und Gebhard (1989) von drei Tätertypen: den Psychopathen, den Psychotikern und den Liebeskranken (Bossi, 1994, S. 55). Auch hier gilt nur für den letzten Typen eine positive Prognose.

Hirsch erkennt vor allem in den Wiederholungstätern eine Gefahr: „...Wiederholungstäter, die aufgrund von perverser Persönlichkeit, suchtartig wiederholt Patientinnen verführen. Übliche Gesetze und Leitlinien zum Umgang mit Anziehung betreffen sie wegen generellem Regelbruch ohnehin nicht" (Hirsch, 2018, S. 87).

Diese Erkenntnisse führten zunächst vor allem auch zu Forderungen nach einer verbesserten Ausbildung.

Professionspolitische Überlegungen
In der Entwicklung des psychotherapeutischen Berufes lassen sich Elemente finden, die sich an die historisch gewachsenen Professionen anlehnen. In der Soziologie wird unter Profession eine bestimmte Art der Beruflichkeit verstanden, die eine akademische Bildung voraussetzt und mit verschiedenen Privilegien belegt ist. Klassische Professionen waren die Medizin, die Theologie, die Jursterei (vgl. Stichweh, 2005; Pfadenhauer & Sander, 2021), die in der europäischen Tradition auf die Ständegesellschaft zurückgehen.

> *„Historisch meint der Begriff der Profession eine bestimmte Form der Beruflichkeit, die der modernen Gesellschaft aus der ständisch-korporativen Welt des alten Europa zugekommen ist. Beispiele waren zunächst die akademischen Berufe des Theologen, Juristen und Mediziners, die ihren Ausbildungsort an den Fakultäten der mittelalterlichen und der frühneuzeitlichen Universität fanden. (…) Der gesellschaftliche Status der Professionen war außerordentlich hoch. Sie verkörperten die Form, in der man über Beruflichkeit einen gesellschaftlichen Rang erreichen konnte, der sonst nur geburtsabhängig über Adel zugänglich war. (…) Institutionell gesehen waren die Professionen korporativ organisiert. Sie verkörperten damit jene Form der Strukturbildung, die seit dem späten Mittelalter neben den Stand tritt. Korporationen wurden durch geistliche und weltliche Gewalten zugelassen und privilegiert"* (Stichweh, 2005, S. 1 f).

Für die Psychotherapie war die Anlehnung an die Medizin als Leitprofession vorteilhaft, führte sie doch 1967 dazu, dass die psychoanalytische Behandlung als Krankenkassenleistung abrechenbar wurde. Großen Anteil daran hatte etwa auch Annemarie Dührssen. Der Prozess der Professionalisierung ging weiter. Die Merkmale einer Profession in Abgrenzung zu einem Beruf liegen neben der akademischen Ausbildung und wissenschaftlich fundiertem Sonderwissen vor allem in der Autonomie der Berufsausübung, einer exklusiven Berechtigung zur Berufsausübung und in berufsständischen Normen (Ethikcodes, kollegial-korporative Selbstkontrolle). (vgl. Geissler, 2013).

Diese Ethikcodes haben sich in der Fachdiskussion entwickelt und ausdifferenziert. Die Freud'sche Abstinenzregel war nicht unumstritten und wurde unterschiedlich begriffen bzw. mit Inhalt gefüllt. Dieser Prozess war in dem Zeitraum, in dem die fachliche Diskussion der Grenzverletzungen in der Psychotherapie aufbrandete, in den späten 1980er und 1990er Jahren, am Anfang. Und es gab noch keine rechtliche Handhabe gegen die grenzverletzenden Psychotherapeut*innen.

Irmgard Vogt fasste in dem Hearing von 1991 die damaligen (üblichen) Folgen für die Täter so zusammen: „Zwar vergißt so gut wie niemand die Information oder Mitteilung darüber, daß ein Kollege mit einer Klientin eine Affaire hatte oder hat, aber vor Sanktionen schrecken die meisten zurück. (…) meist bleibt es bei einem ganz unverbindlichen Gespräch über „die Sache", das keine Konsequenzen nach sich zieht. (…) So werden die Kolleginnen und Kollegen zu Mitwissern, die sich gegen ihr eigenes Wissen zu schützen suchen durch Schweigen und Wegsehen" (Vogt 1991, S. 68 f.).

Und diese Mitwissenden waren keine Ausnahmen. 1987 hatten Gartrell, Herman und Olarte in den USA 1423 Psychiater befragt. 65 % von diesen wussten von Kollegen, die sexuelle Beziehungen zu Patient*innen unterhielten. Keiner davon intervenierte. Die meisten sahen diese Kontakte als harmlos an. Für die Autoren war dieser Befund Anlass für einen dringenden Appell, die Ausbildung stärker in den Blick zu nehmen (zitiert nach Bossi, 1994, S. 54).

Becker-Fischer und Fischer sehen allerdings in strikteren Aufnahmeverfahren oder veränderten Ausbildungsverläufen keine Lösung. Sie plädieren vielmehr für eine verbesserte Aufklärung des gesamten Berufsstandes der Therapeut*innen, eine Sensibilisierung für grenzlabiles Verhalten, geregelte Verfarensvorschriften bei Kenntnis von Missbrauch im Kollegenkreis und eine Einstellungsänderung insbesondere zur Glaubwürdigkeit von Patient*innenaussagen auf diesem Gebiet (Becker-Fischer & Fischer, 2018, S. 48).

Dies verweist die Qualitätskontrolle der Therapie, aber auch der Ausbildung wieder ausschließlich in die interne Welt der Institute bzw. Verbände. Ganz im Sinne einer klassischen Profession geht es um Mechanismen der

Selbst-Ausbildung, Selbst-Kontrolle und Selbst-Gerichtsbarkeit durch berufsverbandliche Sanktionen bei Verstößen gegen selbst festgelegte Grundsätze und Regeln. Diese Anlehnung an die klassische Profession der Mediziner*innen lag nahe, nachdem sich der Beruf der Psychotherapeut*innen nicht zuletzt durch die Kassenzulassung immer mehr an das medizinische Modell angelehnt hatte.

> *„Die Antwort auf die Frage, wie die Psychoanalytiker auf brennende und bedrängende Zeitprobleme reagiert haben, lautet für die Zeit nach dem Zweiten Weltkrieg wie folgt: Sie haben ihre Rekrutierungsmodalitäten und Auswahlkriterien reorganisiert und damit die spezifische soziologische Zusammensetzung (sample) ihrer Mitglieder verändert; sie haben ihre Institutionen so ausgebaut, daß sie zur Vermittlung von Fachwissen, zur Isolierung von den übrigen Humanwissenschaften und zur Verhinderung gesellschaftlicher Handlungspotentiale tauglich wurden; und sie haben mit Hilfe der Medizinalisierung den Status einer unbotmäßig-kritischen Randgruppe überwunden und den Anschluß an eine mächtige, integrierte und konforme Schicht des Dienstleistungssektors gefunden"* (Parin, 1978, S. 392).

Parin diagnostiziert hier eine Entwicklung, die sich mit einer pragmatischen Haltung der Nachkriegs-Psychoanalyse deckt, wie sie etwa im Berliner AOK-Institut vermittelt wurde. Diese Haltung – so Parin – verhindere u. a. eine Beteiligung an gesellschaftlichen Diskursen, vielleicht aber auch eine selbstkritische Auseinandersetzung mit innerprofessionellen Entwicklungen. Diese Form der Professionalisierung führt auch dazu, dass eine externe Kontrolle von professionellem Handeln möglichst vermieden wird. Die Profession kontrolliert sich selbst. Als Nebeneffekt ist es für die Patient*innen sehr schwer, bei Behandlungsfehlern und bei Grenzverletzungen eine Ansprechstelle zu finden, die sich der Patientenseite annimmt. Dies gilt bis heute.

Betroffenheiten

Die Folgen von Grenzverletzungen für die betroffenen Patient*innen wurden in den 1990er Jahren endlich öffentlich diskutiert. Engagierte Psychotherapeutinnen traten aus der Enge der professionellen Selbstkontrolle hinaus. Es erschienen Bücher zu dem Thema, es wurden Zeitungs- und Magazinartikel veröffentlicht. Die Folgen der Grenzverletzungen und des Machtmissbrauchs führen nach Heyne (1991) von Schock und Verwirrung, Nicht-Wahrhaben-Wollen des Missbrauchs, Bagatellisierung, über Misstrauen gegenüber Anderen und dem eigenen Selbst und Beziehungsunfähigkeit bis hin zu psychosomatischen Reaktionen, schweren Depressionen, Suchtmittelmissbrauch und/oder Selbstmordgefahr.

In der amerikanischen Literatur wurde hierfür der Begriff „Patient-Sex-Syndrom" geprägt (Bossi, 1994, S. 64).

Dabei ist es laut Becker-Fischer und Fischer unerheblich, ob es zum Geschlechtsverkehr gekommen war, ob sexuelle Berührungen vorkamen oder ob versteckte Sexualisierungen stattgefunden haben (Becker-Fischer & Fischer, 2018, S. 84 f.).

Anlaufstellen für Betroffene
Für die betroffenen Patient*innen gab es in den 1990er Jahren kaum Anlauf- oder Beratungsstellen. Obwohl sich in den 1990er Jahren das Netz an Beratungsstellen für von sexualisierter Gewalt betroffene Frauen und Kinder weiterentwickelte, standen doch vor allem von häuslicher und/oder familialer Gewalt betroffene Frauen an erster Stelle. Institutionelle Gewalt wurde aufgegriffen, betroffene Kinder mit in den Fokus genommen, aber die Thematik der Grenzverletzungen in der Psychotherapie führte ein Schattendasein.

Die Debatte um Grenzverletzungen in Psychotherapien und die diversen empirischen Studien dazu führten zu einer Bewusstwerdung auch in den verschiedenen psychotherapeutischen Ausbildungsinstituten und Verbänden. Ende der 1990er Jahre war ein Netzwerk aus engagierten Therapeut*innen entstanden, das schließlich 2004 zur Gründung des Vereins „Ethik in der Psychotherapie", kurz „Ethikverein" führte.

Zwar konnten betroffene Patient*innen ab 1998 den Rechtsweg beschreiten, aber es stellte sich schnell heraus, dass dieser Weg für viele eine Überforderung darstellte und dass sie Begleitung und Beratung durch das Verfahren hindurch benötigten. Die Gründer*innen des Ethikvereins begannen, Beratung anzubieten, Betroffene bei rechtlichen Schritten zu begleiten und bei der Suche nach Folgetherapien zu unterstützen. Mittlerweile findet ein kollegialer Austausch in Form von Tagungen und Workshops statt; es werden außerdem die Beratungen dokumentiert und statistisch ausgewertet.

Seit 2004 wurden mehr als 1500 Beratungen durchgeführt, davon mehr als 500 in den Jahren 2017 bis 2019.

Ein weiterer Anker sind die Verbändetreffen gegen Grenzverletzungen und sexuellen Missbrauch in Psychotherapie und psychosozialer Beratung, die großen Anteil daran hatten und haben, dass in den verschiedenen Verbänden Ethikleitlinien in Kraft gesetzt wurden und dass das Thema der Grenzverletzungen in die Aus- und Weiterbildung Eingang gefunden hat.

Für die betroffenen Patient*innen gibt es die Möglichkeit, Strafanzeige zu stellen und/oder zivilrechtlich auf Schmerzensgeld oder Schadenersatz zu klagen. Möglich ist auch die Beschwerde bei der Krankenkasse, bei der Ärzte- oder Psychotherapeutenkammer oder beim jeweiligen Berufsverband. Alle diese Wege sind aber voraussetzungsreich und werden den betroffenen Patient*innen nicht leichtgemacht. Allein die Beschwerdewege zu finden, ist für viele eine Überforderung, zumal sie in der Regel verunsichert und vulnerabel sind. Im Internet finden sich zwar verschiedene Beschwerdewege und Anlaufstellen, aber an erster Stelle wird auch hier meist der Ethikverein genannt, der auf ehrenamtlicher Basis arbeitet und wenig personelle und materielle Ressourcen hat, um die geschätzt 300 bis 600 Betroffenen pro Jahr in Deutschland zu unterstützen.

So bleibt die Forderung engagierter Fachleute bestehen, dass es mehr unabhängige und öffentlich finanzierte Anlaufstellen für Psychotherapiepatient*innen geben müsse. Auch eine unabhängige Patientenberatung für Therapiepatient*innen fehlt, zumal seit 2016 die UPD (Unabhängige Patientenberatung Deutschland) von einem privaten Unternehmen übernommen wurde. Seither wird die Unabhängigkeit der Beratung von verschiedenen Seiten angezweifelt. Eine spezialisierte Beratung für Psychotherapiepatient*innen wird seit 2016 nicht mehr angeboten. Geschädigte Patient*innen bräuchten eine unabhängige und professionelle, niederschwellige Beratungsmöglichkeit, die sie auch durch die Verfahren begleiten kann. Hinweise dazu finden sich auf der Website von therapie.de (o. J.).

„Es gilt, einerseits durch niederschwellige Beratung und Unterstützung eine Stabilisierung und Stärkung der Ich-Funktionen der Geschädigten zu erreichen, andererseits durch eine fachkundigere Rechtsprechung dazu beizutragen, dass Strafprozesse für die Opfer die abschreckende und erneut traumatisierende Qualität verlieren, die wir in manchen der – ohnehin extrem seltenen – Verfahren leider beobachten konnten" (Schleu et.al., 2018, S. 19). Die Ethik-Expert*innen plädieren deshalb für eine bessere Vernetzung zwischen Jurist*innen und Psychotherapeut*innen.

Rund 30 Jahre nach dem Beginn eines intensiveren Diskurses zu Grenzverletzungen in psychotherapeutischen Beziehungen gibt es noch viel zu tun.

Systemdynamiken 7

Das im Methodenteil beschriebene Vorgehen bei der Auswertung der verschiedenen Datenquellen führte zur Bildung verschiedener Kategorien mit Erklärungswert[1]. Der Idee der „Grounded Theory" zufolge kann sich auf der Basis dialektischer Denkbewegungen zwischen Datenanalyse, Kontextinformationen und theoretischen Überlegungen in vielen Forschungsfeldern letztlich eine übergeordnete Kategorie herausbilden, die in gewisser Weise einen hermeneutischen Rahmen für viele, wenn nicht sogar alle grundlegenden Erkenntnisse einer Untersuchung bietet (vgl. Glaser & Strauss, 1998, 2009; Jaeggi et al., 2004). Im Verlauf unserer Studie ließ sich schließlich eine solche aussagekräftige Erklärungsfolie identifizieren, die einen grundlegenden Beitrag zum Verständnis des Umgangs mit der „Causa H. M." am AKJP-Heidelberg liefert (siehe Abb. 7.1).

Diese Grunddynamik lässt sich als spannungsreiche Dialektik zwischen einem funktionalen Pragmatismus des Systems „Ausbildungsinstitut" einerseits und der Bedrohung dieses funktionalen Modus durch die Thematisierung sexualisierter Grenzüberschreitungen in den eigenen Reihen andererseits beschreiben. Aus dieser Perspektive wird deutlich, dass Versäumnisse bei der Wahrnehmung, Aufdeckung und Aufarbeitung sexualisierter Gewalt integrativer Teil eines „normalen" Funktionierens der Institution waren. So gesehen stellten alle Indizien, die auf das Problem der sexualisierten Gewalt hinweisen oder an dieses Problem erinnern, Störungen regulärer Alltagsabläufe dar. Ignoranz, Bagatellisierung und Rationalisierung erscheinen vor diesem Hintergrund durchaus nicht nur als Strategien persönlicher Schuld- und Verantwortungsabwehr, sondern auch als Funktionsmodi einer vordergründig gelingenden Organisationsentwicklung.

---

[1] Vgl. dazu auch das Vorgehen von Burka et al. (2019) in einer ähnlich angelegten Studie: „Emergent themes were combined into clusters of connected themes" (S. 254).

7 Systemdynamiken

PRAGMATISMUS, FUNKTIONALITÄT
- Wirtschaftliche Stabilität
- Existenzielle Sicherheit
- Wissenschaftliches Renommee
- Psychotherapeut. Pragmatismus (Stichwort: analoge Ebene)
- Eminenzbasierte Hierarchien
- Machtfülle
- Strukturelle und informelle Abhängigkeiten
- Stabile Angestelltenverhältnisse
- Geradlinige Ausbildungs- und Karriereverläufe
- Beweisorientierung
- Verantwortung für sich und die Institution
- Schweigen
- Verdrängung
- Verleugnung
- Vergessen

INSTITUTION ← Konflikt → SUBJEKT

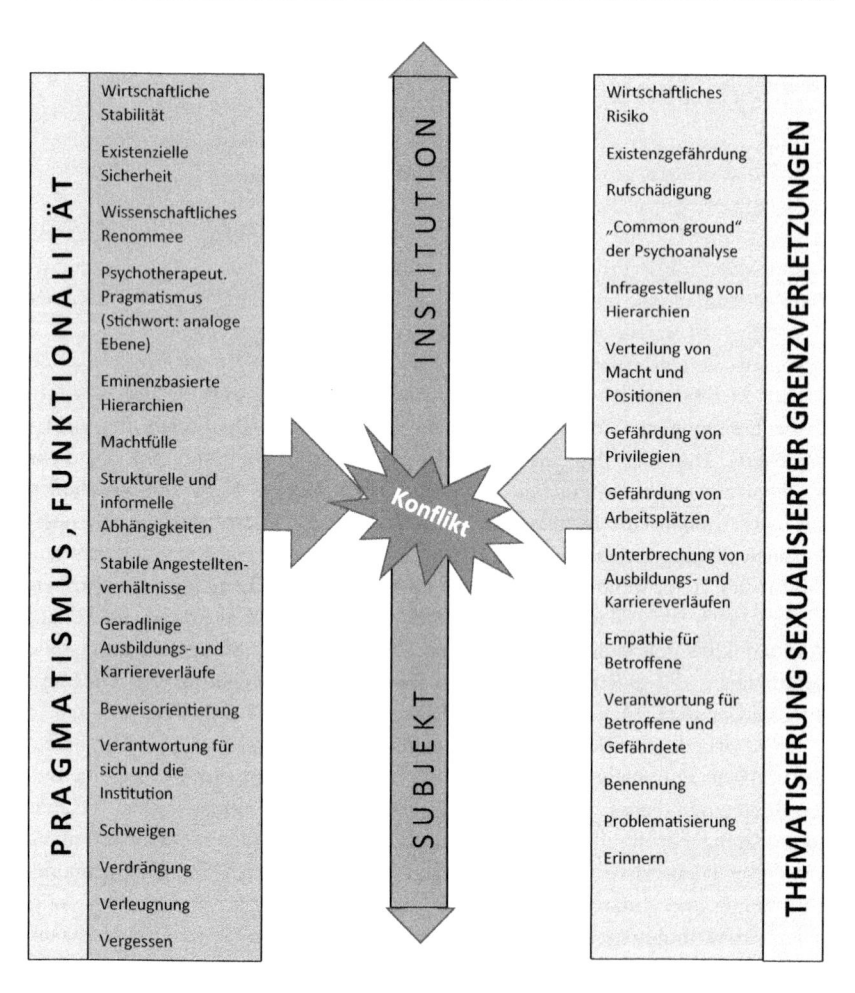

THEMATISIERUNG SEXUALISIERTER GRENZVERLETZUNGEN
- Wirtschaftliches Risiko
- Existenzgefährdung
- Rufschädigung
- „Common ground" der Psychoanalyse
- Infragestellung von Hierarchien
- Verteilung von Macht und Positionen
- Gefährdung von Privilegien
- Gefährdung von Arbeitsplätzen
- Unterbrechung von Ausbildungs- und Karriereverläufen
- Empathie für Betroffene
- Verantwortung für Betroffene und Gefährdete
- Benennung
- Problematisierung
- Erinnern

Abb. 7.1 Zentrale Grunddynamik des Umgangs mit der „Causa H. M." am AKJP-Heidelberg. (Eigene Darstellung)

Aus Abb. 7.1 ist zu entnehmen, dass sich zahlreiche und sehr heterogene Manifestationen, die sich aus den erhobenen Daten identifizieren ließen, in diese Grunddynamik einordnen lassen. Bevor diese einer genaueren datengestützten Untersuchung unterzogen werden, bedarf es einiger vorbereitender Feststellungen:

7 Systemdynamiken

- Aspekte der Metadynamik zwischen funktionalem Pragmatismus einerseits und Thematisierung sexualisierter Grenzüberschreitungen andererseits sind sowohl auf der institutionellen Ebene als auch auf der Ebene der einzelnen Subjekte repräsentiert. Je nach Inhalt dieser Aspekte gibt es aber Unterschiede im Ausmaß und der Art solcher Repräsentationen. So hatte beispielsweise die wissenschaftliche Reputation des AKJP-Heidelberg vor allem für das Institut selbst, aber nur für relativ wenige dort beschäftigte Individuen eine identitätsstiftende Bedeutung. Amnestische Abwehrvorgänge sind im Gegensatz dazu auch deutlich auf der Ebene der von uns interviewten Individuen beobachtbar, wobei sich in der Retrospektive auch die Figur eines institutionellen Vergessens deutlich nachweisen lässt. Sowohl wissenschaftliche Reputation als auch der Modus des Vergessens sind im Spannungsfeld zwischen funktionalem Pragmatismus und Thematisierung sexualisierter Grenzüberschreitungen anzusiedeln.
- Die Beziehung zwischen diesen beiden Bereichen ist naturgemäß nicht statisch. Es lässt sich vielmehr nachweisen, dass Bewegungen in einem Bereich als Auslöser von Bewegungen im jeweils anderen Bereich zu fungieren scheinen. Vertuschung, Verharmlosung oder der Verweis auf unzureichendes Ereigniswissen stellen häufig Reaktionen auf bedrohliche Aufdeckungs- und Thematisierungsversuche dar, weil sie vorgeblich die Funktionalität des Systems gewährleisten. Umgekehrt kann das „reibungslose" Funktionieren des Systems an anderer Stelle Thematisierungs- und Skandalisierungsimpulse evozieren, weil etwas noch nicht hinreichend bearbeitet ist.
- Die Analogie zu einem „klassischen" psychodynamischen Bewältigungskonflikt ist klar: Das Unbewältigte aus der Vergangenheit irritiert die Alltagsfunktionalität des Individuums: Auseinandersetzung, Konfrontation und Thematisierung lösen Angst aus und eröffnen die Möglichkeit auf Bewältigung.
- Der Begriff des funktionalen Pragmatismus könnte ethische Widerspruchsfreiheit suggerieren. Tatsächlich ist ihm aber – aus psychodynamischer Sicht wenig überraschend – eine destruktive „Kehrseite" immanent. Metaphorisch könnte man hier auch von einer machiavellistischen „Staatsräson" sprechen, die alles dem „klaglosen" Funktionieren des Systems unterordnet. Der funktionale Pragmatismus des AKJP-Heidelberg beinhaltete u. a. sexualisierte Gewalt, finanzielle Intransparenz, gravierende Abstinenzverletzungen, strukturellen Dilettantismus, usw. ...
- Die identifizierte Dialektik ist aus systemtheoretischer Sicht insofern elementar, weil sie auch die Frage nach der Existenz des Systems unmittelbar adressiert. Zumindest ein Teil der zuweilen überwältigenden Dynamik der

„Causa H. M." ist dadurch erklärbar, dass die Thematisierung seiner sexualisierten Grenzüberschreitungen als unmittelbare Gefährdung der Existenz des Instituts erlebbar ist. Die pragmatische Funktionalität des Schweigens ergibt sich zum Beispiel aus der retrospektiven Feststellung, dass das Ausüben sexualisierter Gewalt durch den Institutsleiter 18 Jahre lang mit der Existenz des Instituts offenbar problemlos vereinbar war.

Diese kurzen Anmerkungen führen zu einer Hauptthese, die wir auf der Basis unserer Untersuchungen an dieser Stelle sehr vereinfacht formulieren, um die darin verborgenen Aussagen in den folgenden Kapiteln mit Hinweis auf ihre Implikationen systematisch zu dekonstruieren:

Es war in den Jahren 1975–1993 aus gewichtigen Gründen sinnvoll, vernünftig, pragmatisch und funktional, alle Hinweise auf sexualisierte Gewalt durch den Institutsleiter weitgehend zu ignorieren und von entsprechenden Nachforschungen Abstand zu nehmen. Es war auch ab dem Jahr 1993 aus gewichtigen Gründen sinnvoll, vernünftig, pragmatisch und funktional, eine systematische Aufdeckung seiner Taten und eine nachhaltige Aufarbeitung der Folgen für das Institut weitgehend zu vermeiden. Die Tatsache, dass das AKJP-Institut Heidelberg nach wie vor existiert, verleiht diesen „guten Gründen" eine überzeugende Legitimation. Es sind die „guten Gründe" der Institution und der materiell abgesicherten Psychotherapeut*innen. Sie stehen aber dem entgegen, was nicht bewältigt ist und was nicht zur Ruhe kommen kann.

7.1 Geschichte und strukturelle Einbindung des Instituts

In den Interviews wird zum Verständnis des Hintergrunds des Instituts und der Rolle H. M. s die Benennung unterschiedlicher Zugehörigkeiten zu psychoanalytischen Verbänden verklausuliert. Vor allem die Kürzel DPG, DPV und DGPT fungieren dabei als historische und identifikationsstiftende Verortung psychoanalytischer Haltungen und Bezugsrahmen.

Durch die spezifisch deutsche Geschichte und die Auseinandersetzung mit der nationalsozialistischen Vergangenheit waren die Konflikte zwischen verschiedenen psychoanalytischen Strömungen vorgezeichnet.

Die „Deutsche Psychoanalytische Gesellschaft" (DGP) ging aus einem Arbeitskreis hervor, den der Psychoanalytiker Karl Abraham im Jahr 1908 gegründet hatte. Zunächst hieß der Arbeitskreis „Berliner Psychoanalytische Vereinigung" (BPV). Im Jahr 1926 entstand schließlich der spätere Name. 1938 löste sich die DPG auf, existierte aber als „Arbeitsgruppe A" im „Deutschen Institut für

7.1 Geschichte und strukturelle Einbindung des Instituts

psychologische Forschung und Psychotherapie", dem sogenannten Göring-Institut weiter. Die antisemitischen und totalitären Verordnungen der Nationalsozialisten führten in der DPG zur Ausgrenzung der jüdischen Analytiker*innen und zu einer Anpassung der Psychoanalyse an die Vorgaben einer „Deutschen Seelenheilkunde". Ungefähr 100 Analytiker*innen und Ausbildungskandidat*innen mussten Deutschland verlassen, weil sie Juden waren.

1945 gründete sich die DPG neu, zunächst unter dem Namen „Berliner Psychoanalytische Gesellschaft", ab 1950 wieder als „Deutsche Psychoanalytische Gesellschaft". Innerhalb der DPG kam es zu einem Richtungsstreit zwischen Harald Schultz-Hencke und Carl Müller-Braunschweig über den Umgang mit der NS-Vergangenheit, aber auch über die Zulassung nichtärztlicher Psychotherapeut*innen. Dieser Konflikt führte zum Austritt von Carl Müller-Braunschweig und einer Gruppe von Analytiker*innen aus der DPG und zur Neugründung der Deutsche Psychoanalytische Vereinigung (DPV). Schon im Jahr darauf, 1951, wurde die DPV in die Internationale Psychoanalytische Vereinigung (IPV) aufgenommen.

Beide analytischen Verbände sind im Dachverband der DGPT (Deutsche Gesellschaft für Psychoanalyse, Psychotherapie, Psychosomatik und Tiefenpsychologie) organisiert, der 1950 unter anderem auf Initiative der amerikanischen Besatzungsmacht gegründet wurde. Ihr erster Vorsitzender war Viktor von Weizäcker.

Der Streit innerhalb der DGPT war vorprogrammiert. Der DPG wurde weiterhin eine ungenügende Distanzierung von den Nationalsozialisten während des Dritten Reiches vorgeworfen, was in der oben beschriebenen Neugründung der DPV gipfelte. Die Unterschiedlichkeit der jeweiligen Strömungen bezog sich zudem auf die Frage, ob Psychotherapie nur von Ärzt*innen ausgeübt werden darf. Darüber hinaus waren in den unterschiedlichen Verbänden unterschiedliche psychoanalytische Schulen repräsentiert (Freud, Jung, Neo-Analytiker). Ein weiterer Konflikt entzündete sich an der geforderten Frequenz lehranalytischer Sitzungen während der Ausbildung sowie an der Frage, ob Psychotherapie ausschließlich als Psychoanalyse durchgeführt werden dürfe. Daran schlossen sich wiederum unterschiedliche Einschätzungen hinsichtlich der Kompetenz von Psychiater*innen in Bezug auf die Ausübung einer psychotherapeutischen Tätigkeit an.

Trotz mehrfach aufkeimender Spaltungstendenzen konnte sich die DGPT als Dachverband dauerhaft etablieren. Dies ist vor allem der Versorgungsstruktur der Psychotherapie als Kassenleistung geschuldet. Hierzu zitiert Lockot (2010) die DGPT-Vorsitzende Ina Weigelt (Amtszeit: 1981–1983): „Als es ums Geld ging, hörten die Konflikte auf" (S. 1234).

An der Durchsetzung der Psychoanalyse als Kassenleistung war das der DPG nahestehende AOK-Institut in Berlin wesentlich beteiligt. Die Institutsleiterin Annemarie Dührssen legte schon im Jahr 1962 eine Studie vor, die den Nachweis der Wirksamkeit der tiefenpsychologisch fundierten Psychotherapie und der Psychoanalyse erbrachte (Dührssen, 1962; Dührssen & Jorswieck, 1965). Diese Studie war die Grundlage für die Anerkennung einer Richtlinienpsychotherapie als Regelversorgungsleistung der Krankenkassen. Das AOK-Institut war 1946 in unmittelbarer Nachfolge des Berliner Zentralinstituts für Psychogene Erkrankungen, dem späteren Institut für Psychogene Erkrankungen der Allgemeinen Ortskrankenkasse Berlin, gegründet worden und wurde noch lange Zeit als „Göring-Institut" bezeichnet. Ursprünglicher Leiter war Harald Schultz-Hencke.

Das AKJP-Heidelberg-wurde 1952 von Annemarie Sänger gegründet und stand immer schon dem Berliner Institut von Annemarie Dührssen nahe. Im Zuge dieser Verbindungen kam 1975 auch H. M. nach Heidelberg, nachdem Annemarie Sänger das Institut in eine schwierige fachliche und finanzielle Lage gebracht hatte. H. M. sollte für den Wiederaufbau stabiler Strukturen sorgen. Die vorgefundenen Zustände am AKJP-Heidelberg schienen ihm diesbezüglich freie Hand zu gewähren. In der Doppelrolle des Arztes und Analytikers standen ihm alle Türen offen, um ein System aufzubauen, in dem gewisse Abhängigkeiten geschaffen werden konnten (ausführlich dazu weiter unten).

Das Erwachseneninstitut IPP-Heidelberg-Mannheim (Institut für Psychoanalyse und Psychotherapie Heidelberg-Mannheim e. V.) wurde 1969 unter dem Dach der DGPT gegründet. Eine Zuordnung zu DPG bzw. DPV wurde bewusst vermieden, wie aus dem folgenden Zitat einer von uns interviewten Schlüsselperson hervorgeht:

„Das war insofern wichtig, dass das kein Institut von einem Verein war, also weder von der DPV noch von der DPG, sondern es war bewusst ein gemischtes Institut."

7.2 Das AKJP-Institut Heidelberg als wirtschaftlich, wissenschaftlich und therapeutisch orientiertes System

Die Website des AKJP-Heidelberg gibt darüber Auskunft, dass das Institut „in einer langen Tradition steht, die in die Nachkriegszeit zurückgeht"[2]. Diese Feststellung beinhaltet auch eine Information über die Persistenz einer Organisation,

---

[2] Siehe unter https://www.akjp-hd.de/das-institut/historie/

7.2 Das AKJP-Institut Heidelberg als wirtschaftlich, wissenschaftlich ...

die es offensichtlich geschafft hat, trotz erheblicher Krisen eine bestimmte psychotherapeutische und institutionelle Traditionslinie über viele Jahrzehnte hinweg bis zum heutigen Tag fortzuführen. Unabhängig von der fachlichen oder auch persönlichen Position, die man gegenüber dem AKJP-Heidelberg einnehmen kann, ist die Tatsache einer prinzipiell erfolgreichen Entwicklung anzuerkennen, die zur dauerhaften Etablierung des Instituts als stabile psychotherapeutische Institution geführt hat.

Diese Feststellungen rekurrieren auf den zumeist implizit mitgedachten, aber für unsere Analyse sehr bedeutungsvollen Aspekt der Existenzsicherung der Organisation. Wir können hier auch im Luhmannschen Sinne von einem System sprechen, das durch die Zugehörigkeit bestimmter Positionen und Elemente und die Abwesenheit all dessen, was nicht zum System gehört, definiert ist (Luhmann, 1994). Dieses System war im Laufe der Geschichte mindestens zweimal in seiner Existenz gefährdet, wobei deutlich wird, dass gerade diese Existenzgefährdungen wichtige Erklärungen für den Umgang des Systems AKJP-Heidelberg mit der „Causa H. M." bereitstellen.

Zunächst interessiert hier die Frage, was H. M. zur Sicherung der Existenz dieses Systems beigetragen hat. Das entsprechende „Gründungsnarrativ" rückt H. M. in die Nähe eines „Retters", nachdem Annemarie Sänger ab 1973 nicht mehr als Leiterin des von ihr gegründeten Instituts zur Verfügung stand. Berichten zufolge stand die Existenz dieser schon damals traditionsreichen Einrichtung ernsthaft in Frage. Es wurden improvisierte Interimslösungen gefunden, wobei Karl Tornow die Institutsleitung und die Institutssekretärin Fr. B. wichtige Aufgaben übernahmen. Eine zuverlässige Sicherung der Existenz des Instituts gelang aber erst durch die Übernahme der Leitung durch H. M. Der hauptsächlich auf Betreiben des Leiters der Kinder- und Jugendpsychiatrie M. P. aus Berlin geholte Arzt erwies sich offenbar recht schnell als sehr fähig und geeignet, die Existenz des AKJP-Heidelberg zu konsolidieren. Diese „Erfolgsgeschichte" ist von eminenter Bedeutung, da H. M. s Beitrag nicht einfach nur im Ausfüllen eines „guten Jobs" bestand, sondern sein Wirken von Anfang an eine existenzielle Dimension für das von ihm geleitete System hatte. Als Arzt leistete er einen gewichtigen Beitrag zur wirtschaftlichen Stabilität des Instituts, da die Abrechnung von Psychotherapien von Kindern und Jugendlichen im Rahmen von Krankenkassenleistungen formal einen ärztlichen Institutsleiter voraussetzte. Neben seiner kolportierten Fähigkeit als fähiger Organisator trug auch seine hervorragende Vernetzung in der Heidelberger Psychotherapieszene dazu bei, dass H. M. das Institut in eine Phase der unangefochtenen Existenzsicherung führen konnte. Die häufig zitierten „Berliner Seilschaften", die auf das AOK-Institut und

Annemarie Dührssen zurückverweisen und die mit prominenten Namen der Berliner und Heidelberger Psychotherapieszene verbunden sind, erwiesen sich für die Stabilisierung des AKJP-Heidelberg als hochfunktional. Unter dem Blickwinkel der Existenzsicherung erwiesen sich diese Netzwerke für das „Kinderinstitut" als sehr hilfreich und gewinnbringend. Als Erwachsenenpsychotherapeut war H. M. zudem in der DPG organisiert, was ihm – und damit letztlich auch wiederum dem AKJP-Institut Heidelberg – weitere wichtige professionelle Anknüpfungspunkte ermöglichte. Ungeachtet der Frage, welche fachliche bzw. theoretische Reputation die von Sänger entwickelte und in ihrer Tradition von H. M. weitergeführte „Kindertherapie" in den Augen der Erwachsenenpsychotherapeut*innen hatte, konnte H. M. das „Kinderinstitut" in der Heidelberger Psychotherapieszene zumindest insoweit etablieren, als es keine Zweifel an seiner grundsätzlichen Existenzberechtigung gab. Hilfreich war dabei auch, dass er personell-strukturelle Verbindungen dadurch initiierte, dass hoch angesehene ärztliche Erwachsenenpsychotherapeuten bestimmte – mehr oder weniger formale – Positionen (als Vorstandsmitglieder, Mitglieder des wissenschaftlichen Beirats, Dozenten oder Supervisoren) am Kinderinstitut einnahmen. Dass es aber auch Grenzen dieser Netzwerkbildungen gab, wird im folgenden Zitat einer/eines Vertreter*in des Erwachseneninstituts IPP-Heidelberg-Mannheim angedeutet:

„Ja, die DPG Schule, die sehr angepasste Schule, die uns, unserer Generation völlig fremd war. Also die haben sich auch nie richtig verbinden können und haben trotzdem sehr viel Macht gehabt. Und M. P. hat den H. M. hierhergeholt, und da war immer eine Verbindung. Der H. M. war dann auch, weil er auch Erwachsenenanalytiker ist, war auch Mitglied in unserem Institut."

Aus dieser überblicksartigen Darstellung wird ersichtlich, dass das Existenz-Argument von entscheidender Bedeutung ist, wenn man versucht, die Dynamiken im Zusammenhang mit den auf sexualisierte Gewalt bezogenen Vorwürfen gegen H. M. zu ergründen. Es wird klar, warum die Abwehr dieser Vorwürfe intuitiv und zuweilen auch explizit mit der Frage des Weiterbestehens des Instituts verknüpft wurde. Angesichts der „unbezweifelbaren" Verdienste H. M. s wird die Überzeugungskraft einer Diskursfigur nachvollziehbar, der zufolge nicht die sexualisierten Grenzverletzungen des Leiters die Existenz des Instituts gefährdeten, sondern der beharrliche Versuch der Aufdeckung dieser Grenzverletzungen. Durch eine verstärkte Zusammenarbeit des AKJP-Heidelberg mit dem Universitätsklinikum Heidelberg erhält eine weitere existenzielle Dimension eine

7.2 Das AKJP-Institut Heidelberg als wirtschaftlich, wissenschaftlich ...

zunehmende Bedeutung, nämlich die wissenschaftliche Fundierung der psychotherapeutischen Arbeit mit Kindern und Jugendlichen am Heidelberger Kinderinstitut. Diese Dimension ist nicht nur aus Gründen der Reputation bedeutungsvoll, sondern sie war es auch im Kontext der sich anbahnenden Psychotherapiereform gegen Ende der 1990er Jahre und der mit dieser assoziierten Festlegung von Richtlinienverfahren, die als Krankenkassenleistung Anerkennung finden würden. Das AKJP-Heidelberg musste sich also, wie alle anderen Ausbildungsinstitute, „in Position" bringen, um den mit den Psychotherapierichtlinien verbundenen Weiterbildungsanforderungen gerecht zu werden und auf dem „Markt" bestehen zu können. Zu befürchten war hier eine eventuelle Legitimationskrise der analytischen Kinder- und Jugendlichenpsychotherapie, da sie insgesamt an einem Mangel an empirischen Wirksamkeitsnachweisen litt.

Auf die Behebung genau dieses Problems zielten die Bemühungen einer Gruppe von Führungskräften am AKJP-Heidelberg, die im Rahmen einer Forschungskooperation mit dem Universitätsklinikum Heidelberg empirische Daten generieren wollten, die zu einer verbesserten wissenschaftlichen Begründbarkeit des psychotherapeutischen Vorgehens am AKJP-Heidelberg (und der analytischen Kinder- und Jugendpsychotherapie insgesamt) beitragen sollten (Fahrig et al., 1996).

Dazu ein/e von uns interviewte/r Psychotherapeut*in:

„Und es ist natürlich berufspolitisch auch ungeheuer wichtig, weil die Psychoanalyse, die psychoanalytische Theorie ..., Therapie ja immer mehr angefeindet wurde und auch immer mehr infrage gestellt und da Studien enorm wichtig waren; und also politisch aber auch in der Community wichtig und an Ansehen gewonnen, weil man sagte, ohne die sind wir bald weg vom Fenster. So. Und dann haben die angefangen und haben auch große Studien gemacht; und da hat J. S. ihn sehr unterstützt mit seinem Knowhow. Und das waren schon wichtige Sachen."

Das im Rahmen dieser Forschungen primär auf quantitativen Daten basierende Evaluationsparadigma blieb in der psychoanalytischen Szene nicht widerspruchsfrei, da sich die Wirklogik der psychoanalytischen Methode nicht per se unter Zuhilfenahme standardisierter Messmodelle abbilden lässt. Ungeachtet dessen resultierte im Laufe der 1990er und 2000er Jahre aus dieser Forschungskooperation eine Reihe von wichtigen Veröffentlichungen zur analytischen Kinder- und Jugendpsychotherapie, für die einige Mitglieder, Leitungskräfte und Angestellte des AKJP-Heidelberg mitverantwortlich zeichneten (Fahrig et al., 1996; Horn et al., 2005; Kronmüller et al., 2005; Winkelmann et al., 2000). Daher ist die

Feststellung zulässig, dass das AKJP-Heidelberg relevante Beiträge zur wissenschaftlichen Fundierung der analytischen Kinder- und Jugendpsychotherapie in Deutschland geleistet hat.

Für den hier vorliegenden Zusammenhang sind diese wissenschaftlichen Aktivitäten in das beschriebene „Existenzparadigma" einzuordnen, da sie nicht unwesentlich zum Weiterbestehen des Instituts nach der Aufdeckungskrise im Jahr 1993 beitrugen und einen gewissen Ruf des AKJP-Heidelberg in der Fachöffentlichkeit begründeten. Die im Rahmen der Kooperation mit dem Universitätsklinikum Heidelberg realisierten Forschungsaktivitäten sind mithin deutlich als Strategie des funktionalen Pragmatismus des AKJP-Instituts Heidelberg erkennbar, der sich von der Offenlegung der sexualisierten Grenzverletzungen H. M. s bedroht sah. Ein unübersehbares Indiz dafür ist die personelle Zusammensetzung jener Gruppe, die die Forschungsaktivitäten am AKJP-Heidelberg vorantrieb. H. M. selbst hatte als guter Organisator und Netzwerker wesentlich zum Gelingen der Kooperation mit dem Universitätsklinikum Heidelberg beigetragen. Dass sein Freund und früherer Berliner Weggefährte J. S. im Jahr 1989 zum Direktor der Psychosomatischen Universitätsklinik Heidelberg berufen wurde, war dieser Kooperation mit Sicherheit auch förderlich.

Das Projekt der empirischen Fundierung der analytischen Kinder- und Jugendlichenpsychotherapie und der Etablierung des AKJP-Heidelberg als „wissenschaftsaffines" Ausbildungsinstitut stand somit auf zuverlässigen Beinen. Dass dieses existenziell wichtige Organisations- und Identitätssegment auch nach dem Weggang H. M. s weiterbestand bzw. sich noch erkennbar weiterentwickelte, lag vor allem auch an A. A., die den wissenschaftlichen Forschungen große Bedeutung beimaß und sich in diesem Bereich entsprechend engagierte.

Als symptomatisch ist der Umstand zu betrachten, dass einige Personen, die diesen renommierten Bereich der wissenschaftlichen Fundierung der psychotherapeutischen Arbeit am AKJP-Institut Heidelberg besonders forcierten, zugleich als jene Personen hervortreten, die Versuche zur Aufdeckung der sexualisierten Grenzverletzungen H. M. s mehr oder weniger aktiv blockierten. Dadurch werden zwei Dinge deutlich: Erstens, dass die wissenschaftliche Kooperation jenen funktionalen Pragmatismus des Instituts repräsentierte, der sich seinem Wesen nach nicht mit einer vertieften Auseinandersetzung mit den Vorwürfen gegen den Institutsleiter vereinbaren ließ. Und zweitens, dass dieser vordergründige Pragmatismus zugleich auch persönliche und emotionale Verstrickungen beinhaltete, die gemeinsam mit den Vorwürfen gegen H. M. abgewehrt werden mussten: Die sexuelle Beziehung zwischen H. M. und A. A. Die private Verwicklung A. A. s mit der jungen Frau von H. M. Die spätere Liebesbeziehung zwischen J. S. und A. A. Die Männerfreundschaft zwischen J. S. und H. M. All dies spielt sich hinter der Fassade der strengen, objektiven, standardisierten Wissenschaftlichkeit und der nüchtern begründeten Fundierung der analytischen Kinder- und Jugendpsychotherapie ab. All dies scheint dazu beizutragen, dass der Blick der Protagonisten auf die realen Vorwürfe gegen H. M. verstellt ist. Es drohte jederzeit und nachhaltig der Zusammenbruch der auf exklusivem Herrschaftswissen beruhenden fachlichen und persönlichen Autorität. Hier zeigt sich besonders deutlich, wie grundlegend die Aufrechterhaltung der Funktionalität der Institution mit der Funktionalität des Subjekts verstrickt ist.

Die Ambition, die Wirksamkeit des psychoanalytischen Verfahrens unter Zuhilfenahme einer inferenzstatistisch orientierten Evaluationsmethodik nachzuweisen, setzt auch ein gewisses Grundverständnis von Psychoanalyse voraus. Die Gruppe um J. S., H. M. und A. A. ging davon aus, dass sich das, was in der psychoanalytischen Psychotherapie vor sich geht, mithilfe von Parametern abbilden lässt, die in Form von Veränderungsmessungen einen Nachweis von Wirksamkeit, von Effizienz ermöglichen würden. Eine solche Herangehensweise ist wissenschaftstheoretisch begründbar und bildet die Grundlage für einen Großteil der deutschsprachigen Psychotherapieforschung, aber sie geht auch von Prämissen aus, die durchaus anforderungsreich und nicht vollkommen unumstritten sind. Sie bezieht sich auf manualisierbare Störungsbilder im Rahmen eines medizinischen Krankheits- und Gesundheitsverständnisses, deren Symptome durch Therapie gemildert oder geheilt werden sollen. Diese hier nur andeutungsweise skizzierte Wissenschaftslogik hat eine hohe Überzeugungskraft: Sie ist vernünftig und pragmatisch und gehorcht vordringlich einem Kosten-Nutzen-Paradigma. Sie setzt aber auch ein bestimmtes Verständnis von Psychoanalyse voraus. Sie geht also von einer Psychoanalyse aus, die im Rahmen statistisch ermittelbarer Unterschiedsmaße und Effektgrößen operationalisierbar ist.

Dies passt zu den Informationen, die wir über die fachliche Ausrichtung des AKJP-Heidelberg in der Ära H. M. – und auch danach noch – erhalten haben:

„Diese Methode aber schon, weil die sehr antianalytisch, wie ich das sehe, pragmatisch, zielgerichtet war, in Richtung soziale Anpassung, diese ganze Gruppe."

Die meisten unserer Interviewpartner*innen äußern sich im Großen und Ganzen zufrieden mit dem, was sie am AKJP-Institut Heidelberg gelernt haben. Offenbar hatte man es dort nicht mit einem dogmatischen, orthodoxen Verständnis von Psychoanalyse zu tun, sondern mit einer inhaltlichen Grundausrichtung, die sich als eklektizistisch beschreiben lässt. Innerhalb des Dozent*innenkreises waren unterschiedliche analytische Schulen und Haltungen vertreten, sodass man ein breites Spektrum an therapeutischen Zugängen kennenlernen konnte. Dennoch war diese fachliche „Beliebigkeit" vor allem bei denen nicht unumstritten, die ein freudianisch fundiertes Grundverständnis von Psychoanalyse im Sinne eines „common ground" vertraten. Aus der Perspektive der Erwachsenenpsychoanalyse wurde die am AKJP-Heidelberg gelehrte und praktizierte Therapie zuweilen auch belächelt, zumal sie lange Zeit noch in die Nähe der alten von Dührssen und Sänger vertretenen „Psychagogik" gerückt wurde. Der Argwohn, dass es sich bei der am AKJP-Heidelberg vorherrschenden therapeutischen Ausrichtung um keine „richtige" Psychoanalyse handele, wurde noch durch verschiedene Positionierungen des Institutsleiters verstärkt. Er propagierte mit der sogenannten analogen Ebene eine „nüchterne", pragmatische Form der Kinder- und Jugendlichenpsychotherapie. Zwei diesbezügliche Aspekte können im vorliegenden Zusammenhang als symptomatisch bezeichnet werden: Erstens die ungewöhnliche und provokante fachliche Positionierung H. M. s, die darin bestand, die Existenz des Ödipuskomplexes und somit kindliches libidinöses Begehren überhaupt in Zweifel zu ziehen. Dies wird von einer/einem Interviewpartner*in folgendermaßen kommentiert: „Also die Vorstellung von ihm, es gibt diese Tendenzen gar nicht, widersprach ja völlig, dass er diese Tendenzen völlig ausagiert hat und ausgelebt hat."

Und zweitens der therapeutische Verzicht darauf, die symbolischen Inszenierungen im kindlichen Spiel in die Ebene der sprachlichen Repräsentation zu transformieren. Eine Interviewpartner*in sieht hier einen Zusammenhang zum nicht zufälligen Modus des auferlegten Schweigens, der für sexuellen Missbrauch typisch ist: „Und ich denke im Nachhinein hat er – passt das ja zu ihm, natürlich sollen Dinge nicht zur Sprache kommen, die dringend zur Sprache gebracht werden müssten."

In eine ähnliche Richtung weist eine Bemerkung von Burka et al. (2019) zur Bedeutung von Sprache gerade im Zusammenhang mit der Bewältigung schwerwiegender institutioneller Krisen: „Under the best circumstances, at the symbolic level, words and symbols themselves are able to function as ‚containing objects'. But when symbolic thinking is constricted, language can be confused or corrupted" (S. 265).

Auf einer metaphorischen Ebene zeichnet sich hier wieder jenes Grundmuster ab, das im Zentrum der vorliegenden Erörterungen steht: Funktionaler Pragmatismus auf der einen Seite, Abwehr sprachlicher Thematisierungen auf der einen Seite. Mit der Leugnung des ödipalen Konfliktes ist das Begehren aus der Welt des Kindes verbannt. Es scheint, als wäre das libidinöse Begehren des Kindes das Phantasma unbelehrbarer Psychoanalytiker*innen, aber in der nüchternen, pragmatischen, symptomorientierten Therapiewelt von H. M., J. S. und A. A. haben

7.2 Das AKJP-Institut Heidelberg als wirtschaftlich, wissenschaftlich ...

solche empirisch schwer fassbaren Phänomene keinen nützlichen Platz. In dieser konkretistischen und von Phantasmen befreiten Welt vergreift sich der Arzt ganz real an den Penissen kleiner Jungen. Diese Welt begnügt sich auch mit dem spielerischen Agieren auf der analogen Ebene; in dieser Welt tritt der Spaßmacher H. M. auf Institutsfesten auf, als kindesgleicher Schalk und verzaubernder Schauspieler. Diese Welt ist offensichtlich durchaus nicht nur „nüchtern"; vielmehr vereint ihr Pragmatismus auch das Spielerische, Närrische und Perverse in sich. Was ihr aber gänzlich fehlt, ist das reflexiv-analytische Durchdringen realer Geschehnisse und ihrer symbolischen Repräsentationen auf einer sprachlichen Ebene. Daher erscheint die Thematisierung der von H. M. verübten sexualisierten Grenzüberschreitungen als der bedrohlichste Angriff auf diese Welt, in der das spielerische Agieren in der Kinderpsychotherapie so sehr auf eine inferenzstatistisch begründete wissenschaftliche Legitimation angewiesen ist. Die Produktion „objektiver Daten" hatte mithin nicht nur die Funktion, dass sich das AKJP-Heidelberg wissenschaftlich und wirtschaftlich dauerhaft etablieren konnte, sondern sie diente auch als „Absegnung" eines bestimmten Verständnisses von psychoanalytischer Arbeit mit Kindern und Jugendlichen, die durchaus nicht widerspruchsfrei wahrgenommen wurde. An dieser Stelle sei nochmals daran erinnert, dass dieses aufwendige und anspruchsvolle wissenschaftliche Alibi unter anderem von jenen Personen produziert und propagiert wurde, die die Bemühungen um Aufklärung der sexualisierten Grenzverletzungen H. M. s am aktivsten blockierten. Aus der Sicht einer/eines Vertreter*in des IPP-Heidelberg-Mannheim ist dieser Zusammenhang nicht zufällig:

> *„Das ist diese Schule. Die denkt doch nicht an Aufarbeitung. Die denkt pragmatisch weiter. Wir müssen in die Zukunft schauen, unser Ziel erreichen. Ganz simpel."*

Die Dialektik zwischen der funktionalen Aufrechterhaltung der Existenz des AKJP-Instituts Heidelberg einerseits und der Gefährdung seiner Existenz durch die Thematisierung der vom Institutsleiter H. M. verübten sexualisierten Gewalt andererseits wurde schließlich durch das Gerichtsverfahren gegen H. M. und das Erscheinen des Artikels in der „ZEIT" (Aisslinger & Lebert, 2018) in prägnanter Weise erneut manifest. Die spannungsreichen Auseinandersetzungen im Zusammenhang und im Gefolge mit diesen beiden Ereignissen verwiesen auf den überdauernden Charakter dieser Dialektik, die auch in die Beauftragung zur wissenschaftlichen Aufarbeitung der sexualisierten Gewalt erkennbar mit einfloss.

Tatsächlich wurde 25 Jahre nach dem Rücktritt H. M. s erneut die Existenzfrage an das Institut gestellt, als die Thematisierung der Vorgänge von damals in einer breiten Öffentlichkeit zur Disposition stand[3]. Eine Person aus dem Umfeld des Instituts bringt entsprechende Sorgen prägnant zum Ausdruck: „Also meine schlimmste Befürchtung wäre, das Institut ist erledigt, auch finanziell und vom Namen her."

In symptomatischer Weise verhärteten sich geradezu „zwangsläufig" die Fronten zwischen funktionalem Pragmatismus und beharrlicher Skandalisierung. Die zentralen Argumentationsfiguren derjenigen, die mit Blick auf einen ungestörten, zuverlässigen „Betriebsablauf" pragmatische Positionen vertraten, waren vor allem Folgende: „Wir haben genügend Aufgaben, die unsere Aufmerksamkeit und Energie erfordern. Warum sollen wir uns mit alten, längst vergangenen Geschichten aufhalten?", „Die öffentliche Auseinandersetzung mit der vom früheren Institutsleiter verübten und vom Institut nicht hinreichend unterbundenen sexualisierten Gewalt schädigt den Ruf des Instituts.", „Eine groß angelegte wissenschaftliche Untersuchung kostet viel Geld und gefährdet daher die finanzielle Stabilität des Instituts." Es ist auf den ersten Blick erkennbar, dass diese Argumente eine auf Vernunft basierende Überzeugungskraft besitzen. Sie zu widerlegen, macht einen hohen argumentativen Aufwand notwendig und setzt diejenigen, die auf einer öffentlich sichtbaren Aufarbeitung des Falles beharren, dem Verdacht aus, die Existenz des Instituts unkalkulierbaren Risiken auszusetzen. Diese Dialektik aktualisierte sich auch noch während des Forschungsprozesse vor allem in jener Phase, als es um die Vorbereitung öffentlicher Aufrufe in den Medien ging – mit dem Ziel, Betroffene zu finden, die in der Vergangenheit sexualisierte Gewalt durch H. M. erlitten haben. Rufschädigung und Existenzgefährdung des Instituts traten als fundamentale Bedrohungsszenarien in den Vordergrund und mussten abgewogen werden gegen die Ansprüche einer Aufarbeitung, die auch auf die Stimmen Betroffener angewiesen ist.

Zwei Erkenntnisse erscheinen uns am Ende dieser Ausführungen zentral: Solange Versuche der (öffentlichen) Thematisierung der Verbrechen H. M. s am AKJP-Institut Heidelberg zu einer Reaktanz führen, die auf die Aufrechterhaltung

---

[3] Vgl. hierzu ähnliche Befürchtungen bei Burka et al. (2019) im Zusammenhang mit der Veröffentlichung eines Artikels über die Aufarbeitung schwerwiegender ethischer Verfehlungen an ihrem eigenen Institut: „We recognize that anxiety is an inescapable factor in any discussion or presentation that spotlights ethical violations, so this article may generate anxieties" (S. 261). Und noch deutlicher: „In order to engage in writing the article, we had to examine our fears that we too could be participating in wrongdoing by breaking the code of silence. The question of publication inevitably exposes the tension between containment and transparency. Attempts to contain can be experienced as keeping secrets and colluding against transparency. Attempts at transparency can be seen as over-exposure and violations of confidentiality" (S. 262).

der Existenz des Instituts, auf seinen guten Ruf, sein wissenschaftliches Renommee und funktionierende „Betriebsabläufe" rekurriert, scheint eine Dynamik zu bestehen, die die Aufarbeitung notwendig macht. Und: Es bedarf zumindest einer eingehenden Reflexion darüber, dass sich der funktionale Pragmatismus, so legitim er erscheinen mochte, über lange Zeit als ziemlich schlechter Ratgeber im Umgang mit der „Causa H. M." erwiesen hat. Das wirtschaftliche und reputationsbezogene Existenz-Argument ist für eine Organisation „natürlich" zentral. Aber seine Verführungskraft liegt in der Abwehr problematischer Entwicklungen und Dynamiken, die eine solche Organisation unter ihrem vordergründig funktionierenden Dach ermöglicht und zulässt (vgl. hierzu auch das „Negativ-Beispiel" Odenwaldschule, die im Gefolge der Aufdeckung der dort verübten systematischen sexualisierten Gewalt letztlich Insolvenz anmelden musste und zu existieren aufhörte (Keupp et al., 2019).

7.3 Berufliche Identität/Organisationsidentität

Die im vorigen Abschnitt beschriebenen Institutionsdynamiken finden relevante Entsprechungen auf der Subjektebene. Im Folgenden wird dargestellt, dass Fragen der existenziellen und wirtschaftlichen Absicherung sowie der beruflichen Reputation und Identität einen wichtigen Beitrag zu der Frage liefern, warum im Umfeld des AKJP-Instituts Heidelberg und am Institut selbst lange Zeit keine systematischen und nachhaltigen Versuche zur Aufdeckung und Beendigung der sexualisierten Grenzverletzungen des Institutsleiters initiiert wurden. Entsprechende Wirkdynamiken sind auf drei Ebenen nachweisbar, nämlich auf jener der Ausbildungskandidat*innen, der Mitarbeiter*innen und der Verantwortungsträger*innen am Institut.

In Bezug auf Ausbildungskandidat*innen ist zunächst darauf hinzuweisen, dass das Erlernen des Berufs der/des Psychotherapeut*in sowohl mit einer außerordentlich hohen zeitlichen Beanspruchung als auch mit einem erheblichen finanziellen Aufwand verbunden war und ist. Wer sich zu einem solchen Schritt entscheidet, nimmt signifikante Veränderungen in Bezug auf die eigene Lebensführung für viele Jahre in Kauf. Der Alltag wird um Seminare, Behandlungsfälle, Supervisionen, Intervisionen, Lehranalysen gruppiert, wobei es nicht nur um das Erlernen beruflicher Skills geht, sondern gerade in der psychoanalytischen Ausbildung um eine tief greifende, intensive, lang andauernde Auseinandersetzung mit der eigenen Person. Wer sich für eine solche Ausbildung entscheidet, trifft eine Lebensentscheidung. Unseren Interviews zufolge bestehen die entsprechenden Motivationen im Wunsch nach beruflichen Veränderungen, persönlicher

Weiterentwicklung und letztlich auch in einer stabilen finanziellen und existenziellen Absicherung. Viele der von uns Befragten haben als Lehrer*innen oder Sozialpädagog*innen keine dauerhaft befriedigenden Berufsperspektiven für sich gesehen und betrachteten daher die Möglichkeit, sich zur/zum Psychotherapeut*innen zu qualifizieren, als attraktive Lebensperspektive. In einigen Fällen wurde die Gründung einer Familie als Anlass gesehen, die eigene Existenzsicherung mithilfe einer Psychotherapieausbildung auf lange Sicht zu gewährleisten. Die Aussicht, irgendwann nicht mehr einfach nur als Lehrerin, Sozialpädagoge oder Psychologin angestellt zu sein, sondern über eine eigene Niederlassung als Kinder- und Jugendlichen-Psychotherapeut*in zu verfügen, war nicht nur mit finanziellen Anreizen assoziiert, sondern auch mit einer signifikant erhöhten persönlichen Reputation. Die Ausbildung am AKJP-Institut Heidelberg war daher für die überwiegende Anzahl der Kandidat*innen ein zentrales Identitätsprojekt, das es erforderlich machte, über viele Jahre „in der Spur" zu bleiben, d. h. den vielfältigen und die eigene Person stark affizierenden Ausbildungsanforderungen zu genügen.

Angesichts dieser Erläuterung zeichnet sich ab, wie notwendig und nützlich die Aneignung eines funktionalen Pragmatismus auch auf der individuellen Ebene der an ihrer Berufslaufbahn arbeiteten Ausbildungskandidat*innen war. Der hohe zeitliche und finanzielle Aufwand musste sich schließlich „auszahlen". Zudem ist noch etwas Anderes wichtig. Die enge Verknüpfung zwischen beruflicher Qualifikation und persönlicher Involviertheit, wie sie für eine psychoanalytische Ausbildung kennzeichnend ist, lässt Fragen der Identitätsarbeit nicht nur im Zusammenhang mit der formalen Erfüllung von Ausbildungsanforderungen und der strukturell abgesicherten Erreichung von Berufszielen in Form einer Niederlassung aufscheinen. Identitätsaspekte konfigurieren sich auch aus der Zugehörigkeit zu bestimmten therapeutischen Schulen oder Strömungen, zu Fachverbänden und nicht zuletzt auch zu einem bestimmten Institut, in dem die eigene berufliche und psychotherapeutische Sozialisation wesentlich geformt wurde. Berufliche Identitäten sind ebenso wichtig wie brüchig. Sie spielen eine bedeutsame Rolle bei der Vergewisserung in Bezug auf das eigene Selbst und das eigene Handeln. Vor diesem Hintergrund erscheint es nicht weiter erklärungsbedürftig, dass die Beschädigung des Rufes des Instituts, an dem man ausgebildet wurde, recht zwangsläufig mit einer Beschädigung des Rufes der eigenen beruflichen Person assoziiert ist (Slochower, 2017). Alle Ausbildungskandidat*innen und alle späteren Psychotherapeut*innen haben daher ein fundamentales Interesse daran, an einem „guten" Institut ausgebildet worden zu sein, das in Fachkreisen ein hohes Ansehen genießt und das vor allem auch die Grundlage dafür legt, dass man ein Vertrauen in die Qualität der eigenen psychotherapeutischen

7.3 Berufliche Identität/Organisationsidentität

Tätigkeit entwickelt (Burka, 2008; Wallace, 2007). An diesem Punkt wird eine wichtige Funktion der Abwehr von Hinweisen auf die Verbrechen des Institutsleiters erkennbar: Der mögliche Skandal am Institut kann zum Erliegen der Lehre und zu einer Unterbrechung bzw. sogar zum Abbruch der Ausbildung führen. Aber das Problem bleibt auch in der retrospektiven Betrachtung virulent: Am „H. M."-Institut ausgebildet worden zu sein heißt, dass die eigene berufliche Sozialisation in einem Milieu erfolgte, das von den sexualisierten Grenzverletzungen des Leiters und von der mehr oder weniger stillen Komplizenschaft seines kollegialen Umfelds geprägt war. In unseren Interviews begegnen uns – von einigen wenigen prägnanten Ausnahmen abgesehen – diesbezügliche Abwehrtendenzen: An der Qualität der Ausbildung sei nichts auszusetzen gewesen. Ungeachtet der Verfehlungen des Institutsleiters konnte man sich zur/zum fähige/n Kinder- und Jugendlichen-Psychotherapeut*in qualifizieren. Man habe ohnehin nicht viel Kontakt zum Institutsleiter gehabt; es gab eine Reihe sehr versierter Dozent*innen, bei denen man viel lernen konnte. Hervorgehoben wird an vielen Stellen die besondere fachliche Arbeit von A. A., von der viele Ausbildungskandidat*innen profitierten. Auch die fachliche Reputation von H. M. selbst wird von Zeitgenoss*innen teilweise positiv bewertet. Er sei „ein guter Diagnostiker" gewesen, habe unkonventionelle Behandlungsideen gehabt usw. Es hat den Anschein, dass die eigene berufliche Identität als weitgehend unbehelligt von diesem mit sexualisierten Grenzverletzungen und Machtmissbrauch kontaminierten Ausbildungsmilieu erlebt wurde und wird. Nur vereinzelt stellen sich ehemalige Ausbildungskandidat*innen grundsätzliche Fragen in Bezug auf die eigene berufliche Identität, da man entweder ohnehin schon immer Vorbehalte gegen die fachliche Ausrichtung des Instituts hatte oder mit Schrecken vor den Abgründen steht, die sich nach und nach in Bezug auf das AKJP-Institut Heidelberg auftun.

Die bewusste und aktive Konfrontation mit den sexualisierten Grenzverletzungen des Institutsleiters barg und birgt für die damaligen Ausbildungskandidat*innen erhebliche Risiken: Faktische Gefährdung des kostspieligen, anforderungsreichen und aufwendigen Ausbildungsweges und: Infragestellung der eigenen professionellen Identität als niedergelassene Kinder- und Jugendlichen-Psychotherapeut*innen, denn die Demaskierung des „H. M."-Instituts als Missbrauchssystem wäre mit einer Reinterpretation des eigenen beruflichen Narrativs verbunden, die mit einer kritischen Perspektive auf das eigene Handeln und auf die eigene Person als Psychotherapeut*in verbunden wäre. Burka et al. (2019) sprechen in diesem Zusammenhang von einem „moralischen Wir", von dem ein psychoanalytisches Institut latent zusammengehalten wird und das durch ethische (z. B. sexuelle) Verfehlungen einer maßgeblichen Person grundlegend infrage gestellt wird. Das kollektive Unbewusste einer Ausbildungs- und Kolleg*innengruppe wird durch die Anerkennung der Tatsache zutiefst irritiert, dass die ethischen Grundsätze der psychotherapeutischen Arbeit in ihr Gegenteil verkehrt wurden. Dieser Erschütterung kann sich niemand, der dem Psychotherapieinstitut zugehörig ist, entziehen, denn „this is a version of me as a member in this group" (S. 263). Da das individuelle Unbewusste mit dem kollektiven Unbewussten der Gruppe verstrickt ist, drängen sich individuelle Identitätsfragen unerbittlich auf, wenn das Gruppengefüge durch sexuelle Grenzüberschreitungen eines maßgeblichen Mitglieds erschüttert wird.

Angesichts dieser Ausführungen erscheint es umso bemerkenswerter, dass sich im Jahre 1993, als die ersten Vorwürfe gegen H. M. laut wurden, eine kleine Gruppe von Ausbildungskandidat*innen formierte, die sich aktiv für eine Offenlegung der sexuellen Grenzverletzungen und für einen sofortigen Rücktritt H. M. s einsetzten. Diese Personen machten sich in anderer Weise Sorgen um „ihr" Institut als alle anderen Beteiligten. Sie sahen die Gefahr der Isolierung oder der Auflösung des Instituts für den Fall, dass man sich nicht sofort und kompromisslos seines missbrauchenden Leiters entledigte. Sie übten Selbstkritik in Bezug auf ihr Versäumnis, die Hinweise auf sexualisierte Grenzverletzungen nicht sorgfältig genug wahrgenommen und keine Schritte in Richtung ihrer Unterbindung unternommen zu haben. Dies brachten sie als Mitunterzeichner*innen eines entsprechenden Schreibens der Regionalgruppe des VAKJPs zum Ausdruck. Diese Personen werfen auch im Forschungsinterview noch Jahrzehnte später Fragen der Beschädigung ihrer eigenen beruflichen Identität durch die Vorgänge am AKJP-Heidelberg auf. Trotz der damit verbundenen Risiken verließen sie damals den Weg des funktionalen Pragmatismus und begaben sich innerhalb des Instituts in eine heftige Konfliktdynamik. Sie wurden mit ihrer Haltung innerhalb des AKJP-Heidelberg weitgehend isoliert und erhielten auch vonseiten des Erwachseneninstituts keinerlei Unterstützung. Sie hatten mit wirkmächtigen Strömungen zu kämpfen, die auf das pragmatische Bewahren bedrohter Identitäten ausgerichtet waren (vgl. Burka et al., 2019).

Was weiter oben nämlich im Zusammenhang mit den meisten Ausbildungskandidat*innen beschrieben wurde, dürfte in noch stärkerem Ausmaß für ehemalige Mitarbeiter*innen und Führungskräfte Gültigkeit besitzen. Dies gilt in mehrfacher Hinsicht, aber es geht hier auch um eine schwerwiegende identitätsbezogene Dimension. Die Beantwortung der Frage, ob man in einer Institution, deren Leiter sowohl Kinder und Jugendliche als auch junge Patientinnen, Ausbildungskandidatinnen und Kolleginnen sexuell ausbeutete, eine qualitativ hochwertige psychotherapeutische Arbeit machen konnte, lässt sich nicht von vornherein widerspruchsfrei beantworten. Der Hinweis, wonach man

7.3 Berufliche Identität/Organisationsidentität

mit dem Institut und seinem Leiter „gar nicht so viel zu tun hatte", ist vor diesem Hintergrund symptomatisch. Die Absicherung der eigenen beruflichen Identität geschieht über das, was man nicht gemacht und nicht erlebt hat. Der Verbindung mit dem AKJP-Heidelberg und mit seinem einst als fachliche Autorität anerkannten Leiter wird in der Wahrnehmung der eigenen beruflichen Sozialisation eine marginale Position zugewiesen. Zu unterscheiden sind in diesem Zusammenhang zumindest zwei zeitliche Phasen und unterschiedliche Grade der Involviertheit in das AKJP-Heidelberg-System.

Die erste Phase, die sich auf die Jahre 1975 bis 1993 erstreckt und in der H. M. offenbar relativ unbehelligt sexualisierte Grenzverletzungen gegen unterschiedliche Personengruppen begehen konnte, erscheint für Mitarbeiter*innen und Verantwortungsträger*innen in der Rückschau identitätsmäßig unbedenklich. Dies vor allem unter Zuhilfenahme der Diskursfigur, dass man nichts von den Taten des Institutsleiters wusste. Die zweite Phase ist komplizierter, da die von außen an das Institut herangetragenen Hinweise auf diese Grenzverletzungen eine Positionierung erforderlich machen. An diesem Punkt wird erkennbar, wie stark bei jenen Personen, die sich mit dem AKJP-Institut Heidelberg verbunden fühlen, der Modus des funktionalen Pragmatismus zum Tragen kommt: Die Hinweise werden abgewiegelt, denn es geht um viel: Sicherung des eigenen Arbeitsplatzes, der eigenen beruflichen Position, Sicherung der eigenen Reputation und somit: Verteidigung der eigenen beruflichen Identität. Diese grundlegenden Prozesse verhinderten so lange eine tatsächliche und nachhaltige „Neu-Erfindung" des Instituts, als Vertreter*innen des „alten Systems" weiterhin entscheidende Positionen ausfüllten. Eines ihrer stärksten Handlungsmotive bestand darin, ihre eigene, über viele Jahre mit viel Aufwand und Engagement geschaffene berufliche und persönliche Identität um jeden Preis zu verteidigen. Besonders nachhaltig wirkte dabei die Tatsache der wechselseitigen Einflussnahmen: Nicht nur wurde die berufliche Identität dieser Personen vom AKJP-Institut Heidelberg entscheidend geprägt, sondern sie selbst beeinflussten auch im weiteren Verlauf die Organisationsidentität des AKJP-Heidelberg in federführenden Funktionen. Einige dieser Personen waren tatsächlich mit dem Institut identifiziert und prägten weiterhin die fachliche Ausrichtung, die Strukturen, den zwischenmenschlichen Umgang und die Atmosphäre des Instituts, die sich für neue Ausbildungskandidat*innen auch schon mal so darstellen konnte:

> *„Kleinkariert. Vielleicht durch narzisstische Bedürfnisse, Grenzen, kleinkariert, kleingehackt, durch – ja, vielleicht durch diese ganzen Denkverbote, Sprechverbote, Verletzlichkeiten, Borniertheiten, so ein Klima hat mich angeweht."*

Es ist wichtig zu verstehen, dass ein Teil dieser Identität darin bestand, die Vorwürfe gegen H. M. „nicht zu groß werden zu lassen", weil eine umfassende Aufdeckung und Aufarbeitung das eigene biografische Gesamtprojekt und die Funktionalität des mit diesem Projekt eng verknüpften Instituts massiv infrage gestellt hätten. Umso wichtiger war es in dieser Phase, dass weiterhin „gute Arbeit" geleistet wurde und der „Betrieb" möglichst ungestört am Laufen gehalten wurde.

In diesem Zusammenhang ist auch die Beobachtung wichtig, dass sich viele ehemalige Ausbildungskandidat*innen von „diesem Institut" abwendeten, weil sie mit einem bestimmten Typus von Organisationsidentität, der von den alt eingesessenen Mitarbeiter*innen und Verantwortungsträger*innen entscheidend geprägt war, nichts mehr zu tun haben wollten. Einige beendeten ihre Mitgliedschaft im Trägerverein, anderer ließen diese ruhen und nahmen davon Abstand, sich weiterhin für Vereinsbelange zu engagieren. All dies schließt nicht aus, dass es ab Mitte der 1990er Jahre Mitarbeiter*innen am Institut gab, die nicht mit dem alten „H. M.-Institut" identifiziert waren, sondern über fachliche und persönliche Anknüpfungspunkte und Netzwerke jenseits des Komplexes aus AKJP-Heidelberg, Universitätsklinikum und Kinder- und Jugendpsychiatrie verfügten. Für diese Personen stellte es keine unmittelbare Bedrohung ihrer beruflichen Identität dar, die Missstände im Zusammenhang mit der „Causa H. M." zu benennen, da ihre fachliche und persönliche Selbstvergewisserung nicht so stark auf ein unbeschädigtes Bild des AKJP-Heidelberg angewiesen war.

Dies galt auch für jene Personen, die über eine hohe Reputation in der Heidelberger Psychotherapieszene verfügten und die aus verschiedenen Gründen (z. B. aufgrund persönlicher Beziehungen zu H. M. oder aufgrund ihres Interesses an der Therapie von Kindern und Jugendlichen) mit dem AKJP-Heidelberg verbunden waren. Es handelte sich um die ärztlichen Kollegen M. P., J. S. und M. K., die hohe Positionen in Kliniken oder am Erwachseneninstitut ausfüllten und zugleich als Mitglieder des Vorstandes oder des wissenschaftlichen Beirats des AKJP-Heidelberg fungierten. Zudem übten sie teilweise Dozententätigkeiten am Kinderinstitut aus. Ihre Rolle ist interessant, weil ihre berufliche Identität bei weitem nicht so stark mit dem AKJP-Institut Heidelberg verknüpft war wie dies bei solchen Mitarbeiter*innen und Vorstandsmitgliedern der Fall war, die ausschließlich als Kinder- und Jugendlichen-Psychotherapeut*innen arbeiteten und auch institutionell primär an das AKJP-Heidelberg gebunden waren. Die ärztlichen Kollegen, von denen hier die Rede ist, hatten hingegen wesentlich gewichtigere berufliche, finanzielle, fachliche und netzwerkbezogene Standbeine außerhalb des AKJP-Instituts Heidelberg. Ihre hohe Reputation nährte sich von ihrer Arbeit im Klinikbereich und im Bereich der Erwachsenenpsychotherapie.

7.3 Berufliche Identität/Organisationsidentität

Es kann daher zunächst festgestellt werden, dass weder bei M. P. noch bei J. S. das „Identitätsargument" eine hinreichende Erklärungskraft für ihre Weigerung hat, sich um eine konsequente Aufklärung der Vorwürfe gegen H. M. zu bemühen. Sie hätten sich auf die Position zurückziehen können, dass sie mit dem Institut ohnehin nicht allzu viel zu tun hatten und dass ihnen kein „Zacken aus der Krone" ihres hohen fachlichen Ansehens fallen würde, wenn sie sich klar von H. M. distanziert und eine deutliche Position in Bezug auf seine Taten eingenommen hätten. Das Gegenteil aber war der Fall: Sowohl M. P. als auch J. S. und M. K. engagierten sich weiterhin für das AKJP-Institut Heidelberg, nämlich durch die Übernahme der Funktion des kommissarischen Institutsleiters, durch die Besetzung einer Vorstandsposition und durch die dauerhafte Weiterführung einer Forschungskooperation. Auf diese Weise unterstützten sie in fundamentaler Weise jene Kräfte am Institut, die ihre Existenz sowie ihre fachliche und persönliche Identität untrennbar mit einem als makellos konstruierten AKJP-Heidelberg verbunden hatten. Diese hoch angesehenen ärztlichen Kollegen fungierten kraft ihrer Autorität als elementar wichtige Schutzschilder für die alten Kräfte am Institut, deren Identität zu einem nicht geringen Teil auf die Vertuschung der Taten H. M. s angewiesen war. Symptomatisch ist in diesem Zusammenhang die Rolle von M. P., der die Leitung eines Instituts übernahm, über das er sich nicht selten ziemlich despektierlich geäußert hatte. Die am AKJP-Heidelberg praktizierte Psychotherapie und die für die Durchführung der Therapien verantwortlichen Psychotherapeut*innen nahm er als psychoanalytischer Medizinprofessor schlichtweg nicht ernst. Die Leitung eines Instituts zu übernehmen, für dessen Arbeitsweise und Personal er vor allem Verachtung übrighatte, stellt eine durchaus erklärungsbedürftige Initiative dar. Zumindest wird hier deutlich, dass es bei den prominenten Herren nicht um Identitätsfragen ging, als sie sich schützend vor H. M. stellten. Aber sie flankierten die Identitäten der etablierten AKJP-Heidelberg-Mitarbeiter*innen, die sich von den Vorwürfen gegen H. M. so massiv bedroht sahen. Vordergründig betrachtet leisteten alle drei hier genannten Männer bedeutende Beiträge für die Aufrechterhaltung der Existenz des Instituts: Einer übernahm die kommissarische Leitung in einer Zeit der höchsten Krise (was frappant an die „Rettungstat" H. M. s im Jahre 1975 erinnert), ein anderer übernahm als Vorstand Verantwortung und leitete später die Aufarbeitungsgruppe und der Dritte etablierte eine dauerhafte Forschungskooperation und trug daher Wesentliches zum Ansehen und zur wirtschaftlichen Stabilität des Instituts bei. Es handelt sich mithin um prototypische Vertreter des funktionalen Pragmatismus, der die Existenz des Instituts und zudem auch die berufliche Identität der „alten Garde" am AKJP-Heidelberg absicherte. Wenn man sich auf diese Weise in einem Missbrauchssystem engagiert, nimmt man zugleich eine bestimmte Position gegenüber der innerhalb dieses Systems verübten sexualisierten Gewalt ein. Das heißt: Auch in diesen Fällen hätte sich ein Engagement für die Aufklärung der Taten nicht mit dem funktionalen Pragmatismus vertragen, der der Aufrechterhaltung des AKJP-Heidelberg-Systems diente. Zugunsten der drei hier genannten Personen kann man aber festhalten, dass sich zu der damaligen Zeit das Institut nicht als Missbrauchssystem identifizieren ließ. Das „Fehlverhalten" eines einzelnen, noch dazu nicht justiziabel belegbar, keine konkreten Beschuldigungen durch Eltern bzw. Bezugspersonen, keine bekannten Aussagen von betroffenen Lehranalysandinnen, Ausbildungskandidatinnen. Die sichtbaren Zeugnisse der sexuellen Ausbeutung – die Kinder mit der Patientin – schienen durch die Hochzeit „legalisiert". H. M. s Verhalten wurde insofern sanktioniert, als er sich gezwungen sah, seine Leitungsfunktion abzugeben. So gesehen werden Konturen eines Missbrauchssystems erst aus der zeitlichen und analytischen Distanz erkennbar.

Da die Identitäten von M. P., J. S. und M. K. nicht mit dem AKJP-Institut Heidelberg verbunden waren, haben wohl andere Gründe dazu beigetragen, dass sie sich nicht klar gegen H. M. und für eine Aufklärung seiner Taten positionierten. Es ist anzunehmen, dass diese Gründe zumindest bei M. P. und J. S. hauptsächlich persönlicher Natur waren. Sie hatten sich als angesehene Ärzte und Psychoanalytiker „gemein gemacht" mit einem Kollegen, dessen persönliche Defizite schon früh erkennbar und dessen professionsethisch hoch bedenklichen Fehltritte schon lange bekannt waren. Es ist schlichtweg peinlich, mit „so jemandem" nicht nur beruflich zusammenzuarbeiten, sondern auch noch persönlich befreundet zu sein. Es erfüllt eine die eigene Identität schützende Funktion, wenn ich das Ausmaß der Verkommenheit meines Freundes nicht zu groß werden lasse, da in all dem auch eine Information über meine eigene soziale und emotionale Urteilsfähigkeit steckt. Eine solche sollte doch bei psychotherapeutisch ausgebildeten Klinikleitern vorausgesetzt werden können. Dass für alle drei eine mangelnde Urteilsfähigkeit in Bezug auf die Dynamik sexualisierter Gewalt zu konstatieren ist, stellt einen zusätzlichen Erklärungsfaktor dar, der ebenfalls nicht widerspruchsfrei mit ihren beruflichen Kompetenzen vereinbar ist.

Aus identitätstheoretischer Sicht wird klar, warum das AKJP-Heidelberg in den Jahrzehnten nach der Bekanntmachung der Vorwürfe gegen H. M. in einem eigentümlich anmutenden Spannungsfeld zwischen Verdeckung einerseits und Aufdeckungsversuchen andererseits rotierte. Es gab hochrelevante und von mächtiger Seite unterstützte Kopplungen zwischen persönlicher, beruflicher Identität und Organisationsidentität. Auch wenn es 1994 zur Übernahme der Institutsleitung durch L. Z. kam, wurde das AKJP-Heidelberg weiterhin in entscheidender Weise von Kräften geprägt, die sich von den fachlichen Ausrichtungen, den

Strukturen und den Atmosphären des alten H. M.-Instituts nicht ausreichend distanzierten:

> „Also sagen wir mal so, da müsste man jetzt auch noch mal ein bisschen genauer kucken: Wer war damals im Vorstand? Und wer hatte (...) im Institut also das Sagen, sag ich mal. Ja? Oder was waren die Leitfiguren? Oder so. So könnte man vielleicht auch noch mal ein bisschen schauen. Ich glaube, das hat viel mit der A. A. zu tun, dass es keinen Impetus gab, der uns vielleicht auch befördert hätte: Mach da weiter. Ja? Oder das müssen wir aufdecken, oder so. Sondern es war natürlich auch immer wieder eine Bremse drin, ja? Das würde ich sagen."

Die von außen herangetragenen und teilweise inzwischen auch innerhalb des Instituts forcierten Aufklärungsinitiativen stellten für diese alten Kräfte weiterhin und immer wieder eine fundamentale Bedrohung ihrer beruflichen und auch persönlichen Identität dar. Daher nahmen die diesbezüglichen Auseinandersetzungen fast zwangsläufig die Form von „Existenz-Kämpfen" an, die mit einer entsprechend ausgeprägten Emotionalität verbunden waren.

7.4 Macht, Abhängigkeiten

In den bisherigen Ausführungen wurde dargestellt, in welcher Weise sowohl institutionelle als auch individuelle Eigeninteressen zur Verdeckung der von H. M. ausgeübten sexualisierten Gewalt am AKJP-Heidelberg beitrugen. Diese Eigeninteressen wurden als „vernünftig", legitim und pragmatisch beschrieben, weil sie primär auf eine gefestigte Reputation, auf wirtschaftliche Stabilität und auf eine anerkannte berufliche Identität abzielten.

Es war weiter oben – eher metaphorisch – die Rede von einer Art „machiavellistischer Staatsräson", mit der sich der Begründungszusammenhang dieser Eigeninteressen skizzieren lässt. Die Vorgänge um die „Causa H. M." können nicht hinreichend verstanden werden, wenn die Technik, die solchen Interessen zum Durchbruch verhalf, nicht einer genaueren Untersuchung unterzogen wird. Hier ist einleitend der überzeugende Befund zu referieren, dass die Organisation der Interessen innerhalb eines Rahmens erfolgte, der in entscheidender Weise von einer gravierenden Ungleichverteilung von Macht geprägt war. Symptomatisch ist dabei eine sofort ins Auge springende, geradezu absurde Machtfülle, über die H. M. während seiner gesamten Zeit als Leiter des AKJP-Instituts Heidelberg verfügte: „Also der war Vorstand, Vorsitzender, alles in einer Person, Lehranalytiker, der hat seine eigenen Leute da auf die Couch gelegt, völlig irre. Also das war eine Vermischung von Funktionen ohne Kontrolle."

Macht und ihr Reziprok Abhängigkeit fungieren als zentrale Erklärungsfiguren in der Analyse der Vorgänge um H. M. Macht ist Grundbedingung, Begleiterscheinung und Stabilisator aller Formen von sexualisierter Gewalt, die H. M. gegen unterschiedliche Personengruppen ausgeübt hat. Um der Heterogenität relevanter Machtaspekte gerecht zu werden, erfolgt an dieser Stelle eine stichpunktartige Auflistung entsprechender Konstellationen:

- Die „Initiation" H. M. s am AKJP-Heidelberg im Jahre 1975 war aufseiten aller Beteiligter mit einem vorauseilenden Gefühl der Dankbarkeit assoziiert. Man war bereit, ihm weitreichende Kompetenzen zu übertragen, damit er das in seiner Existenz gefährdete Institut in eine stabile Zukunft führen können würde.
- H. M. fungiert am AKJP-Heidelberg als Institutsleiter und Vorsitzender des Vereinsvorstandes in Personalunion. Er verwaltete zudem die Finanzen des Instituts. Dies ermöglichte ihm über lange Zeit ein weitgehend intransparentes Finanzgebaren, das erst gegen Ende seiner Tätigkeit zunehmend Fragen und Irritationen bei einzelnen Vereinsmitgliedern auslöste.
- Als Arzt war stand er sowohl in der informellen als auch formalen Berufshierarchie des AKJP-Heidelberg ganz oben. Er benutzte die „Prestigedifferenz" zwischen Ausbildungskandidat*innen, Mitarbeiter*innen und sich selbst, die darin bestand, dass Personen, die „nur" als Lehrer*innen, Sozialpädagog*innen oder Psycholog*innen ausgebildet waren zu ihm als Mediziner „aufschauten". Dieses berufsbezogene Ungleichverhältnisse wurde durch seine Position als Delegationsarzt noch zusätzlich und von Gesetzes wegen untermauert, da die Durchführung jeglicher Psychotherapie am Institut seine Genehmigung voraussetzte.
- H. M. verfügte über mächtige Freunde, die zum größeren Teil aus seiner beruflichen Sozialisation in Berlin und seiner Zugehörigkeit zur DPG resultierten. Er war unter anderem mit dem Leiter der Kinder- und Jugendpsychiatrie sowie mit dem späteren Leiter der psychosomatischen Universitätsklinik in Heidelberg eng befreundet. M. P., der Leiter der Kinder- und Jugendpsychiatrie, hatte seinen Freund H. M. nach Heidelberg geholt, damit dieser die Leitung des Kinderinstituts übernehmen würde. Seine Tätigkeit am Erwachseneninstitut IPP-Heidelberg-Mannheim verschaffte H. M. einen zusätzlichen Reputationsschub als Erwachsenentherapeut und Ausbilder von Erwachsenenpsychotherapeut*innen.
- Indem er seine durchwegs ärztlichen Freunde und Kollegen aus den Kliniken und dem Erwachseneninstitut ans AKJP-Heidelberg holte (wo sie verschiedene

7.4 Macht, Abhängigkeiten

Positionen besetzten und als Dozenten fungierten), zementierte H. M. seine ohnehin grenzenlos scheinende Macht am AKJP-Heidelberg.
- Im Rahmen der Ausbildung am AKJP-Heidelberg fungierte H. M. als Dozent, Supervisor, Zweitsichter und Prüfer. Ob er am AKJP-Heidelberg Lehranalysen durchführte, kann im Nachhinein nicht zweifelsfrei festgestellt werden. Unbestritten ist aber, dass aufgrund der von ihm ausgefüllten Funktionen alle Ausbildungskandidat*innen in einem zum Teil extrem ausgeprägten Abhängigkeitsverhältnis zu H. M. standen. Ähnliches kann über seine Rolle am Erwachseneninstitut IPP-Heidelberg-Mannheim gesagt werden, wo er zeitweise dem Auswahlausschuss und dem Prüfungsausschuss vorstand.
- Begutachtungs- und therapeutische Situationen mit Kindern waren von einem eklatanten Ungleichgewicht an Macht geprägt, das von keinerlei Kontrollmechanismen beschränkt war. Die sexuelle Ausbeutung der Kinder verübte H. M. in seinen Funktionen als Erwachsener, als Mann, als Arzt, als Institutsleiter, als Delegationsinstanz, als Wissenschaftler und fachliche Autorität.
- Was für die therapeutische Situation mit Kindern gilt, ist auch für die therapeutische Situation mit Jugendlichen geltend zu machen. Neben anderen Aspekten tritt hier vor allem auch die ihm zur Verfügung stehende Macht zur Beschämung seiner Patient*innen hervor.
- Bei der Verübung sexualisierter Gewalt gegenüber jungen erwachsenen Patientinnen griff H. M. ebenfalls auf die offenbar uneingeschränkte Macht zurück, die ihm das psychotherapeutische Setting verlieh. Auf diese Weise konnte er sich eines reichen Spektrums an Manipulationsmöglichkeiten bedienen, das den Weg zur sexuellen Ausbeutung ebnete.
- Für die sexuelle Ausbeutung von Supervisandinnen, Lehranalysandinnen und anderen Ausbildungskandidatinnen machte sich H. M. das a priori bestehende Abhängigkeitsverhältnis zunutze, dem die Frauen unterworfen waren. Dieses wird von einer/einem uns interviewten Expert*in folgendermaßen charakterisiert:
„Die [Ausbildungskandidat*innen in der Psychoanalyse, Anm. d. Verf.] sind ja sogar in doppelter Abhängigkeit, weil die auch ihre Ausbildung dann beenden wollen, die können sich ja gar nicht wehren. Außerdem müssen die sich öffnen."
- Mit A. A. setzte H. M. eine Person in eine führende Position am AKJP-Heidelberg, die in vielfältiger Weise in einer Abhängigkeitsbeziehung mit ihm verstrickt war. Sie hatte am AKJP-Heidelberg ihre Ausbildung gemacht und wurde als fähige Kinder- und Jugendlichenpsychotherapeutin, Organisatorin und Theoretikerin von H. M. protegiert und gefördert. A. A. s berufliche Identität war mithin besonders eng an das AKJP-Heidelberg gekoppelt. Sie

arbeitete zunächst als Dozentin und wurde später Vorstandsvorsitzende am AKJP-Heidelberg. Dass sie in eine sexuelle Beziehung mit H. M. verwickelt war, geht aus seinen Tagebüchern zweifelsfrei hervor. Nach H. M. s Rücktritt vertrat sie weiterhin seine Interessen am AKJP-Heidelberg.

- A. A. ist ein besonders prototypisches Beispiel für ein allgemeineres Muster der vom Institutsleiter erteilten Gewährung oder Verweigerung von emotionaler Zuwendung gegenüber Ausbildungskandidat*innen. H. M. hatte seine „Lieblinge", mit denen er sich umgab und die unter seinen Fittichen die Kultur und Atmosphäre am AKJP-Heidelberg entscheidend mitgestalteten.
- Die vom Institutsleiter gewährte emotionale Zuwendung war nicht selten mit konkreten Privilegien verbunden, die H. M. gegenüber einzelnen Ausbildungskandidat*innen vergab. Solche informellen Gefälligkeiten bildeten den Grundstein für ein über Jahre praktiziertes System an Loyalitäten und Abhängigkeiten, mit dem H. M. seine Position absicherte. Indem er es mit Aufnahmevoraussetzungen nicht so genau nahm, nicht geleistete Ausbildungsbestandteile großmütig anerkannte, sich für die Approbation von Ausbildungsabsolvent*innen einsetzte, die die entsprechenden Voraussetzungen eigentlich gar nicht erfüllten und sich bei längeren Unterbrechungen von Ausbildungsverläufen verständnisvoll zeigte, erwarb er nicht nur Dankbarkeit und Loyalität der solcherart Privilegierten, sondern schuf damit auch wirkmächtige Abhängigkeitsverhältnisse, d. h.: Er hatte es in der Hand, den Ausbildungskandidat*innen gravierende Probleme zu bereiten, wenn sich diese ihrerseits nicht loyal ihm gegenüber verhielten.
- Seine Beziehungen zu den jungen Patientinnen, mit denen er gemeinsame Kinder hatte, waren ebenfalls von einer gravierenden Ungleichverteilung von Macht und Abhängigkeit geprägt. Es besteht kein Zweifel daran, dass er seine Ehefrau E. M. in ein Missbrauchssystem verwickelte, das nicht nur von emotionaler, sondern insbesondere auch von einem eklatanten Ausmaß an ökonomischer Abhängigkeit aufrechterhalten wurde. Die gemeinsamen Kinder, das Fehlen einer beruflichen Perspektive, persistierende psychische Probleme und das Wohnen im Haus H. M. s stellten für E. M. kaum zu überwindende Hindernisse für eine Trennung von dem wohlhabenden Arzt und Psychotherapeuten dar, bei dem sie als junge Frau Hilfe wegen ihrer psychischen Belastungen gesucht hatte. Auch das Verhältnis zu R. R., der Mutter seines Sohnes, war geprägt von Abhängigkeiten. Möglicherweise ist es R. R. gelungen, der emotionalen Abhängigkeit zu entkommen. Hierzu liegen uns aber nur Tagebuchaussagen von H. M. vor. Über den gemeinsamen Sohn blieb allerdings eine lebenslange Verstrickung mit H. M. bestehen, die auch aus gemeinsamem Drogenkonsum und losen sexuellen Kontakten bestand.

- Nach seinem Rücktritt aus dem AKJP-Institut Heidelberg und seinem Austritt aus der DPG verfügte H. M. offensichtlich nach wie vor über funktionierende Netzwerke, die ihn vor dem Entzug seiner Gutachtertätigkeit und seiner Funktion als Fachberater für Psychotherapie bei der Krankenkasse schützten.
- Als immer wieder Vorwürfe gegen H. M. erhoben wurden, bediente er sich des äußerst wirksamen Machtmittels der Androhung von Verleumdungsklagen mithilfe seines Rechtsanwaltes. In aggressiver Manier bediente er sich des Schweigens der Betroffenen, um die Aufklärer in die Nähe von Tätern zu rücken, die sich mit ihren Behauptungen am Rande des Gesetzesbruches bewegen würden.
- Jegliche Vorhaltungen in Bezug auf sexuelle Grenzüberschreitungen gegenüber kindlichen Patienten (die zu zumindest zwei strafrechtlichen Ermittlungen gegen ihn führten) konterte H. M. unter Rückgriff auf seine fachliche Autorität als Mediziner, der die Macht besaß, diagnostische Erfordernisse nach eigenem Gutdünken zu proklamieren.

Diese Aufzählung bedarf einer Systematisierung. Diese bezieht sich zunächst auf die Kontexte und im weiteren Schritt auf die Art der Machtausübung.

7.5 Kontexte des Machtmissbrauchs

Es lassen sich im Wesentlichen drei voneinander abgrenzbare Bereiche unterscheiden, innerhalb derer H. M. seine jeweils spezifisch ausgestalteten Machtregimes errichtete. Es ist evident, dass sich diese Bereiche in vielfältiger Weise wechselseitig affizieren und somit insgesamt zu einem sehr stabilen Machtkomplex verbinden.

Psychotherapeutisches Setting: Dieser erste Bereich steht im Zentrum der Geschehnisse, die Gegenstand der vorliegenden Untersuchung sind. Er bildet die Bühne für den überwiegenden Teil jener Szenen, in denen H. M. sexualisierte Gewalt gegen Jungen, Mädchen, Jugendliche, erwachsene Patientinnen und Ausbildungskandidatinnen verübte. Die Szene des psychotherapeutischen Settings verwandelt sich mithin in einen Tatort, wobei es wichtig ist zu verstehen, dass hier grundlegende strukturelle Voraussetzungen vorliegen, die den Missbrauch von Macht und die Sexualisierung zwischenmenschlicher Interaktionen begünstigen (Becker-Fischer & Fischer, 1996; Hirsch, 2012; Schleu et al., 2018). Es lassen sich vor allem zwei Aspekte identifizieren, die für entsprechende Risiken ausschlaggebend sind: Hermetische Isolation der Situation und Asymmetrie der Beziehung. Die primäre Risikodynamik besteht darin, dass diese Asymmetrie mit einer hergestellten Ungleichverteilung von Machtpotenzialen assoziiert ist und dass der Missbrauch einer solchen Konstellation durch den exklusiven, hermetischen Charakter des Settings befördert wird. Es handelt sich hier um eine Grundproblematik des psychotherapeutischen Settings, die durch genaue Rahmensetzungen, Abstinenzgebote und die Verpflichtung zu einem bewusst-reflexiven Umgang mit der hergestellten Asymmetrie konstruktiv übersetzt werden muss (Hirsch, 2012). Das Verhalten H. M. s erinnert in eklatanter Weise an die Risiken, die mit der Herstellung eines solchen Settings verbunden sind. Umso bemerkenswerter ist daher der Umstand, dass wir auf die Frage, ob der Bereich der Psychotherapie/Psychoanalyse besonders anfällig für mögliche Grenzverletzungen ist, in unseren Interviews häufig Antworten erhielten, die der folgenden Aussage einer/eines Psychotherapeut*in entsprachen: „Nee, glaub ich nicht; nicht anfälliger als überall."

H. M. erkannte, dass ihm die exklusive, asymmetrische Begegnung ein Ausmaß an Macht verlieh, das in Analogie zur „totalen Institution" (Goffman, 1973) auf undurchdringbare Grenzen nach außen und einer vollkommenen Grenzenlosigkeit nach innen basierte (Caspari, im Erscheinen; Enders, 2002). Angesichts der Einschätzung, dass es sich bei H. M. nicht um einen pädosexuellen Täter handelte, ist von der Annahme auszugehen, dass es weniger sexuelle Bedürfnisse waren, die ihn zu seinen Taten trieben, sondern stärker die besondere Konstellation des psychotherapeutischen Settings, die ihm einen Bereich unumschränkter Macht eröffnete. Das „Auskosten" dieser Macht gelang mithilfe der Genitalisierung, Erotisierung, Sexualisierung der Situation: Jungen am Penis anfassen, Fragen zu Masturbationspraktiken stellen, jugendlichen Mädchen an die Brust fassen und sie nach ihren sexuellen Erfahrungen fragen, junge Patientinnen in ein erotisches Spiel verwickeln, die Lehranalyse in den Bereich der privaten Beziehung überführen usw. All diese Praktiken haben einen gemeinsamen Ursprung, ein gemeinsames Motiv: Lustgewinn durch ein Übermaß an Macht, das dem Arzt und Psychotherapeuten durch die Exklusivität des hermetisch organisierten psychotherapeutischen Settings zur Verfügung gestellt wird. Oder pointierter ausgedrückt: Er macht es, weil er es kann. Es ist klar, worin die Asymmetrien jeweils bestehen: Das Kind weiß nicht, ob man sich bei der Indikationsstellung für eine Psychotherapie normalerweise nicht ausziehen muss. Die Jugendliche kann nicht einschätzen, ob beschämende Fragen zur Sexualität nicht möglicherweise doch Teil „normaler Psychotherapien" sind. Die junge Patientin fühlt sich geschmeichelt durch das außergewöhnliche Interesse, dass der Arzt „ausgerechnet" ihr entgegenbringt. Ähnliches gilt für Supervisandinnen, Lehranalysandinnen und Mitarbeiterinnen, die für eine besondere Form der Intimität mit dem hoch

7.5 Kontexte des Machtmissbrauchs

angesehenen Institutsleiter, Arzt und Psychotherapeuten auserwählt wurden. Dazu ein/e von uns interviewte/r Psychotherapeut*in:

„Also der hat schon ein Gespür dafür gehabt, was ist mit dem Gegenüber los. Das muss man ihm lassen, das hat er missbraucht, ja, aber das hatte er. Und er hat sich ja wirklich immer die – entweder die gesucht, die schwächer waren, oder er hat sich die gesucht, die narzisstisch partizipieren wollten."

Die Potenziale des Machtmissbrauchs und der Manipulation erscheinen unerschöpflich, wobei einiges darauf hindeutete, dass sich H. M. durchaus für das Ausmaß des Spektrums dieser Unerschöpflichkeit interessierte.

Wichtig ist im vorliegenden Zusammenhang noch die besondere Aufdeckungsresistenz des psychotherapeutischen Settings. Alles, was die Offenlegung sexualisierter Gewalt erschwert, erscheint hier in komprimierter Form: Uneindeutigkeit des Geschehens, grenzenlose Beschämung, Schuldumkehr, Manipulationsmacht des Täters, mangelnde Verifizierbarkeit des Geschehens. Oder wie es ein/e Interviewpartner*in ausdrückt:

„Also es hat so eine Zeit gegeben, da hat man einem Patienten nichts geglaubt, weil er Patient ist. Heute ist es eher so, man glaubt ihm alles, weil er Patient ist."

Dass diese Einschätzung keineswegs dazu beiträgt, dass Aufdeckungen sexualisierter Grenzverletzungen, die im Rahmen von Psychotherapien begangen werden, für Betroffene inzwischen leichter wären, zeigen die folgenden aktuellen Erfahrungen einer/eines Psychotherapeut*in (vgl. dazu auch Schleu et al., 2018):

„Also in den letzten Jahren bin ich natürlich öfters angesprochen worden, übrigens immer über Supervision, und hab immer ermutigt, dass sich Patienten z. B. an eine Ethikbeauftragte wenden. Und obwohl diese Patienten wissen, dass die Ethikbeauftragten nicht automatisch tätig werden und irgendwelche Anzeigen erwirken, ist mir nur ein Fall von gefühlt fünf oder sechs in Erinnerung, wo ein Patient überhaupt die Möglichkeit ergriffen hat, mal mit einer Person zu sprechen. Also da wird unheimlich schnell wieder so der Rückwärtsgang eingelegt."

Das vielgestaltige Arrangement von Aufdeckungshindernissen gründet sich auf die Macht dessen, der das psychotherapeutische Setting für narzisstische Aufwertungen, psychische Gewalt und sexualisierte Ausbeutung nutzt.

AKJP-Institut Heidelberg:
Das von H. M. geführte Kinderinstitut konstituiert den zweiten Machtbereich, den er sich bei der Verübung und Vertuschung sexualisierter Gewalt zunutze

machte. Wir haben gesehen, dass er am AKJP-Heidelberg informelle und formale Strukturen aufbaute, die es ihm ermöglichten, das Institut beinahe auf eine Weise zu kontrollieren, wie es oben analog für das psychotherapeutische Setting beschrieben wurde. Als Leiter des Instituts, als Vorstandsvorsitzender und als Delegationsarzt hatte er alle Positionen inne, die ihm ein im Nachhinein erstaunlich anmutendes, uneingeschränktes Machtregime ermöglichten[4]. Daher bereitete es ihm keine allzu großen Schwierigkeiten, dieses Regime um jene psychotherapeutischen Settings zu gruppieren, in denen er sexuelle Grenzverletzungen beging. Wichtig ist dabei die Beobachtung, dass die Technik der Machtausübung nicht vordergründig autoritär war. Sie war vielmehr kooperativ, man könnte auch sagen: manipulativ organisiert. Mit dem Institutsleiter fanden alle Ausbildungskandidat*innen und Mitarbeiter*innen mehr oder weniger ihr Auskommen. Manche blieben eher auf Distanz, manche mochten ihn nicht besonders, andere hingegen bewegten sich eher in einem engen Kreis um den Institutsleiter, die eine oder andere Kollegin ging mit ihm ins Bett. Soweit uns bekannt, konnten alle auf ihre Weise ihre Ausbildungs- und beruflichen Ziele erreichen, ohne dass man unter der strukturell angelegten Macht des Institutsleiters offenkundig zu leiden hatte. Die Formen der informellen Machtausübung schienen für die Betroffenen eher positiv konnotiert gewesen zu sein. Man wurde von H. M. nicht in außergewöhnlicher Weise schikaniert, ausgegrenzt oder entwertet, so wie dies in einzelnen Fällen im Zusammenhang mit der Ära M. P. berichtet wird. Informelle Machtausübung äußerte sich bei H. M. eher in der Gewährung der oben erwähnten Gefälligkeiten (z. B. Anerkennung von nicht geleisteten Ausbildungserfordernissen etc.). Eine „kleine Gefälligkeit" konnte auch schon mal darin bestehen, nach der Supervision ein Glas Wein mit dem Supervisor H. M. zu trinken und sich als Mitglied des Kreises seiner „Lieblinge" zu wähnen. Solche Gefälligkeiten schufen Abhängigkeiten und ihr struktureller Kontext war immer eine ausgeprägte Asymmetrie von Macht. Die Erotisierung von Interaktionen, das sexuelle Erlebnis und die jahrelangen sexuellen Beziehungen mit ausgedehnten Reisen hatten ihren Ursprung immer in der hier beschriebenen Machtkonstellation.

Ein Beispiel für die Verfestigung solcher Konstellationen bestand in dem augenfälligen Manöver, einer Lehranalysandin aus dem Erwachseneninstitut, mit der H. M. eine jahrelange sexuelle Beziehung hatte, eine Dozentenstelle am AKJP-Heidelberg zu verschaffen. Vor diesem Hintergrund muss auch die Karriere

---

[4] Sehr passend dazu Krutzenbichlers (1998) Charakterisierung der Machtposition von Psychotherapeuten: „Jemand, der sich in narzisstischer Verkennung selbst an die Stelle des Gesetzes einführt, es machtvoll-institutionell im Sinne des Wortes verkörpert, kann sich nicht schuldig machen – er ist ja das Gesetz" (S. 323).

7.5 Kontexte des Machtmissbrauchs

von A. A. am Kinderinstitut gesehen werden: Sie wurde von dem Institutsleiter H. M. in ihre Positionen gebracht, aus denen heraus sie die Geschicke des Instituts über Jahrzehnte entscheidend mitprägte. Ihre ursprüngliche Sozialisation am AKJP-Heidelberg fand ausschließlich auf der Basis des von ausgeprägter Macht und Abhängigkeit organisierten Regimes H. M. s statt. Vor diesem Hintergrund ist eher nicht anzunehmen, dass ihre gemeinsame sexuelle Beziehung frei von diesen asymmetrischen Dynamiken zustande kam.

Wichtig ist für unseren Zusammenhang, dass der Machtbereich H. M. s am AKJP-Heidelberg sehr robust gegenüber möglichen Verdächtigungen hinsichtlich Abstinenzverletzungen war. Das deutlichste Beispiel dafür ist der Umgang mit der weithin bekannten Tatsache, dass er seit 1980 ein Kind mit einer Patientin hatte. Zwei Aspekte sind hier vor allem von Belang: Erstens, dass man sich allgemein mit der Information zufriedengab, dass die junge Frau erst nach Beendigung der Psychotherapie von H. M. geschwängert wurde. Und zweitens, dass H. M. selbst – und noch mehr seine Sekretärin – diese Geschichte zumindest in der Institutsöffentlichkeit ohne Umschweife preisgaben. Der Junge, der aus dieser Beziehung entstanden war, zeigte sich in den kommenden Jahren immer wieder am AKJP-Institut Heidelberg, wobei sich H. M. als fürsorglicher Vater präsentierte. Diese von dem Institutsleiter in Szene gesetzte Selbstgewissheit wirkt im Nachhinein dreist, ist aber in erster Linie als Symptom seiner uneingeschränkten Macht am Institut zu deuten.

H. M. schuf am AKJP-Heidelberg ein Milieu, das von Machtverhältnissen geprägt war, die einerseits durchaus sozial verträglich wirkten, andererseits aber auch auf beklemmende Weise Abstinenzverletzungen, harmlos wirkende Erotisierungen und sexualisierte Gewalt ermöglichten. Nach der Aufdeckung sexualisierter Gewalt musste H. M. dieses uneingeschränkte Regime aufgeben. Dass Aufdeckung und Aufarbeitung in der Folgezeit bestenfalls fragmentiert verliefen, hatte damit zu tun, dass die von H. M. errichteten Machtverhältnisse trotz seines Weggangs weiterhin – zumindest partiell – wirksam blieben.

Netzwerke:
Die weiter oben skizzierten Netzwerke H. M. s, die zu großen Teilen in seiner Zeit in Berlin entstanden waren und sich in Heidelberg auf wirkmächtige Weise entfalten konnten, bildeten einen weiteren Machtbereich, der sich sozusagen makrosystemisch um die asymmetrische Szene des psychotherapeutischen Settings und den „Herrschaftsbereich" des AKJP-Heidelberg legte. Nichts deutet darauf hin, dass diese aus prominenten und mächtigen Vertretern der Heidelberger Psychotherapieszene bestehenden Netzwerke zur Vertuschung der von H. M. verübten Taten aktiv beitrugen. Sie ließen sich aber in augenfälliger Weise von

H. M. instrumentalisieren, um seine für die Begehung und Vertuschung sexualisierter Gewalt notwendige Machtposition abzusichern. Nicht zuletzt durch den Verweis auf diese mächtigen Freunde konnte H. M. seinen Ruf als fähiger Arzt, Psychotherapeut und Institutsleiter begründen und festigen. Dies gelang ihm umso stärker, als er ihnen bestimmte Positionen innerhalb seines Machtbereichs der AKJP-Heidelberg-Strukturen verschaffte und/oder Kooperationen mit ihren Kliniken einging.

Diese Netzwerke spielten vor allem bei der Aufdeckung der sexualisierten Gewalt und in den darauffolgenden Jahren eine große Rolle, als es galt, das Ausmaß seiner Verbrechen nicht sichtbar werden zu lassen und seine beruflichen Standbeine als Gutachter, Fachberater bei der Krankenkasse und niedergelassener Psychotherapeut nicht zu gefährden. Das Funktionieren dieser Netzwerke bleibt in diesem Zusammenhang aber weitgehend intransparent. Ihre Wirkung und der Profit der Macht zeigen sich aber darin, dass H. M. noch über viele Jahre unbehelligt weiterarbeiten und sich erfolgreich zur Wehr setzen konnte, wenn vor allem vonseiten des Erwachseneninstituts IPP-Heidelberg-Mannheim, des VAKJP und schließlich auch des AKJP-Heidelberg immer wieder Versuche unternommen wurden, ihn mit guten Gründen bei den Krankenkassen und in den Gutachtergremien zu diskreditieren.

Vor allem M. P. und J. S., aber auch das Ehepaar T. sowie M. K. fungierten als Stützen eines aus verschiedenen Machtbereichen bestehenden Systems, das H. M. das unbehelligte Ausüben sexualisierter Gewalt ermöglichte und ihn dauerhaft vor gravierenden Konsequenzen schützte. Es wäre für diese prominenten Ärzte und Psychotherapeuten notwendig gewesen, diese Funktion (im Sinne einer Funktionalisierung bzw. Instrumentalisierung) rechtzeitig als solche zu entlarven und die eigene Macht (auch in passiver Weise) nicht länger zur Absicherung der Macht des Kollegen H. M. zur Geltung zu bringen. Auch wenn sie sich von einer eigenen Beteiligung an der „Causa H. M." distanzieren, so war ihre Macht in dieser Geschichte niemals irrelevant. Sie auf der Basis sorgfältiger Reflexionen verantwortungsvoll einzusetzen, hätte möglicherweise zu anderen Verläufen und Prozessen beigetragen.

7.6 Art der Machtausübung

Zum besseren Verständnis der Wirkungsweise von Machtasymmetrien ist es wichtig, nicht nur die Kontexte des Machtmissbrauchs H. M. s auszuleuchten, sondern auch auf unterschiedliche Arten und Weisen des Machtmissbrauchs hinzuweisen (vgl. Helfferich et al., 2021).

7.6 Art der Machtausübung

Handlungsmacht:
Wie oben beschrieben, bot das psychotherapeutische Setting für H. M. einen paradigmatischen Kontext, der es ihm ermöglichte, sexualisierte Grenzverletzungen und Übergriffe zu begehen. Er war also insofern handlungsmächtig, als es keine Instanz gab, die ihm in der konkreten Situation Einhalt bieten hätte können. Er konnte Kinder dazu bringen sich zu entkleiden, er konnte junge Frauen anfassen und er konnte die Interaktion mit Ausbildungskandidatinnen aktiv erotisieren, weil das psychotherapeutische Setting all dies aus seiner Sicht erlaubte.

Dieses Ausmaß an Handlungsmacht stand ihm auch innerhalb seines „Herrschaftsbereichs" am AKJP-Heidelberg zur Verfügung. Als Institutsleiter konnte er jene formalen Strukturen etablieren und jene informellen Manöver lancieren, die seine Position festigten und seine Mitarbeiter*innen und Ausbildungskandidat*innen in Abhängigkeiten verwickelten, die sowohl Symptom als auch Stütze seines auf Handlungsmacht basierenden Regimes waren.

Deutungsmacht:
Die der Deutungsmacht innewohnenden Potenziale sind alltägliches Handwerkszeug von Psychoanalytiker*innen. Der Missbrauch von Deutungsmacht wiederum ist konstitutives Element jeglicher sexualisierter Gewalt (Mosser, 2020). Daraus begründet sich die Notwendigkeit, entsprechende Risiken, die dem psychotherapeutischen (und im Besonderen dem psychoanalytischen) Setting innewohnen, bewusst und reflexiv wahrzunehmen. Der Fall H. M. ist geradezu prototypisch für die außerordentlich hohe Wichtigkeit von Deutungsmacht im Zusammenhang mit sexualisierter Gewalt. Er machte sich die ihm qua seiner beruflichen Positionen verliehene Deutungsmacht in vielfältiger Weise zunutze, um die ihm kraft seiner Handlungsmacht ermöglichten Taten in manipulativer Weise zu verschleiern. Dass dies in geradezu exzessiver Weise geschah und dass insbesondere dieses Ausmaß an Deutungsmacht dafür sorgte, dass die Taten über so lange Zeiten keiner Problematisierung zugeführt wurden, verweist auf die destruktiven Möglichkeiten, die der Psychotherapie innewohnen. Kurz: Die Manipulation der Betroffenen und die Manipulation des Umfelds stellten offenbar jahrzehntelang eingeübte Routinen des Psychotherapeuten H. M. dar. Die Macht, dies zu tun, war ihm primär durch seine berufliche Position verliehen. Es war ihm ein Leichtes, jeden sexuellen Übergriff gegen Kinder und Jugendliche als medizinisch oder psychotherapeutisch legitimiertes Handeln umzudeuten.

Dass man sich beim Arzt entkleiden muss oder dass man sich in der Psychotherapie auch mal genauere Fragen zur eigenen Sexualität gefallen lassen muss, ist eine Art *common knowledge,* die das Unbehagen über solche Erfahrungen in einem argumentativen Keim erstickt, die Möglichkeiten des Widerstands entscheidend einschränkt und die Mitteilung nach außen mit schwerwiegenden Zweifeln behaftet. Dass man einen erlittenen sexuellen Übergriff nachspielen muss oder dass der Therapeut konkret zeigt, wie man Sex hat, sind Erfahrungen, die man als Jugendliche in Hinblick auf eine Psychotherapie zwar nicht antizipiert, die sich aber von einem renommierten Psychotherapeuten zu „hilfreichen Interventionen" umdeuten lassen können. Schon allein die Beschämung gewährleistet das Schweigen und somit die Verhinderung des potenziellen Einbezugs von Personen, die durchaus andere Deutungen platzieren könnten.

Es ist klar, dass die Initiierung sexueller Beziehungen zu jungen erwachsenen Patientinnen ebenfalls völlig dem Deutungsregime des Psychotherapeuten unterworfen waren: Die Asymmetrie zwischen der gerade erst erwachsen gewordenen Frau, die in der Jugendhilfe sozialisiert worden war, und dem fast 40 Jahre älteren Arzt, Psychotherapeuten und Institutsleiter ist durchaus nicht nur auf eine unterschiedliche Handlungsmacht beschränkt, sondern sie manifestiert sich in noch viel größerem Ausmaß in den unterschiedlich verfügbaren Möglichkeiten, Situationen, Interaktionen, Handlungen, Beziehungen und die Welt insgesamt zu deuten. Dies ist die Voraussetzung für dauerhafte und variantenreiche Manipulationen.

Lehranalyse und psychoanalytische Supervision stellen Situationen dar, die per definitionem von Deutungen geprägt sind. Und sie eröffnen die Möglichkeit, dass der Lehranalytiker und der Supervisor solche Settings durch den Missbrauch der ihm qua seiner Position zugeschriebenen Deutungsmacht für Manipulationen und die Ausübung von Gewalt nützt (Burka, 2008; Sandler & Godley, 2004; Wallace, 2007). H. M. machte von dieser Möglichkeit reichlich Gebrauch. Wie auch immer seine Deutungsmanöver ausgesehen haben mochten – sie trugen in mehreren Fällen zu einer Erotisierung und Sexualisierung von Lehranalysen und Supervisionen bei und bildeten die Grundlage für zum Teil lange, sexuelle Beziehungen. Zudem ist hier zu berücksichtigen, dass der kognitive Prozess der Deutung vor dem Hintergrund einer spezifischen emotionalen Konstellation stattfindet, der für die Psychoanalyse konstitutiv ist. Die therapeutisch induzierte Regression der/des

7.6 Art der Machtausübung

Patient*in ist nicht zuletzt jener Aspekt, der ganz zentral die strafrechtliche Sanktionierung sexueller Interaktionen im Rahmen von Psychotherapien begründet[5] (Schleu et al., 2018).

Die Wichtigkeit einer ausgeprägten Deutungsmacht beschränkte sich im Falle von H. M. erwiesenermaßen durchaus nicht nur auf seinen Kontakt zu den Menschen, die er sexuell ausbeutete. Sie manifestiert sich in augenscheinlicher Weise auch in seinem Bemühen, sich gegen Vorwürfe und Verdächtigungen, die ab dem Jahr 1992 gegen ihn lanciert wurden, zur Wehr zu setzen. Alle Diskursfiguren, die er ab dem Zeitpunkt in die Welt setzte, da man begann, bekannt gewordene Handlungen aktiv zu problematisieren, basierten auf seinem Vermögen, eigene Deutungen weitgehend unangreifbar zu formulieren: „Ich mache schon seit langem keine Lehranalysen am Erwachseneninstitut. Es gab drei Beziehungen zu Frauen, die erst Jahre nach Beendigung der jeweiligen Lehranalysen begannen. Die Beziehungen zu den jungen Patientinnen begannen erst nach Abschluss der Psychotherapie. Ich werde die Patientin, die aktuell von mir schwanger wurde, heiraten. Mir ist nichts vorzuwerfen. Es handelt sich durchwegs um Beziehungen zwischen Erwachsenen, die niemanden etwas angehen. Die anonym gegen mich vorgebrachten Anschuldigungen entbehren jeglicher Grundlage."

Deutungsmacht erweist sich darin, dass sie jemanden verliehen wird. H. M. gelang es mit den von ihm kolportierten Versionen, die eine Mischung aus Lügen, Verdrehungen und Verharmlosungen darstellten, bei vielen Personen – insbesondere am AKJP-Heidelberg – die Einschätzung zu verankern, dass es sich um weitgehend harmlose Verfehlungen handelte, die mit einer Weiterführung seines Amtes als Institutsleiter durchaus vereinbar waren. Insbesondere gab es kaum Einwände gegen seine weitere Tätigkeit als Zweitsichter und Delegationsarzt. Die unbezweifelbaren Tatsachen, dass er zwei junge Patientinnen geschwängert und mit mehreren Lehranalysandinnen sexuelle Beziehungen hatte, konnten innerhalb des von H. M. lancierten Deutungsregimes offenbar ausgeblendet werden. H. M. zeigte sich bei Mitgliederversammlungen und im Dozentenkreis reuig, tischte zugleich aber eine Version der Geschehnisse auf, die ihn weitgehend entlastete. Vor allem beschwerte er sich darüber, dass er von denen, die die Vorwürfe gegen

---

[5] Spieß (1998) beschreibt diesen grundlegenden Sachverhalt folgendermaßen: „Machtverhältnis deshalb, weil wir die Patienten mit dem Einlassen auf die Behandlung dazu verpflichten, uns alles, auch das Intimste und Peinlichste mitzuteilen – verbunden mit der klaren Absprache, dass eine unter „normalen" Bedingungen adäquate/erwünschte Reaktion/Antwort von uns nicht kommt. Unter „normalen" Bedingungen würden sich nur Verrückte auf eine so ungleiche, unmögliche Beziehung einlassen. Hier ist also von vornherein die Aufgabe von Vernunft, Autonomie und Selbstverantwortlichkeit eingeschlossen, vorausgesetzt!" (S. 339).

ihn erhoben hatten, nicht angehört wurde. Ihn nicht anhören hieß aber: Seine Deutungsmacht einschränken, indem man die Mitteilungen jener Frauen, die von seinen Manipulationen und sexuellen Grenzverletzungen betroffen waren, zur Richtschnur der eigenen Einschätzung des Sachverhalts machte. Ihn nicht anhören hieß auch: Die Fakten für sich sprechen lassen: Schwangere Patientinnen, zutiefst verletzte Kolleginnen.

Das Ausmaß an ihm zugeschriebener Deutungsmacht verhalf H. M. auch noch viele Jahre nach der partiellen Aufdeckung seiner Taten dazu, dass er weitgehend ungestört seine beruflichen Funktionen ausüben konnte. Strafanzeigen wegen sexuellen Missbrauchs an Kindern und Beschwerden von Kolleginnen perlten an seinem Vermögen ab, als Arzt und Psychotherapeut die inkriminierten Sachverhalte so zu verdrehen, dass sie eine angesichts der insgesamt gegen ihn erhobenen Vorwürfe eine absurd anmutende Überzeugungskraft hatten. Zudem gelang es ihm noch viele Jahre lang in der Rolle des Experten zum Thema sexueller Missbrauch in verschiedenen Einrichtungen Therapie oder Supervision anzubieten, u. a. in einer Justizvollzugsanstalt und in einem Wohnprojekt für Sektenaussteiger*innen.

Nachdem H. M. seine Funktionen am AKJP-Heidelberg niedergelegt hatte, lebte dort sein Deutungsregime weiter fort. Einflussreiche Personen, vor allem A. A., aber auch in eingeschränktem Ausmaß M. P. und viele andere vertraten die Auffassung, dass die dem ehemaligen Institutsleiter zur Last gelegten Taten wahlweise unwichtig oder nicht so schlimm waren. Diese Deutungsroutine bestand trotz vielfacher Infragestellungen mindestens bis zum Gerichtsverfahren gegen H. M. bzw. bis zur Veröffentlichung des „ZEIT"-Artikels in den Jahren 2017 und 2018. Es bedurfte eines Gerichtsurteils, in dem H. M. der elffache sexuelle Missbrauch an seiner Enkeltochter nachgewiesen wurde, um sein über Jahrzehnte wirksames Deutungsregime endgültig zu Fall zu bringen.

Die hier vorgestellten Überlegungen sind für das Verständnis des Falles von eminenter Bedeutung. Für sexualisierte Gewalt ist die Deutungsmacht des Täters konstitutiv: „Das ist normal", „Es gefällt dir doch auch". Zweifellos ist es wichtig, Menschen anzuhören, denen die Ausübung sexualisierter Gewalt vorgeworfen wird. Schwerwiegende Konsequenzen, die aus unberechtigten Vorwürfen resultieren, müssen auf jeden Fall vermieden werden. Im Fall von H. M. waren allerdings genügend Fakten verfügbar, die die Gefahr des unberechtigten Vorwurfs obsolet machten. Diese rechtfertigten zwar zunächst keine strafrechtlichen Ermittlungen, waren aber eindeutige Indizien für schwerwiegende professionsethische und persönliche Verfehlungen, über die man sich als solche auch am AKJP-Heidelberg konsensuell hätte verständigen müssen. Allerdings mangelte es bereits an einer grundsätzlichen begrifflichen Verständigung über das Vorgefallene – wie aus den Ausführungen einer/eines Interviewpartner*in aus dem Erwachseneninstitut hervorgeht:

> „Machtmissbrauch schon, aber, ja, das nannte man eben auch nicht Gewalt, höchstens Verführung oder was, das ist dann Gewalt in diesem Fall, wegen Abhängigkeit. Aber der Begriff tauchte da nicht auf."

Dabei hätte man auch erkennen müssen, dass das Problem des Missbrauchs von Deutungsmacht ein eminent psychoanalytisches Problem ist, welches zu grundlegenden Selbstbefragungen am AKJP-Institut Heidelberg und in seinem Umfeld hätte führen müssen.

7.7 Organisationsmacht

Ein letzter Aspekt von Macht sei hier der Vollständigkeit halber dargestellt, um die Funktionsweise der Dynamiken, von denen H. M. profitierte, umfassend zu verstehen. Seine Macht nährte sich nicht nur von der Möglichkeit, das psychotherapeutische Setting für sexualisierte Übergriffe zu benutzen und diese Handlungen in seinem Sinne umzudeuten. Wie gezeigt werden konnte, gelang es ihm auch ohne Schwierigkeiten, sein Deutungsregime durch die Aktivierung vieler, zum Teil durchaus einflussreicher Verbündeter zu festigen. In dieser Fähigkeit, im Bedarfsfall Unterstützer*innen auf die eigene Seite zu ziehen, äußert sich die Organisationsmacht einer Person. Alles, was weiter oben über den Machtbereich des AKJP-Instituts Heidelberg und besonders über die Netzwerke H. M. s gesagt wurde, trägt zur Konstituierung dieser Organisationsmacht bei. Keineswegs war er als *persona non grata* in dem Moment isoliert, als ihm vorgeworfen wurde, Patientinnen geschwängert und Lehranalysandinnen in Liebesbeziehungen verstrickt zu haben. Es formierte sich im Gegenteil eine mächtige und zahlenmäßig große Fraktion von Personen, die seinen Argumentationen folgte und sich zugleich über die aggressive Einflussnahme von außen (in Gestalt des Erwachseneninstituts IPP-Heidelberg-Mannheim) empörte – eine verbreitete Dynamik in der Folge schwerwiegender Vorwürfe gegen „prominente" Vertreter einer Institution (vgl. z. B. Dehmers, 2011; Sandler & Godley, 2004). Trotz gegenteiliger Tatsachen wurde von dieser Gruppe das Bild des zu Unrecht verunglimpften, verdienstvollen Institutsleiters aufrechterhalten. Das Ausüben von Organisationsmacht manifestiert sich insbesondere in der oben beschriebenen Technik der Instrumentalisierung solcher Personen, die H. M. für die Durchsetzung seiner Interessen und für die Abwehr von Angriffen gegen seine Person und seine Berufsausübung nützlich waren. Organisationsmacht ausüben heißt dann beispielsweise: Eine Kollegin als Trauzeugin funktionalisieren; Kolleg*innen und mächtige Freunde zur Hochzeitsfeier einladen; gemeinsame Fachartikel veröffentlichen; ein gemeinsamer Vortrag bei den Lindauer Psychotherapietagen; Zweitsichten „im kurzen Weg" übernehmen; eine Kollegin mit einem Blumenstrauß ins Krankenhaus zur Ehefrau schicken, die gerade entbunden hat. Organisationsmacht heißt auch: Permanente Einflussnahmen auf das Geschehen im AKJP-Heidelberg über die „Statthalterin" A.A.

Zusammenfassend lässt sich sagen, dass H. M. über Jahrzehnte hinweg in verschiedenen Kontexten auf verschiedene Arten und Weisen Macht ausübte. In seinem Fall ist auch festzustellen, dass diese Konzentration von Macht einen unmittelbaren Auslöser für die Ausübung sexualisierter Gewalt darstellte, da der Missbrauch von Macht in sexualisierter Form einen libidinösen Gewinn mit Suchtcharakter ermöglichte. Fatalerweise stellte diese Machtfülle nicht nur eine Voraussetzung für das Ausüben sexualisierter Gewalt dar, sondern sie garantierte über viele Jahre die Vertuschung derselben. Die Wirkung dieser Macht verhinderte auch nach der partiellen Aufdeckung der Geschehnisse die Realisierung notwendiger Schritte zur Entfernung H. M. s aus seinem Beruf und zur Verhinderung weiterer Betroffener.

7.8 Betroffenheiten

Am Beginn des vierten Kapitels haben wir über 30 Szenarien dokumentiert, die sexualisierte Grenzverletzungen und Übergriffe durch H. M. beschreiben. Wir haben darauf hingewiesen, dass es sich bei dieser Aufzählung um die Skizzierung eines Hellfelds handelt, das ohne Zweifel auf ein wesentlich größeres Dunkelfeld verweist. Es kann also davon ausgegangen werden, dass eine Vielzahl von Jungen und Mädchen, von weiblichen und männlichen Jugendlichen, von erwachsenen weiblichen Patientinnen und von Ausbildungskandidatinnen von den Taten H. M. s betroffen waren.

Es gibt nur sehr wenige Betroffene, die sich zu diesen Erlebnissen geäußert haben. Wenn sie dies taten, dann in einem geschützten, vertrauensvollen Setting, über dessen Grenzen die entsprechende Information häufig nicht hinauskam. Uns Wissenschaftler*innen haben sich insgesamt vier Menschen anvertraut, die sexualisierte Gewalt durch H. M. erlitten haben. Aus den Darstellungen in Kap. 4 wird ersichtlich, dass gesicherte Informationen über Betroffenheiten aus einem komplexen Konglomerat von Datenquellen generiert werden mussten, was auch

7.8 Betroffenheiten

als Ausdruck einer tief verankerten Geheimhaltungs- und Misstrauenskultur im Umfeld des AKJP-Heidelberg verstanden werden kann.
Diese Kultur lässt sich anhand der zahlreichen Aufdeckungsversäumnisse nachweisen, die ebenfalls in Kap. 4 dargestellt sind. In diesem Zusammenhang lässt sich zumindest resümieren, dass

(1) sich eine kleinere Anzahl von Kindern und Jugendlichen ihren Eltern gegenüber mitteilte,

(2) einige wenige Eltern bei ihren Psychotherapeut*innen oder direkt beim Institut bekannt gaben, dass H. M. sexualisierte Übergriffe gegen ihre Kinder beging,

(3) zwei Eltern Strafanzeige gegen H. M. wegen sexuellen Missbrauchs an ihren Kindern erstatteten,

(4) etwa vier oder fünf betroffene Lehranalysandinnen bei einer Vorständin des IPP-Heidelberg-Mannheim von sexualisierter Gewalt durch H. M. berichteten und

(5) mindestens zwei junge Patientinnen von H. M. geschwängert wurden und dies am AKJP-Heidelberg auch bekannt war.

Abgesehen von einer Strafanzeige, die erst 2013 gegen H. M. erstattet wurde, waren alle hier aufgelisteten Fälle spätestens in der zweiten Hälfte der 1990er Jahre am AKJP-Institut Heidelberg bekannt. Im vorliegenden Zusammenhang ist die Beobachtung hervorzuheben, dass diese Informationen zwar dazu verwendet wurden, um mehr oder weniger erfolglos gegen H. M. vorzugehen und um Aufarbeitungserfordernisse am AKJP-Heidelberg deutlicher sichtbar zu machen, dass es aber andererseits offenbar einen ausgeprägten blinden Fleck gab, der sich auf die Bedarfe der Betroffenen bezog.
Der Diskurs um die Taten H. M.s war über alle Phasen hinweg deutlich täterbezogen. Intensiv wurde darüber diskutiert, wie die Vorwürfe gegen ihn zu bewerten seien, welche Konsequenzen er daraus ziehen muss und was diese Vorwürfe für das Institut bedeuteten. Nichts daran ist überflüssig; aber genau an diesem Punkt wird wiederum deutlich, wie der funktionale Pragmatismus im Umgang mit sexualisierten Gewalttaten in den eigenen Reihen mit schwerwiegenden Ausblendungen verbunden ist, wie sie sich z. B. auch in einer nachträglichen Bilanzierung einer/eines Teilnehmer*in an der Gruppe „Vergangenheit – Gegenwart – Zukunft" zeigt:

„Es hat kein Kommuniqué gegeben, es hat auch nicht irgendwie: Was machen wir jetzt damit? Oder was folgt daraus? ..., sondern man hat es dann einfach dabei bewenden lassen in der Erwartung, dass das das Institut insgesamt stärkt. Ja? Es ging ja

darum auch, das Institut wieder sozusagen in seinem Innenleben zu stärken. Das war eigentlich die Hauptaufgabe."

Der Blick auf die Betroffenen war zweifellos sehr schwach ausgeprägt. Als Betroffene galten die früheren Lehranalysandinnen, die sich am Erwachseneninstitut anvertraut hatten. Es war zwar die Rede davon, dass sie durch die Taten H. M. s schwer belastet waren, aber dies sollte im Disput über den Täter in erster Linie als Argument gegen eine Bagatellisierung der Abstinenzverletzungen dienen. Soweit wir wissen, hatten diese Frauen Psychotherapien in Anspruch genommen, um ihre nachhaltig belastenden Erfahrungen mit H. M. zu bewältigen. Mehr ist nicht bekannt. Wir haben keine Informationen darüber, inwieweit vonseiten der Institute IPP-Heidelberg-Mannheim und AKJP-Heidelberg Bemühungen eingeleitet wurden, diesen Frauen gegenüber Anteilnahme und Solidarität zum Ausdruck zu bringen oder ihnen Anerkennung für ihren Mut zu Teil werden zu lassen, dass sie es geschafft hatten sich zu offenbaren. Wir wissen nichts von systematischen Überlegungen darüber, wie sich die Institute dieser Frauen hätten annehmen können, sondern es entsteht der Eindruck, dass sie in erster Linie funktionalisiert wurden: Während die um Aufklärung bemühte Fraktion hoffte, dass die Frauen bei den Strafermittlungsbehörden und/oder bei der Ärztekammer Anzeige erstatten würden, instrumentalisierte die Gegenseite das Schweigen der Betroffenen mit dem Argument, dass die Vorwürfe nur von anonymer Seite kämen und somit keine Grundlage für weitere Konsequenzen böten. In der Auseinandersetzung um H. M. wurde den Geschädigten in erster Linie die Rolle von (Nicht-)Informantinnen zugewiesen.

Noch augenscheinlicher waren die Versäumnisse im Umgang mit R. R. und E. M. Während die in eine Schwangerschaft mündende sexuelle Beziehung des Institutsleiters mit R. R. auf praktisch keine kritische Resonanz in der Institutsöffentlichkeit gestoßen war, stand im Jahr 1992/1993 die Beziehung zu E. M. im Fokus der Auseinandersetzungen um die Person H. M. Symptomatisch ist auch hier eine fast ausschließliche Täterorientierung: Sind die Beziehung zu der (angeblichen Ex-)Patientin und deren Schwangerschaft mit der Funktion des Institutsleiters vereinbar? Hat er Abstinenzregeln und ethische Prinzipien verletzt? Und so weiter. Die Situation der jungen Frau, die in der Jugendhilfe sozialisiert worden war, in ihrer Vorgeschichte schwerwiegende sexuelle Traumatisierungen erlebt hatte und nun im Kontext des AKJP-Instituts Heidelberg von dem Institutsleiter schwanger geworden war, schien niemanden ernsthaft zu interessieren.

7.8 Betroffenheiten

Während sich einige Kolleg*innen an der Geheimhaltung der ersten Schwangerschaft beteiligten, fungierten sie und andere als Trauzeug*innen und Hochzeitsgäste, um an einer abstrusen Inszenierung mitzuwirken, deren Zweck in der Legitimation einer durch offensichtlichen Machtmissbrauch zustande gekommenen Beziehung bestand. A. A. etwa kannte die junge E. M. schon längere Zeit und wusste von ihren biografischen Belastungen. Nichts schien bei ihr den Impuls auszulösen, die junge Frau vor der Missbrauchsbeziehung mit H. M., mit dem sie selbst sexuelle Kontakte unterhielt, zu bewahren. Soweit bekannt, hatte die Vorständin des Erwachseneninstituts IPP-Heidelberg-Mannheim in der darauffolgenden Zeit sporadisch Kontakt zu E. M. Die junge Frau schilderte ihr das Leid ihrer Ehe, äußerte den Wunsch nach psychotherapeutischer Unterstützung und wurde schließlich an Kolleginnen außerhalb des IPP-AKJP-Heidelberg-Komplexes verwiesen.

In Bezug auf die Kinder, deren Eltern sich mittelbar oder unmittelbar am AKJP-Heidelberg anvertrauten, sind keinerlei Initiativen seitens des Instituts bekannt, die zur Entlastung der Betroffenen hätten beitragen können. Die Mitteilungen wurden lediglich dokumentiert und zumindest phasenweise zum Anlass für Diskussionen und Auseinandersetzungen am Institut genommen. Zu keinem Zeitpunkt hat man ernsthafte und systematische Überlegungen darüber angestellt, wie man als AKJP-Institut Heidelberg – eventuell auch in Kooperation mit externen Stellen – aktiv und behutsam auf frühere Patient*innen und deren Eltern hätte zugehen können, um den Weg für eine Thematisierung irritierender oder schädigender Erfahrungen zu ebnen und Formen der Anerkennung solcher Erlebnisse zu finden und zu realisieren. Solche Aktivitäten sind aufwendig, kompliziert und durchaus nicht risikofrei, wobei zusätzlich ins Kalkül zu ziehen ist, dass man zur damaligen Zeit auf keine bekannten institutionellen Aufarbeitungsmodelle zurückgreifen konnte.

Zwei Beobachtungen sind aber symptomatisch. Erstens lässt sich eine umfassende Vermeidung einer empathischen Annäherung an die Betroffenen und eine ebenso umfassende Abwehr möglicher Initiativen zur Identifikation von sowie zur Kontaktaufnahme und zur Auseinandersetzung mit Betroffenen rekonstruieren. Diese Versäumnisse gehen innerhalb von AKJP-Heidelberg und IPP-Heidelberg-Mannheim weit über die Gruppe derer hinaus, die im Modus des funktionalen Pragmatismus jeglicher Konfrontation mit den Taten H. M. s aus dem Weg gingen. Fragen danach, wie Betroffene gefunden und angesprochen werden könnten, wie ihnen gegenüber eine glaubwürdige Verantwortungsübernahme des Instituts signalisiert werden könnte und welche konkrete Unterstützung man ihnen im Sinne der Bewältigung und Aufarbeitung des Erlittenen ermöglichen könnte, verblieben offensichtlich außerhalb des Diskurshorizonts aller Beteiligten.

An diesem Punkt vereinten sich die Mitglieder beider Institute, zwischen denen ansonsten zuweilen tiefe Gräben klafften, zu einer gemeinsamen Haltung des funktionalen Pragmatismus. In einem anderen Psychotherapieinstitut, in dem es personelle Überschneidungen zum IPP-Heidelberg-Mannheim gab, setzte man sich zumindest mit der Frage des aktiven Zugehens auf Betroffene auseinander, wenngleich das Ergebnis solcher Erwägungen schließlich dem der unmittelbar beteiligten Institute entsprach, wie wir aus folgender Mitteilung einer/eines Interviewpartner*in wissen: „Also es wurde diskutiert, wie das denn gehen könnte. Aber passiert ist nichts."

Zweitens spiegelt sich die weitgehende Ausblendung der Betroffenen auch in unseren Interviews wider. Wir finden vielmehr Hinweise auf eine partielle Mitverantwortung der betroffenen erwachsenen Frauen, die ja wahrscheinlich selbst emotional und sexuell bedürftig waren; dazu finden wir bagatellisierende Nivellierungen der psychotherapeutischen Situation, in der Dinge möglich sind, die anderswo auch passieren können: „… von so vielen Leuten so viele Sachen gehört, wo es überall geschieht, beim Abitur und der Lehrer, in der Zahnarztpraxis (lacht), also überall, wo zwei Menschen irgendwas untereinander in affektiven Bedingungen da zusammenkommen, kann es ausrutschen in die Richtung. Und das ist natürlich viel Verantwortung bei beiden."

Wir finden verklausulierte Vorhaltungen gegenüber Betroffenen, weil sie sich zu keiner Anzeige gegen H. M. durchringen konnten und somit alle Aufklärungsbemühungen grundlegend schwächten: „Also man konnte nichts mit Personen sagen, weil diese nicht zugestimmt haben. Also es blieb alles unter der Decke."

In diesem Zusammenhang wird die eigene Hilflosigkeit auch noch Jahre später durch aggressive Projektionen und Schuldumkehr abgewehrt.

In anderen Fällen finden wir eine Wortwahl, die keinen Zweifel über eine mangelnde Empathie gegenüber den betroffenen Kindern zulässt: „Und dann kamen – aber jetzt fragen Sie mich auch wieder nicht, wie – die Vorwürfe auf, dass er bei diesen Delegationsgesprächen sich die Buben so intensiv vorgeknöpft hat und hätte immer dann, was weiß denn ich, das Höschen da irgendwo gelupft, und hätte nach dem Pimmelchen geguckt. Also das sind die Sachen, die ich dann hinterher erfahren hab."

Man signalisiert immer noch Hochachtung gegenüber einer früheren Kollegin, die ab einem bestimmten Zeitpunkt keine Kinder mehr alleine zu H. M. ließ, ohne das gravierende Versäumnis zu erkennen, dass diese Kollegin nichts weiter unternahm, um andere Kinder außer ihre eigenen Therapiekinder vor diesem Therapeuten zu schützen. Fast nirgends taucht die anteilnehmende Frage danach auf, wie es wohl diesen Kindern und Jugendlichen ergangen sein muss, die schutzlos den Begutachtungs- und Therapiesituationen mit H. M. ausgesetzt waren.

7.8 Betroffenheiten

Fast nirgends wird die Frage nach jenen Betroffenen aufgeworfen, von denen man am Institut und möglicherweise auch außerhalb des Instituts keine Kenntnis hat und die vor der biografischen Aufgabe standen, die irritierenden, verstörenden oder zutiefst verletzenden Erfahrungen mit dem Arzt und Psychotherapeuten vermutlich ganz alleine bewältigen zu müssen. Kaum finden wir eine Kontextualisierung der „freiwilligen sexuellen Beziehungen zwischen Erwachsenen" in eine Struktur der Machtasymmetrie zwischen Institutsleiter/Supervisor/Lehranalytiker einerseits und den von ihm abhängigen Frauen andererseits:

> „Das war nicht in meinem Interesse, da war ich eher so der Ansicht, sind erwachsene Frauen, die müssen wissen, auf wen sie sich einlassen. Also so aus der analytischen Sicht hätte man das natürlich auch absolut in Frage stellen können. Aber mich persönlich hat das nicht betroffen, weil die sah ich für sich selbst verantwortlich, ja."

Diese unvollständige Aufzählung von Zitaten aus unseren Interviews mit Psychotherapeut*innen ist keineswegs als moralische Anklage zu verstehen, zumal sich die hier skizzierten Haltungen nicht auf alle Interviewpartner*innen verallgemeinern lassen. Vielmehr fungieren diese Positionen als Teil eines Erklärungsmusters, das den institutionellen Umgang der beteiligten Psychotherapieinstitute mit den Taten des Institutsleiters beschreiben soll. Dieses Muster ist nicht ungewöhnlich. Auch der mediale Umgang mit sexualisierter Gewalt ist von einer ausgeprägten Täterfixierung geprägt. Am Täter entzündet sich der Skandal, und am Umgang mit dem Täter erweist sich viel prägnanter die Beurteilung institutionellen Handelns als an der komplizierten und schwer operationalisierbaren Hinwendung zu den Betroffenen.

Die unzureichende emotionale Befassung mit den Betroffenen dient als negative Folie für den funktionalen Pragmatismus der Institution[6]. Einen besonders deutlichen Ausdruck findet dieser Modus in jener Strategie, die man als „Beweisorientierung" bezeichnen könnte. Das Fehlen des Beweises ist das Alibi des Täters

---

[6] Burka et al. (2019) stellen hier einen deutlichen Zusammenhang zum weiter oben beschriebenen Erfordernis der institutionellen und individuellen Existenzsicherung her. Der „Überlebensmodus" der Beteiligten bietet keinen Platz für Empathie für die Betroffenen: „When survival of the group feels at stake, the group may resort to defensive manoeuvres that it would not exhibit in more stable times, such as increased efforts at control, intolerance of difference, and lack of empathy for others" (S. 263). An anderer Stelle wird beschrieben, wie auferlegte oder wahrgenommene institutionelle Schweigegebote die ureigenste Aufgabe von Psychotherapeut*innen, nämlich die Unterstützung belasteter Menschen, korrumpieren: „If group anxieties are not addressed or symbolized – due to silencing surrounding the investigation – the shared group assumption of providing care to those who suffer is neglected" (S. 264).

und seiner Mitwisser. Die entsprechende Argumentationsfigur, die an vorderster Front und mit hoher Überzeugungskraft insbesondere von A.A. vertreten wurde, lautete: Wenn sich die Betroffenen nicht outen und wenn sie keine Anzeige erstatten, dann sind uns die Hände gebunden. Unsere Aufgabe besteht dann lediglich darin, uns darüber zu vergewissern, dass wir tatsächlich nichts machen können, wenn die Betroffenen nicht den Weg über die Anzeige bei den Strafverfolgungsbehörden und bei den Krankenkassen gehen. Heißt: Wenn nichts bewiesen ist, dann besteht auch kein Anlass zu Konsequenzen:

> *„Also was ich von A.A. weiß, ist, dass ihre Aussage war: Ich kann nur tätig werden, wenn irgendjemand eine Anzeige macht. Solang niemand ihn anzeigt, habe ich keine Handhabung."*

Diese Argumentation ist ebenso nachvollziehbar wie vordergründig vernünftig (auch wenn die Psychoanalyse nicht gerade dafür bekannt ist, dass sie Probleme und Konflikte ausschließlich in den Bereich des Strafrechts delegiert[7]). Aber sie entfaltete im vorliegenden Fall als Machtmittel eine starke Wirkungskraft und entband die Verantwortlichen vor allem auch von der anspruchsvollen Aufgabe, den Betroffenen Wege zum Dialog, zur Vertrauensbildung und zur Unterstützung zu eröffnen. Es war klar, dass sich die Betroffenen nicht vertrauensvoll an A. A. wenden würden – allein dies stellt einen Offenbarungseid für das AKJP-Institut Heidelberg dar. Die Beweisorientierung, so vernünftig sie sich auf den ersten Blick darstellt, fungierte im vorliegenden Fall als wirksames Machtmittel, das die um Anerkennung und Unterstützung ringenden Betroffenen nachhaltig mundtot machte.

In der Retrospektive entsteht der Eindruck, dass alle Initiativen zur Aufklärung und Aufarbeitung der Taten H. M. s vor allem täter- und organisationsbezogen ausgerichtet waren und weniger darauf, mögliche weitere Betroffene vor H. M. zu schützen. Symptomatisch dafür ist der Umstand, dass sich Besorgnis und Empörung der Beteiligten viel stärker an seiner Tätigkeit als Gutachter festmachten als an dem Umstand, dass er in seiner psychotherapeutischen Praxis in Seckach

---

[7] Pfannschmidt (1998) etwa fasst die Diskussion über sexuellen Missbrauch in der Psychotherapie in folgenden Worten zusammen: „Die Diskussion um Abhilfe polarisiert sich nach meinem Eindruck in zwei unvereinbare Positionen: Auf der einen Seite wird für die Einhaltung der Abstinenz plädiert, die in Verzicht und Verweigerung von Ersatzbefriedigungen gesehen wird. Man tritt für die Einführung neuer Strafnormen ein, weil das bei der hohen Rate von sexuellen Abstinenzverletzungen tatsächlich die einzige Möglichkeit zu sein scheint, das Problem in den Griff zu bekommen; ein Vorschlag, der sich mit Psychoanalyse nur schwer vereinbaren lässt. Die andere Seite tendiert zur Meinung, dass man doch nicht übertreiben solle (…)" (S. 365).

7.8 Betroffenheiten

Tag für Tag Kinder, Jugendliche und Erwachsene behandelte. Diese Fokussierung erscheint erklärungsbedürftig, zumal sie sehr persistent war und sich auch noch in unseren Interviews zeigt. Aus der Außenperspektive lässt sich sagen, dass H. M. mit seiner Gutachtertätigkeit keinen „unmittelbaren Schaden anrichtete" – außer dass man sich über seine unangefochtene Macht empören konnte, über die Bewilligung von Psychotherapieanträgen zu entscheiden. Wesentlich bedenklicher ist aber der Umstand, dass er weiterhin Psychotherapien durchführte und als Zweitsichter für Kolleg*innen fungierte, denen die Vorwürfe gegen ihn bekannt waren.

Diese Darstellungen sollen nicht suggerieren, dass es auch nur annähernd einfach oder erfolgversprechend gewesen wäre, weitere Patient*innenkontakte H. M. s nach 1993 zu verhindern (Molitor, 1998). Allerdings verdichteten sich nach 1995, als er seine Praxis in Seckach eröffnete, auch am AKJP-Heidelberg die Hinweise, dass er im Rahmen von Untersuchungssituationen sexualisierte Grenzverletzungen gegen Kinder verübte. Nach den uns vorliegenden Informationen lag der Schwerpunkt der Initiativen gegen H. M. aber weiterhin auf der Anfechtung seiner Gutachtertätigkeit. Ziel aller Bemühungen hätte aber sein müssen, einen Entzug seiner ärztlichen Approbation zu erwirken, da er den ärztlich-psychotherapeutischen Beruf bekanntermaßen dazu nutzte, sexualisierte Übergriffe gegen verschiedene Patient*innengruppen zu begehen. Der Verweis darauf, dass man nichts Entsprechendes erwirken könne, wenn die Betroffenen keine Anzeige erstatten, hätte zumindest systematische Suchbewegungen im Zusammenhang mit der Frage freisetzen können, wer denn eigentlich die Betroffenen sind: Frau E. M., mit der er verheiratet war? Die ehemaligen Lehranalysandinnen, die inzwischen ihre psychotherapeutischen Praxen hatten? Oder doch eine Reihe von Kindern und deren Eltern, die sich in der zweiten Hälfte der 1990er Jahre am AKJP-Heidelberg oder bei Psychotherapeut*innen gemeldet hatten? Uns ist nicht bekannt, dass das Erwachseneninstitut IPP-Heidelberg-Mannheim, das Kinderinstitut AKJP-Heidelberg, das Jugendamt und eventuell die Strafverfolgungsbehörden im Rahmen eines konzertierten Vorgehens Strategien entwickelt hätten, denen das Potenzial der Verhinderung weiterer Geschädigter innegewohnt hätte.

Es erscheint in gewisser Weise müßig, den damaligen Protagonisten eine solche nachträgliche Kritik vorzuhalten; im vorliegenden Zusammenhang erscheinen diese Versäumnisse aber zumindest als Symptom einer mangelnden Betroffenenorientierung. Wir verfügen über keinerlei Informationen darüber, wie viele Jungen, Mädchen, Jugendliche und Erwachsene in der Zeit zwischen 1995 bis zum letztendlichen Entzug seiner Approbation Ende 2013 sexualisierte Grenzverletzungen durch H. M. erlitten haben. Es wäre allerdings nach Kenntnis der

Dinge sehr überraschend, wenn er plötzlich von diesem als suchtartig identifizierten Verhalten Abstand genommen hätte, zumal er noch im Jahr 2016 nachweislich mehrfachen sexuellen Missbrauch an seiner Enkeltochter verübte.

An dieser Stelle schließt sich der Kreis zum funktionalen Pragmatismus. Die Identifikation von Betroffenen ist aufwendig und kompliziert; die institutionelle Verantwortungsübernahme gegenüber Betroffenen ist emotional anspruchsvoll; Erfolge beim aktiven, auf empathischem Dialog basierenden Zugehen auf Betroffene sind schwer zu erzielen und erfordern reflektierte Haltungen und geduldige Arbeit; die Verhinderung weiterer Betroffener ist ein ebenso lohnendes wie schwer zu erreichendes Ziel – aber die diesbezüglichen Erfolgsaussichten verbleiben zumeist im Rahmen des Spekulativen, wenn der Angeschuldigte nicht gerade für ein paar Jahre hinter Schloss und Riegel sitzt – kurz: Eine persönliche Involvierung in eine institutionell getragene Betroffenenorientierung ist anstrengend, aufwendig und trägt das Potenzial erheblicher Frustrationen in sich. Betroffenenorientierung erfordert – sowohl in ihrer bewältigungsbezogenen als auch in ihrer präventiven Ausrichtung – erhebliche Ressourcen, emotionales und fachliches Engagement, zuverlässige Kooperationen, prozesshaftes Arbeiten und eine hohe Frustrationstoleranz.

Vor diesem Hintergrund erscheint es vernünftig und pragmatisch, die eigenen Aktivitäten darauf zu beschränken, dass man sich bei den Gutachtergremien und den Krankenkassen beschwert, wenn wieder einmal ein von H. M. unterzeichnetes Gutachten ins Haus flattert und wenn man sich über die vom Justitiar amtlich bestätigte Information empört, dass man niemanden aus dem Verkehr ziehen könne, wenn es keine Betroffenen gibt, die zu einer Aussage gegen ihn bereit wären. Wiederholte Entmutigungen durch nicht weiter verfolgte Strafanzeigen, durch pragmatische juristische Einschätzungen und durch Gutachtergremien, die sich hinter ihren Kollegen H. M. stellten, ließen einen zumindest partiell resignativen Modus im Umgang mit der „Causa H. M." entstehen, der aber von zeitweilig neu aufkeimenden Informationen gestört wurde, die daran erinnerten, dass hier nach wie vor etwas im Argen lag.

Es ist nicht genuine Aufgabe eines Psychotherapieinstituts, sexualisierte Grenzverletzungen auf eine Weise aufzuklären, die eine weitere Berufsausübung des Tatverdächtigen verhindert. Dafür gab und gibt es Instanzen, mit denen zu kooperieren die Pflicht des jeweiligen Instituts ist (Dachverbände, Kammern, Ethikverein, Jugendämter, Fachberatungsstellen). Ein Großteil dieser Instanzen war im Laufe der Jahre in den Fall involviert, aber im Rückblick erscheint eher das Bild einer durch Fragmentierung hervorgerufenen grassierenden Hilflosigkeit als das eines prozesshaft orientierten, zuverlässig koordinierten Vorgehens[8]. In einer solchen Konstellation erscheint es zwangsläufig, dass sich die Psychotherapieinstitute tatsächlich und hauptsächlich wieder ihren genuinen Aufgaben zuwandten und die täglichen Gefahren, die von dem früheren Institutsleiter ausgingen, ohnmächtig in Kauf nahmen: „Also wir waren vielleicht auch feige, ja? Wir waren vielleicht auch ängstlich. Das würd ich sagen, ja. Und wie das so ist: Man möchte eigentlich auch nicht dauernd mit diesem Scheiß zu tun haben, ne?'"

7.9 Formen der Abwehr

Die folgenden Ausführungen beziehen sich zunächst primär auf die Subjektebene, wobei aber bei genauerer Betrachtung erkennbar wird, dass sich individuelle Reaktions- und Verarbeitungsmodi auch auf der Ebene des institutionellen Agierens bzw. Unterlassens widerspiegeln (vgl. Burka et al., 2019; Sandler & Godley, 2004; Slochower, 2017). Es handelt sich hier um dezidiert psychologische Vorgänge, die sozusagen zum elementaren Theorieinventar der Psychoanalyse gehören. Dennoch erheben diese Ausführungen nicht den Anspruch auf eine systematische psychoanalytische Fundierung. Vielmehr soll insbesondere unter Rückbezug auf unsere Interviewdaten deutlich gemacht werden, wie auch an einem Psychotherapieinstitut „allzu menschliche" Dynamiken ihre Wirkung entfalten, wenn psychodynamisch ausgebildete und arbeitende Menschen mit unangenehmen Dingen konfrontiert werden, die den eigenen psychischen Apparat zu attraktiv erscheinenden Abwehrreaktionen auffordern.

7.9.1 Abwehr von Verantwortung

Die Abwehr von Verantwortung ist am wenigsten in Termini einer psychodynamisch begründbaren Reaktion beschreibbar. Sie ist sozusagen auf der Oberfläche menschlichen Verhaltens einer Erklärung zuzuführen. Sie wird an dieser Stelle aber dennoch einer genaueren Analyse unterzogen, weil sie einen aus unseren

---

[8] „Der Vorstand des Verbandes der Analytischen Kinder- und Jugendlichentherapeuten hatte sich im Interesse und Auftrag betroffener Kolleginnen in der Sache sehr engagiert und dabei schmerzlich die Grenzen und die Ohnmacht ehrengerichtlicher Sanktionsmöglichkeiten erfahren. Die Erkenntnisse aus diesem Fall sprechen dafür, straf- und berufsrechtliche Regelungen für sexuellen Missbrauch in der Therapie zu fordern" (Molitor, 1998, S. 332).

Daten ermittelbaren, sehr prägnanten Typus von Abwehr repräsentiert, der als eine Art Bindeglied zwischen den Ausführungen in den vorherigen Abschnitten und den eher unbewussten Abwehrmechanismen, die weiter unten dargestellt werden, fungiert.

All das, was über institutionellen und persönlichen Pragmatismus und einen Mangel an Betroffenenorientierung gesagt wurde, lässt sich in eine Argumentationsfigur überführen, in deren Zentrum ein bestimmter Modus der Verantwortungsorganisation steht. Dies wird unmittelbar verständlich, wenn man drei Zielrichtungen von individueller Verantwortung einander gegenüberstellt: Verantwortung für sich selbst, Verantwortung für die Institution, Verantwortung für Betroffene und Gefährdete.

Es wurde herausgearbeitet, dass bei den meisten Akteuren im Kontext der „Causa H. M." die Fokussierung auf betroffene und gefährdete Minderjährige und Erwachsene eher schwach ausgeprägt war. Begründet wurde dies hauptsächlich mit der subjektiven Entscheidung für einen funktionalen Pragmatismus, der die Hinwendung zu einer Aufgabenorientierung, die den genuinen Anforderungen eines Psychotherapieinstituts entsprach, nahelegte. Dem gegenüber erschien eine Hinwendung zu Betroffenen oder Gefährdeten wenig erfolgversprechend, aufwendig, kräftezehrend, mithin frustrierend. In diesem als vernünftig darstellbaren Modus setzte sich über Jahrzehnte etwas fort, was schon während der Zeit, in der H. M. noch das AKJP-Heidelberg leitete, deutlich erkennbar wurde: Die Auseinandersetzung mit der Frage, ob Personen durch die Umtriebe H. M. s geschädigt oder gefährdet sein könnten, blieb in auffälliger Weise durchwegs unterrepräsentiert.

Kennzeichnend dafür ist die Argumentationsfigur „Das sind ja Erwachsene. Die werden schon wissen, was sie tun." Dieser Satz besitzt kraft seiner objektiven Unbezweifelbarkeit eine hohe Überzeugungskraft und wirkt mithin als Steilvorlage für die Abwehr eigener Verantwortung für das Wohlergehen von Kolleginnen und Kommilitoninnen. Ob man der verheirateten Kommilitonin die eigene Wohnung überlasst, damit sie sich mit dem Institutsleiter dorthin zurückziehen kann; ob man eine Lehranalysandin am frühen Morgen das Haus verlassen sieht, in dem H. M. wohnt; ob man in der Psychotherapie die Mitteilung einer Patientin entgegen nimmt, dass „H. M. mit seinen Patientinnen schläft" – all dies lässt sich trotz erheblicher innerer Beunruhigung letztendlich in die Einschätzung überführen, dass die Beteiligten schließlich erwachsen seien und dass man auch Hemmungen habe, zu genau nachzufragen. Es geht hier weniger um die Einnahme einer moralischen Position als vielmehr um die Einschätzung, dass sich eine Verantwortungsübernahme für möglicherweise Betroffene auf der Handlungsebene als hochkomplex erweisen könnte. Worin bestünde eine Verantwortungsübernahme für die verliebte Kommilitonin, die sich mit dem Institutsleiter ein paar schöne Tage machen möchte?

Andere Fragen stellen sich, wenn man als Psychotherapeut*in ein Zweitsichtprotokoll erhält, in dem „merkwürdige" Untersuchungspraktiken des Institutsleiters beschrieben sind. Hier schien die Verantwortungsübernahme für das betroffene Kind und für all die Kinder, die von H. M. noch untersucht werden würden, an der Einschätzung zu scheitern, dass solche Untersuchungsmethoden wahrscheinlich medizinisch indiziert und somit legitim sind. Dennoch erscheint hier die Abwehr von Verantwortung aus ethischer Sicht gravierender, wodurch sich auch erklärt, dass solche Zweitsichtprotokolle erst mit jahrzehntelanger Verspätung in die Diskursarena des AKJP-Instituts Heidelberg Eingang fanden. Indem solche Untersuchungsprotokolle zumindest für die Sekretärin und die jeweils behandelnden Psychotherapeut*innen lesbar waren, waren die Praktiken H. M. s bekannt. Es gibt aber keine Interviewpartner*in, die uns von einer persönlichen Konfrontation mit solchen irritierenden Protokollen erzählt hätte. Funktionaler Pragmatismus bedeutet dann: Der delegierende Arzt und Institutsleiter hat meinen Antrag auf Durchführung der Psychotherapie genehmigt, d. h. Verantwortungsübernahme für mich selbst und meine berufliche Tätigkeit; Abwehr meiner Verantwortung für das Kind, das auf eine möglicherweise fragwürdige Weise von H. M. untersucht wurde. Die Lösung ethischer Probleme konnte dann darin bestehen, bei den Untersuchungen der eigenen Therapiekinder persönlich anwesend zu sein, sich innerlich zu vergewissern, dass eigene Therapiekinder von H. M. nicht angefasst worden sind oder Eltern zu sagen, dass sie ihre Kinder eher anderswo vorstellen sollten. All das führt zu der Überzeugung, dass die Übernahme von Verantwortung für mich selbst in jedem Fall schlüssiger, weniger aufwendig und erfolgsversprechender ist als die Übernahme von Verantwortung für Therapiekinder, denen vielleicht ohnehin kein Schaden zugefügt wurde oder für solche Kinder, die ich gar nicht kenne und die irgendwann bei H. M. vorgestellt werden.

Es zeichnet sich ein Bild ab, in dem die Übernahme von Verantwortung für mögliche betroffene oder gefährdete Personen mit der Bewältigung der eigenen Lebensanforderungen in einem deutlichen Konkurrenzverhältnis steht. Oder wie es Burka et al. (2019) ausdrücken: „The ‚survival task' may be at odds with the ‚work task'" (S. 264). Immer wieder hören wir davon, dass Ausbildungskandidat*innen, Mitarbeiter*innen und Leitungskräfte von beruflichen und privaten Erfordernissen stark in Anspruch genommen waren (z. B. weil man während der Ausbildungszeit eine Familie gründete und somit in einer finanziell angespannten Situation lebte), sodass sich hier zumeist „naheliegendere" Optionen für Verantwortungsübernahmen aufdrängten: Verantwortung für die eigene Familie, für die eigenen Kinder, für die eigene berufliche Weiterentwicklung, für die finanzielle Stabilisierung usw. Das überzeugendste Argument für die Abwehr von Verantwortung ist das Nicht-Wissen, wie es im folgenden Zitat einer Leitungsperson zum Ausdruck gebracht wird: „Ich hab mich immer gewundert, dass die schon seit Jahren über irgendwas reden, was ich nie gehört hab."

Solange die Gerüchte um H. M. nicht die Ebene eines öffentlichen Skandalisierungsdiskurses erreichten, schien die Abwehr von Verantwortung gegenüber betroffenen oder gefährdeten Personen subjektiv relativ problemlos zu begründen. Dies änderte sich mit neuen Formen der Kontextualisierung, die mit den partiellen Aufdeckungen im Jahre 1992/1993 virulent wurden: Indem ausgesprochen war, dass H. M. Abstinenzverletzungen und sexualisierte Übergriffe begangen hatte, unter denen betroffene Menschen zu leiden hatten, waren bisher geltende Beschwichtigungsmuster gefährdet. Die Abwehr der Verantwortungsübernahme für Betroffene und Gefährdete wurde aber weitgehend aufrechterhalten. Besonders wird dies im Zusammenhang mit E. M. deutlich, um deren Hochzeit mit H. M. sich eine größere Abordnung aus dem AKJP-Institut Heidelberg wohlwollend gruppierte – und zwar im März 1993, als die Vorwürfe gegen H. M. an den beiden Instituten gerade besonders intensiv diskutiert wurden. Bei E. M. handelte es sich um eine Betroffene, die dem mit dem psychotherapeutischen Setting assoziierten Tatmuster H. M. s in geradezu paradigmatischer Weise zum Opfer gefallen war. Abgesehen von der Vorständin des Erwachseneninstituts scheint es niemanden gegeben zu haben, die/der Verantwortung für die junge Frau übernommen hätte. Auch hier ist geltend zu machen, dass dies keineswegs einfach und erfolgversprechend gewesen wäre, allerdings scheint auch in der retrospektiven Betrachtung eine Haltung der Sorge um die damals sehr junge und biografisch belastete Frau weitgehend zu fehlen. E. M. ging sozusagen in der Ehe mit dem damals noch im Amt befindlichen Institutsleiter „verloren", sodass das Argument der „Privatangelegenheit" die Frage der institutionellen Verantwortungsübernahme für das Wohlergehen der jungen Frau mehr oder weniger obsolet erscheinen ließ.

Das Muster der ungleichen Verteilung von Verantwortungsinteressen wurde in der oben beschriebenen Dynamik aktualisiert, als sich Hinweise darauf mehrten, dass sich H. M. im Rahmen von Zweitsichten insbesondere Jungen gegenüber sexuell grenzverletzend verhalten habe. Die beschriebene fehlende Betroffenenorientierung lässt sich mithin recht überzeugend als ein Verzicht auf die Übernahme von Verantwortung sowohl für die betroffenen Jungen als auch für all jene Menschen beschreiben, die Patient*innen in H. M. s Praxis in Seckach waren und noch werden würden.

7.9 Formen der Abwehr

Aus psychodynamischer Sicht ist zu erwarten, dass die Abwehr von Verantwortung im hier beschriebenen Sinnen bei vielen Akteuren in verschiedenen Phasen der retrospektiven Betrachtung Schuldgefühle auslöste. Dabei erhebt sich die Frage, inwieweit diese Schuldgefühle durch Beschwichtigungsargumente abgewehrt oder deren Angemessenheit kritisch reflektiert und diskutiert wurde. Wir haben bereits gesehen, dass für die Abwehr solcher Schuldgefühle eine Reihe schlüssiger Begründungszusammenhänge zur Verfügung stehen: Verantwortung für sich selbst, für die Kinder, für die Familie, für die Karriere, für die Institution AKJP-Heidelberg oder die Institution IPP-Heidelberg-Mannheim. Unsicherheit darüber, wie die damaligen Gerüchte einzuschätzen waren: Beziehungen zwischen Erwachsenen, Beziehungen zwischen Eheleuten. Privatangelegenheiten. Unklarheit über die Angemessenheit medizinischer Untersuchungspraktiken.

Trotz dieser rationalen Argumente war und ist der Diskurs über den Umgang mit der „Causa H. M." gefüllt mit wechselseitigen Schuldzuweisungen, mit Schuldgefühlen und abgewehrten Schuldgefühlen. Deren Legitimität ergibt sich aus der schlichten Tatsache, dass H. M. in seiner Funktion als Institutsleiter des AKJP-Heidelberg achtzehn Jahre lang sexualisierte Gewalt ausübte und danach in einer Ehe mit einer Patientin lebte, mit dieser zwei Kinder hatte und wiederum achtzehn Jahre lang eine Praxis für Kinder, Jugendliche und Erwachsene führte, in denen alle Patient*innen Gefährdungen ausgesetzt waren, die man aus H. M. s Vorgeschichte überzeugend ableiten konnte. Konstatieren lässt sich, dass die meisten Personen, die in diesem Zusammenhang Verantwortung hätten tragen können, erfolgreiche berufliche Karrieren verwirklichten, also ihrer Verantwortung für sich selbst durchaus gerecht wurden. Konstatieren lässt sich auch, dass diejenigen, die Verantwortung für das weitere Bestehen der Institute AKJP-Heidelberg und IPP-Heidelberg-Mannheim übernahmen, bei ihren diesbezüglichen Bemühungen erfolgreich waren. Konstatieren lässt sich zuletzt, dass wir von Betroffenen und ihren Schicksalen außerordentlich wenig wissen. Dass sie weitgehend im Verborgenen geblieben sind, könnte sich auch mit dem Umstand erklären lassen, dass sie nicht gespürt haben, dass man in den beiden Instituten genügend Verantwortung für ihr Wohlergehen und für ihre Gesundheit übernommen hat. Wer daran schuld ist, lässt sich sinnvoller Weise nicht klären. Wie aber mit damit assoziierten Schuldgefühlen umzugehen ist, kann Gegenstand weiterführender Diskussionen im Kontext der beiden Institute werden.

In den folgenden beiden Abschnitten geht es um innerpsychische Dynamiken und deren Manifestationen, die nicht unabhängig gesehen werden können von den beschriebenen Modi der Verantwortungsabwehr, entsprechenden Schuldgefühlen und der Abwehr dieser Schuldgefühle.

7.9.2 Vergessen, Verleugnen, Verdrängen, Nicht-Wissen, Schweigen

Das Bild, das sich für Forschende darbietet, die den Versuch unternehmen, die „Causa H. M." systematisch zu rekonstruieren, ist zunächst chaotisch. Wir finden Widersprüche, Verwechslungen, Auslassungen, Paradoxien, Abweichungen, Abwege und Labyrinthe. Es ist die Aufgabe der Forschenden, diese Fragmente zu einer konsistenten Komposition zusammenzufügen, die den Anspruch erheben kann, als schlüssiges Narrativ einen Referenzrahmen für weitere Diskussionen zu bieten. Wir haben im dritten Kapitel exemplarisch gezeigt, wie sich bestimmte psychische Manöver, die für den Umgang mit der Causa H. M. konstitutiv zu sein schienen, in der Situation des Forschungsinterviews reinszenieren. Diese psychischen Manöver verdienen eine genauere Betrachtung, weil sie einen hohen Erklärungswert besitzen, wenn man versucht, die Bedingungen für die Entstehung, Aufrechterhaltung und mangelnde Aufarbeitung sexualisierter Gewalt am AKJP-Institut Heidelberg nachzuzeichnen.

Wir haben uns dazu entschieden, verschiedene psychische Mechanismen nicht trennscharf voneinander zu beschreiben, sondern sie in ihrer Verwobenheit darzustellen. Diese Mechanismen produzieren – pathetisch formuliert – Symptome menschlicher Unvollkommenheit. Diese ist verantwortlich dafür, dass wir beim Versuch, ein konsistentes Bild von den Vorgängen am AKJP-Institut Heidelberg zu skizzieren, auf das Zusammenfügen vieler verzerrter und lückenhafter Bilder angewiesen sind. Wir bemerken die Fehleranfälligkeit rekonstruktiver Forschung, aber weil wir uns zugleich im Feld der Psychoanalyse bewegen, sehen wir uns zum Nachdenken darüber veranlasst, was zur Fehlerhaftigkeit der uns zur Verfügung gestellten Informationen beitrug. Dabei erkennen wir, dass sich in der Gegenwart etwas abbildet, was bereits in jenen Zeiten, in denen sich unser Untersuchungsgegenstand konfigurierte, entscheidende Wirkungen entfaltete.

Auf der Ebene des Symptoms begegnen uns zunächst Gerüchte und Nicht-Wissen in vielfältigen Ausprägungen, wie dies aus dem folgenden Zitat einer/eines Psychotherapeut*in exemplarisch hervorgeht:

„Das sind wirklich Gerüchte. Also da gehen dann viele Gerüchte rum natürlich auch. Da gehen viele Gerüchte rum und auch so immer dieses, wann der rausgeflogen ist und wer sich dafür eingesetzt hat und wer beteiligt war und nicht beteiligt war, da gehen sehr viele Gerüchte rum."

7.9 Formen der Abwehr

Gerüchte und Nicht-Wissen sind konstitutive Begleiterscheinungen sexualisierter Gewalt (vgl. z. B. (Keupp et al., 2019; Keupp et al., 2017a). Gerüchte und Nicht-Wissen kreieren ein bestimmtes Verhältnis zu Informationen. Sie vereinbaren einen objektiven Anteil des Informationsmangels mit einem bestimmten Ausmaß an psychologischer Funktionalität, das mit diesem Mangel an Information verbunden ist. Die deutsche Geschichte hat ein Paradigma für diese psychologische Funktionalität des Nicht-Wissens geschaffen, auf das man sich automatisch beziehen kann, wenn man erklären will, warum es entlastend ist, wenn man von bestimmten Sachverhalten (angeblich) keine Kenntnis gehabt hat (Mitscherlich & Mitscherlich, 2007).

> *„Ich habe nicht gewusst, dass H. M. auch was mit Kindern gemacht hat", ist eine Argumentationsfigur, die es in unserer Studie zu einiger Prominenz gebracht hat und der eine wichtige Funktion im Sinne der oben diskutierten Verantwortungsabwehr zukommt. Auf die Frage, ob sie/er sich aus retrospektiver Sicht anders verhalten würde, als sie/er es damals getan hat, antwortet ein/e Interviewpartner*in: „Nö, wüsst ich jetzt nicht. Also dass ich so den Gedanken hätte, ich hätte, hab was versäumt, was zu tun. Ich hab mit Kindern, die von ihm betroffen waren, nicht zu tun gehabt."*

Wir haben diesen Satz in ähnlicher Form auch von einer/einem zentralen Akteur der Aufarbeitungsgruppe „Vergangenheit – Gegenwart – Zukunft" (2000) gehört. Diese Gruppe wurde nachweislich unter anderem deshalb initiiert, weil sich am Institut Meldungen gehäuft hatten, dass H. M. in Zweitsicht- und Begutachtungssituationen sexuelle Grenzverletzungen gegenüber Jungen begangen hatte. Von dieser Gruppe ging – aufgrund von Hinweisen im Verlauf der Gruppe – der Auftrag aus, in Archiven nach entsprechenden Protokollen zu suchen. Was bedeutet es, dass ein Protagonist dieser Gruppe im Forschungsinterview im Jahr 2020 angibt, dass er jetzt zum ersten Mal davon höre, dass sich H. M. auch an Kindern vergangen habe? In einem anderen Interview erklärt ein/e Kolleg*in, die/der H. M. sehr gut kannte, dass H. M. s Entwicklung eine perverse, suchtartige Wendung bekommen habe, die ihn dazu veranlasste, sich schließlich auch an Kindern zu vergehen. Solange dies nicht der Fall war (heißt: solange dies nicht gewusst werden musste), gab es wenig Anlass, an der menschlichen und fachlichen Integrität H. M. s zu zweifeln (auch wenn schon längst bekannt war, dass er sexuelle Beziehungen mit Patientinnen und Lehranalysandinnen hatte).

Die Funktionen des Nicht-Wissens sind genauso heterogen wie seine Inhalte: Was ist es eigentlich genau, was nicht gewusst wird bzw. nicht gewusst werden darf? Dass H. M. in der Begutachtungssituation Jungen fragte, ob sie denn schon masturbieren würden? Dass er Jungen im Rahmen der ärztlichen Untersuchung an den Penis fasste? Dass er Theorien über den Zusammenhang zwischen einer bestehenden Enuresis und einer Erektion im Untersuchungssetting aufstellte? Dies zu wissen, ist nicht weiter bedrohlich, wenn man solche Episoden nicht in Termini sexualisierter Grenzverletzungen beschreiben muss. Ein/e Kandidat*in, die erst in den 2010er Jahren ihre/seine Ausbildung am AKJP-Heidelberg gemacht hat, fasst den diesbezüglichen Nicht-Diskurs folgendermaßen zusammen:

> *„Da gibt's so ein Familiengeheimnis, jetzt weiß ich's eben auch. Und dann ist ja die Frage: Was weiß man denn? Und wirklich Genaues wusste man auch nicht viel (...). Und da hatte ich aber auch das Gefühl, dass das sehr ..., dass es ja eigentlich auch keiner wirklich sagen kann – was ja auch klar ist (...). Aber es ist auch irgendwie schwierig: Was ist bewiesen, was nicht? Wie drückt man's aus?"*

Worauf konkret bezieht sich das moralische Entsetzen, wenn man im Nachhinein erfährt, H. M. habe Kinder sexuell missbraucht? Nichts ist davon bekannt, dass H. M. seine jungen Patienten anal penetrierte oder sie dazu brachte, seinen Penis anzufassen. Wir kennen nur seine übergriffigen Untersuchungspraktiken, die sich erst dann zu einem Konzept von sexualisierter Gewalt verdichten, wenn man sie mit seinen anderen Taten in Zusammenhang bringt, das Muster der narzisstischen Machtausübung mit sexualisierten Mitteln erkennt, die Berichte von Jungen und Mädchen vernimmt, die zutiefst beschämt und irritiert das Untersuchungszimmer verließen und sehr ernsthaft die Frage aufwirft, welche psychotherapeutische Indikation solchen Untersuchungspraktiken zugrunde liegen soll.

Was also sollte nicht gewusst werden, um das Selbstkonzept als fähige/r Psychotherapeut*in und verantwortungsvolle/r Erwachsener nicht allzu sehr zu gefährden? Eine Antwort könnte sein: „Ich habe gewusst, dass er Jungen am Penis anfasste und Mädchen nach ihren sexuellen Erfahrungen ausfragte. Aber ich habe nicht gewusst, dass er sich Jungen und Mädchen gegenüber sexuell übergriffig verhielt." Der paradoxe Charakter dieser Argumentation leuchtet unmittelbar ein, aber sie dürfte eine große Rolle bei der Organisation von Wissen und der Rezeption von Gerüchten gespielt haben und nach wie vor spielen. Ein Beleg dafür ist folgende retrospektive Formulierung aus einem unserer Interviews:

> *„Also es kamen auch gelegentlich Mütter mit Kindern, oder sie kamen auch mit Jugendlichen, und die haben irgendwie von Dingen erzählt."*

Wenn man danach fragt, was im Jahre 1992/1993, als die Vorwürfe gegen H. M. erhoben wurden, gewusst wurde, entsteht ein Bild nahezu vollkommener Indifferenz: „Er hatte Verhältnisse mit ehemaligen Lehranalysandinnen", „Er hatte ein Kind mit einer ehemaligen Patientin", „Er hatte zum zweiten Mal ein Kind mit

7.9 Formen der Abwehr 153

einer Patientin", „Er hatte Verhältnisse mit Ausbildungskandidatinnen", „Er hatte Abstinenzverletzungen begangen". Es ist einer der auffälligsten Befunde, dass diese fragmentarischen, zu Gerüchten verdichteten Wahrheiten, Halbwahrheiten oder Wahrheitsfragmente eine jahrzehntelange Persistenz aufweisen. Interessant ist dabei auch, dass viele Interviewpartner*innen inzwischen sehr unsicher darüber sind, was H. M. damals eigentlich vorgeworfen wurde. Es entfaltete sich ein labyrinthisches Zirkulieren von Narrativen, die dem Anspruch der Rezipient*innen genügten, sich ein Urteil zu bilden. Man kann dahinter eine psychische Abwehr vermuten, deren Beweggrund sich mit der Formulierung „Ich wollte es gar nicht so genau wissen" umschreiben lässt. In dieses nicht ganz absichtslose Wissensvakuum trat H. M. offensiv ein, indem er seine „subjektiven Wahrheiten" über das verbreitete, was er theoretisch „in die Nähe von Abstinenzverletzungen" zu platzieren bereit war. Am Rande dieses nicht ganz absichtslosen Wissensvakuums standen die Betroffenen, die nicht bereit waren, es mit Informationen zu füllen. Vielleicht war nicht genug unternommen worden, um ihre diesbezügliche Bereitschaft zu erhöhen.

Der Anspruch, dass hier etwas aufzuarbeiten ist, was über lange Zeit eine emotionale Wirkungskraft innerhalb der Institute AKJP-Heidelberg und IPP-Heidelberg-Mannheim entfaltete, bestand auch noch Jahrzehnte nach dem Rücktritt H. M. s aus seinen Funktionen an den Instituten. Von jüngeren Ausbildungskandidat*innen, die H. M. gar nicht kannten, erfahren wir, dass die „Causa H. M." in verschiedenen Segmenten der Institutsumgebung hohe Wellen schlägt, wobei die faktischen Grundlagen für diese Dynamiken regelhaft unkonkret bleiben:

„*Das war, ich weiß nicht (...), wobei, ich weiß es gar nicht, was er [ein früherer Vorgesetzter aus einer anderen Institution, Anm. d. Verf.] genau erzählt hat. Er hat irgendwie so was erzählt so nach dem Motto: Na ja, der hat wohl auch was mit Patientinnen angefangen, und dass es dann irgendwie ein Kind gab und dass es Tote gab und dass der dann rausgeschmissen wurde. Und irgendwie so. Aber so ein bisschen ..., also ich wusste irgendwie jetzt: Da gibt's irgendwas. Ich kannte diesen Menschen nicht, ich hab den niemals gesehen.*"

Diese Beobachtung ist insofern wichtig, als aus ihr hervorgeht, dass es auch nach vielen Jahrzehnten kein verlässliches Narrativ zu geben scheint, das eine zielführende Bearbeitung der Geschehnisse zulässt. Dies erinnert an die von Burka et al. (2019) beschriebenen Erfahrungen von Mitgliedern eines kalifornischen Psychotherapieinstituts im Zuge des Bekanntwerdens schwerwiegender ethischer Vergehen am Institut: „I had no recourse, nowhere to go to make sense o fit. Just bits and pieces, fragments here and there, floating in orbit" (S. 258).

In diesem Zusammenhang ist auf zwei wesentliche Aspekte zu verweisen: Erstens liegt es im Wesen sexualisierter Gewalt, dass sie mehrheitlich im Geheimen und unter dem Siegel der Verschwiegenheit stattfindet. Dies ist im vorliegenden Fall unmittelbar evident, als H. M. ausschließlich das exklusive psychotherapeutische bzw. ärztliche Setting nutzte, um seine sexuellen Grenzüberschreitungen anzubahnen und zu verüben. Ein wesentliches Problem bei der Bearbeitung sexualisierter Gewalt besteht häufig in der Diskrepanz zwischen lückenhafter Information einerseits und der Notwendigkeit zu konsequentem Handeln andererseits (Kavemann et al., 2015). Da viele Betroffene aus vielfältigen und schwerwiegenden Gründen schweigen, verschärft sich diese mit vielen Implikationen behaftete Diskrepanz.

Der zweite Aspekt ist besonders interessant, weil er unmittelbar auf sublime psychologische Funktionen des Nicht-Wissens verweist. Seit der zweiten Hälfte der 1990er Jahre hatte sich der spätere Ethikbeauftragte des AKJP-Instituts Heidelberg darum bemüht, verfügbare Informationen über die von H. M. begangenen Übergriffe zu sammeln und zu dokumentieren. Dies rief einerseits Widerstände im Institut hervor, wurde aber von anderer Seite, zum Beispiel vom inzwischen eingesetzten Institutsleiter, durchaus unterstützt. Trotz dieser beharrlichen, wenn auch zwischenzeitlich immer wieder unterbrochenen Bemühungen gelang es nicht, ein Narrativ zu etablieren, das von allen Akteuren des Instituts und in dessen Umfeld als hinreichend fundiert anerkannt worden wäre. Erst der „ZEIT"-Artikel erfüllte zumindest partiell die Funktion eines solchen Narrativs, wobei auch dieser, wie wir in unseren Interviews erkennen konnten, nicht gefeit war vor lückenhaften Rezeptionen. Vielmehr löste diese komprimierte Darstellung des Systems von H. M. bei manchen wieder den Reflex aus, das Institut vor derartigen Anschuldigungen schützen zu müssen. Man hat den Eindruck, dass bis zum heutigen Tag keine Darstellung der Taten H. M. s entwickelt werden durfte, die eine Chance auf eine breite Übereinkunft innerhalb und außerhalb der Institutsöffentlichkeit haben konnte. Burka et al. (2019) berichten von den positiven Effekten der Herstellung eines fundierten Narrativs und beschreiben die Reaktion von Institutsmitgliedern auf ihren Bericht:

> *„Those who attended expressed gratitude that so much thinking and metabolizing had transformed disorganized experiences into organized data and conceptual understanding" (S. 260).*

Zwei gegenläufige Bewegungen sind hier zu unterscheiden: Erstens dient die Aufrechterhaltung des Ungewissen (und das damit verbundene Anzweifeln des empirisch Fundierten) dem Schutz eines ethisch vertretbaren Selbst einiger

7.9 Formen der Abwehr

Akteure. Und zweitens bietet gerade die Unvollständigkeit von Information eine unerschöpfliche Quelle für psychische Belastungen, Konflikte und Spaltungen. Wenn man nicht mit einiger Gewissheit weiß, was der Fall ist, dann neigt man dazu, die Wissenslücken – interessengeleitet – zu füllen. Dies führt zur Konstruktion von Gruppenwahrheiten: „Group ‚truths' or fantasies emerge to fill in gaps of uncertainty and not-knowing." (Burka et al. 2019, S. 248).

Wir erkennen, dass (behauptetes) Nicht-Wissen oder Halbwissen im Kontext sexualisierter Gewalt gerade auch dann mit schwerwiegenden psychologischen Implikationen verbunden ist, wenn es sich auf einen institutionellen Kontext bezieht, dem man selbst zugehörig war oder ist. Es geht hier nicht einfach um die Verfügbarkeit von Information[9].

Es wird angesichts dieser Bemerkungen verständlich, warum es den Ethikbeauftragten des AKJP-Heidelberg nicht gelang, ein Narrativ zu etablieren, das latente und zeitweise aufkeimende Konflikte am Institut beigelegt hätte. Bestimmte Versionen der Geschichte mussten von bestimmten Personen weiterhin aufrechterhalten werden. Es ging dabei sowohl um die bewusste Aufrechterhaltung von Wissenslücken („Die Betroffenen haben ja nicht angezeigt", „Man konnte strafrechtlich nichts machen", „Es ist insgesamt unklar, was passiert ist") als auch um die unbewusste Abwehr von Wissen mit dem Ziel der Vermeidung von Schuldgefühlen.

Dieses Verharren im Ungewissen hat sich auch auf alle folgenden Ausbildungsjahrgänge vererbt. Bis heute, bis zu den aktuellen Ausbildungskandidat*innen hat sich kein Narrativ etablieren können, das die Ära H. M. im Institut und deren Folgen versprachlicht. Die einen beklagen die Vagheiten, die Geheimnistuerei, die Gerüchte, die sich wispernd verbreiten, die anderen teilen, ohne wirklich benennen zu können, was passiert ist, die Auffassung, dass Aufdeckung und Aufarbeitung nur der Profilierung der Aufarbeitenden diene und dem Institut schade. Nur in wenigen Interviews begegnete uns so etwas wie Empörung über die Taten und diejenigen, die ihre schützende Hand über den Täter gehalten hatten, noch seltener begegnete uns Empathie für die Opfer. So setzen sich die Muster des Verleugnens, Verschleierns und Verdrängens bis heute fort.

---

[9] „It's difficult to accept that there is no complete truth or accurate description of a traumatic event (...). When there is no tangible evidence/knowledge of something, akin to a body for grieving, the mind cannot fully comprehend or deal with it (...). Subjected to not-knowing, members are left to develop their own versions of 'truth' that inevitably contain limited information, rumours, and fantasies (...). Individual narratives are affected by unconscious motivations, by the roles members play during investigations, and by their place in the organizational hierarchy. These hybrid narratives can evolve into fixed truths that contribute to conflict in a group" (Burka, 2019, S. 265).

Eine spezifische Form der Produktion von Nicht-Wissen ist das Vergessen. Aus vielen Studien, auch solchen, die sich auf sexualisierte Gewalt beziehen, ist bekannt, dass die Organisation des Gedächtnisses einer psychologischen Funktionalität folgt (z. B. Kavemann et al., 2015; Rieske et al., 2018; Welzer, 2002; Welzer et al., 2015). Das Vergessen von Betroffenen ist dabei nicht nur traumatheoretisch – im Sinne peritraumatisch evozierter Amnesien – begründbar, sondern auch einer pragmatischen Intentionalität geschuldet (vgl. McNally, 2005): Man vergisst Sachverhalte zum Beispiel deswegen, weil man nicht an sie denken möchte, weil sie schon zu lange vergangen sind, weil sie damals, als sie passiert sind, als zu unwichtig eingeschätzt wurden oder alltäglich passierten. Die Quellen des Vergessens sind zahlreich und die mit ihm verbundenen Motivationen vielfältig.

Beschreibbar sind zahlreiche Varianten des Vergessens aus unseren Interviews: Den vereinbarten Interviewtermin vergessen; Vergessen von Zeitpunkten und Zeiträumen, Vergessen von wichtigen Versammlungen und das Vergessen von Namen vor dem Hintergrund einer Interviewsituation, in der man sich nicht ganz von der Befürchtung distanzieren kann, dass man Mitmenschen denunzieren könnte, wie das folgende Zitat einer/eines Psychotherapeut*in zeigt:

A: Ja. Ich hab jetzt gemerkt während des ganzen Gesprächs mit Ihnen, dass es einfach doch schwer ist, sozusagen das nach außen zu geben.

I: Wieso glauben Sie, dass es schwer ist?

A: Ja, weil das immer was damit zu tun hat, dass man irgendjemanden aus dem kollegialen Umfeld – dass man den ein Stück preisgibt. Was richtig ist und was man tun soll, das find ich schon. Aber –

I: Aha, aber es ist dann schwer.

A: Ja, das ist schon ähnlich zu dem, dass man nicht gerne aus der eigenen Familie erzählt, dass da irgendwelche Sachen nicht in Ordnung sind.

Das Vergessen ist sowohl Hüter des Misstrauens als auch Bewahrer jener Informationen, die besser nicht mehr gewusst werden sollen: Entweder weil man das eigene Selbstbild gefährdet sieht oder weil man Vorwürfe der/des sich zur Vertraulichkeit verpflichtenden Interviewer*in oder einer als bedrohlich wahrgenommenen Öffentlichkeit antizipiert. Man hatte mit den „ZEIT"-Journalisten nicht durchwegs gute Erfahrungen gemacht.

Da wir uns im Forschungsfeld der Psychoanalyse befinden, ist die hermeneutische Bewegung vom Vergessen zur Verdrängung nicht weit. Es lässt sich schlechterdings nicht rekonstruieren, inwieweit Informationen vor allem deshalb

7.9 Formen der Abwehr

nicht mehr verfügbar sind, weil sie einer unbewussten, den eigenen Selbstwert schützenden Verdrängungsleistung zum Opfer gefallen sind. Es lassen sich aber Ansatzpunkte für diese Annahme finden: Der häufig anzutreffende Modus der zirkulierenden Wissensdelegation, der sich darin äußerte, dass uns Interviewpartner*innen auf andere Personen aufmerksam machten, die viel mehr wissen müssten. Als wir diese Personen befragten, stellten wir fest, dass das Ausmaß ihres Wissens von ihren Kolleg*innen überschätzt worden war und dass sie ihrerseits wiederum auf Kolleg*innen verwiesen, die angeblich über mehr Wissen verfügten. Und so weiter. Eine Variante der Wissensdelegation bestand auch in einem „Zurückrudern" in dem Moment, da die Möglichkeit eröffnet wurde, dass man sich um die Gewinnung weiterer, möglicherweise hochrelevanter Interviewpartner*innen für die Studie kümmern könnte:

A: Also selbst meine Kollegin, die war bei ihm [H. M., Anm. d. Verf.] in Supervision, hat mir so eine Geschichte erzählt, die sie mit ihm hatte. Die hat dann aber die Supervision abgebrochen.

I: (…) Wir sind natürlich auf der Suche nach Leuten, die sowas erlebt haben. Also wenn Sie mit Ihrer Kollegin sprechen könnten, ob sie bereit wäre, mit uns zu sprechen, das wär toll. (…)

A: Ja, aber da ist nichts vorgefallen, aber sie hat mir so eine Begegnung mit ihm erzählt, wo man das verstehen kann, wie das abgelaufen ist.

Ein anderer Befund besteht darin, dass uns manche Interviewpartner*innen hoch relevante Informationen vorenthielten, die wir durch andere Datenquellen unmissverständlich erschließen konnten. Dies geht wiederum mit der Beobachtung einher, dass zuweilen solche Fragen mit einem „Das weiß ich nicht mehr" beantwortet wurden, deren Beantwortung möglicherweise ein problematisches Licht auf die eigene Verwicklung in die „Causa H. M." werfen hätte können. Ein weiteres Indiz für Verdrängungsbemühungen besteht in erkennbaren emotionalen Reaktionen eines Teils unserer Interviewpartner*innen. Manche dieser Personen waren selbst darüber überrascht, dass die Auseinandersetzung mit den Vorfällen von damals auch noch nach so langer Zeit mit einer solch unvermuteten Gefühlsbeteiligung assoziiert war.

Diese Ausführungen beziehen sich auf jene Personen, die trotz unbestreitbarer Bedrohungen für das eigene Selbstbild, die mit der im Interview verdichteten Thematisierung der „Causa H. M." verbunden war, zu einem Gespräch mit uns bereit waren. Wir haben auch Absagen erhalten – von Personen, die „H. M. eigentlich gar nicht kannten", die „zu der Sache nichts beitragen können" oder die sich von Formulierungen in unserer Datenschutzerklärung abgeschreckt fühlten. Und es gibt eine große Mehrheit von Beteiligten, die sich nicht bei uns gemeldet hat. Das, was durch diese Varianten des Schweigens nicht zur Kenntnis gebracht wurde, verbleibt in jenem Bereich der institutionellen Verdrängung, der naturgemäß Teil jeder Aufarbeitung ist.

Ein interessantes Indiz für psychologisch motiviertes Nicht-Wissen stellen die Jahre 1991 und 1992 dar, in der H. M. bereits mit seiner jungen Patientin lebte, die im Juli 1991 ein Kind von ihm geboren hatte. Dieser Zeitraum erscheint in der Rekonstruktion wie ein „weißer Fleck" in der Fülle von Informationen, die wir ansonsten zur „Causa H. M." generieren konnten. Diese Informationslücke ist deshalb extrem erklärungsbedürftig, da 1991 das Kind als sichtbares Zeichen der sexuellen Beziehung zwischen H. M. und seiner Patientin geboren war. Zur Lancierung der Lüge, wonach es sich bei der Mutter gar nicht um eine Patientin handelte, sondern um eine junge Frau, die ihm lediglich zur diagnostischen Einschätzung vorgestellt worden war, sah sich H. M. erst veranlasst, als es vonseiten des Erwachseneninstituts IPP-Heidelberg-Mannheim auf der Basis von Jugendamtsinformationen zu kritischen Nachfragen kam. Dies geschah aber erst im Laufe des Jahres 1992. Dass eine möglicherweise beabsichtigte Geheimhaltung der sexuellen Beziehung und des Kindes nicht erfolgreich war, beweist der Umstand, dass M. P. dem Institutsleiter H. M. anlässlich seines 60. Geburtstages und im Rahmen der 40-Jahr-Feier des Instituts im Sommer 1992 öffentlich zu seiner Vaterschaft gratulierte. Im Rahmen dieser Feier wurde offen darüber gesprochen, dass die Mutter dieses Kindes eine Patientin H. M. s war. Diese Information erhielten wir von einer/einem Gesprächspartner*in, die/der sich als einzige über den Zeitraum zwischen 1991 und 1992 äußerte. Ansonsten: Vergessen, Verdrängung, Nicht-Wissen. Es existierte das Kind, es existierte die rauschende Jubiläumsfeier mit der öffentlichen Gratulation zur Vaterschaft, es existierte das in der Szene zirkulierende Wissen, dass H. M. ein Kind mit einer Patientin hatte. Und es existierte in derselben Szene ebenfalls das Wissen, dass H. M. bereits im Jahr 1980 Vater eines Kindes geworden war, dessen Mutter eine andere junge Patientin H. M. s war.

Dieser Zeitraum vom Sommer 1991 bis zum Sommer 1992 scheint aus dem kollektiven Bewusstsein der Heidelberger Psychotherapieszene geradezu vollständig verdrängt zu sein. Das damals existierende kollektive Wissen wurde im Nachhinein in eine Wissenslücke transformiert, die erst durch die offen und öffentlich erhobenen Vorwürfe des Vorstands des Erwachseneninstituts IPP-Heidelberg-Mannheim einige Monate später eine veränderte Gestalt annehmen durfte. Nun wurde angeprangert, dass H. M. sowohl Lehranalysandinnen sexuell ausgebeutet als auch eine Patientin geschwängert hatte. Während man im Rahmen

7.9 Formen der Abwehr

des Sommerfestes dem frisch gebackenen Vater noch applaudiert hatte, wurde nun plötzlich derselbe Sachverhalt zum Teil einer besorgniserregenden Skandalgeschichte, die die Existenz des Instituts, die Ausbildung vieler Kandidat*innen, den Job einiger Mitarbeiter*innen und den Ruf vieler Psychotherapeut*innen bedrohte. Es hatte sich um die Geburt des Kindes im Jahre 1991 eine mehr oder weniger involvierte Therapeut*innenöffentlichkeit gruppiert, die unserer Kenntnis nach nichts Anstößiges an der Beziehung H. M. s zu der jungen Patientin finden konnte. So verwundert es aus psychodynamischer Sicht nicht, dass dieser Zeitraum in allen Erzählungen vollkommen unterrepräsentiert, unerwähnt, also verdrängt bleibt. Der Diskurs beginnt erst Ende 1992/Anfang 1993. Und eine bestimmte Fraktion im Institut und in dessen Umfeld lässt sich von der Skandalisierung inzwischen bekannt gewordener Sachverhalte nicht davon abhalten, im März 1993 der Hochzeitsfeier der beiden beizuwohnen, als Trauzeugin zu fungieren und etwas später die Geburt des zweiten Kindes zu begrüßen. Nichts davon kann später noch in Sprache gefasst werde, und es bleibt der reflexiven Spekulation überlassen, ob dies aus Vergessen, Verdrängen, Verleugnung oder der bewussten Unterschlagung von Information resultiert.

Dieser „weiße Fleck" auf der Landkarte der Erzählungen über die „Causa H. M." ist keineswegs ungewöhnlich. Er verweist auf eine ganze Reihe von Situationen und Sachverhalten, die uns in verwirrender und widersprüchlicher Weise geschildert wurden. Es lässt sich aufgrund dieser Beobachtungen tatsächlich das Bild einer „institutionellen Dissoziation" bemühen, wie es von Burka et al. (2019) in der Analyse eines ähnlichen Falles in den USA beschrieben wurde. Als Symptom einer solchen dissoziativen Repräsentation der institutionellen Vergangenheit identifizieren sie einen Wahrnehmungshabitus, den sie als „fogginess" bezeichnen. Dieser Begriff stößt bei uns unmittelbar auf Resonanz, wenn wir der Schwierigkeiten beim Versuch der Erhebung konsistenter Daten und Informationen über die Vergangenheit des AKJP-Instituts Heidelberg gewahr werden. Verwirrungen über Jahreszahlen, Namen und Sachverhalte erscheinen als Symptom von etwas Unbearbeitetem, als Ausdruck einer dissoziativen Verneblung und nicht einfach nur als Problem eines „objektiven" Nachlassens von Erinnerung angesichts lang zurückliegender Zeiträume.

Das Schweigen ist eine konstitutive Begleiterscheinung sexualisierter Gewalt. Es erfüllt sowohl für Betroffene als auch für die Täter*innen und mögliche Mitwisser*innen wichtige psychische und soziale Funktionen. Dass das Schweigen den Täter*innen hilft, ist eine sehr verkürzte, wenn auch sachlich nicht ganz unrichtige Aussage, die sich aber bestenfalls als Kampagnenmotto und somit als moralisch aufgeladener Appell eignet. Im vorliegenden Fall kam es in verschiedenen Phasen der konflikthaften Auseinandersetzung um H. M. zu

Zuspitzungen, die das Problem letztlich auf diesen Mechanismus reduzierten: Dadurch, dass weder die betroffenen Lehranalysandinnen noch die junge Patientin E.M. bereit waren, gegenüber Strafverfolgungsbehörden oder Krankenkassen von den genauen Umständen der Anbahnung der jeweiligen sexuellen Beziehungen zu H. M. zu sprechen, konnte nicht mit der notwendigen Konsequenz gegen H. M. vorgegangen werden. Die Funktionen dieses Schweigens sind nicht weiter erklärungsbedürftig: Die Befürchtung, den guten Ruf als Psychotherapeutin in Heidelberg zu verlieren; die Scham darüber, dass das eigene Intimleben zum Gegenstand von Auseinandersetzungen im Rahmen einer nicht kontrollierbaren Öffentlichkeit werden könnte und – aufseiten von E. M. – die Angst vor dem Verlust aller existenziellen Grundlagen, die an die Ehe mit H. M. gebunden waren.

Eine wichtige psychische Funktion des Schweigens besteht darin, dass die Benennung von Sachverhalten immer auch mit der Schaffung von Wirklichkeit verbunden ist (Keupp et al., 2019). Indem etwas Eingang findet in das „Sprachspiel" (im Wittgensteinschen Sinne), wird es zum Teil einer Welt, die alles ist, „was der Fall ist" (Wittgenstein & Kenny, 1996). Dieser Aspekt ist alles andere als trivial, weil er über Jahre und Jahrzehnte dazu beigetragen hat, dass die sexuellen Grenzüberschreitungen H. M. s im Rahmen asymmetrischer Machtverhältnisse nicht als solche „existierten". Tatsächlich änderte sich durch die Vorwürfe vonseiten des Erwachseneninstituts IPP-Heidelberg-Mannheim Ende des Jahres 1992 das Sprachspiel. Dies schränkte die Möglichkeiten des Ungeschehenmachens durch Schweigen erheblich ein. Aber man kann nicht sagen, dass das Schweigen seine für viele Beteiligte subjektiv nützliche Funktion nicht weiterhin beibehalten hätte[10].

Schweigen heißt: Die subjektiven Repräsentationen der eigenen Wissensbestände keiner sozialen Validierung unterziehen. Das Schweigen ist jene soziale Praxis, die den unzuverlässigen innerpsychischen Manövern des Verdrängens, Verleugnens und Umdeutens einen sicheren Rahmen verleiht. Jedes Interview im Rahmen unseres Forschungsprojekts stellte daher auch eine Form des Sich-Aussetzens dar. Dies war vor allem für Zeitzeug*innen, die H. M. noch persönlich

---

[10] Zu den Funktionen und den Konsequenzen des Schweigens in einem ähnlichen Zusammenhang schreiben Burka et al. (2019): „Silencing is ubiquitous in institutes after the revelation of a boundary violation. We might ask: is silencing in the service of survival, an attempt to prevent further chaos in response to an analytic treatment gone out of control? Or is silencing in the service of negation, an attempt to cope by relying on a cover-up? When silencing is used defensively, it stimulates further disruption, as members feel overly managed or excluded. In silence, members are left to manage an incomprehensible event without benefit of discourse or community care" (S. 264).

7.9 Formen der Abwehr

kannten, mit gewissen psychischen Risiken verbunden: „Und ich weiß, dass es für viele – ich hab mit einer Kollegin gesprochen, die auch damals sehr beteiligt war. Ich hab die angeschrieben und ihr das auch weitergeleitet, dass Sie da diese Interviews führen wollen. Und die hat gesagt, sie kann das nicht. Also es gibt auch viele, wo das bis heute so nachhaltig traumatisch ist."

Diskursive Dekonstruktion der eigenen Version einer emotional besetzten Vergangenheit. Zu sprechen heißt: Eigene Konstruktionen zur Disposition stellen, emotionale Risiken eingehen. Dies wissen alle Psychotherapeut*innen. Sie kennen die vordergründig nützlichen Funktionen des Schweigens, denen aber das Problem der Entwicklungshemmung innewohnt. Und sie kennen die Risiken und die Potenziale des Sprechens.

Es gibt viele Varianten des Schweigens, von denen wir einige im Rahmen unserer Studie kennenlernen konnten, zum Beispiel den plötzlichen Themenwechsel im Interview mit einer/einem Psychotherapeut*in:

I: Haben Sie denn am Institut von Gerüchten gehört über H. M., gab´s da – weil es waren einige, die gesagt haben, ja, es war bekannt hier, dass er Lehranalysandinnen – Verhältnisse hat?

A: Ja, das sickerte schon durch, aber jetzt von der theoretischen Situation, ich finde es ja so interessant, seine Haltung zur Psychoanalyse.

Offensichtliche Auslassungen oder die Fähigkeit so leise zu sprechen, dass im Interview-Transkript gerade bei solchen Antworten Leerstellen auftauchen, die sich auf besonders wichtige Fragen bezogen haben, stellen weitere Möglichkeiten des Verschweigens dar. Es gibt einen großen Bereich dessen, was im Rahmen einer solchen Studie nicht erhoben werden kann. Es gibt vieles, was unerzählt bleibt. Und es gibt den Eindruck, dass gerade in dem, was nicht erzählt wurde, besonders viel und grundlegende Information stecken könnte. Auch das ist etwas, was allen psychoanalytisch denkenden und arbeitenden Menschen sehr vertraut ist: Das Eigentliche, das im Nicht-Gesagten verborgen ist. Auf der Ebene der Verhaltensmanifestation könnte man auch sagen: Einige, die etwas zu sagen gehabt hätten, haben nicht mit uns gesprochen, wie wir explizit aus dem Interview mit einer/einem Psychotherapeut*in erfahren:

„Ich weiß nicht ganz genau, wie, aber die [Kollegin, Anm. d. Verf.] hat neulich mal – ab und zu trinke ich einen Kaffee mit ihr – hat sie zu mir gesagt, ja, da könnt ich wirklich einiges erzählen. Aber das steht ja auch unter dem Verschwiegenheitsgebot. Ich glaube, dass die jemanden – ein oder zwei Leute in Analyse oder Therapie hatte, die tatsächlich betroffen waren. Sie selber ist bestimmt davon nicht betroffen."

Es können Hypothesen angestellt werden über das Schweigen derer, die nicht mit uns gesprochen haben. Augenfällig ist hier vor allem das Schweigen der Betroffenen. Die Aufarbeitung von sexualisierter Gewalt im institutionellen Kontext bedarf der Stimmen der Betroffenen (Mosser, Gmür & Hackenschmied, 2018; Unabhängige Aufarbeitungskommission, 2019b). Im vorliegenden Fall muss auf diese Stimmen weitgehend verzichtet werden, wobei es sich aufdrängt, diesen Sachverhalt als symptomatisch zu betrachten. Neben allen bekannten Gründen, die Menschen, die von sexualisierter Gewalt betroffen sind, daran hindern, über ihre erlittenen Erfahrungen zu sprechen, sind an dieser Stelle zwei Aspekte zu nennen, die für sexualisierte Gewalt im Rahmen der Psychotherapie besonders kennzeichnend sein dürften:

Erstens erschwert das exklusive, individualisierte Setting der psychotherapeutischen Behandlung die nachträgliche Organisation der Betroffenen. Dies ist unmittelbar verständlich, wenn man sexualisierte Gewalt z. B. in Klosterinternaten oder Schulen dazu in Kontrast setzt. Es existieren zwar auch in solchen institutionellen Settings ausgeprägte Strukturen der Geheimhaltung, aber es gibt dennoch so etwas wie eine gemeinsame alltägliche Atmosphäre, auf die sich Betroffenen auch in der retrospektiven Betrachtung beziehen können. Sie kennen einander und bis zu einem gewissen Grad wissen sie auch voneinander, sodass es Möglichkeiten gibt, sich als Gruppe zu formieren, um erlittene Gewalt gemeinsam anzuklagen (Mosser & Straus, 2020). Solche Möglichkeiten stehen der/dem im Rahmen einer Individualtherapie behandelten Psychotherapiepatient*in nicht zur Verfügung. Es gibt normalerweise keine Kontakte zwischen ambulant behandelten Patient*innen, zumal die Inanspruchnahme von Psychotherapien vor allem in früheren Zeiten mit ausgeprägten Gefühlen der Scham verbunden war, wie ein/e von uns interviewte/r Psychotherapeut*in bestätigt:

„Es wurde ja auch früher nicht so oft gesagt, dass man eine Therapie macht. Das gehörte ja auch zu den bestgehütetsten Geheimnissen neben Bettnässen."

Zweitens haben sich die sexualisierten Grenzverletzungen H. M. s nicht nur auf Kinder und Jugendliche, sondern auch auf Erwachsene bezogen. Wir haben es hier mit Tatkonstellationen zu tun, die auch in der Retrospektive nur sehr schwer begrifflich zugeordnet werden können. Wenn wir uns die weiter oben erwähnte Definition von sexualisierter Gewalt von Bange & Deegener (1996) vergegenwärtigen, wird das Problem unmittelbar verständlich, weil sie darauf basiert, dass die sexuelle Handlung gegen den Willen eines Kindes ausgeführt wird oder dass „das Kind aufgrund körperlicher, psychischer, kognitiver oder sprachlicher Unterlegenheit nicht wissentlich zustimmen kann." Diese Kriterien werden die

7.9 Formen der Abwehr

meisten erwachsenen Betroffenen im Fall H. M. nicht geltend machen können. In den meisten Fällen wird auch keine unmittelbare Gewaltanwendung vorgelegen haben, sodass die Betroffenen vor der außerordentlich anforderungsreichen Aufgabe standen und stehen, ein schlüssiges inneres Konzept ihrer Erfahrungen zu generieren, welches von Scham- und Schuldgefühlen nicht vollkommen überlastet ist. Im Rahmen unserer Studien haben wir mit vielen Menschen gesprochen, die oftmals viele Jahrzehnte zuvor (sexualisierte) Gewalt im institutionellen Kontext erlebten. Obzwar sie damals noch Kinder oder Jugendliche waren, fällt es ihnen zum Teil auch heute noch schwer, Gefühle von Scham und Mitschuld zu bewältigen (Caspari et al., 2021; Keupp et al., 2017a; Keupp et al., 2019; Keupp et al., 2017b). Den meisten ist aber klar, dass sie damals als Minderjährige – im Sinne der Definition von Bange & Deegener (1996) – sexuell ausgebeutet wurden. Für die erwachsenen Betroffenen im Fall H. M. ist es hingegen wesentlich schwieriger, sich von der Einschätzung zu distanzieren, dass die sexuellen Handlungen „freiwillig" und „einvernehmlich" waren und dass man genauso gut „nein" hätte sagen können. Ein/e Interviewpartner*in drückt diesen Sachverhalt folgendermaßen aus:

„Es ist ja keine Vergewaltigung, der legt die ja nicht auf der Couch flach gegen ihren Willen. Sondern das ist – da entsteht ein erotisches Beziehungsgeflecht, in dem der Patient oder die Patientin ja freiwillig, in Anführungsstrichlein, einsteigt."

Erst ein umfassendes Verständnis des gesamten Falles mit seiner hochkomplexen Macht-Abhängigkeits-Dynamik dürfte dazu beitragen können, sich von solchen selbstschädigenden Kognitionen zuverlässig zu verabschieden.

Wir wissen nicht, wie viele Betroffene im Rahmen von Psychotherapien, Beratung oder im privaten Umfeld über ihre mit H. M. gemachten Erfahrungen gesprochen haben. Wir können lediglich konstatieren, dass sich im Rahmen des Forschungsprojekts – mit einer Ausnahme – keine Frauen gemeldet haben, die als Erwachsene in sexuelle Interaktionen oder Beziehungen mit H. M. verstrickt waren. Zumindest haben unsere Interviewpartnerinnen nicht davon gesprochen. Der Umstand allerdings, dass einige Frauen davon berichten, dass sich H. M. „nicht für mich interessiert hat", dass „ich nicht in sein Beuteschema" passte oder dass „er es bei mir nicht versuchen hätte dürfen" hat insofern Erklärungswert, weil er auf das verweist, was sich leichter sagen lässt. Dazu eine Psychotherapeutin im Interview:

„Also ich bin so innerlich jemand, der ist sehr klar definiert, sehr klar strukturiert, und so trete ich auch auf. Der H. M. hätte in hundert Jahren nie gewagt, in seiner einfachen Primitivität auf einer bestimmten Ebene – hätte er nie eine Grenzüberschreitung gewagt, weil er da gespürt hat, das ist einfach nicht drin."

Implizit wird dadurch klar, warum andere Frauen nicht mit uns gesprochen haben.

Vor diesem Hintergrund sind die wenigen Berichte von Betroffenen, die als Kind oder Jugendliche sexualisierte Grenzverletzungen durch H. M. erleiden mussten, für die hier vorliegende Analyse von besonderem Wert. Sie geben uns unmissverständlich Auskunft über die Art und Weise, wie H. M. psychotherapeutische oder Begutachtungssituationen ausnutzte, um Menschen sexuell auszubeuten. Sie beinhalten zudem überzeugende Informationen darüber, welche emotionalen Reaktionen diese Übergriffe bei den Betroffenen nach sich zogen und wie stark diese zum Teil später noch nachwirkten.

Der große Bereich des Ungesagten beinhaltet das Schweigen Betroffener und es beinhaltet das Schweigen von Zeitzeug*innen, also frühere Ausbildungskandidat*innen, Mitarbeiter*innen und Führungskräfte an den Instituten IPP-Heidelberg-Mannheim und AKJP-H eidelberg. Die Motive und die Inhalte dieses Schweigens verbleiben naturgemäß im Bereich des Spekulativen, auch wenn wir dazu einige aussagekräftige Hinweise, z. B. von einer/einem interviewten Psychotherapeut*in, bekommen:

A: Na ja, das ist auch die Abwehr des Verdrängten, sag ich mal. Also mir geht's ja auch so, wenn ich jetzt so drüber rede, dann denk ich, uh, jetzt hab ich von der Frau X erzählt, die war auch bei mir in der Intervisionsgruppe, die wohnt bei mir in der Straße, ja, denunziere ich die jetzt. So Mechanismen tauchen dann auf, die sind ja spezifisch für solche Sachen, ja, dass man dann denkt, verrät man jetzt jemanden. So. (…) Nee, das ist nicht so einfach.

Also vom Datenschutz her ist man natürlich gesichert, und trotzdem merk ich, wie ich Informationen zurückhalte, sag ich mal so. (lacht) (…) Nee, ich hab – ich mein, das ist ja wirklich jetzt datengeschützt, was ich hier sage. Wir haben nach der Verhandlung die Frau Y kennengelernt. Meine Kolleginnen und ich. Aber das ist jetzt – ich hab ja auch einen Datenschutz [murmelt unverständlich] also ich mein, ich weiß jetzt auch nicht, wieviel ich sagen kann.

I: Müssen Sie entscheiden.

A: Ja. (Pause) Ja, wir haben jedenfalls von der Seite viele Informationen gekriegt.

In Bezug auf die Funktion des Schweigens ist es wichtig, sich an die Grunddynamik zwischen funktionalem Pragmatismus einerseits und der Thematisierung sexualisierter Gewalt am AKJP-Heidelberg andererseits zu erinnern. In einigen Interviews wird erkennbar, dass das Sich-Aussetzen gegenüber fragenden Forscher*innen auch ein Sich-Aussetzen gegenüber zum Teil belastenden Erinnerungen ist und dass auf diese Weise auch der Modus des funktionalen Pragmatismus zumindest partiell verlassen wird: „Jetzt merk ich doch, wie verrückt die ganze Sache ist oder wie sehr ich es auch verdrängt hab!"

Inzwischen können wir sagen, dass es in unterschiedlichen Phase der Geschichte des Instituts „vernünftig" war zu schweigen. Es gibt viele Menschen, die von H. M. in ein System der Abhängigkeit, aber auch der unbewussten bzw. unvorsichtigen Komplizenschaft verstrickt wurden. Dies macht die Abwehr peinlicher Loyalitäten und nachträglich erkennbarer Versäumnisse erforderlich. Der Verzicht auf eine soziale Verhandlung solcher Verstrickungen kann zur Aufrechterhaltung einer (unbewusst) bedrohten psychischen Stabilität und handlungsbezogenen Funktionalität beitragen.

Vergessen, Verdrängung, Verleugnung, Nicht-Wissen und Schweigen bilden einen Komplex aus Abwehrmechanismen und Symptomen, der für den Umgang mit der „Causa H. M." am AKJP-Institut Heidelberg kennzeichnend ist. Die Liste der von uns beobachteten Manifestationen, die im Rahmen einer psychoanalytischen Terminologie beschreibbar sind, ließe sich weiter fortsetzen: Schuldzuweisungen, Abwehr von Schuldgefühlen, aggressive Abwehr, Rationalisierung, dissoziative Verwirrung, ... Aus psychodynamischer Sicht lässt sich konstatieren, dass die „Causa H. M." bis zum heutigen Tag offenbar in einem Ausmaß bearbeitet ist, das mit dem Auftauchen solcher Manifestationen assoziierbar ist. Dass die Abwehr einer solchen Bearbeitung in allen Phasen der Entwicklung des Instituts von mehr oder weniger großen Fraktionen innerhalb des AKJP-Heidelberg als sinnvoll und vernünftig erlebt wurde, ist vor allem deshalb erklärungsbedürftig, weil sich die Analogien zu einem psychoanalytischen Verständnis menschlicher Vorgänge unübersehbar aufdrängen. Wenn man Konflikte und emotionale Aufladungen als Indizien für Bearbeitungserfordernisse sieht, dann scheint es in verschiedenen Phasen der Entwicklung auch einer psychoanalytischen Institution notwendig zu sein, den Pfad des funktionalen Pragmatismus zu verlassen und sich auszusetzen.

7.10 Gruppen und Konflikte

Im Folgenden wird der Versuch unternommen, das komplexe Konfliktgeschehen, das sich spätestens seit den Offenlegungen Ende 1992/1993 um die „Causa H. M." gruppierte, überblicksartig darzustellen. Dies geschieht an dieser Stelle bewusst vereinfachend, um ein grundlegendes Verständnis der Rollen der beteiligten Instanzen zu ermöglichen. Vereinfachungen sind immer mit erheblichen Informationsverlusten verbunden. Dennoch wählen wir an dieser Stelle zunächst die Form der grafischen Darstellung, die mit den in den vorherigen und nachfolgenden Kapiteln beschriebenen Dynamiken in Zusammenhang gebracht werden kann (Abb. 7.2). Die Grafik soll eine grobe Verortung der beteiligten Instanzen über vier verschiedene Entwicklungsphasen des AKJP-Instituts Heidelberg veranschaulichen. Bei der Interpretation der Grafik ist es wichtig zu berücksichtigen, dass die beteiligten Gruppen selbst nicht amorph oder vollkommen homogen waren, sondern dass sie zumeist von bestimmten Protagonist*innen repräsentiert wurden, die mit einer mehr oder weniger großen Anzahl von Verbündeten mehr oder weniger stark assoziiert waren. Der linke Bereich der Grafik symbolisiert jene Instanzen, die dem oben beschriebenen Modus des funktionalen Pragmatismus folgten und/oder sich aktiv um eine Vertuschung der Vorwürfe gegen H. M. bemühten. Der rechte Bereich kennzeichnet jene Instanzen, die eine Aufklärung der Vorfälle, ein Zur-Sprache-Bringen des Problems und eine nachhaltige Aufarbeitung anstrebten. Im Mittelbereich befinden sich jene, die sich nicht eindeutig positionieren konnten – entweder weil sie nichts von der „Causa H. M." wissen konnten oder wollten oder weil sie in diskrepante Loyalitäten verstrickt waren.

Aus der Grafik lassen sich folgende Sachverhalte ableiten:

Im Zusammenhang mit der Erhebung der Vorwürfe im Jahr 1993 kann man davon sprechen, dass das AKJP-Institut Heidelberg auf nahezu allen Ebenen eine Haltung der Verteidigung seines Institutsleiters einnahm. Ausgenommen davon sind jene ca. 5 Ausbildungskandidat*innen, die – mit Unterstützung des VAKJP – Aufklärung und den Rücktritt H. M. s forderten.

Im weiteren Verlauf waren vor allem auf Vorstandsebene und zumindest partiell auf der Ebene der Mitarbeiter*innen weiterhin Kräfte vertreten, die mit H. M. loyal waren und Aufklärungs- und Aufarbeitungsbemühungen untergruben. Diese waren mehr oder weniger stark assoziiert mit „mächtigen Kollegen" im Umfeld der Heidelberger Psychotherapieszene.

Das Erwachseneninstitut IPP-Heidelberg-Mannheim blieb über den gesamten Zeitraum eine Instanz, von der in unregelmäßigen Abständen Impulse zur Aufarbeitung ausgingen.

Innerhalb des AKJP-Heidelberg wurden vor allem von einzelnen Mitarbeiter*innen mit gelegentlicher Unterstützung von Ausbildungskandidat*innen Aufklärungs- und Aufarbeitungsversuche initiiert.

Die ab 1994 eingesetzte Leitung des AKJP-Heidelberg verhielt sich neutral. Von Leitungsebene wurden Aufklärungsbemühungen prinzipiell unterstützt, ohne

7.10 Gruppen und Konflikte

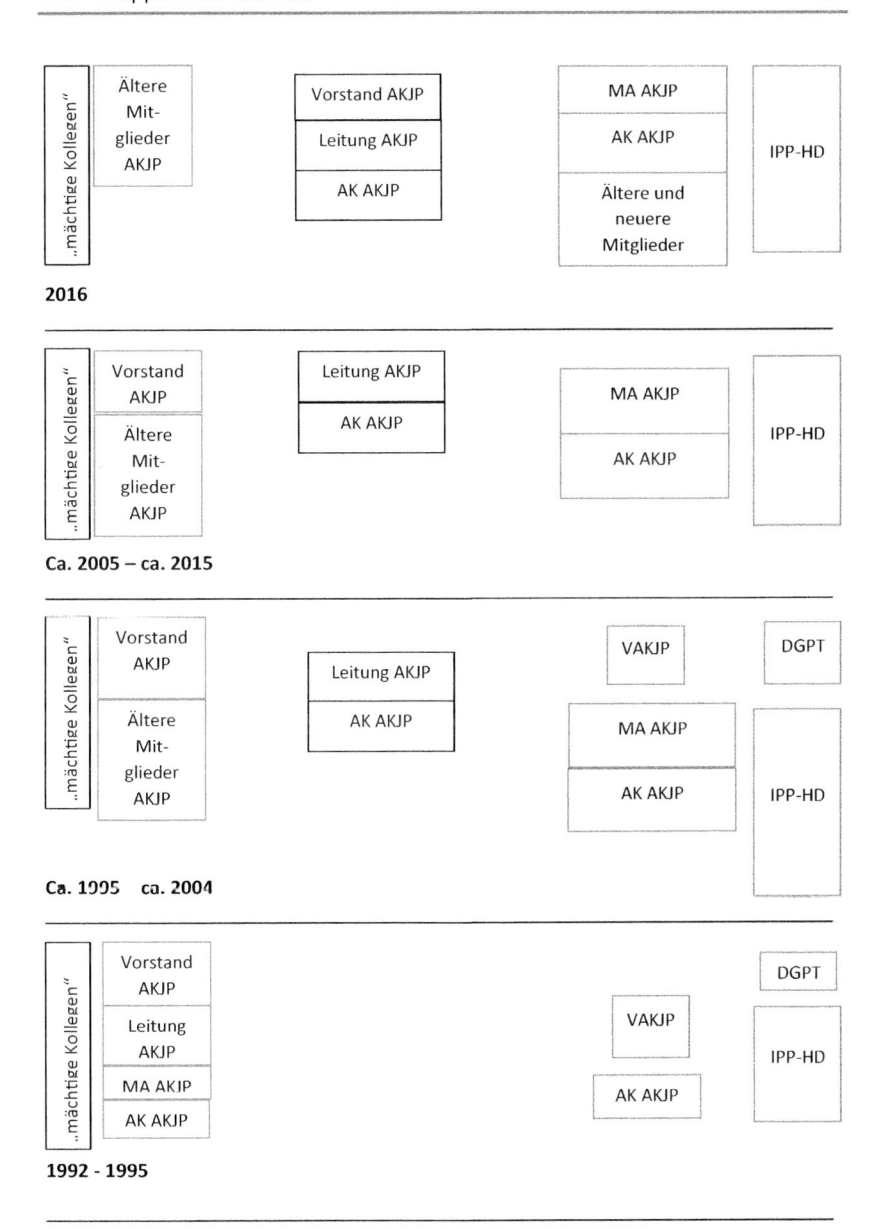

2016

„mächtige Kollegen" | Ältere Mitglieder AKJP | Vorstand AKJP / Leitung AKJP / AK AKJP | MA AKJP / AK AKJP / Ältere und neuere Mitglieder | IPP-HD

Ca. 2005 – ca. 2015

„mächtige Kollegen" | Vorstand AKJP / Ältere Mitglieder AKJP | Leitung AKJP / AK AKJP | MA AKJP / AK AKJP | IPP-HD

Ca. 1995 ca. 2004

„mächtige Kollegen" | Vorstand AKJP / Ältere Mitglieder AKJP | Leitung AKJP / AK AKJP | VAKJP / MA AKJP / AK AKJP | DGPT / IPP-HD

1992 - 1995

„mächtige Kollegen" | Vorstand AKJP / Leitung AKJP / MA AKJP / AK AKJP | | VAKJP / AK AKJP | DGPT / IPP-HD

Abb. 7.2 Konfliktfraktionen. Abkürzungen: AK = Ausbildungskandidat*innen, MA = Mitarbeiter*innen. (Eigene Darstellung)

aber jene Kräfte zu identifizieren und zu isolieren, die weiterhin mit H. M. loyal waren und am Institut durchaus einflussreich blieben.

Es fällt auf, dass die Grundstruktur hinsichtlich der Positionierung der Konfliktparteien über Jahrzehnte hinweg weitgehend erhalten blieb. Dies hängt auch damit zusammen, dass die wesentlichen Protagonisten der (mehr oder weniger latent geführten) Auseinandersetzungen ebenfalls über lange Zeiträume unverändert blieben. Dies schließt nicht aus, dass es Bewegungen innerhalb der einzelnen Fraktionen gab, die mit Veränderungen in ihren jeweiligen Einflussmöglichkeiten einhergingen.

In Übereinstimmung mit unseren bisherigen und auch noch weiter unten dargestellten Ausführungen kann von einem überdauernden Konfliktgeschehen gesprochen werden, dass von einzelnen Personen explizit repräsentiert wird, dass aber zugleich die gesamte Entwicklung des Instituts bis zum heutigen Tag phasenweise geprägt hat. Diese Phasen können als Aufeinanderfolge heftig aktualisierten Konfliktgeschehens einerseits und „asymptomatischer Latenzzeiten" andererseits beschrieben werden (siehe hierzu auch Kap. 7). Man kann bilanzieren, dass es im AKJP-Heidelberg und im Umfeld des Instituts seit 1993 niemanden gab, die/der nicht von diesen mehr oder weniger untergründigen Konfliktströmungen erfasst worden wäre. Der Konflikt hörte nicht auf zu existieren, selbst wenn man insbesondere für die Zeit ab ca. 2005 bis etwa 2016 von einer relativ ruhig erscheinenden Latenzphase sprechen kann, die allerdings durch die Strafanzeige gegen H. M., das anschließende Gerichtsverfahren und die Veröffentlichung des „ZEIT"-Artikels jäh beendet wurde.

Wir haben mehrere Dynamiken und Motivlagen beschrieben, die die persistierenden Konfliktlinien am AKJP-Institut Heidelberg begründeten:

Gefährdung der Existenz des Instituts, Gefährdung der existenziellen Grundlagen vieler Mitarbeiter*innen und Ausbildungskandidat*innen, persönliche Verstrickungen und Loyalitäten mit H. M., überdauernde Macht- und Abhängigkeitsverhältnisse, Abwehr des Themas „Sexualisierte Gewalt" und Angst vor Konfrontation mit Betroffenheiten und Betroffenen, Abwehr von Verantwortung gegenüber Betroffenen zugunsten einer Wahrnehmung der Verantwortung für sich selbst und das Institut, Verleugnung, Verdrängung, Vergessen, Schweigen.

Es wurde herausgearbeitet, dass die beschriebenen Reaktionsweisen die Tendenz besitzen, sich wechselseitig zu affizieren, wodurch sowohl auf der Ebene des Subjekts als auch auf der Ebene der Institution heftige Gegenreaktionen ausgelöst werden können: Der latente Modus des Vertuschens, der von der Attitüde des funktionalen Pragmatismus überdeckt wird, sieht sich unmittelbar in dem Moment bedroht, wenn „das alte Thema" von irgendeiner Seite wieder an die Oberfläche des institutionsbezogenen Diskurses gebracht wird. Umgekehrt löst

7.10 Gruppen und Konflikte

die Propagierung verharmlosender oder ignorierender Narrative bei jenen Personen Reaktanzen aus, die davon überzeugt sind, dass die „Causa H. M." nach wie vor nicht hinreichend aufgearbeitet ist. Symptomatisch ist diese Dynamik vor allem mit der Zuweisung von Schuld, mit dem Auftauchen von Schuldgefühlen und der Abwehr derselben verbunden.

Im Rahmen unserer Studie berichtete ein/e Interviewpartner*in von einem Gespräch im Nachgang zu jener Mitgliederversammlung am AKJP-Heidelberg, in der es um die Entscheidung zur Beauftragung einer wissenschaftlichen Studie zur Aufarbeitung der „Causa H. M." ging. Die Mitgliederversammlung selbst habe sie/er als sehr emotional aufgeladen erlebt. In dem darauffolgenden Dialog mit einem Vertreter des AKJP-Instituts Heidelberg sei es auch um die Rolle der Tochter H. M. s gegangen, die mit der Strafanzeige gegen ihren Vater sehr wesentlich zur Aufklärung seiner Taten – auch am AKJP-Heidelberg – beigetragen hatte. Ihr/e bzw. sein/e Gesprächspartner*in habe sich anerkennend über die Rolle dieser Tochter geäußert, was bei unserer/unserem Interviewpartner*innen zu folgender Reaktion führte:

„Und da bin sogar ich, die ich ja doch bedächtig bin, sag, jetzt hören Sie doch mal auf, die Opfer zu heroisieren! Da hab ich gedacht, was sag ich denn da? Hör ich mich da sagen? Da denk ich, also ein dummes Geschwätz. Man wird so aggressiv! Oder man wird verteidigend. Und das, was mir so umgeht, da wachen Sie nachts auf."

In dieser kurzen Sequenz wird vieles in komprimierter Form beschrieben, was wir auch aus vielen anderen Interviews herausarbeiten konnten. Es werden einige Motive erkennbar, denen ein hoher Erklärungswert für den persistierenden Charakter der am AKJP-Heidelberg herrschenden Konfliktdynamik zugeschrieben werden kann. Zu berücksichtigen ist zunächst der Umstand, dass das Gespräch, von dem die/der Interviewpartner*in berichtet, im Jahr 2019 stattgefunden hat, also 25 Jahre nach der partiellen Aufdeckung der Taten H. M. s, die zu seinem Rücktritt als Institutsleiter geführt haben.

Unverkennbar ist die emotionale Heftigkeit, die mit der diskursiven Reaktualisierung des Geschehens verbunden ist. Sogar die ansonsten als zuverlässig erlebte eigene Charaktereigenschaft der „Bedächtigkeit" wird angesichts der anerkennenden Worte der/des Gesprächspartner*in für H. M. s Tochter außer Kraft gesetzt. Es ist für die/den Interviewpartner*in unerträglich, dass auf diese Weise „die Opfer heroisiert" werden. Es liegt die Annahme nahe, dass die wahrgenommene „Heroisierung" des Opfers (die in der verwendeten Formulierung mit einer Heroisierung aller Opfer gleichgesetzt wird) die Abwehr eigener Schuldgefühle gefährdet: Die letztlich erfolgreiche Strafanzeige der Tochter H. M. s zog Wirkungen nach sich, die das Ausmaß der Versäumnisse aller Akteure an den Psychotherapieinstituten offensichtlich machten. Das im Jahre 1993 geborene Kind musste schließlich jenen Schritt vollziehen, zu dem die Heidelberger Psychotherapeut*innen-Community 25 Jahre lang nicht imstande war: Fundierte Strafanzeige, glaubwürdige Aussage, strafrechtliche und damit öffentlich wahrnehmbare Offenlegung der sexualisierten Gewalttaten mit anschließender Verurteilung. Diese Handlung der Tochter H. M. s hält vor allem jenen Personen aus seinem Umfeld den Spiegel vor, die ihn gut kannten und mit ihm zusammenarbeiteten: Ignorieren von Indizien, Bagatellisieren seiner Grenzüberschreitungen, Rückzug auf angebliches oder tatsächliches Nicht-Wissen. Wir wissen nicht, was unser/e Interviewpartner*in in diesem Spiegel sieht, aber etwas in ihr/ihm erinnert sie/ihn an Versäumnisse, die sie/ihn mit Schuld behaften. Wir können nicht einschätzen, inwieweit diese Schuldgefühle auf reale und offenkundige Versäumnisse zurückzuführen sind. Wichtig ist aber die symptomatische Heftigkeit der emotionalen Reaktion, die durch die anerkennenden Worte für H. M. s Tochter ausgelöst werden. Ob jemand „heroisiert" werden muss, die den eigenen Vater wegen sexuellen Missbrauchs anzeigt, ist nicht die Frage – anerkennenswert ist ein solches Verhalten allemal. Unser/e Interviewpartner*in empört sich aber über alle Maßen über diese Anerkennung. Sie/Er bittet ihren/seinen Gesprächspartner*in damit aufzuhören. Sie/Er kann es offensichtlich nicht mehr hören, weil etwas in ihr/ihm dadurch in einen kaum zu ertragenden Aufruhr gerät.

Das Besondere an der weiteren Schilderung ist das selbstreflexive Moment. Die/der Interviewpartner*in tritt aus sich heraus und äußert Erstaunen über die eben gezeigte Reaktion. Es lässt sich vermuten, dass dieses selbstreflexive Moment in den realen Auseinandersetzungen zwischen den im AKJP-Heidelberg repräsentierten Fraktionen üblicherweise unterrepräsentiert geblieben ist. Das abgewehrte Schuldgefühl verleitete normalerweise zu aggressivem Ausagieren („Man wird so aggressiv!"), was naturgemäß zu entsprechenden Reaktionen auf der Gegenseite führt: Abgewehrtes Schuldgefühl, aggressive Antwort, Zuweisung von Schuld, Abwehr von Schuldgefühlen usw. – das Paradigma der Konfliktdynamik am AKJP-Institut Heidelberg. Illustriert wird dies zusätzlich durch den Satz: „Oder man wird verteidigend". Tatsächlich wurden der/dem Interviewpartner*in von ihrem/seinen Gesprächspartner*in keinerlei Vorwürfe gemacht. Die Person verwies lediglich auf die Verdienste der Tochter H. M. s. Dies stellt keinen beabsichtigten Angriff auf ihr/sein früheres Verhalten dar, sondern löst offensichtlich massive Reaktionen auf einer unbewussten Ebene aus, die unmittelbar dazu veranlassen, „verteidigend zu werden".

Das selbstreflexive Moment besteht darin, sich über sich selbst zu wundern. Es geht aus dieser Interviewsequenz nicht hervor, inwieweit die/der Interviewpartner*in eine Erklärung für ihre/seine Reaktionen hat. Zunächst ist aber allein schon

7.10 Gruppen und Konflikte

die Wahrnehmung des eigenen Erstaunens bemerkenswert. Es taucht die Frage auf, wodurch man dazu veranlasst wird, einer mutigen jungen Frau die Anerkennung zu verweigern, die ihren sexuell missbrauchenden Vater angezeigt hat. Unklar bleibt, wovon die/der Interviewpartner*in nachts aufwacht. Etwas ist in gravierender Weise unerledigt. Etwas erinnert immer wieder an innere Konflikte und drängt dazu, diese auch im Außen zu agieren. Wir fühlen uns zudem an all das erinnert, was weiter oben über die durchgängige Abwendung gegenüber den Betroffenen gesagt wurde. Jegliche Konfrontation mit der Tatsache, dass es Opfer gab, scheint die eigene psychische und ethische Integrität zu bedrohen. Dass es Opfer gab, erinnert uns daran, dass es Taten gab, die andere Menschen zu Opfern machten. Dies erinnert aber auch an die eigene Verantwortung, die darin bestanden hätte, diese Taten zu verhindern oder zu benennen oder wenigstens über entsprechende Indizien mit anderen Personen in einen ernsthaften, sorgfältigen und prozessorientierten Diskurs zu gehen.

Die Tochter H. M. s, deren Tochter von H. M. sexuell missbraucht wurde, fungiert in dieser Erzählung als Chiffre für alle Personen, die den Taten H. M. s zum Opfer gefallen sind. Sie zu erwähnen wird in der schuldbehafteten Wahrnehmung mit ihrer „Heroisierung" gleichgesetzt. Man könnte auch sagen: Wer über die Betroffenen spricht, heroisiert sie. Dabei lässt sich die Heroisierung diskursiv leichter abwehren als die schlichte Tatsache, dass sie erwähnt werden und dass ihnen Anerkennung gezollt wird.

Die Hinwendung zum Schicksal Betroffener beinhaltet das Risiko, an eigene Versäumnisse erinnert zu werden. Es lassen sich an dieser Stelle keine Aussagen über reale Versäumnisse aufseiten unserer/unseres Interviewpartner*in treffen. Wichtig ist hier vor allem, was ihre/seine Erzählung zur Erklärung der überdauernden, heftigen Konfliktdynamik am AKJP-Heidelberg beiträgt. Es ist davon auszugehen, dass viele Protagonist*innen dieser Auseinandersetzung nicht jenen Schritt vollzogen, der von der/dem hier beschriebenen Kolleg*in so eindrucksvoll dargestellt wird: Die bewusste Bezweiflung des Selbst, das Erstaunen darüber, was man gerade gesagt hat und der drängende Charakter jener Fragen, die einem den Schlaf rauben. Es ist davon auszugehen, dass die Aufarbeitungs- und Bewältigungskultur des AKJP-Heidelberg zu wenig Raum gelassen hat für solche selbstreflexiven Prozesse.

Daher fungierten bestimmte Informationen, Einschätzungen, Meinungen, Erzählungen immer wieder als Trigger für impulsgesteuerte Reaktionen, die zu entsprechend emotionalen Gegenreaktionen Anlass gaben. Abzuwehren war dabei immer wieder das Eingeständnis, dass Menschen durch die Taten H. M. s real zum Teil schwer geschädigt wurden und dass man selbst möglicherweise die Verantwortung für diese Menschen und für all jene, die zu späterer Zeit von ihm geschädigt wurden, nicht ausreichend wahrgenommen hat. Wie „real" diese Versäumnisse waren und wie „berechtigt" die damit zusammenhängenden Schuldgefühle sind, kann nur im Rahmen individueller und institutioneller Aufarbeitungsprozesse herausgefunden werden, die frei von wechselseitigen Schuldzuweisungen und existenziellen Bedrohungsszenarien sind.

7.11 Exemplarische Fallrekonstruktionen

Zur vertieften Veranschaulichung einiger in den vorherigen Kapiteln herausgearbeiteter Aspekte werden im Folgenden zunächst zwei Interviewpartner*innen (Frau/Herr A. und Frau/Herr B.) gegenübergestellt. Beide waren lange Zeit Mitarbeiter*innen (Dozent*innen bzw. Supervisor*innen) des AKJP-Instituts unter H. M., wobei sie auch zur Zeit der Aufdeckung 1993 unmittelbar vor Ort und in den Prozess involviert waren. Dies mag ein Grund dafür sein, dass beide ein spezifisches Muster der Abwehr aufweisen. Im Gegensatz zu den Personen, die eine Beteiligung an der Studie mit der Begründung ablehnten, dass sie nach der langen Zeit nicht wieder alles aufwärmen wollten, sich als zu betroffen empfanden oder eine so späte Auseinandersetzung als unsinnig beurteilten, wollten die beiden Personen ihre Perspektive des Vorbehaltes in der Studie vertreten wissen. Zu dieser Gegenüberstellung wird in der Folge ein/e dritte/r Interviewpartner*in (Frau/Herr C.) in die Auswertung mit einbezogen, die/der der Studie gegenüber ebenfalls skeptisch war, sich aber dennoch befragen ließ.

Die hier dargestellten Interviewpartner*innen weisen übereinstimmend eine gewisse innere Konfliktspannung zwischen verschiedenen Argumentationslinien auf: Eine erneute Auseinandersetzung habe keinen Nutzen. Der finanzielle Aufwand für das Institut sei nicht zu rechtfertigen. Es bestehe für das Institut das Risiko einer nachhaltigen Rufschädigung. Andererseits aber: Wir wollen nicht wieder als Verhinder*innen dastehen und die Gelegenheit nutzen, innere und explizit geäußerte Vorwürfe, die wir latent, aber auch unmittelbar erleben, zu widerlegen.

Der empfundene innere Vorwurf, etwas übersehen zu haben, sich nicht genügend auseinandergesetzt, etwas versäumt und nicht genügend unternommen zu haben, wird in den beiden hier zunächst in Augenschein genommenen Interviews sehr stark deutlich. Beide Personen verteidigen ihre Haltung und ihre damalige Position, doch es gibt erkennbare Unterschiede im Verlauf der Interviews: Während die/der erste Gesprächspartner*in auf ihrer/seiner Verteidigungsposition beharrt, verändert sich im zweiten Interview die Haltung der/des Befragten, indem der latente Vorwurf der Unterstellung explizit wird und dadurch ein Prozess der

7.11 Exemplarische Fallrekonstruktionen

Auseinandersetzung benannt werden kann, wenngleich dabei nicht die hauptsächliche Linie einer Zweckmäßigkeit des eigenen Handelns grundlegend verlassen wird.

Es ist denkbar, dass die Strategie der anhaltenden Verteidigung im ersten Fall durch die Form des Telefoninterviews bedingt ist und dadurch das Misstrauen gegenüber dem/der Interviewer*in nicht abgebaut werden konnte. Ein anderer Grund für die konsequente Beibehaltung der eigenen Position könnte in der stärkeren Involviertheit der/des Interviewten in die damaligen Geschehnisse liegen.

Unter anderem aufgrund der Abhängigkeit damaliger Psychotherapeut*innen vom ärztlichen Delegationsverfahren lassen sich bei beiden Interviewpartner*innen Konstellationen nachweisen, die den Charakter einer jener vordergründigen Win–Win-Situationen hatten, die H. M. häufig herstellte. Zunächst ist das nicht weiter zu hinterfragen. Bei der Frage hingegen, wer durch eine „Demaskierung" H. M. s etwas zu verlieren bzw. auch zu verdecken hatte, erhält eine solche Konstellation jedoch wieder eine gewisse Brisanz. So berichtet ein/e Interviewpartner*in von recht unkompliziert hergestellten Delegationsterminen mit H. M., die für alle Beteiligten mit geringem Aufwand verbunden waren, aber außerhalb der dafür vorgesehenen Strukturen stattfanden. Die/Der andere Interviewpartner*in schildert, dass sie die Räume des Instituts für ihre Ausbildung am Erwachseneninstitut nutzen konnte.

I: Und da haben Sie die Erwachsenen behandelt?

A: Ja. Und da saß ich dann dahinter auf meinem Stuhl, und da hab ich die Erwachsenen behandelt, das war mir ein bisschen peinlich, weil das ein bisschen sehr unorthodox war.

Im Grunde ist dieses exemplarische „Entgegenkommen" des Institutsleiters nicht weiter verwerflich, auch wenn es sicherlich mehr als „ein bisschen sehr unorthodox" ist. Es stellt ein deutliches Privileg dar, dass sie/er die Räume nutzen und evtl. auch in ihrer/seiner Arbeitszeit Teile ihrer/seiner Ausbildung absolvieren konnte. Zunächst wirkt das wie ein freundlicher Zug des Institutsleiters, aber auf diese Weise werden innerliche und äußere Abhängigkeiten geschaffen.

Durch diese Formen des Entgegenkommens aufseiten H. M. s werden Konturen eines Systems der Abhängigkeit sichtbar. H. M. gewährt Privilegien – ob willentlich oder implizit, ob bewusst oder unbewusst – in einem nicht regelkonformen und nahezu ungesetzlichen Rahmen. Solche Regelübertretungen können als an sich nicht weiter dramatisch eingestuft werden, sodass man „beide Augen zudrücken" könnte. Dies auch vor dem Hintergrund, dass beispielsweise die ärztliche Delegation von Psychotherapien für ausgebildete Psychoanalytiker*innen nicht unumstritten war und später auch abgeschafft wurde. Eine diesbezügliche Regelübertretung wäre daher mit eigenen Vorstellungen, wonach dieses unnötige Prozedere „eigentlich" umgangen werden müsste, problemlos in Übereinstimmung zu bringen gewesen. Doch ist mit solchen leichten Übertretungen schnell ein System geschaffen, durch das man sich unwillkürlich in einem gesetzlichen Graubereich begibt und letztlich erpressbar wird, auch wenn dies nicht explizit wird. Dies mag eine Rolle bei der Frage spielen, ob man sich nach Bekanntwerden von Vorwürfen gegen H. M. ihm gegenüber kritisch platziert oder ihm (zunächst) zur Seite steht.

Ein/e Interviewpartner*in beschreibt die eigene Haltung gegenüber den Gerüchten am Institut folgendermaßen:

„So war das mein Ding, ich hab gedacht, das geht mich nichts an, so wie der nicht weiß, wen ich heirate, geht mich das erstmal nichts an. Ja."

Auch Frau/Herr A. sagt:

„... und hab von all dem nichts – also erst, wie das dann so am Kochen war – ich hab also von all diesen Machenschaften nichts mitgekriegt."

Am Beginn des Jahres 1993 wird am Erwachseneninstitut IPP-Heidelberg-Mannheim eine Mitgliederversammlung vorbereitet, in der es zum Ausschluss H. M. s aus dem Institut kommen soll. Als Begründung werden Abstinenzverletzungen angegeben. Diese werden in der Sitzung nicht näher benannt. H. M. entgeht der Auseinandersetzung und dem Ausschluss, indem er zuvor selbst aus seinen Funktionen am IPP-Heidelberg-Mannheim zurücktritt. Beide Interviewpartner*innen sehen ihn zunächst als den „Angegriffenen", der vom Erwachseneninstitut rausgeworfen wird. Während Frau/Herr B. kaum etwas Offizielles weiß, äußert sich Frau/Herr A. dazu folgendermaßen:

I: Wie haben Sie denn erstmals davon mitbekommen, dass es Vorwürfe gegen den H. M. gab?

A: Das kann ich Ihnen so alles gar nicht mehr genau sagen. Aber ich hab mitgekriegt, vermutlich über die Institutsleitung, dass da jetzt diese – ja, jetzt muss man erstmal so sagen. Also H. M. – es ist schwer zu rekonstruieren, H. M. hat in der Zeit, wo er noch Institutsleiter war – kam ja raus, dass er mit einer jungen Patientin ein Verhältnis gehabt hat. Und da lief dann in Heidelberg an, übers Jugendamt Anzeigen usw. Und H. M. ist dem Ganzen zuvorgekommen, indem er diese junge Frau geheiratet hat.

7.11 Exemplarische Fallrekonstruktionen

Nicht viele der von uns Befragten wussten, woher die Initiative zur Offenlegung der Grenzverletzungen kam. Die meisten hatten Kenntnis von den Übergriffen an den Lehranalysandinnen am IPP-Heidelberg-Mannheim, die aber aus Gründen der Schweigepflicht nicht benannt wurden, wobei die Erklärung, dass hier ja letztlich Erwachsene „etwas miteinander hatten", schnell zu einer Legitimierung und Abschwächung der Vorwürfe führte.

Es war aber das Jugendamt, das Nachricht über einen möglichen sexuellen Missbrauch am Institut erhalten hatte. Die Behörde wusste schon über den ersten unehelichen Sohn von H. M. mit einer Patientin Bescheid und war über die Geburt eines weiteren Kindes einer anderen Patientin beunruhigt. Verwunderlich ist aber, dass die Institute IPP-Heidelberg-Mannheim und AKJP-Heidelberg erst alarmiert waren, als diese Patientin 1993 schon zum zweiten Mal schwanger von H. M. war. Frau/Herr A.:

„Und bei der jungen, bei der neuen Frau M., das stimmt schon, da gab's dann, nachdem – aber da hab ich schon nichts mehr mit zu tun gehabt. Also da gab's irgendwann nach dem ersten Kind, gab's irgendwann dann später nochmal ein zweites Mädchen."

So bleiben Fragen im Interview offen: Hat vor 1993 niemand am Institut etwas von der Liaison der Patientin mit H. M. gewusst, zumal sie das erste Kind 1991 bekam? Auch dass er einen unehelichen Sohn hatte, war zuvor nicht hinterfragt worden. Frau/Herr A.:

„Ich hab mich nie gefragt, von wem. Das wär' mir auch nicht in den Sinn gekommen. Ich wusste, dass er sich um diesen Sohn kümmert. Z. hieß der. Ja. Das war mir wichtig, dass der sich da drum kümmert. So, sonst hatte ich gedacht, mit Frauen ist der bestimmt komisch."

Im Interview mit Frau/Herrn A. fällt auf, dass die/der Befragte anfänglich fast wie in einem Verhör nur zögerlich und jeweils nur auf das, was zuvor als bekannt genannt wird, antwortet. Immer wieder findet sich dieses Muster, das von stückweisem Einlenken und partiellen „Zugeständnissen" geprägt wird, in einem Interview, in dem es sich nicht um eine Anklage handelt, das aber wohl innerlich als solche empfunden wird. So wird auch die Argumentationsfigur hervorgebracht, dass H. M. den Schwierigkeiten, die ihm das Jugendamt machen hätte können, durch die Heirat mit der Patientin „zuvorgekommen" sei. Diese Sichtweise, durch die der Fall für die/den Befragte/n „erledigt" scheint und die zunächst völlig unkommentiert stehenbleibt, wird durch den/die Interviewer*in nochmals hinterfragt.

Die/der Befragte akzeptiert aber H. M. s Beschwichtigungsstrategie weiterhin: Es gibt ein Problem, das auf einer faktischen Ebene einer Lösung bedarf. Es wird aufseiten der/des Interviewpartner*in nicht weiter problematisiert, was es eigentlich bedeutet, wenn der Institutsleiter zwei Kinder mit einer jungen Patientin hat. Dieser sich über das gesamte Interview erstreckende Pragmatismus scheint einen bestimmten Modus des Umgangs mit den Verhaltensweisen H. M. s am Institut widerzuspiegeln. Beiden Interviewpartner*innen liegt vor allem die Weiterexistenz des Instituts am Herzen. Dies ist die Begründungslinie auf einer funktionalen Ebene: Es muss weitergehen. Dahinter kann vermutet werden, dass eine tiefere Auseinandersetzung auch eine eigene Verstrickung (hier durch ein Nicht-Hinterfragen oder Wegschauen oder durch ein „Leben-und-leben-Lassen") sichtbar werden lassen könnte. Diese wäre durch die oben beschriebenen latenten Abhängigkeiten erklärbar. Frau/Herr B.:

„Man war einfach erstmal total erschrocken. Erschrocken. Und das war tatsächlich dann auch so, der war dann weg, und da war ganz unklar, was wird denn mit dem Institut. Das war völlig offen. Da waren Ausbildungskandidaten, die waren mitten in der Ausbildung. Dann mussten Abschlussprüfungen gemacht werden, keiner mehr da (lacht). Das war ganz, ganz schwierig. Schwierig"

Die Frage, wie es mit dem Institut weitergeht, war zunächst eine sehr konkrete und praktische Frage, die zugleich aber auch die internen Bewegungen der Aufarbeitung überschattete und manchmal verdeckte. Diese Besorgnis betrifft nicht nur die Phasen der Aufdeckung und des daran anschließenden Übergangs, sondern sie begegnet uns auch immer wieder in den aktuellen Interviews. Die/der dritte hier dargestellte Interviewpartner*in (Frau/Herr C.) erklärt schon zu Beginn des Gesprächs, warum sie/er unsere Studie mit Sorge betrachtet:

„Dass das alles viel Geld kostet und dass ein ziemlich kleiner Verein, dass der sich dadurch... und die Wahrscheinlichkeit, dass diese Studie reicht, ist nicht so groß, schätz ich mal, sondern dass da irgendwann neue (...) dazu kämen. Also meine schlimmste Befürchtung wär, das Institut ist erledigt, auch finanziell und vom Namen her. Und eigentlich hätte ich es lieber, die würden ihre Arbeit machen, und unabhängig davon gibt es eben eine Klärung oder Aufklärung, Verarbeitung, weil das sicher eine ganz schwierige Geschichte ist und eine schwierige Aufgabe."

Diese pragmatische Begründung wird später mit dem Hinweis auf das Schicksal der Odenwaldschule untermauert, zeugt aber auch von einem grundlegenden Widerstand gegenüber einer Aufarbeitung:

„Also das ist der Tod von jedem Institut, so wie der Tod der Odenwaldschule."

7.11 Exemplarische Fallrekonstruktionen

Sich dem Weiterbestehen des Instituts verpflichtet zu fühlen, ist ein Narrativ, das unseren Informationen zufolge vor allem auch von A. A. häufig genutzt wurde, um sich nicht weiter mit der Thematik konfrontieren zu müssen.

Es mag Zufall sein, dass die Aufnahmequalität des Interviews von Frau/Herrn C. sehr schlecht ist, sodass viele Passagen schwer verständlich blieben. Vielleicht kommt hier die Weigerung einer klaren Positionierung zum Ausdruck. Der Modus des leisen Sprechens und der undeutlichen Ausdrucksweise trägt jedenfalls dazu bei, Vieles im Ungewissen zu belassen. Diesen Eindruck erhält man recht deutlich bei der Analyse des Interviews mit Frau/Herrn C.

Alle drei hier vorgestellten Interviewpartner*innen schienen sich durch unsere Untersuchung mehr oder weniger vorverurteilt zu fühlen, gaben Informationen nicht gerne preis, so als ob mit jeder Information eine moralische Anklage und eine emotionale Belastung verbunden wäre.

Eine weitere Auffälligkeit in den hier analysierten Interviews bestand darin, dass viele Namen und Geschehnisse nicht mehr erinnert wurden. Dies ist nach einer so langen Zeit prinzipiell nicht weiter verwunderlich. Erklärungsbedürftig erschien uns eher die Art und Weise, wie lapidar mit dem Vergessen umgegangen wurde.

Frau/Herr A. scheint beispielsweise ungerne mehr als notwendig einzuräumen. Das Gespräch verläuft häufig nach dem Muster „quid pro quo", indem die befragte Person jeweils nur das bestätigt, was die/der Interviewer*in schon als Information benennt.

Ein Interview würde die Möglichkeit bieten, bestimmte Geschehnisse nochmals aus der Retrospektive darzustellen, wobei auch reflektiert werden könnte, welche Beweggründe man damals hatte und wie man diese aus heutiger Sicht bewertet. In den hier dargestellten Interviews scheint aber die Haltung nach wie vor eine vermeidende zu sein, obwohl sich die Interviewpartner*innen aktiv zur Teilnahme an der Studie bereit erklärt hatten.

Vergessen und lückenhafte Erinnerungen sind aber, wie weiter oben beschrieben, durchaus nicht nur Kennzeichen der hier näher untersuchten Gruppe, sondern diese Phänomene finden sich auch in anderen Interviews wieder. Dies führt uns zu der Erkenntnis, dass es innerhalb der Institutsöffentlichkeit keine Erzählung im Sinne eines Narrativs gibt, die sich durch häufige Verbalisierung und regelmäßigen Austausch hätte herausbilden können. Erzählungen, von denen man gerne berichtet, erfahren eine andere Betonung. Die uns präsentierten Berichte begegnen uns eher in gebrochener Form. Die Befragten sprechen leise und wirken vergesslich. Eine diesbezügliche Ausnahme bilden einzelne Personen aus der Gruppe der Ausbildungskandidat*innen aus H. M. s Zeit, die von dem Umbruch im Jahr 1993 direkt betroffen waren und sich damals schon als Sprechende erlebten, wobei sie aber kein Gehör fanden. Spätere Ausbildungkandidat*innen, die in die Geschehnisse nicht unmittelbar verwickelt waren, zeigen sich durchwegs auskunftsbereiter und offener als Akteure aus früheren Generationen.

Wie bereits erwähnt, wird das Erlebte durch Verbalisierung zur Erzählung und damit zur subjektiven Wahrheit. Zugleich wird damit der Anspruch einer psychotherapeutischen Haltung, die Verarbeitung ermöglicht, erfüllt. Doch bisher praktizierte Formen des Benennens und Besprechens scheinen trotz der beschriebenen Aufarbeitungsversuche keine Klarheit geschaffen zu haben. Hier ein Ausschnitt aus einem Interview mit Frau/Herrn A.:

> *I: Hatten Sie das Gefühl, dass es irgendwann mal Klarheit darüber gab, was der H. M. gemacht hat?*
>
> *A: Ja. Also wie das – also es war, es war klar, dass, dass, dass das mit den Buben – dass irgendwann war halt klar, dass es diese sexuellen Übergriffe gegeben hat mit Lehranalysandinnen. Aber nicht an unserem Institut.*
>
> *I: Also ohne dass ich das gleich deklarieren möchte, aber nach allem, was wir wissen, gab´s auch eben sexuelle Beziehungen zu Ausbildungskandidatinnen an Ihrem Institut.*
>
> *A: Gut. Das ist etwas, was ich nicht weiß. Und höre ich jetzt auch von Ihnen zum ersten Mal.*

Hierzu passt, dass in einigen Interviews Parallelen zu H. M. s „Theorie" der analogen Ebene in der Spieltherapie erkennbar wurden. Die analoge Ebene bedeutet, dass man dem Kind ausschließlich auf der Handlungsebene begegnet und eine Verbalisierung des Erlebten vermeidet. Auch in bestimmten Institutsnarrationen kommen Verarbeitungsmuster zum Vorschein, die auf der Handlungsebene verharren, wie im folgenden Interviewzitat (Frau/Herr A.) deutlich wird:

> *„Also das, was ich – ich war ja, wie gesagt, lange [in der Position] – und wie dann durch all diese – durch Bearbeitung, also psychodynamische Bearbeitung die Umstrukturierung des Instituts, der Nestbau, dass das Institut gekauft wurde usw., war mein ganz sicheres Erleben, die Sache war befriedet."*

Auch in anderen Interviews (hier: Frau/Herr C.) wird auf den Umzug in ein anderes Gebäude und die damit verbundene symbolische Neuerfindung des Instituts verwiesen:

> *„Da gibt es auch dieses Gremium, die treffen sich einmal im Jahr und beraten über die Finanzen oder (…) was eine Weile noch diskutiert wurde, was ja immer war, dieses Häuslein, was sie da drüben hatten, zu verkaufen und da jetzt, wo sie jetzt sind, da*

7.11 Exemplarische Fallrekonstruktionen

Miete zu nehmen. Also das war ein winziges Haus, ein richtiges Hexenhäuschen. Mit dunklen Zimmern und furchtbar eng, Seminarraum, und dann war die Idee, (...), das hat dann die A. A. schon gemacht. Und damit wurde auch so H. M. ein Stück weit beseitigt."

Die hier präsentierte Erzählfigur soll möglicherweise suggerieren, dass ein „bereinigter" Neubeginn durch ein neues Haus, ein neues Weiß an den Wänden möglich wurde. Dieser Wunsch, etwas Belastendes hinter sich zu lassen, erscheint im Rahmen eines „analogen" Verständnisses von Aufarbeitung durchaus nachvollziehbar. Analytisch ist eine solche Sichtweise allerdings ganz sicher nicht.

Eine weitere Erzählfigur, die aber nicht nur in der hier näher betrachteten Gruppe produziert wurde, bezieht sich auf den marginalen Charakter der eigenen Position: Man hatte mit all dem eigentlich gar nicht so viel zu tun. Andere waren involviert, andere wissen mehr. Man selbst war aus unterschiedlichen Gründen bestenfalls eine Randfigur. Exemplarisch hierfür ist die folgende Bemerkung von Frau/Herrn B.:

„Nee. Ich hab nichts gewusst. Und hab dann immer gedacht, oh, hätt ich das wissen müssen, warum hat mir niemand was gesagt. Ich bin natürlich von der Heidelberger Gerüchteküche etwas distanziert, deswegen sitz ich ja auch hier. Und Wohnung noch in [Ort], das ist ja nun ganz unmöglich, also so, da bin ich nicht so drin."

Darüber hinaus war der Hinweis, sich nicht um das Privatleben des Institutsleiters bzw. der anderen Kolleg*innen kümmern zu wollen, ein häufig genanntes Argument für eigenes Unbeteiligt-Sein. Auch die Beteuerung, dass man außerhalb der „Heidelberger Gerüchteküche" bzw. außerhalb der unmittelbaren Institutsszene gestanden sei, wird von vielen Interviewpartner*innen vorgebracht. Viele auszubildende bzw. niedergelassene Kolleg*innen arbeiteten zwar am Institut, genossen aber den räumlichen Abstand zwischen Ausbildungs- bzw. Arbeitsstätte einerseits und Wohnort andererseits. Zugleich zeigt diese Begründungsfigur aber auch den Abstand, den man zu den Vorfällen, zu den Grenzverletzungen und Übergriffen, letztlich zu H. M. selbst einnehmen konnte bzw. nun auch im Interview einnehmen kann – wie im folgenden Zitat von Frau/Herrn C.:

„Dann hab ich gesagt, erstens (...) und zweitens, ich wollte das auch nicht wissen, wenn es heißt, ach, der hat jetzt mit der Kollegin was angefangen, ich will das nicht wissen. Ich will das nicht beurteilen oder bewerten oder mich da einmischen, weil das ist ein Haufen junger Leute, und da gärt es auch immer irgendwie."

Auch der Verweis auf die Achtung der Privatsphäre und darauf, dass es sich um Begegnungen zwischen Erwachsenen handelte, ist bei vielen Interviewten vorzufinden. Auch wenn man manches befremdlich finden mochte, gab es subjektiv keine hinreichenden Gründe für Einmischungen. Frau/Herr C. erinnert sich an H. M.:

> „Ich hatte gedacht, die kriegen es schon irgendwie hin. Und das (...) ist eher eine private Merkwürdigkeit, ein Mann, der Frauen (...) der auf der Suche ist."

Und:

> „Also ich hab es jedenfalls gemerkt, dass er da – und irgendwann tauchte auch irgendwie auf, in [Ort] gibt's eine Frau, die hat ein Kind von ihm. Also es wurde so ein bisschen zu viel.
>
> Und dann tauchte diese Geschichte auf am Ende seiner Tätigkeit, mit der jungen Frau, die er dann geheiratet hat, von der ich gar nicht wusste, dass das eine Patientin war. Ich dachte, die hätte er irgendwie kennengelernt. Später hieß es dann, die war (...), die wurde dann vorgestellt, ob er sie behandelt hat, weiß ich nicht. Jedenfalls hat er sie geschwängert, und dann haben die geheiratet."

Ähnlich Frau/Herr A.:

> „Also ich meine, also die Vorwürfe gingen gar nicht um die junge [Patientin]. Nachdem die geheiratet hatten, war, soweit wie ich das von meinem [Ort] aus mitgekriegt hab, war dieses Thema vorbei. Und dann kamen – aber jetzt fragen Sie mich auch wieder nicht, wie – die Vorwürfe auf, dass er bei diesen Delegationsgesprächen sich die Buben so intensiv vorgeknöpft hat (...). Also das sind die Sachen, die ich dann hinterher erfahren hab."

Die oben beschriebenen Formen der Abhängigkeit zeigen sich nicht nur in kleinen Gesten des Entgegenkommens H. M. s, sondern vor allem auch in der Struktur des Instituts. H. M. war nicht nur Institutsleiter, sondern zugleich auch Vorstandsvorsitzender, was letztlich bedeutete, dass er als Aufsichtsorgan seiner selbst fungierte. So gab es seitens der Mitglieder auch immer wieder Forderungen nach mehr finanzieller Transparenz. Es wurden Nachfragen gestellt, wohin bestimmte Gelder fließen. Ein/e damalige/r Ausbildungskandidat*in merkt an:

> „Niemand kann genau benennen, wer zu den Zeiten, als H. M. Institutsleiter war, im Vorstand saß."

7.11 Exemplarische Fallrekonstruktionen

Es erinnern sich aber viele Befragte, so auch zwei der hier fokussierten Interviewpartner*innen, dass die Mitgliederversammlungen während H. M. s Zeit, aber auch darüber hinaus, ungemein langweilig waren, da vieles nicht besprochen wurde bzw. angesprochen werden konnte. Frau/Herr B. sagt:

„Und da war der M. P., der war ja auch nur so ein pro forma Vor-(…), ich weiß es nicht genau, ich kenn keine Interna. Ich war ja da auch selten. Aber von dieser älteren Kollegin weiß ich, da saßen dann vier Leutchen rum. Die haben das abgesessen, und dann war gut. Und fertig."

Frau/Herrn C.s Erinnerungen deuten in eine ähnliche Richtung:

„Das sind so Versammlungen, da kamen zwei, drei Leute. Das war ganz komisch, das war nicht so wie in jeder anderen Einrichtung, dass da eine größere Zahl kommen oder sich da verantwortlich fühlen, sondern das war so, ja, merkwürdig."

Eine weitere Besonderheit, aus der eine spezifische Abhängigkeit entstand, ist die Personalunion von Arzt, Instituts- und Ausbildungsleiter. Dadurch mussten alle Patient*innen (Kinder und Jugendliche), die im Rahmen eines Ausbildungsfalles behandelt wurden, durch H. M. gesichtet und diagnostiziert werden und eine Indikation erhalten. Hätte man sich als Ausbildungskandidat*in quer gestellt oder Konflikte mit ihm gehabt, wäre eine Weiterführung der Ausbildung zumindest hinsichtlich der Behandlung von Ausbildungsfällen schwierig, wenn nicht unmöglich gewesen. Damit besaß der Institutsleiter eine besondere Machtstellung, die erst nach den Aufdeckungen im Jahr 1993 zugunsten einer Aufteilung in mehrere Personen mit entsprechenden Funktionen entzerrt wurde. Frau/Herr B.:

„Herr H. M. war ja Institutsleiter und lange Zeit auch im Vorstand oder Vorstandsvorsitzender. Das haben wir ja dann hinterher geändert, haben immer gesagt, in der Satzung, wir trennen das jetzt, dass es einen Geschäftsführer gibt und einen Vorstand. Das war z. B. so eine Konsequenz daraus."

Ähnlich Frau/Herr A.:

„Dann war ja, nachdem der H. M. weg war, wurde das Institut ja umorganisiert. H. M. war ja Alleinherrscher. Der war Ausbildungsleiter, der war Institutsleiter, der war alles Mögliche."

Die Position des „Alleinherrschers" wurde durch seine Ausbildung zum Arzt und analytischen Kinder- und Jugendlichenpsychotherapeuten und Psychoanalytiker für Erwachsene zusätzlich untermauert, wie aus den Ausführungen von Frau/Herrn C. hervorgeht:

> *„Normalerweise haben die Kindertherapeuten, die fertigen, können gar nicht Lehranalytiker werden, aus welchem Grund auch immer, die brauchen die erwachsenen Lehranalytiker. Der H. M. war eine Ausnahme, weil er (...) der war als Mediziner und Analytiker, die anderen sind ja in der Regel Sozialberufe."*

Aber nicht nur als Institutsleiter verstand H. M. seine Funktion zu nutzen, sondern er machte sich und das Institut auch als Datenlieferant für wissenschaftliche Studien unentbehrlich. Auch nach seinem Ausscheiden aus dem Institut trug H. M. zum Renommee des AKJP-Heidelberg bei. Ungeachtet dessen, dass seine Kooperationspartner*innen ihre Zusammenarbeit mit ihm im Nachhinein als „wahrscheinlich sehr ungeschickt" beurteilen, waren diese Aktivitäten für das Bestehen des Instituts in Zeiten der Anerkennung von Richtlinienpsychotherapieverfahren nicht unwesentlich.

Zur Fundierung des Eindrucks, dass sich die hier näher beschriebenen Interviewten a priori tendenziell in der Position der Angegriffenen wahrnehmen, passt auch der folgende Abschnitt aus dem Gespräch mit Frau/Herrn C.:

> *„Und da dachte ich, vielleicht sind wir von der falschen Schule oder von der falschen Kirche oder falschen Richtung, wir sind nicht orthodoxe Analytiker, sondern andere Analytiker, also wo die Vorväter sozusagen in der Nazizeit arbeiten durften und nicht verfolgt wurden, keine richtigen Verfolgten, sondern (...)?"*

Für die/den hier Befragte/n (aber auch für einige andere Interviewpartner*innen) beginnt die „Verfolgung" des Kinderinstituts nicht erst mit den Anschuldigungen gegen H. M., sondern sie wird bereits in der Vorgeschichte des Instituts verortet. Diese beginnt mit der Auseinandersetzung mit dem ehemaligen Göring-Institut und späteren AOK-Institut unter Dührssens Leitung, in dem H. M. als Leiter des Kinderinstituts tätig war. Das auf diese Weise historisch begründete Muster des „Sich-angegriffen-Fühlens", sich wie in einem Verhör zu verhalten und sich in einer Abwehrposition zu verschanzen, verhindert eine differenzierte, dialogisch orientierte Auseinandersetzung mit bestimmten Geschehnissen, sodass in der Gegenübertragung ebenfalls schwierige Gefühle produziert werden.

Während Frau/Herr A. und Frau/Herr C. diesen Stil der Gegenwehr im Gespräch durchgängig beibehalten, eröffnet sich für Frau/Herrn B. im Verlauf des Interviews die Möglichkeit zur selbstreflexiven Betrachtung:

7.11 Exemplarische Fallrekonstruktionen

„*Und was der nun mit der hat, was sie in dieser H. M.-Geschichte – und dann hab ich gedacht, offenbar ist bei uns allen – sind da ganz merkwürdige Verteidigungshaltungen oder Vorwurfshaltungen oder sonst was. Also die hat für mein Gefühl überhaupt nichts damit zu tun. Aber bitte. Keine Ahnung. Ja. So."*

Und weiter:

A: *Also, aber was mich am meisten beschäftigt, war dieses, wie kommt es, dass man so festgefahren ist in einer bestimmten Haltung. Und das hätte man überkommen müssen. Selbst –*

I: *Dass Sie in Ihrer Haltung –*

A: *Ja.*

I: *– festgefahren –*

A: *Ja.*

I: *Inwiefern?*

A: *Na, immer das gleiche Denken und da nicht weiterkommen.*

I: *Nachdem das bekannt geworden ist.*

A: *Nachdem das alles fertig war. Bis heute, und da hat sich bis heut nichts dran geändert.*

I: *Was meinen Sie da, festgefahren in der Haltung?*

A: *Ja, ja, ich meine diese, dieses, äh, so sich so angegriffen fühlen.* [weint]. *Da greift einen ja keiner an, ich wüsste nicht.*

I: *Als Person oder als Vertreterin des AKJP (Heidelberg)?*

A: *Beides. Sicher bin ich da sehr – das hab ich letzten Sommer dann gedacht, ich bin da sehr identifiziert mit diesem Institut. Ja. Weil ich da doch so lange dabei bin. Und auch so engagiert dabei bin, wo mich dann natürlich auch vieles ärgert. Ist ja klar. Ich dachte, also das ist doch merkwürdig, dass man immer dasselbe denkt. Das macht man ja sonst nicht. Man kommt ja immer ein bisschen weiter, indem man was denkt, ja. Und da denk ich immer, da hab ich zu [meiner/meinem Partner*in] gesagt, das kann doch nicht wahr sein, dass mich das verfolgt ohne Ende. Das ist doch ein merkwürdiges Zeichen, das zeigt doch, dass da was ganz virulent ist. Wir würden heute sagen, es ist eine Traumageschichte oder was. Und es gab natürlich auch in dem Institut, gab's auch eine Spaltung. Also das ist sicher nicht so, dass es nur zwischen dem IPP (Heidelberg – Mannheim) und dem AKJP (Heidelberg) so gespalten war, sondern sicherlich auch in dem Institut.*

Frau/Herr B. identifiziert ihre/seine hoch aufgeladene Affektivität, die immer wieder bei der Thematik auftaucht, als Hinweis auf traumatisches Material. Dieses findet keine Sprache, sondern drückt sich ausschließlich im Affekt aus. Emotionen werden ohne innere Regulierung zum Ausdruck gebracht. Auch wenn die/der Erzähler*in weiß, dass dies irrational ist, kann sie/er zunächst nicht anders reagieren. Es gelingt nicht, zu einer lange ersehnten Beruhigung zu finden, weil – wie aus der Psychotherapie bekannt – Nicht-Verdautes im Sinne eines Mangels an Versprachlichung immer wieder hochkommt (Bion 1991). Sozusagen metaphorisch kann hier von der Notwendigkeit des „Verstoffwechselns" gesprochen werden, indem Unverdautes durchgekaut werden muss, um es schlucken zu können (Bion, 2013). Auch beim Lesen unserer Interview-Transkripte manifestiert sich dieser Vorgang häufiger in der Gegenübertragung: Je stärker die Akteure versuchen, Ruhe und Abstand zu vermitteln, umso affektgeladener wird man im Gegenüber. Dies erklärt auch die aufgeheizte Stimmung bei der Entscheidung über den Auftrag zur wissenschaftlichen Aufarbeitung der „Causa H. M." im Rahmen der Mitgliederversammlungen im Jahr 2018. Die in diesem Zusammenhang berichtete Atmosphäre bildete ab, was nicht verarbeitet worden war. Nach Kernberg tauchen Spaltungen als Abwehrmechanismen immer dann auf, wenn „idealisierte" und „verfolgende" Anteile in der Objektbeziehung nicht integriert werden konnten (Kernberg & Strauß, 2001). Aber es fehlt allem Anschein nach nicht nur diese Integration, sondern es fällt darüber hinaus auf, dass die eigene Rolle und die eigenen Anteile in manchen Interviews wenig reflektiert werden, sodass der Stil der Verteidigung oft nicht aufgegeben werden kann. Man fühlt sich an zwei Lager erinnert, die beide um (emotionales und kognitives) Verständnis für ihre Situation ringen.

Wir haben weiter oben beschrieben, wie wechselseitige Schuldzuweisungen immer wieder zur Entfachung affektiver Durchbrüche und entsprechend heftiger Konflikte führen. Es erscheint uns im Sinne einer für das AKJP-Institut Heidelberg nachhaltigen Aufarbeitung der „Causa H. M." wichtig, dass die Hintergründe der hier identifizierten und beschriebenen Gefühle einer reflexiven Betrachtung unterzogen und auf einer sprachlichen Ebene verhandelt werden. In diesem Sinne könnten die im letzten Zitat ausgeführten Erwägungen von Frau/Herrn B. als Modell fungieren.

Theoretische Modelle – individuelle und institutionelle Betroffenheit von sexualisierter Gewalt

8.1 Missbrauchssystem – Aufdeckungssystem – Hilfesystem

Eine Hintergrundheuristik, die einen Beitrag zum Verständnis des Geschehens im Zusammenhang mit den sexualisierten Grenzverletzungen und sexualisiertem Machtmissbrauch durch H. M. zu leisten vermag, haben wir auf der Basis der Analyse von Aufdeckungsverläufen nach sexuellem Missbrauch entwickelt (Mosser, 2009). Dieses empirisch begründete Modell bietet durch die Unterscheidung zwischen Missbrauchssystem, Aufdeckungssystem und Hilfesystem die Möglichkeit einer grundlegenden Verortung der komplexen Dynamiken, die sich um sexualisierte Gewalt gruppieren.

Unsere Analysen haben gezeigt, dass solche Dynamiken bestimmten Phasenverläufen folgen:

> *„Diese sind charakterisiert durch sich jeweils neu formierende Systemkonfigurationen mit unterschiedlichen Zugehörigkeiten. Diese entstehen im Gefolge kritischer Übergangsereignisse. Distinkte, das heißt sehr spezifische und sich deutlich von anderen sozialen Umwelten abhebende Systeme bilden sich durch die sexuellen Misshandlungen (Missbrauchssystem), durch die Aufdeckung (Aufdeckungssystem) und durch das Bemühen um professionelle Unterstützung (Hilfesystem)"* (Mosser, 2009, S. 155).

Im Folgenden wird gezeigt, dass dieses Modell ein gewisses Erklärungspotenzial für die ausgeprägte Aufdeckungsresistenz in Bezug auf die Taten von H. M. gegenüber Mädchen, Jungen und Frauen besitzt. Die diesbezügliche Analyse geht von einer retrospektiven Beschreibung jeweils unterscheidbarer Systemkonfigurationen in bestimmten Phasen des Gewaltgeschehens und des diskursiven Umgangs damit aus.

Missbrauchssystem:
Im ersten Schritt erfolgt eine Analyse verschiedener Missbrauchssysteme, die im Rahmen der außerordentlich heterogenen Tatmuster, in die H. M. verschiedene Personengruppen verstrickte, konstituiert wurden. Zunächst ist hier der Hinweis wichtig, dass durch jede sexualisierte Grenzverletzung ein Missbrauchssystem gebildet wird. Gerade für die Tatkonstellationen im Fall H. M. gilt in paradigmatischer Weise, dass die sexuellen Handlungen einen exklusiven sozialen Raum begründen, der im Wesentlichen von zwei Säulen getragen wird: Druck zur Geheimhaltung, Deutungsmacht des Täters. Jeder Junge, der sich im Untersuchungszimmer entkleiden musste, wurde zwangsläufig zum Bestandteil einer solchen Konfiguration. Die Deutungsmacht des Kinderarztes ist unantastbar: Er konstruiert eine Situation, in der die sexuell getönte Handlung, von der der kindliche Patient irritiert, verstört und beschämt wird, als medizinisch notwendige Intervention erscheint. Wo die Deutungsmacht des Täters einen derart zuverlässigen Rahmen vorfindet, ist der Druck zur Geheimhaltung reduzierbar. Das Missbrauchssystem ist einerseits exklusiv, weil das ganze subtile Arrangement, das der Täter um die sexualisierte Handlung gruppiert, von keiner kritischen Instanz eingesehen werden kann. Andererseits trägt es Züge einer vordergründigen Transparenz: Beschreibung von Untersuchungstechniken in Protokollen unter Zuhilfenahme einer diffusen psychoanalytischen Diktion: Ausdehnung der Deutungsmacht in den teilöffentlichen Raum des Instituts. Die Kooperation der Betroffenen ist in diesen Missbrauchssystemen schwach ausgeprägt: Zum einen ermöglicht die einmalige Begegnung im Rahmen einer Zweitsicht eine stille Flucht, zum anderen verweigern manche Kinder weitere Termine bei H. M. Wir wissen nichts von sich immer massiver entwickelnden sexuellen Missbrauchshandlungen gegenüber Kindern im Laufe längerer Therapieprozesse. Wir haben nur Kenntnis vom Zwang, sich entkleiden zu müssen, von „Begutachtungen" der Kinder, von Berührungen am Penis, von beschämenden Fragen. Diese Missbrauchssysteme erscheinen eher kurzfristig, sind aber nichtsdestotrotz potenziell traumatisierend.

Eine andere Struktur haben jene Gewaltkonfigurationen, in die junge Frauen durch den Psychotherapeuten H. M. im Verlauf von Therapien verstrickt werden. Zu beachten ist, dass sich das Missbrauchssystem bereits durch übergriffige Blicke, anzügliche Bemerkungen und irritierende Berührungen bildet, die H. M. nicht selten in der ersten Therapiesitzung praktizierte. Die Exklusivität der Beziehung entsteht durch die Struktur des psychotherapeutischen Settings und die unangefochtene Deutungsmacht des Täters: Er „weiß", dass es jungen angeblich Frauen hilft, wenn er sie intrusiv zu früher erlittenen sexualisierten Gewalterfahrungen befragt oder wenn solche Erlebnisse „nachgespielt" werden. Er kann die

Überzeugung ausleben, dass es der jungen Frau hilft, wenn er, der Therapeut, den jungen Mann „ersetzt", von dem sie so bitter enttäuscht worden ist. Ein solches Missbrauchssystem wird verfestigt durch die zunehmend offensive Sexualisierung des psychotherapeutischen Settings. Der Zwang zur Geheimhaltung muss nicht mehr die Konsequenz aus expliziten Drohungen des Täters sein, er wird von den betroffenen jungen Frauen als logischer Imperativ verinnerlicht: Scham über das Sexuelle in der Psychotherapie. Schuld, sich immer stärker darauf eingelassen zu haben (vgl. Wilson et al., 2006). Es entwickelt sich ein klandestiner dyadischer Raum, der nach eigenen Gesetzen, nämlich nach den Gesetzen des mit einem Übermaß an Macht ausgestatteten Psychotherapeuten, funktioniert (Krutzenbichler, 1998). Aus dieser Perspektive betrachtet bedarf es keiner weiteren Erläuterungen zu der Frage, ob ein solches Missbrauchssystem auch nach Beendigung der Psychotherapie noch Bestand hat. In den uns bekannten Fällen R. R. und E. M. hatten sich zum Zeitpunkt der Beendigung der Therapie ohne Zweifel klar beschreibbare Missbrauchssysteme etabliert, in deren Rahmen die weiteren Entwicklungen zu lokalisieren sind.

Vordergründig komplizierter erscheint die Zuordnung der Beziehungen H. M. s zu erwachsenen Ausbildungskandidatinnen und Lehranalysandinnen in die Strukturlogik von Missbrauchssystemen. Der retrospektive Blick erlaubt allerdings unmissverständliche Einsichten: Exklusiver Raum des psychotherapeutischen Settings, Missbrauch von Macht, offensive Sexualisierung, krankheitswertiges Leiden der betroffenen Frauen (vgl. Hirsch, 2012; Schleu et al., 2018). Auch hier das Problem der Deutungsmacht, die per se eine problematische Rolle in der psychoanalytischen Methode spielt und über die aktive Sexualisierung der therapeutischen Beziehung den unerbittlichen Weg der Entgleisung einschlägt. Missbrauchssysteme sind dadurch gekennzeichnet, dass sie vom Täter als solche geleugnet und von den Betroffenen nicht zutreffend als solche eingeordnet werden. Auch darin drückt sich die ungleiche Verteilung von Macht aus. Wichtig ist, dass die Missbrauchssysteme, in die Lehranalysandinnen und Ausbildungskandidatinnen verstrickt wurden, einem relativ gering ausgeprägten Zwang zur Geheimhaltung unterlagen, weil die Deutungsmacht des Täters über die Exklusivität der Zweierbeziehung hinausging: Privatsache zwischen zwei Erwachsenen.

Aufdeckungssystem:
Eine Betrachtung von Aufdeckungssystemen schärft die Konturen der Missbrauchssysteme, auf die sie sich beziehen. Aufdeckungssysteme sind unseren Analysen zufolge dadurch gekennzeichnet, dass sie einen für das Opfer bedeutsamen sozialen Zugehörigkeitsraum konstituieren, innerhalb dessen Ambivalenzen,

Ängste, kognitive Prozesse und ethische Bewertungen einen zuverlässigen emotionalen Rahmen erhalten. Da die Aufdeckung sexualisierter Gewalt in aller Regel auch mit psychischen Belastungen seitens der Betroffenen verbunden ist, sprechen wir von sogenannten „Aufdeckungskrisen", die normalerweise mit starken Ängsten und Unsicherheiten einhergehen. In solchen kritischen Übergangsphasen erweisen sich „Krisendyaden" als jene Struktur, die – als Reaktualisierung früher Bindungsrepräsentationen – zur Bewältigung solcher belastenden Übergangserfahrungen besonders geeignet erscheint. Eine einfache Form der Krisendyade ist beobachtbar, wenn der von H. M. untersuchte Jungen seiner Mutter erzählt, dass er sich nackt ausziehen musste und der Doktor seinen Penis betrachtete. Durch diese Mitteilung wird das Potenzial für ein Aufdeckungssystem freigelegt, das sich um den sexualisierten Übergriff gruppiert. Entscheidend ist an diesem Punkt, wie die Mutter reagiert. Das Aufdeckungssystem ist nämlich nicht allein durch die Mitteilung des Jungen definiert, sondern es bedarf eines sozialen Geschehens, in dem Aufdeckung als solche erkannt wird. An dieser Stelle ist der Hinweis wichtig, dass die Entwicklung von Aufdeckungssystemen nicht notwendig mit der Auflösung von Missbrauchssystemen einhergeht. Zunächst bildet sich nur ein sozialer und kommunikativer Bezugsrahmen, der vom Missbrauchssystem unterscheidbar ist. Im Idealfall haben Eltern die Mitteilungen ihrer Kinder ernst genommen und sie keinen weiteren Gefahren durch den Kontakt mit H. M. ausgesetzt. Jenseits dieses Idealfalls kann angenommen werden, dass sich die Missbrauchssysteme des Zweitsichters häufig durch die schiere Tatsache, dass keine weiteren Termine mehr notwendig waren, auflösten und nicht dadurch, dass sich Aufdeckungssysteme konfiguriert haben. In uns bekannt gewordenen Einzelfällen entwickelten sich Aufdeckungssysteme mit enormer zeitlicher Verzögerung, z. B. indem sich betroffene Kinder erst im Jugendalter ihren Eltern gegenüber anvertrauten oder in jenem Fall, in dem mit fast zwanzig Jahren Verspätung ein strafrechtliches Ermittlungsverfahren eingeleitet wird. Von besonderer Bedeutung sind hier jene Fälle, in denen das AKJP-Heidelberg – vor allem Mitte/Ende der 1990er Jahre – Kenntnis von mehreren Fällen sexueller Grenzverletzungen durch H. M. gegen Kinder erhalten hat.

Auf diese Weise wurden Mitarbeiter*innen des Instituts Teil solcher Systemkonfigurationen, die im Sinne von Aufdeckungssystemen wirksam hätten werden können. Entsprechende soziale Konfigurationen erhalten ihre spezifische Kontur, wenn sie von den Betroffenen aus gedacht werden: Die Frage ist: Was bedeutet es für das (frühere) Kind, wenn eine Therapeutin einer Mitarbeiterin des Instituts erzählt, dass sie von Eltern darüber informiert wurde, dass ihr Kind in einer Untersuchungssituation bei H. M. sexuelle Grenzverletzungen erlitten hat? Und: Welche Verantwortung ergibt sich daraus für Personen und Institutionen, die auf

8.1 Missbrauchssystem – Aufdeckungssystem – Hilfesystem

diese Weise gleichsam „eingeladen" werden, als Teil eines Aufdeckungssystems zu fungieren? Man kann sagen, dass solche „Einladungen" vonseiten des AKJP-Heidelberg und seiner Mitarbeiter*innen regelhaft abgelehnt wurden. Es wurde nicht verstanden, dass es nicht allein darum geht, Informationen zu sammeln, sondern auch um die Bedarfe des betroffenen Kindes und des Aufdeckungssystems, das sich um dieses Kind bereits gruppiert hatte: Welche Entscheidungen soll die mitteilende Therapeutin treffen? Welchen Belastungen sind die Eltern des Kindes ausgesetzt? Es ist wichtig zu verstehen, dass Aufdeckungssysteme nur in Gestalt der Krisendyade „privaten" Charakter haben, während sie sehr häufig aus institutionellen Instanzen gebildet werden: Jugendamt, Polizei, Jugendhilfeeinrichtungen, Fachberatungsstellen, Schulen, usw. Aus dieser institutionellen Beteiligung ergibt sich naturgemäß auch eine institutionelle Verantwortung. Es lässt sich also in Bezug auf betroffene Kinder (und auch Jugendliche) sagen, dass die beteiligten psychotherapeutischen Institute die Möglichkeit, Teile von Aufdeckungssystemen zu werden, regelhaft abgewehrt haben.

Hinsichtlich der Konfigurierung von Aufdeckungssystemen bei sexualisierten Grenzverletzungen gegenüber jungen erwachsenen Patientinnen lassen sich lediglich Aussagen zu R. R. und E. M. treffen. In Bezug auf andere Betroffene kann aber festgestellt werden, dass sich keine institutionellen Aufdeckungssysteme bildeten, die geeignet gewesen wären, strafrechtliche und/oder berufliche Konsequenzen für den Täter in Gang zu bringen. Inwieweit es zu Mitteilungen im privaten Umfeld oder in therapeutischen Settings gekommen ist, kann nicht beurteilt werden. Die Fälle R. R. und E. M. müssen hingegen als Beispiele für die Entwicklung dysfunktionaler Aufdeckungssysteme angesehen werden. Es gab in beiden Fällen einen institutionellen Diskurs, der die Beziehung der jungen Frauen zu dem um Jahrzehnte älteren Psychotherapeuten H. M. problematisierte und explizit unter dem Gesichtspunkt der sexuellen Ausbeutung betrachtete: Jugendamt, Polizei und die beiden Ausbildungsinstitute IPP-Heidelberg-Mannheim und AKJP-Heidelberg befassten sich mit den beiden Fällen im Rahmen ihrer jeweils unterschiedlichen professionellen Aufträge, aber es bildete sich über Jahrzehnte kein Aufdeckungssystem, das geeignet gewesen wäre, dauerhaft stabile Missbrauchssysteme aufzulösen. Der Befund ist eindeutig: Die von dem Psychotherapeuten initiierten Missbrauchssysteme erwiesen sich als vollkommen robust gegenüber den Anfechtungen eines potenziell durchaus mächtigen institutionellen Arrangements, das sich mit den Fällen befasste.

Es konnten sich keine dyadischen Konstellationen entwickeln, in denen die Ambivalenzen und Ängste der betroffenen jungen Frauen im oben beschriebenen Sinne aufgehoben gewesen wären. Nichts konnte konkurrieren mit der existenziellen Abhängigkeit von dem Täter, die sowohl durch die gemeinsamen Kinder als auch durch das krasse Ungleichgewicht hinsichtlich der sozialen und materiellen Ressourcen zwischen den jungen Müttern und dem Psychotherapeuten zementiert war. Ein augenfälliges Indiz für den zuverlässigen Bestand dieser Missbrauchssysteme zeigt sich darin, dass die jungen Frauen gegenüber den Institutionen offenbar keine Angaben machten, die geeignet gewesen wären, funktionierende Aufdeckungssysteme zu initiieren. Die Betroffenen waren nach wie vor gefangen im Geheimhaltungs- und Manipulationssystem des Täters. Sie konnten nicht äußern, dass sie schon während der therapeutischen Behandlung sexuelle Übergriffe durch H. M. erlitten. Durch eine Heirat zwischen Täter und Opfer wird ein Missbrauchssystem nicht entschärft, sondern perpetuiert. Spätestens an diesem Punkt lässt sich sagen, dass einzelne Mitglieder des AKJP-Instituts Heidelberg, indem sie eine aus einem Missbrauchssystem resultierende Eheschließung mit ihrer wohlwollenden Anwesenheit „absegneten", selbst zum Teil des Missbrauchssystems wurden. In ihrer Verantwortung wäre es gelegen, gemeinsam mit anderen Institutionen ein Aufdeckungssystem zu bilden, das es der jungen Frau ermöglicht hätte, einer dauerhaft schädigenden Beziehungskonstellation zu entkommen. So aber blieben Deutungsmacht des Täters, vollkommene Abhängigkeit und sexuelle Ausbeutung bestehen.

Die Missbrauchssysteme, in die Lehranalysandinnen und Ausbildungskandidatinnen verstrickt wurden, erhielten ihre deutlich erkennbare Kontur erst durch die Formierung funktionaler Aufdeckungssysteme. Zuvor waren die sozialen Systeme, die sich um die Beziehungen zwischen den Frauen und H. M. gruppierten, von der Deutungsmacht des Täters kontaminiert. Das Prinzip der Geheimhaltung wurde nur mit eingeschränkter Konsequenz zur Anwendung gebracht: Gemeinsame Reisen, Bilder im Institut, offene Kommunikation über die Beziehung. Dass (fast) alle betroffenen Frauen verheiratet waren, schien der sozialen Etablierung ihrer Beziehung mit H. M. eher förderlich zu sein, weil jene, die sich dagegen empörten, möglicherweise den Vorwurf der „Spießigkeit" auf sich gezogen hätten. An dem Hauch des Illegitimen, der den Beziehungen des Institutsleiters mit Ausbildungskandidatinnen anhaftete, wollte man nicht Anstoß nehmen. Vorstellungen von sexualisierter Gewalt, sexueller Ausbeutung, Vergewaltigung oder sexuellem Missbrauch schienen nicht anwendbar auf das partiell undurchsichtige Geschehen zwischen H. M. und Ausbildungskandidatinnen und Lehranalysandinnen, das sich vor den Augen der Institutsöffentlichkeiten abspielte. Es konnten sich daher lange Zeit keine Aufdeckungssysteme entwickeln. Soweit dies rekonstruierbar ist, änderte sich Ende 1992 plötzlich alles: Vollkommener Zusammenbruch der Deutungsmacht des Täters. Was auch immer dazu geführt hat, dass sich plötzlich mehrere Frauen an die Vorständin des IPP-Heidelberg-Mannheim wandten und die Grenzüberschreitungen von H. M.

8.1 Missbrauchssystem – Aufdeckungssystem – Hilfesystem

im Rahmen von Lehranalysen skandalisierten: An diesem Punkt konstituiert sich ein klassisches Aufdeckungssystem, das – soweit wir das den verfügbaren Daten entnehmen können – mit einer nachhaltigen Auflösung der jeweiligen Missbrauchssysteme verbunden ist. Vermutlich bildeten sich in therapeutischen Settings (möglicherweise auch in der Kommunikation mit der Vorständin des IPP-Heidelberg-Mannheim) emotional aufgeladene Krisendyaden, die es den Frauen ermöglichten, ihre zweifellos extrem belastenden Aufdeckungsbemühungen durchzustehen. Es ist mit Sicherheit anzunehmen, dass die damit verbundenen Prozesse mit der schmerzhaften Erkenntnis einhergingen, in ein Missbrauchssystem verstrickt gewesen zu sein – in manchen Fällen sogar über viele Jahre. Im Gegensatz zu den jungen Patientinnen, die von H. M. geschwängert worden waren, lassen sich in den Fällen, die Lehranalysandinnen und Ausbildungskandidatinnen betreffen, funktionale Aufdeckungssysteme (wenn auch nur im Sinne systemimmanenter Lösungen) identifizieren. Dabei ist es wichtig, dass sich die Funktionalität nicht im institutionellen Umgang mit H. M. erweist, sondern im Schutz der betroffenen Frauen vor dem Täter: Die Missbrauchssysteme, in die sie verstrickt waren, wurden aufgelöst, die Deutungsmacht des Täters war gebrochen und die Geheimhaltung war dort platziert, wo es den Betroffenen hilfreich erschien.

Hilfesystem:
Das Hilfesystem ist etwas Anderes als das Aufdeckungssystem. Während die soziale Formation des Aufdeckungssystems primär die Auflösung der von Geheimhaltung und Machtgefälle bestimmten Struktur des Missbrauchssystems dient, bezieht sich das Hilfesystem vor allem auf die Bewältigung der Folgen aufseiten der Betroffenen. Eine Besonderheit in der hier untersuchten Konstellation besteht darin, dass es zunächst zu einer weitgehenden Überschneidung von Hilfesystem und Missbrauchssystem kommt: Dies gilt für all jene Kinder, Jugendlichen und jungen Frauen, die aufgrund einer möglichen psychotherapeutischen Indikation zu einer Untersuchung oder Therapie an H. M. verwiesen wurden und dort beschämt, angefasst und sexuell ausgebeutet wurden. Der Arzt und Psychotherapeut wurde in seiner Funktion als Repräsentant des Hilfesystems aufgesucht. Er verwandelte dieses allerdings häufig in ein exklusives Missbrauchssystem. Die hier diskutierte Form des Hilfesystems bezieht sich spezifisch auf die Bewältigung der Folgen, die die Erfahrungen innerhalb des Missbrauchssystems nach sich zogen. Wir wissen wenig darüber, inwieweit kindliche Patient*innen nach ihrem Kontakt mit H. M. im Rahmen von daran anschließenden Hilfen die Übergriffe durch den Arzt thematisierten. Dies erscheint gerade im Kontext der ärztlichen Delegation an Psychotherapeut*innen nicht unwahrscheinlich, da

diese Patient*innen im Anschluss an den Kontakt zu H. M. in eine psychotherapeutische Behandlung kamen. Uns liegen aber keine Informationen von Psychotherapeut*innen vor, wonach sich kindliche Patient*innen über die irritierenden Untersuchungspraktiken H. M. s im Rahmen der Therapie geäußert hätten. (Aus nachvollziehbaren Gründen bedeutet dies durchaus nicht, dass es solche Mitteilungen nicht gegeben hätte). Zumindest in einem Fall ist uns bekannt, dass ein von sexualisierten Grenzverletzungen betroffenes vorpubertäres Mädchen in Folge der Untersuchungssituation mit schweren psychischen Belastungen zu kämpfen hatte. Sie entwickelte starke Ängste gegenüber männlichen Ärzten und vermied daher jeglichen Kontakt mit medizinisch-therapeutischen Hilfen. Erst nach vielen Jahren sah sie sich in der Lage, die Übergriffe H. M. s im Rahmen einer Psychotherapie anzusprechen. Die uns vorliegenden Daten erlauben keine Generalisierung dieser Episode. Weiter oben wurde festgestellt, dass sich einzelne Kinder mit der Mitteilung über beschämende Untersuchungspraktiken H. M. s an ihre Eltern wandten. In keinem Fall ist bekannt, dass sich aus solchen Offenbarungen dezidierte Hilfesuchprozesse begründeten. Im Regelfall waren diese Kinder aus anderen Gründen in Psychotherapie, wobei sich nichts darüber aussagen lässt, wieweit diese zur Bewältigung dieser verstörenden Erfahrung beigetragen haben.

Insgesamt kann davon ausgegangen werden, dass der überwiegende Teil derjenigen Personen, die von H. M. sexuell ausgebeutet wurden, eine gewisse Affinität zum psychotherapeutischen Hilfesystem hatten. Insbesondere auch bei den jugendlichen und erwachsenen Patient*innen erhebt sich daher die Frage, in welcher Weise und in welchem Ausmaß sich die Betroffenen gegenüber ihren späteren Psychotherapeut*innen zu den belastenden Erfahrungen mit H. M. geäußert haben. Darüber hinaus ist unklar, inwieweit die mit solchen Mitteilungen adressierten Psychotherapeut*innen tatsächlich Hilfesysteme im Sinne einer Bewältigung dieser Erlebnisse konstituierten. Von E. M. wissen wir, dass sie im Laufe ihrer Ehe offenbar mehrere Psychotherapeut*innen aufsuchte, wobei die Wirkung des Hilfesystems angesichts des Umstandes, dass sie über mehrere Jahrzehnte unter dem unmittelbaren Einfluss des Missbrauchssystems stand, begrenzt bleiben musste. Ähnliches kann von R. R. angenommen werden, da eine deutliche Abgrenzung von dem durch H. M. kontrollierten Missbrauchssystem nicht erkennbar wird. Im Fall jener Frauen, die sich 1992/1993 an die Vorständin des IPP-Heidelberg-Mannheim gewandt haben, ist von gelingenden Übergängen ins Hilfesystem auszugehen. Indem sie bei ihrer Aufdeckung unterstützt wurden, wurde die Möglichkeit eröffnet, veränderte, wenn auch schmerzhafte Perspektiven auf ihre Erfahrungen mit H. M. zu entwickeln, die sie mit hoher Wahrscheinlichkeit im Rahmen von Psychotherapien dauerhaft etablieren konnten.

In der Gesamtschau stellt sich die Abfolge Missbrauchssystem – Aufdeckungssystem – Hilfesystem in den meisten Fällen, die sich auf sexuelle Ausbeutungen durch H. M. beziehen, brüchig dar. Wir finden eine Vielzahl nicht aktivierter Aufdeckungspotenziale in dem Sinne, dass sich Aufdeckungssysteme entweder gar nicht konstituierten oder sich als unwirksam oder sogar dysfunktional herausstellten. In vielen Fällen muss eine ausgeprägte Beständigkeit der von H. M. errichteten Missbrauchssysteme konstatiert werden, was angesichts der schweren psychischen Schädigungen, die für die Betroffenen damit verbunden waren, erschütternd anmutet. Hier ist der Fall jener jungen Patientin, durch deren Heirat mit H. M. das Missbrauchssystem vor den Augen vielfältiger Aufdeckungssysteme ungestört perpetuiert wurde, besonders imponierend. Eine große Zahl von Menschen wurde durch die Taten H. M.s geschädigt. Wir können leider wenig darüber aussagen, wie viele von ihnen die Hilfe erhielten, die eine stabile Bewältigung dieser Erfahrungen ermöglichte. Es ist bekannt, dass eine solche Hilfe nicht notwendigerweise die Form einer Psychotherapie annehmen muss. Heilende private Beziehungen, Beratungen, soziale Unterstützungen oder Selbsthilfeinitiativen können ebenso wirksame Hilfen darstellen (Helming et al., 2011). Zumindest erlauben unsere Daten die Annahme, dass Betroffene, ihre Eltern oder andere Mitwissende die sexualisierten Grenzverletzungen H. M. s in die Psychotherapieszene in und um Heidelberg in vielfacher Weise kommunizierten. Inwieweit sich diese Szene als funktionierendes Hilfesystem erwies, kann hier nicht beurteilt werden. Deutlich erkennbar ist aber, dass die hinter den Mauern der Behandlungszimmer getätigten Offenbarungen zumeist dort verblieben: Isolierte, unverbundene Aufdeckungsstränge. Inwieweit die/der zur Verschwiegenheit verpflichtete Psychotherapeut*in zwangsläufig davon abgehalten wird oder davor bewahrt wird, Teil eines Aufdeckungssystems zu werden, muss Gegenstand weiterer Erörterungen sein.

8.2 Latente Prozesse und manifeste Indexereignisse

Im Zuge unserer Forschungen zu sexualisierter Gewalt und Kindesmisshandlung in institutionellen Kontexten haben wir – ausgehend von einer Lebenszeitperspektive – bestimmte biografische Prozesse identifiziert, die das Bewältigungserleben betroffener Individuen maßgeblich modulieren (Mosser 2019; Mosser & Hackenschmied, 2018). Wir haben diesbezüglich vier zentrale Aspekte herausgearbeitet, nämlich 1) Bewusstwerdung, 2) Erinnerung, 3) Aufdeckung und 4) Inanspruchnahme von Hilfe, wobei die besondere Dynamik dieser Phänomene darin besteht, dass sie nicht einer linearen Bewegung in Richtung Lösung oder Auflösung folgen, sondern dass es zu einer oftmals über Jahrzehnte reichenden Abfolge latenter Prozesse und bestimmter Indexereignisse kommt, in deren Verlauf sich die frühere Erfahrung in zeitlich überformter Weise reinszeniert. Im folgenden Zitat einer/eines Interviewpartner*innen wird diese Dynamik präzise veranschaulicht: „Das Komische ist, dass es immer ansatzweise so auftaucht, dann verschwindet es wieder. Es taucht so eruptiv auf, einmal so, huh, irgendwie so. Dann fällt´s wieder in sich zusammen."

Wichtig ist hierbei, dass sowohl Prozesse als auch Indexereignisse vor dem Hintergrund sich verändernder gesellschaftlicher Verhältnisse und Diskurse ablaufen.

Die „Causa H. M." regt zu einem Nachdenken darüber an, inwieweit diese ursprünglich für Individuen entwickelte Konzeption auch für abgrenzbare institutionelle Systeme Anwendung finden könnte. Da wir insbesondere über den „Bewältigungsverlauf" des AKJP-Heidelberg vielfältige Daten zur Verfügung haben, erscheint es sinnvoll, die Abfolge latenter Prozesse und manifester Indexereignisse für dieses Institut zu skizzieren, um Erkenntnisse mit Erklärungswert zu generieren.

Bewusstwerdung:
Bewusstwerdung ist einer der zentralen Mechanismen bei der Bewältigung erlittener sexualisierter Gewalt (Draucker & Martsolf, 2008; Harvey, 1991; Rieske et al., 2018). Bewusstwerdung heißt, sich eine innere Konzeption des Geschehenen zu erarbeiten, der das Potenzial für Heilung innewohnt. Bewusstwerdung ist darüber hinaus ein Prozess, der auf zwischenmenschlichen Diskurs und soziale Validierung angewiesen ist. Aus Forschungen ist bekannt, dass es eines bestimmten Ausmaßes an kognitiver und moralischer Entwicklung bedarf, um sich ein zunehmend konsistentes, sozial validierbares und intrapsychisch verarbeitbares Bild von erlittener sexualisierter Gewalt zu machen (Draucker & Martsolf, 2008; Orbuch et al., 1994). Wie oben beschrieben, unterliegt sexualisierte Gewalt der Deutungsmacht des Täters. Bewusstwerdung heißt daher: Hinterfragen dieser Deutungen, Emanzipation gegenüber den Wirklichkeitskonstruktionen des Täters innerhalb des exklusiven Raum des Missbrauchssystems, Entwicklung eigener, zuverlässiger Konzepte über das Geschehene (Mosser, 2020; Unabhängige Aufarbeitungskommission, 2017 & 2019a). Man kann fragen: Wie gestaltete sich der Bewusstwerdungsprozess des AKJP-Instituts Heidelberg? Es lässt sich konstatieren, dass, solange H. M. als Leiter des Instituts fungierte, innerhalb des AKJP-Heidelberg kein auch nur annähernd stabiles Bewusstsein hinsichtlich der Schädigungen bestand, die H. M. unter Missbrauch seiner Macht anderen

8.2 Latente Prozesse und manifeste Indexereignisse

Menschen (Kolleginnen, jungen erwachsenen Patientinnen, Mädchen und Jungen) zufügte. Dies muss immerhin für einen Zeitraum von 18 Jahren geltend gemacht werden. Es waren, soweit erkennbar, keine Interpretationen seines Verhaltens virulent, die in Begriffen von „Missbrauch", „Gewalt" oder „Ausbeutung" formulierbar gewesen wären. Es ist daher davon auszugehen, dass der institutionelle Bewusstseinsgrad über lange Zeit jenem von Menschen entsprach, die in einem Missbrauchssystem verstrickt und ungeschützt den Manipulationen des Täters ausgesetzt sind. Retrospektiv belegt ist dies unter anderem durch die bereits weiter oben zitierte bemerkenswerte Formulierung aus dem Schreiben der Mitglieder des VAKJP Nordbaden im Jahr 1993, die über die „Atmosphäre von Grenzüberschreitungen" hinweggesehen oder „diese ironisch kommentierend hingenommen" haben. So unterschiedlich die ethischen oder auch emotionalen Empfindungen in Bezug auf das mehr oder weniger explizite Verhalten des Institutsleiters gewesen sein mochten, lässt sich insgesamt ein als recht homogen beschreibbares fehlendes institutionelles Bewusstsein hinsichtlich der damit verbundenen Gefährdungen konstatieren. Dies kommt auch in der folgenden Interviewsequenz mit einer/einem Psychotherapeut*in zum Ausdruck:

I: Aber das heißt, so Beziehungen zwischen Dozenten und Ausbildungskandidaten war jetzt, was durchaus vorkam –

A: Ja.

I: Und ist das in irgendeiner Art und Weise thematisiert oder da drüber gesprochen worden?

A: Nein.

Die Offenlegungen im Jahr 1993 bilden vor diesem Hintergrund ein deutlich konturiertes Indexereignis, in dessen Verlauf signifikante Bewusstwerdungsprozesse angeregt wurden. Für viele verbanden sich Ahnungen, Gefühle und bislang nicht ausreichend reflektierte Wahrnehmungen zu einer Gestalt, die eine veränderte Bewertung des Verhaltens H. M. s ermöglichte. Da die Informationen über die Schwangerschaft der jungen (Ex-)Patientin und die Grenzüberschreitungen gegenüber Lehranalysandinnen auch ein hohes Maß an Unsicherheit und Bedrohung auslösten, wurde das Potenzial für mögliche Bewusstwerdungsprozesse von vielen Personen aber auch abgewehrt. Durch das Aufeinandertreffen von forcierten und abgewehrten Bewusstwerdungsprozessen entstand schließlich das stark ausgeprägte Bild einer institutionellen Bewusstseinsspaltung, das den weiteren Bewältigungsverlauf des AKJP-Heidelberg in hohem Maße bestimmte (vgl.

Burka et al., 2019). Ein/e Interviewpartner*in bringt dies auf folgende prägnante Weise auf den Punkt:

„*Es wussten alle ganz unterschiedliche Dinge.*"

In den folgenden Jahren war die Bewegung des kollektiven Institutsbewusstseins nicht linear und diskontinuierlich. Interessant ist die Häufung von Indexereignissen zwischen 1993 und 2000: Tagungen, Mitteilungen von Therapeut*innen, Beschwerden von Eltern und schließlich die Gruppe „Vergangenheit – Gegenwart – Zukunft". Man kann sagen, dass immer wieder Bewusstwerdungsangebote an das AKJP-Heidelberg herangetragen wurden, die die Institution als Ganze nicht konstruktiv verarbeiten konnte. Keineswegs präsentiert sich das Bild einer homogenen Verdrängung der Geschehnisse um H. M., sondern eher eine psychische und soziale Dynamik, in der sich punktuell anlassbezogene Bewusstwerdungsprozesse einzelner Protagonisten des Instituts nicht zu einem organisationalen Geschehen formieren konnten. Metaphorisch könnte man hier von der Struktur eines Traumabewusstseins sprechen: Isolierte, abgekapselte psychische Prozesse, die keinen Zugang finden zur „Ich-Steuerung" der Institution. Trotz vielfältiger Anreize von außen und trotz diverser Bemühungen maßgeblicher Mitglieder des Instituts bleibt das „kollektive Bewusstsein" des AKJP-Heidelberg fragmentiert. Einzelne Beispiele zeigen, dass auch signifikante individuelle Bewusstwerdungsprozesse, die mit grundlegenden Umbewertungen früherer Erfahrungen verbunden sind, nicht zur Integration der fragmentierten Struktur des Institutsbewusstseins beitragen. Als Folge davon bietet sich das Bild einer ab Beginn der 2000er Jahre einsetzenden institutionellen Bewusstseinslähmung, die mit Ausnahme geringfügiger Bewegungen bis etwa 2016 anhält. Retrospektiv entsteht der Eindruck einer ausgeprägten Latenzzeit, in der das AKJP-Heidelberg die „lange zurückliegende" Geschichte offenbar als „verarbeitet" wähnt. Dies ist durchaus in Analogie zu individuellen Verarbeitungsprozessen nach Gewalterfahrungen zu verstehen, in deren Verlauf Phasen „abgeschlossener Bewusstwerdung" zu beobachten sind, die eine relativ erhöhte Funktionalität in der Lebensbewältigung erlauben. Nach dieser Latenzperiode kommt es ab 2016 zu einer Reihe signifikanter Indexereignisse, die zu einer massiven Reaktualisierung von Bewusstseinsströmen führen: Das Seminar des Institutsleiters und Ethikbeauftragten, die Strafanzeige gegen H. M. aus dem familiären Bereich, das Gerichtsverfahren, der „ZEIT"-Artikel und die Gründung einer institutsinternen Aufarbeitungsgruppe. Diese Ereignisse befragen die Vergangenheit des Instituts und ermöglichen eine Bewusstwerdung, die nicht von den drängenden Erfordernissen einer bedrohlichen Gegenwart (wie im Jahr 1993) verstellt wird. Aber

8.2 Latente Prozesse und manifeste Indexereignisse

obwohl der zeitliche Abstand ein höheres Maß an Reflexion erlaubt, wird die fragmentierte Struktur des institutionellen Bewusstseins erneut erkennbar, denn es bestehen nach wie vor massive Infragestellungen von Aufarbeitungsprozessen, wie sie aus der Einschätzung einer/eines interviewten Psychotherapeut*in hervorgehen:

„Ich dachte, irgendwo hat jemand nichts anderes zu tun gehabt und hat gemeint, er müsst sich da mal wichtigtun, indem er nochmal irgendwo eine Blase aufsticht, die eigentlich nach meiner Meinung als Eiterbeutel schon lange ausgedrückt war (...). Wo ich nicht kapiert hab, warum jetzt, nachdem eigentlich alles abgegessen war, warum taucht das jetzt wieder auf. Also ich hab dafür keine Erklärung."

Und dennoch scheint jetzt die Bewegung der Diskurse viel stärker integrativ zu wirken als in früheren Zeiten. Dies impliziert durchaus das Auftreten heftiger Konflikte vor allem aufgrund wechselseitiger Schuldzuweisungen, aber der Prozess der Bewusstwerdung scheint sich nun zu einem institutionellen Geschehen zu formieren. Es gibt jüngere Mitglieder des AKJP-Heidelberg, die das Institut nach seiner Vergangenheit befragen und es gibt ältere Mitglieder, die bereit sind, Antworten zu geben. In Seminaren, Mitgliederversammlungen und Aufarbeitungsgruppen scheinen sich Orte des Diskurses zu bilden, die nicht vom Versuch der interessensgebundenen Verschleierung kontaminiert sind, sondern ein tatsächliches Interesse an den Vorgängen in der Vergangenheit und an den daraus zu ziehenden Konsequenzen für die Zukunft zum Ausdruck zu bringen scheinen. Diese Bewegung ist nicht homogen, aber kollektive Bewusstwerdungsprozesse zeichnen sich nicht durch ihre Homogenität aus, sondern durch die Bereitschaft zum konflikthaften Diskurs und dem Versuch der Entwicklung eines Narrativs, das als sozial akzeptierte Referenz für die Zukunft – in diesem Fall: des AKJP-Heidelberg – fungieren kann (Burka et al., 2019; Mosser et al., 2018; Unabhängige Aufarbeitungskommission, 2019b).

Erinnern/Vergessen:
Es ist wichtig, von der Bewusstwerdung das Erinnern zu unterscheiden. Während sich die Bewusstwerdung auf eine Veränderung des hermeneutischen Rahmens in Bezug auf bestimmte Geschehnisse bezieht, geht es beim Erinnern allein um ihre Repräsentation im Gedächtnis. Das Problem der Erinnerung nach traumatischen Ereignissen und insbesondere in Bezug auf das Erleiden sexualisierter Gewalt ist in der Literatur ausführlich beschrieben (Kavemann et al., 2015; McNally, 2005). Erinnern und Vergessen erfüllen hier bedeutende Funktionen bei der psychischen Bewältigung des Erlebten. In diesem Zusammenhang ist unter anderem

darauf hinzuweisen, dass die traumatische Amnesie durchaus nicht nur als Folge einer biologischen Überlebensreaktion im Rahmen der Akutphase des Belastungserlebens zu sehen ist, sondern dass Gedächtnisrepräsentationen sexualisierter Gewalterlebnisse häufig viel stärker von motivationalen, ethischen und gesellschaftlichen Prozessen überformt sind. Sich nicht zu erinnern stellt nicht nur eine Funktion von Verleugnung oder Verdrängung dar, sondern auch von Bagatellisierung oder Umbewertung. Um die individuelle Gedächtnisrepräsentation gruppiert sich häufig auch ein kollektiver Diskurs über sexualisierte Gewalt, der mit Bedeutungszuschreibungen, Skandalisierungen und/oder Bagatellisierungen einhergeht. Insofern sind Erinnern und Vergessen keineswegs unabhängig von den oben ausgeführten Bewusstwerdungsprozessen, aber sie sind etwas grundlegend Anderes als diese Bewusstwerdungsprozesse. Übertragen auf die hier vorgenommenen Analysen stellt sich daher jetzt die Frage, was im kollektiven Gedächtnis des AKJP-Heidelberg in all den Jahren repräsentiert war und nicht so sehr, wie diese Gedächtnisrepräsentationen gedeutet wurden. Zunächst lässt sich deutlich nachweisen, dass die institutionelle Erinnerung ebenso wenig wie die individuelle Erinnerung additiv funktioniert (vgl. Welzer, 2002). Interessant ist dabei aber auch, dass die Bemühungen des Instituts, eine kollektive additive Gedächtnisrepräsentation der Geschehnisse um H. M. zu entwickeln, auffällig schwach ausgeprägt waren. Es entsteht der Eindruck, dass entsprechende Initiativen lediglich von Seiten des Ethikbeauftragten des Instituts immer wieder angestoßen wurden, wobei diese aufgrund der fehlenden Resonanz aufseiten der Institutsöffentlichkeit nicht zur Entwicklung eines kollektiven Gedächtnisses beitragen konnten. In der Gesamtschau bietet sich erneut das Bild eines latenten Erinnerns/Vergessens, das durch signifikante „Erinnerungsereignisse" zwar irritiert, aber nicht nachhaltig erweitert wurde.

Wichtig ist, dass das Erinnern bereits lange vor 1992/1993 begann: Erinnerungen an „schwüle" Institutsfeste, bei denen barbusig auf Tischen getanzt wurde, Erinnerungen an Kommilitoninnen, die von ihrer intimen Beziehung zu H. M. erzählten, Erinnerungen an Mitteilungen, das H. M. mit Patientinnen schläft, Erinnerungen an die frühere Patientin, deren gemeinsames Kind mit H. M. immer wieder am AKJP-Heidelberg auftauchte, Erinnerungen durch Fotos, die am Institut öffentlich zugänglich waren, usw. ... Die Geschichte des AKJP-Heidelberg und IPP-Heidelberg-Mannheim war schon vor 1992/1993 voll mit Erinnerungen an Grenzüberschreitungen durch H. M., zumal die hier begonnene Liste rein exemplarischen Charakter hat und das Ausmaß des Geredes über „zweideutige" Verhaltensweisen H. M. s nicht annähernd zum Ausdruck bringt. Das Besondere daran ist, dass es im Wesen dieser vielfältigen individuellen Erinnerungen lag, sich nicht zu einer kollektiven Erinnerung vereinigen zu können.

8.2 Latente Prozesse und manifeste Indexereignisse

Wir haben oben gesehen, wie eine Vielzahl potenzieller Aufdeckungsstränge im Sand verlaufen ist, weil es eine ausgeprägte Unverbundenheit hinsichtlich der Wahrnehmung von Auffälligkeiten im Verhalten H. M. s gab. Weil dem Gerede keine Chance gegeben wurde, sich zu einem systematischen Diskurs zu verbinden, verloren sich individuelle Gedächtnisrepräsentationen immer wieder in der Isolation eines Bewusstseins, dem die soziale Validierung seiner Wahrnehmungen fehlte. Unseren Interviews ist zu entnehmen, dass symptomatisch aufflackernde Erinnerungen von einem Ozean motivational erzeugten Vergessens umgeben waren. So beschreibt ein/e Interviewpartner*in einen Phasenverlauf des Erinnerns und Vergessens, der damit begann, dass sie/er bereits vor dem Beginn ihrer/seiner Ausbildung am AKJP-Heidelberg in der Heidelberger Psychotherapieszene Kenntnis von den inzwischen aufgedeckten Taten H. M. s bekommen hatte:

„Ja, ich fand das unmöglich, klar, ich fand das unmöglich. Aber ich hab das dann auch wieder vergessen. Aber jetzt natürlich, jetzt find ich´s – also jetzt fand ich´s ganz krass, ich war ja auch in der Verhandlung."

18 Jahre lang bewegten sich sowohl das AKJP-Heidelberg als auch das IPP-Heidelberg-Mannheim in dieser „amnesieaffinen" Atmosphäre, da offensichtlich institutionelle Rahmenbedingungen bestanden, die da wie dort aufkeimende Beobachtungen und Erinnerungen immer wieder in den isolierten Raum des individuellen Bewusstseins zurückverwiesen. Dies wirkt wie die Gedächtnisstruktur eines jungen Missbrauchsopfers, das zwischen Scham, Manipulation, Verstörung, Angst, Schweigen, Verleugnung und Verdrängung einen aushaltbaren Weg in Richtung Funktionalität sucht. Ein wichtiges Prinzip des Schutzes besteht dabei darin, Erinnerungen zu vermeiden.

Auch hier stellen die Vorgänge in den Jahren 1992/1993 eine Indexerfahrung des kollektiven Gedächtnisses dar: Gerade hatte man noch im Rahmen des Jubiläums anlässlich des 40-jährigen Bestehens des AKJP-Heidelberg und des 60-jährigen Geburtstags seines Leiters kollektive Erinnerungsarbeit geleistet und sich halb amüsiert, halb irritiert über die Existenz des einjährigen Kindes H. M. s mit einer jungen (Ex-)Patientin geäußert, als von außen der Anstoß zu einer gänzlich anderen Form des Erinnerns gegeben wurde. Auf diese Weise wurde die Struktur des fragmentierten Gedächtnisses des AKJP-Heidelberg vollkommen manifest. Nun hätten die zahlreichen, unverbundenen Erinnerungen einen diskursiven Ort finden können, aber die Institution erwies sich insgesamt als robust gegenüber den Bedrohungen, die von vielfältig auftauchenden individuellen Erinnerungssträngen ausgeübt wurden. Das individuelle Gedächtnis erwies sich als lückenhaft, inkonsistent, anzweifelbar und schwach. Es mag seinen Weg in Supervisionen, Intervisionen, Lehranalysen und Psychotherapien gefunden haben, aber es war nicht geeignet, ein bewusstes kollektives Gedächtnis der Institution AKJP-Heidelberg zu begründen, das das Institut handlungsfähig gemacht hätte. Dies hat auch mit der spezifischen Charakteristik der psychotherapeutischen Situation zu tun, wie sie von einer/einem von uns interviewten Psychotherapeut*in beschrieben wird:

> *„Wissen Sie, das hat auch viel damit zu tun, dass die Analyse halt doch etwas sehr Geheimes ist, was geschützt bleiben soll, wo aber natürlich auch Vermutungen und unklaren Dingen Tür und Tor geöffnet ist. Es ist ja – wenn ein Analysand behauptet, das und das, dann weiß man noch lange nicht, ob das wirklich so ist. Der jeweilige Analytiker oder Analytikerin – aber meistens sind es ja doch Männer – kann ja sehr weitgehend sich dahinter auch zurückziehen, dass er keine Aussage machen muss. Oder zumindest im Institut nicht."*

Wie das Gedächtnis des Missbrauchsopfers in der Aufdeckungskrise, an dem sich Ermittlungsbeamte, Staatsanwälte und Richter immer wieder abarbeiten, war auch das Gedächtnis des AKJP-Heidelberg in seiner Aufdeckungskrise umstellt von Ängsten, Zweifel, Ambivalenzen und Bedrohungen. Diese Dynamiken verhinderten die notwendige Sortierung virulenter Gedächtnisinhalte, sodass die Erinnerung dauerhaft brüchig und fragmentiert blieb. Diese Struktur schränkte auch die Möglichkeit der Integration neu hinzukommender Informationen in das „Institutsgedächtnis" erheblich ein. Symptomatisch dafür ist der Umgang mit den zahlreichen Meldungen über sexualisierte Grenzverletzungen H. M.s gegenüber Kindern im Laufe der 1990er Jahre. Es entsteht der Eindruck, dass mit jeder neu hinzukommenden Information bereits bestehende Erinnerungen „geopfert" werden mussten. Nie war alles repräsentiert. Immer wieder wurde „vergessen", dass H. M. zwei junge Patientinnen geschwängert hatte und dass er mehrere Lehranalysandinnen in sexuelle Beziehungen verstrickt hatte. Spätestens im Jahr 2000 hätte die Gruppe „Vergangenheit – Gegenwart – Zukunft" die Möglichkeit geboten, das schiere Ausmaß der bis dahin verfügbaren Informationen zu einem Gesamtbild zu integrieren, das entsprechende Bewertungs- und Handlungskonsequenzen hätte nach sich ziehen müssen. Während durch die Analyse alter Institutsakten noch mehr Informationen generiert wurde, setzte in anderen Segmenten der Organisation offenbar schon wieder motivational gesteuertes Vergessen ein. Individuell rationalisierbare Erinnerungen konnten sich auch in der „Aufarbeitungsgruppe" im Jahr 2000 nicht zu einer konsistenten kollektiven Erinnerung verbinden, weil es offenbar nach wie vor nicht möglich war,

8.2 Latente Prozesse und manifeste Indexereignisse

deren Ausmaß zu bewältigen. Es scheint, als habe – auf institutioneller Ebene – jede Erinnerung zugleich auch die Notwendigkeit des Vergessens offenbart. Dies entspricht der Ambivalenz des Missbrauchsopfers, das im Spannungsfeld zwischen dem Wunsch nach Bearbeitung und Integration einerseits und der Angst vor Konfrontation andererseits biografisch zu navigieren versucht. Das Vergessen spielt für die Aufrechterhaltung sowohl der individuellen als auch institutionellen Funktionalität eine bedeutende Rolle. In Bezug auf das AKJP-Heidelberg bietet sich das Bild eines Kollektivs aus Menschen, die in großer Zahl und aus unterschiedlichen Gründen von einem individuell motivierten Vergessen in Bezug auf die Taten H. M. s geprägt sind. Dieses Kollektiv umfasst zwar auch Individuen, die von der Notwendigkeit des Erinnerns überzeugt sind, aber zugleich an einer Transformation individueller Erinnerungen in ein kollektives Institutsgedächtnis scheitern. Ab 2004 bis zum Jahr 2016 erscheint das Institut (aber nicht einzelne durchaus auch einflussreiche Personen) in Bezug auf H. M. im Großen und Ganzen amnestisch. Das von dem Institutsleiter und dem Ethikbeauftragten angebotene Aufarbeitungsseminar, die Gerichtsverhandlung gegen H. M. und in besonderer Weise das Erscheinen des Dossiers in der „ZEIT" tragen schließlich zu einer gravierenden Umorganisation des Institutsgedächtnisses bei. Es wird nicht nur deutlich, was alles nicht gewusst wurde, sondern auch das Ausmaß dessen, was in der Zwischenzeit dem Vergessen anheimgefallen war. Es handelt sich hier um signifikante Indexereignisse für das kollektive Gedächtnis des AKJP-Heidelberg. Dabei wurde auch deutlich, dass eine für alle zugängliche schriftliche Dokumentation von Informationen (in Form des Zeitungsartikels) ein wichtiges Werkzeug für die Entwicklung eines institutionellen Gedächtnisses ist. Wer sich etwas merken will, der schreibt etwas auf. Was jedes Kind in der Schule lernt, wurde vom AKJP-Institut Heidelberg über Jahrzehnte verabsäumt. Die in diesem Zusammenhang gravierendste Fehlleistung besteht im Verzicht auf eine Dokumentation der Diskurse im Rahmen der Gruppe „Vergangenheit – Gegenwart – Zukunft". Wenn die Institution nichts dokumentiert, werden die Erinnerungen der Individuen auf deren eigene Gedächtnisorganisation zurückgeworfen. Für die individuelle Bewältigung von Viktimisierungserfahrungen mag es nicht notwendig sein, schriftliche Referenzpunkte zu formulieren; eine Organisation, die bei der Reflexion über ihre Vergangenheit auf eine zuverlässige Dokumentation verzichtet, bleibt aber dauerhaft auf eine desorganisierte Abfolge latenter Gedächtnisprozesse und das Auftauchen intrusiver Erinnerungen zurückgeworfen.

Aufdeckung:
Individuelle Aufdeckungsprozesse folgen häufig einem diskontinuierlichen Muster, in dem bestimmte Mitteilungen in verschiedenen Lebensphasen zwar zur partiellen Offenlegung erlittener sexualisierter Gewalt führen, wobei dies aber durchaus nicht immer mit einem grundlegenden Aufbruch des Geheimhaltungsimperativs einhergeht (Caspari 2021; Kavemann et al. 2015; Rieske et al., 2018). Ein Beispiel sind Andeutungen des Kindes gegenüber Elternteilen, die von diesen nicht zutreffend verstanden werden oder die zu keinen weiteren Verhaltenskonsequenzen führen. Retrospektiv lassen sich daher häufig „Aufdeckungsbiografien" rekonstruieren, in denen sich mehr oder weniger nachhaltige Mitteilungsversuche Betroffener identifizieren lassen, z. B. im Freundeskreis, in der Verwandtschaft, in späteren Partnerbeziehungen oder in der Psychotherapie. „Aufdeckung" erscheint unter dieser Perspektive nicht als scharf konturierte biografische Erfahrung, sondern als punktuell realisiertes Bewältigungshandeln unter jeweils veränderten biografischen Bedingungen (Mosser, 2019). Der paradigmatische Doppelcharakter von Aufdeckung als latenter Prozess und manifestes Indexereignis, der sich für individuelle Biografien nachzeichnen lässt, eignet sich – wie das Beispiel des AKJP-Heidelberg zeigt – auch für eine Übertragung auf institutionelle Systeme. Wir haben weiter oben gesehen, wie sich um die Taten des Institutsleiters H. M. eine Vielzahl von Aufdeckungspotenzialen bzw. mehr oder weniger dysfunktionalen Aufdeckungssystemen gruppierte. Durch den Versuch, dieses soziale Geschehen in ein Gesamtbild zu integrieren, eröffnet sich der Blick auf jenes Muster, das für individuelle Prozesse so typisch ist: Abfolge von Schweigen und einzelnen manifesten Aufdeckungsepisoden, die in gewisser Weise „unerledigt" bleiben und daher weitere Aufdeckungserfordernisse in späteren biografischen Phasen mit sich bringen (Caspari 2021; Keupp et al., 2019).

Das AKJP-Heidelberg hat erst 18 Jahre nach Beginn der Grenzverletzungen durch seinen Institutsleiter als Organisation erstmals „aufgedeckt" oder – präziser ausgedrückt – es sah sich gezwungen, sich mit den an das Institut herangetragenen Aufdeckungen auseinanderzusetzen. Wir haben gesehen, dass dieses erste institutionelle Aufdeckungsereignis der Aufdeckung eines/einer Minderjährigen ähnelt, die zwar zur Entfernung des Täters führt, aber keinen nachhaltigen Schutz vor seinen Einflussnahmen gewährleistet. Offensichtlich hatten die Vorgänge in den Jahren 1993 den Charakter unerledigter Aufdeckungsereignisse. In weiterer Folge zeigte sich, dass sich Erzählungen über Grenzüberschreitungen und Übergriffe nicht notwendig zu Aufdeckungsepisoden formieren. Dies gleicht jenen kommunikativen Geschehnissen, in denen die Mitteilungen betroffener Frauen und Männer im privaten Rahmen oder auch in Psychotherapien nicht in ihrem Ausmaß und ihrem Gesamtzusammenhang verstanden werden.

8.2 Latente Prozesse und manifeste Indexereignisse

Es wird zwar etwas gesagt und es wird auch etwas gehört, aber es erfolgt keine sozial validierte Rekonstruktion dessen, was geschehen ist. Zurück bleibt das Empfinden, dass nicht „wirklich" aufgedeckt wurde. Trotz der Vielzahl der Informationen, die bis Anfang der 2000er Jahre an das AKJP-Heidelberg herangetragen wurde, konnte daher von einem kollektiv geteilten „Aufdeckungsempfinden" keine Rede sein. Etwas blieb unvollständig, unverstanden, unerledigt. In weiterer Folge erscheint das AKJP-Heidelberg immunisiert im Sinne einer ausgeprägten Unempfindlichkeit gegenüber weiteren Aufdeckungsinitiativen. Es scheint sich ein institutionelles Gefühl zu etablieren, „genug" aufgedeckt zu haben, wenngleich dieses immer auch anfechtbar und instabil bleibt. Symptomatisch ist schließlich das in der erweiterten Institutsöffentlichkeit weit verbreitete entsetzte Erstaunen über das Ausmaß der Taten H. M. s in Folge der Gerichtsverhandlung 2017 und der Veröffentlichung des „ZEIT"-Artikels 2018. Das Ausmaß dieses Erstaunens verweist auf das Ausmaß der Lückenhaftigkeit der seit 1993 initiierten Aufdeckungsversuche. Es wirkt beinahe so, als sei bis dahin praktisch nichts aufgedeckt worden. Es wird deutlich, dass sich das Geschehen der Aufdeckung nicht einfach in der Mitteilung von Informationen erschöpft, sondern dass es um die Entwicklung eines konsistenten Skripts geht, das durch die retrospektive Analyse eine zunehmend erkennbare Gestalt erhält. Die Reaktionen auf den „ZEIT"-Artikel eröffnen auch den Blick sowohl auf die Versäumnisse der Vergangenheit als auch auf das reflexive Potenzial des zeitlichen Abstands – gerade so, wie es in folgenden Zeilen aus den „Vier Quartetten" von T. S. Eliot zum Ausdruck kommt:

„Wir haben das Erlebnis gehabt,

doch erfassten den Sinn nicht,

Wenn man den Sinn erkundet,

kehrt das Erlebnis wieder

in veränderter Form..."

Jenseits moralischer Bewertungen wird deutlich, dass die „institutionelle Aufdeckungsbiografie" des AKJP-Heidelberg einen spiralförmigen oder iterativen Verlauf hatte, wie er für individuelle Aufdeckungsprozesse typisch ist: Mitteilungen und Erkenntnisse entfachen in unterschiedlichen Phasen, unterschiedlichen zeitlichen Abständen zum Ausgangsgeschehen, und in unterschiedlichen sozialen Konfigurationen deutlich unterschiedliche Wirkungen. Aufdeckung kommt so gesehen nie zum Ende, sodass es sein könnte, dass die Vorgänge um den

Institutsleiter H. M. immer wieder „in veränderter Form" das Bewusstsein des AKJP-Instituts Heidelberg affizieren werden.

Inanspruchnahme von Hilfe:
Die neben Bewusstwerdung, Erinnern und Aufdeckung vierte Bewältigungsdimension, die wir in unserer Konzeption beschrieben haben, ist jene der Inanspruchnahme von Hilfe. Der Doppelcharakter von latenter Prozesshaftigkeit und manifestem Handeln wird aus psychologischer Sicht unmittelbar evident: Es gibt die expliziten Versuche, sich an Beratungsstellen, Kliniken oder niedergelassene Psychotherapeut*innen zu wenden, um die Folgen erlittener sexualisierter Gewalt zu bearbeiten. Und es gibt „implizites Bewältigungshandeln", das sich exemplarisch in tragenden sozialen Beziehungen, in anregenden Tätigkeiten und Interessen oder in gelingenden Ausbildungs- oder Berufsinitiativen entfaltet (Caspari et al., 2021; Helming et al., 2011; Mosser, 2019). Die explizite Inanspruchnahme professioneller Hilfe stellt in der Regel eine biografische Markierung dar, die sich von alltäglichen Bemühungen um eine gelingende Lebensführung deutlich unterscheiden lässt. Die Frage, was „tatsächlich" hilft, ist damit nicht beantwortet, aber der Inanspruchnahme von Hilfe gehen normalerweise wichtige Prozesse wie die Einsicht der Notwendigkeit von Hilfe sowie das Suchen und Finden von Menschen, die Hilfe bieten, voraus. Auch wenn sie zeitlich durchaus nicht immer synchron verlaufen, so haben „Inanspruchnahmebiografien" eine ähnliche Struktur wie „Aufdeckungsbiografien": Da sich in unterschiedlichen Lebensphasen unterschiedliche Formen von Hilfe als geeignet und nützlich erweisen, eröffnen sich zu verschiedenen Zeiten immer wieder neue Hilfepotenziale. Darüber hinaus kann es sein, dass belastende Life-events den drängenden Charakter eines als bereits „erledigt" betrachteten Hilfebedarfs erneut sichtbar machen. So betrachtet bieten sich Analogien zur institutionellen Bewältigung „belastender Ereignisse" an: Die Frage nach dem „Inanspruchnahmeverhalten" des „beschädigten" AKJP-Instituts Heidelberg verweist auf den Eindruck einer ausgeprägten Hilflosigkeit der Institution im Zusammenhang mit den Grenzüberschreitungen und Übergriffen ihres Leiters. Bis zum Jahr 1993 ist überhaupt nicht erkennbar, dass sich Einzelpersonen oder Gruppierungen an außenstehende Instanzen mit der wenigstens vorläufigen Einschätzung gewandt hätten, wonach man in der Institution ein Problem mit dem Verhalten des Leiters hätte. Für ein professionelles System, dessen Sinn und Identität – verkürzt ausgedrückt – im Angebot von Hilfe besteht, erscheint dieses Versäumnis bemerkenswert. Das kaum entwickelte Hilfesuchverhalten der professionell Helfenden wirft jedenfalls vielfältige Fragen auf. Als es 1993 zur manifesten Krise des AKJP-Heidelberg kam, schienen sich schließlich einige Hilfesuchbewegungen zu entwickeln. Auf individueller

8.2 Latente Prozesse und manifeste Indexereignisse

Ebene wurden unseren Informationen nach zumindest vereinzelt Supervisionen oder Lehranalysen genutzt, um sich eine Orientierung in dieser komplexen Situation zu verschaffen. Auf einer institutionellen Ebene lässt sich aber feststellen, dass die Hilfesuchbewegungen fast ausschließlich selbstreferenziell waren: Mitgliederversammlungen, Gruppensitzungen, Seminare und das weite Feld mehr oder weniger heftiger Konflikte. Als Ausnahme lässt sich die Herstellung des Kontakts zum Dachverband VAKJP betrachten, durch den zumindest kleinere Teile des Instituts eine Stärkung erfuhren, die sich unter anderem in der Veranstaltung einer Tagung im Jahr 1997 in Heidelberg manifestierte. Ansonsten waren die Hilfesuchbewegungen disparat, da die Institution selbst von divergierenden Interessen geprägt war. Die existenzbedrohende Krise des Instituts wurde durch die Einsetzung der Interimslösung M. P. und den von außen geholten Institutsleiter L. Z. vordergründig „gemeistert". Nach einer Zäsur im Jahr 1994 wurde der „Betrieb" des AKJP-Heidelberg wieder aufgenommen und bis zum heutigen Tag fortgeführt. Doch der sich etablierende Funktionsmodus des Instituts wurde sehr bald und immer wieder von Symptomen eines nach wie vor bestehenden Hilfebedarfs gestört: Mitteilungen von Eltern und Kolleg*innen über sexualisierte Grenzverletzungen H. M. s gegen Kinder; der innerhalb des Instituts verschiedentlich geäußerte Bedarf nach Aufarbeitung; der von Seiten des IPP-Heidelberg-Mannheim immer wieder platzierte Hinweis, dass H. M. immer noch in mächtigen Funktionen (v. a. Gutachter) und als niedergelassener Psychotherapeut tätig sei. Metaphorisch betrachtet befand sich die Institution in dem für belastete Individuen so typischen Spannungsfeld zwischen Aufrechterhaltung der Alltagsfunktionalität einerseits und Konfrontation mit dem spürbaren Hilfebedarf andererseits. Dabei erhebt sich immer wieder die Frage: Beeinträchtigen die Inanspruchnahme von Hilfe und die damit verbundene Konfrontation mit schmerzhaften Gefühlen und Einsichten unser Funktionieren im Alltag? Das Institut entschied sich für etwas, was man als „Hilfesuchkompromiss" bezeichnen könnte, indem die verschiedentlich geäußerten Aufarbeitungserfordernisse in die Gruppe „Vergangenheit – Gegenwart – Zukunft" umgelenkt wurden. Man könnte sagen, dass es sich hier um eine Art Selbst-Hilfe im tendenziell dysfunktionalen Sinne handelt. Die Erkenntnis, dass sich nicht nur Individuen, sondern auch Institutionen sinnvoller Weise an jemanden im Außen wenden, um die eigenen Probleme einer reflexiven Bearbeitung zuführen zu können, war offenbar nicht so ausgeprägt, als dass man z. B. eine externe Organisationsberatung oder Organisationsentwicklung in Anspruch genommen hätte. Die Einsicht, dass das Institut auch im Jahr 2000 noch keineswegs in der Position war sich selbst zu helfen, scheint erst in der retrospektiven Analyse möglich. Im Laufe der darauffolgenden Jahre bietet sich das Bild einer funktionalen, aber irritierbaren Institution. Und auch hier drängt sich die Analogie zu einem Individuum auf, das sein Leben in gelingender Weise bewältigt, aber auch von der Empfindung begleitet wird, dass der Blick auf bestimmte Aspekte seiner Biografie besser nicht allzu sehr vertieft werden sollte. Vor diesem Hintergrund erscheint es symptomatisch, dass es in Teilen der Institutsöffentlichkeit als Verrat betrachtet wird, als der Ethikbeauftragte den „ZEIT"-Journalisten mit „belastendem Material" aus der Institutsvergangenheit beliefert. Spätestens an diesem Punkt brechen die alten Konfliktlinien, die das funktionierende Institut über all die Jahre mehr oder weniger latent durchzogen hatten, unübersehbar und in zum Teil großer Heftigkeit auf. Der nun formulierte Bedarf nach äußerer „Hilfe" in Gestalt einer wissenschaftlichen Aufarbeitung wird institutsintern von entsprechenden Ambivalenzen begleitet, wie nicht nur aus dem folgenden Zitat einer/eines interviewten Psychotherapeut*in hervorgeht:

> „… vergeben wir diesen Auftrag, allein diese – die Art und Weise, wie das passiert, spricht dafür, dass das hochproblematisch ist. Es gibt kein vernünftiges Gespräch. Es gibt sofort Vorwürfe, Gegenvorwürfe, am liebsten würde man auf den anderen eindreschen. Am liebsten würde man auf den anderen eindreschen! Ganz irrational!"

Metaphorisch betrachtet beinhalten die Argumente gegen eine Aufarbeitung jene Begründungen, die das belastete Individuum von der Inanspruchnahme professioneller Hilfen abhalten: Störung der Alltagsfunktionalität, Beschädigung der einwandfreien Reputation durch das Eingeständnis eines Hilfebedarfs und – in manchen Fällen: Nicht zu verantwortender Zeit- und Kostenaufwand. Insgesamt erscheint das institutionelle Hilfesuch- und Inanspruchnahmeverhalten des AKJP-Heidelberg ambitioniert und – angesichts der über die Jahrzehnte aufrechterhaltenen Funktionalität – effizient. Ohne Zweifel gibt es aber etwas, was bis heute nicht ausreichend verarbeitet ist, was vermutlich der Tatsache geschuldet ist, dass man es verabsäumt hatte, rechtzeitig einen kritischen, systematischen und prozessorientierten Blick von außen zuzulassen.

8.3 Wissensbestände in verschiedenen Systemen

Ein von Rieske et al. (2018) aufgrund empirischer Untersuchungen von Aufdeckungsprozessen nach sexualisierter Gewalt entwickeltes sozialwissenschaftliches Modell eignet sich in hohem Maße für eine Annäherung an die Frage nach den Bedingungen, die einen adäquaten Umgang mit den Taten H. M.s verhinderten. Als zentraler Aspekt dieses Modells fungiert die Repräsentation unterschiedlicher

8.3 Wissensbestände in verschiedenen Systemen

Wissensbestände in unterschiedlichen sozialen Formationen. Vor dem Hintergrund der soziologisch fundierten Einteilung Bronfenbrenners (Bronfenbrenner et al., 1981) in Onto-, Mikro-, Meso- und Makrosysteme wird auf das Vorhandensein bzw. die Abwesenheit unterschiedlicher Wissensbestände rekurriert. Dabei nehmen die Autor*innen eine grundlegende Unterscheidung zwischen Ereigniswissen, Diskurswissen und Prozess-/Strukturwissen vor. Ereigniswissen bezieht sich dabei auf die Kenntnis dessen, was geschehen ist (z. B. eine bestimmte Form der sexualisierten Grenzverletzung); Diskurswissen rekurriert auf die in der jeweiligen Gesellschaftsstruktur vorherrschenden Wahrnehmungsmuster zu sexualisierter Gewalt (z. B. zur Frage, was im sexuellen Bereich in Ordnung und was nicht in Ordnung ist). Prozess-/Strukturwissen schließlich ist – kurz gesagt – dann vorhanden, wenn Personen wissen, was sie zu tun haben, wenn sie Kenntnis von einer sexuellen Grenzverletzung bekommen oder wenn Betroffene über institutionelle Hilfeoptionen Bescheid wissen.

Eine Analyse der Vorgänge im Umfeld des AKJP-Heidelberg im Zusammenhang mit den Grenzüberschreitungen des Institutsleiters H. M. ermöglicht eine retrospektive Diagnose verfügbarer Wissensbestände und der Auswirkungen entsprechender Defizite. Aus Gründen der Übersichtlichkeit erfolgt an dieser Stelle eine grobe Unterscheidung in vier durch H. M. initiierte Tatkonstellationen, nämlich 1) sexualisierte Grenzverletzungen gegen Jungen und Mädchen im Kindesalter im Rahmen von Zweitsichten und Psychotherapien, 2) sexualisierte Übergriffe gegen Mädchen und Jungen im Jugendalter, ebenfalls im Rahmen von Zweitsichten und Psychotherapien, 3) sexuelle Beziehungen zu jungen Frauen während und nach ihrer psychotherapeutischen Behandlung durch H. M. und 4) sexuelle Beziehungen zu Lehranalysandinnen/Ausbildungskandidatinnen.

Sexualisierte Übergriffe gegen Jungen und Mädchen im Kindesalter:
Die Basis jeder Intervention nach sexualisierter Gewalt ist ein zumindest partiell ausgeprägtes Ereigniswissen. Man muss ungefähr wissen, was passiert ist, um Konsequenzen ziehen zu können. Diese Aussage ist insofern nicht trivial, als Informationen über sexuelle Handlungen häufig nur bruchstückhaft verfügbar sind. Aus der Perspektive der Betroffenen spielt hier das Problem der Gedächtnisrepräsentation solcher Erfahrungen eine große Rolle, sodass es häufig schwierig ist, auf ein konsistentes Ereigniswissen zurückzugreifen. In Bezug auf die sexualisierten Grenzverletzungen gegenüber kindlichen Patient*innen lassen sich über die Jahrzehnte hinweg immer wieder sehr klar konturierte Potenziale für Ereigniswissen feststellen: Jungen berichten ihren Müttern, dass sie sich bei H. M. nackt ausziehen mussten. Mütter beschweren sich bei ihren Psychotherapeutinnen über die grenzverletzenden Untersuchungsmethoden des Arztes, und es existiert

eine Reihe von Zweitsicht-Protokollen, in denen zumindest irritierend anmutende Untersuchungssituationen dokumentiert sind. Diese Protokolle wurden von der Sekretärin getippt und von den behandelnden Psychotherapeut*innen gelesen. Ungeachtet der Annahme, dass es sich bei den hier angeführten Informationen nur um die „Spitze des Eisbergs" handelt, wird deutlich, dass auf verschiedenen Systemebenen Ereigniswissen repräsentiert war: Auf der Ebene des Ontosystems finden wir diejenigen Kinder, die sich durch die Untersuchungssituation bei H. M. beschämt, irritiert und/oder bedrängt fühlten und sich auch später noch an den mindestens unangenehmen Charakter dieser Szene erinnern können. Die Eltern oder Elternteile, die von diesen Grenzverletzungen Kenntnis bekamen, verfügen über Ereigniswissen auf der Ebene des Mikrosystems, also des unmittelbaren sozialen Bezugssystems des betroffenen Jungen oder Mädchens. Ereigniswissen wird aber auch innerhalb des Mesosystems verfügbar, nämlich dann, wenn sich die Eltern (und später vielleicht auch die Betroffenen selbst) an Institutionen (Erziehungsberatungsstellen, Polizei usw.) bzw. niedergelassene Psychotherapeut*innen wenden. Ereigniswissen in Bezug auf sexualisierte Übergriffe gegen Kinder existiert mithin auch am AKJP-Heidelberg: Es ist dort z. B. bekannt, dass sich H. M. für die Erektion bei Jungen, die im vorgestellt wurden, interessierte, dass er die Jungen nach Masturbationspraktiken befragte und dass sie sich bei ihm entkleiden mussten. Dieses Wissen ist in unterschiedlichen Segmenten des Instituts und zu unterschiedlichen Zeiten unterschiedlich stark ausgeprägt und hätte prinzipiell Anlass zu kritischem Nachfragen und Interventionshandeln geben können. An dieser Stelle erhebt sich aber mit großer Vehemenz das Problem des fehlenden Diskurswissens, das sich im vorliegenden Fall auf die Frage beziehen würde: Worin besteht das Untersuchungsrepertoire eines psychotherapeutischen Arztes im Rahmen von Zweitsichten? Sind körperliche Untersuchungen aus fachlichen Gründen indiziert? Wenn ja, wie und in welchem professionellen Rahmen wird dies begründet? Wie wird dies den Eltern gegenüber begründet? Angesichts des folgenden Zitats einer/eines von uns interviewten Psychotherapeut*in kann aber nicht einmal vorausgesetzt werden, dass in den 1970er Jahren ein allgemein verfügbares Diskurswissen existierte, wonach sexuelle Handlungen von Erwachsenen an Kindern ein interventionsbedürftiges Problem darstellen:

„Sexuelle Übergriffe an und mit Kindern gab es in meiner Vorstellung nicht."
Ist dadurch die Frage obsolet, unter welchen Bedingungen es die ärztliche Untersuchungssituation erforderlich macht, dass sich Kinder entkleiden und dabei auch ihr Genital entblößen müssen? Retrospektiv entsteht der Eindruck, dass es zu

8.3 Wissensbestände in verschiedenen Systemen

dieser Frage kein annähernd ausgeprägtes Diskurswissen im Umfeld des AKJP-Heidelberg gab. Man schien schlichtweg keine Vorstellung davon zu haben, nach welchen Kriterien eine im Kontext der Psychotherapie durchgeführte ärztliche Untersuchung eine Überschreitung der Schamgrenzen der untersuchten Kinder möglich, notwendig oder eben ausgeschlossen ist. Waren es groteske Privattheorien H. M. s, die solche Grenzverletzungen scheinbar legitimierten oder ging man einfach davon aus, dass das schon irgendwie in Ordnung war? Erst gegen Ende der 1990er bzw. in den beginnenden 2000er Jahren gelangte man zumindest punktuell zu der Einschätzung, dass H. M. durch seine Untersuchungsmethoden seine ärztlichen Kompetenzen deutlich überschritten hatte. Allerdings entsteht der Eindruck, dass diese eher durch das inzwischen verfügbare Wissen über die Person H. M. und weniger über ein fachlich fundiertes und ausreichend besprochenes Diskurswissen über Untersuchungsmethoden im psychotherapeutischen Setting möglich geworden war. Nach wie vor kann die exklusive Situation im ärztlichen Untersuchungszimmer als ethisch unterdefiniert gelten, da die Frage, was medizinisch notwendig ist, der Deutungsmacht des Arztes unterliegt und nicht der subjektiven Empfindung des untersuchten Kindes. Zumindest scheint es H. M. noch im Jahre 2013 im Rahmen einer Strafanzeige gegen ihn möglich gewesen zu sein, sich mit der Diskursfigur der medizinisch notwendigen Untersuchung einer Sanktionierung seiner Übergriffe gegen einen Jungen zu entziehen. In Bezug auf die bekannt gewordenen Grenzverletzungen gegen Jungen und Mädchen ist in der Gesamtschau auch ein nicht ausreichend entwickeltes Prozess-/Strukturwissen aufseiten der die betroffenen Kinder umgebenden Mikro- und Mesosysteme zu konstatieren. Über Jahrzehnte hinweg sind entsprechende Mitteilungen entweder ignoriert oder lediglich zur Kenntnis genommen worden. Ein Wissen über institutionelle Verfahren, die zu Schutz und Hilfe für die betroffenen Kinder und zur Sanktionierung der Taten H. M. s geführt hätten, schien in den beteiligten Systemen nicht repräsentiert zu sein. Prinzipiell machen Hinweise auf mögliche sexualisierte Grenzverletzungen ein gut koordiniertes Interventionshandeln erforderlich, das sowohl die Inanspruchnahme behördlicher Instanzen (Jugendamt, Ermittlungsbehörden) als auch beraterischer Hilfen (z. B. Fachberatungsstellen, Erziehungsberatungsstellen …) umfassen kann. Tatsächlich zeigt sich aber das Bild einer ausgeprägten Handlungslähmung als Reaktion auf Hinweise auf sexualisierte Grenzverletzungen gegen Kinder im Kontext der Untersuchungen durch H. M. Solche Mitteilungen werden innerhalb des AKJP-Heidelberg selbstreferenziell „verarbeitet", aber es kommt unseren Daten zufolge zu keinem koordinierten Vorgehen unter Einbezug externer Beratungsinstanzen. Man erfährt 1995 und 2013 von Strafanzeigen gegen H. M. wegen solcher Übergriffe gegen Kinder und verzichtet offenbar auf den Versuch, solche Indexereignisse zum

Anlass für sorgfältige Kooperationen mit den Strafverfolgungsbehörden zu nehmen. Es ist nicht erkennbar, dass das AKJP-Heidelberg jemals über einen Plan verfügt hätte, wie mit den immer wieder auftauchenden Hinweisen auf solche Grenzverletzungen umzugehen sei. Aufgrund der Tatsache, dass H. M. trotz entsprechender Hinweise über viele Jahrzehnte Kinder begutachten und behandeln durfte, kann angenommen werden, dass es auch den Eltern der betroffenen Kinder an Prozess-/Strukturwissen mangelte. Dass die zwei Strafanzeigen, von denen wir Kenntnis haben, wirkungslos verpufften, vervollständigt das Bild eines unkoordinierten, planlosen und von Wissenslücken geprägten Reaktionsmusters aufseiten der in den diversen Mikro- und Mesosystemen versammelten Erwachsenen im Umfeld der betroffenen Kinder. Dies beinhaltet auch eine Information über die Wirkungslosigkeit entsprechender Strukturen am AKJP-Heidelberg.

Sexualisierte Grenzverletzungen vor allem gegen Mädchen im Jugendalter:
In Bezug auf sexualisierte Übergriffe vor allem auf weibliche Jugendliche existiert – soweit wir davon Kenntnis haben – über Jahrzehnte kein verwertbares Ereigniswissen. Dass es solche Vorfälle gab, belegen die in Abschn. 4.1 beschriebenen Beispiele 4, 5 und 8. Es können mithin keine fundierten Vermutungen darüber angestellt werden, auf welches Diskurswissen man in den 1970er und 1980er Jahre zurückgegriffen hätte, wenn man erfahren hat, dass der Psychotherapeut H. M. jugendlichen Mädchen an die Brüste fasst, sie über ihre Masturbationspraktiken ausfragt, ihnen anbietet, sexuelle Handlungen gemeinsam auszuprobieren oder erlittene Übergriffe „nachzuspielen". Dass es zu solchen Übergriffen bis vor kurzem keinen institutionellen Diskurs innerhalb des AKJP-Heidelberg gegeben hat, kann mehrere Gründe haben: Entweder die betroffenen Mädchen haben sich niemandem oder ausschließlich Personen innerhalb ihres privaten Umfeldes anvertraut. Oder aber sie haben entsprechende Mitteilungen in psychotherapeutischen Settings außerhalb oder innerhalb der „Institutsszene" des AKJP-Heidelberg gemacht, wobei aber mit diesen Mitteilungen auf eine Weise „vertraulich" umgegangen wurde, dass es zu keinen weiteren Konsequenzen gekommen ist. Auf der Ebene der Leitung und Administration des AKJP-Heidelberg blieb man jedenfalls von solchen Mitteilungen unbehelligt. Ein Diskurswissen darüber, wie die erwähnten Übergriffe professionsethisch und strafrechtlich einzuordnen gewesen wären, kann angesichts der haarsträubenden Versäumnisse hinsichtlich bekannter anderer Fallkonstellationen nicht vorausgesetzt werden. Im Verdachtsfall hätten psychotherapeutisch verbrämte „Begründungen" für diese Übergriffe auf der Basis der Deutungsmacht des Institutsleiters möglicherweise zu einer ähnlichen Handlungslähmung geführt, wie sie sich im Zusammenhang mit den anderen Fallkonstellationen nachweisen

8.3 Wissensbestände in verschiedenen Systemen

lässt. Auch in Bezug auf ein ausreichendes Prozess-/Strukturwissen im privaten und professionellen Umfeld der Betroffenen sind Zweifel angebracht, da unserer Kenntnis nach die Hinweise auf sexualisierte Grenzverletzungen gegen jugendliche Patient*innen nicht zu nachhaltigem Interventionshandeln führten. Da es unwahrscheinlich scheint, dass es innerhalb der Heidelberger Psychotherapieszene über Jahrzehnte hinweg keinerlei Ereigniswissen über sexualisierte Grenzverletzungen durch H. M. gegenüber jugendlichen Patient*innen gab, drängt sich die Annahme auf, dass fehlendes Prozess-/Strukturwissen zumindest ein relevanter Faktor für möglicherweise gravierende Handlungsversäumnisse darstellte.

Sexuelle Beziehungen zu jungen Frauen während und nach der psychotherapeutischen Behandlung:
Aufgrund der verfügbaren Datenlage beschränken wir uns in dieser Fallkonstellation auf eine Analyse der Wissensbestände in den Fällen R.R. und E.M. Wichtig ist hier zunächst die Frage, in welchen sozialen Systemen welches Ereigniswissen repräsentiert war. In Bezug auf R. R. gab es Gerüchte, denen zufolge die Patientin zum Zeitpunkt der Zeugung des gemeinsamen Kindes mit H. M. noch minderjährig war. Interessant ist in diesem Fall, dass innerhalb von AKJP-Heidelberg und IPP-Heidelberg-Mannheim zu keinem Zeitpunkt der Versuch unternommen wurde, in Erfahrung zu bringen, wie alt die Patientin zum Zeitpunkt der Schwangerschaft war, ob sie zum Zeitpunkt der Schwangerschaft noch Patientin von H. M. war und ob die Sexualisierung der Beziehung bereits vor Beendigung der Psychotherapie und/oder im minderjährigen Alter der Patientin begonnen hatte. Das nach wie vor geltende Narrativ der Zeitzeug*innen besteht darin, dass man von dem Kind wusste, das seinen Vater immer wieder in der Arbeit besuchte und dass man wahlweise annahm, es sich bei der Mutter um eine frühere Patientin oder auch Ausbildungskandidatin handelte. Ein schwach ausgeprägtes Ereigniswissen, das nicht zuletzt von Mitteilungen H. M. s und seiner Sekretärin genährt wurde, geisterte durch die Räume des Instituts, ohne dass Initiativen in Richtung einer systematischen Aufklärung in Angriff genommen wären. Wir wissen nicht, ob tatsächliches Ereigniswissen jemals den exklusiven Raum des von H. M. konstituierten Missbrauchssystems verlassen hat. Es ist nicht bekannt, aber aufgrund des Wissens über andere Fälle stark anzunehmen, dass H. M. die Beziehung zu R. R. von Anfang an sexualisiert und die Jugendliche mit intimen Befragungen und Berührungen schon in frühen Phasen der Psychotherapie bedrängt hat. Wichtig ist in diesem Zusammenhang, dass es offenbar lange Zeit von keiner Seite ernsthafte Bemühungen gab, sich bezüglich dieses hochverdächtigen, aber nicht hinreichend fundierten Ereigniswissens zu vergewissern, so

gut es geht. Es gibt aber Hinweise, dass das Jugendamt auf den Fall aufmerksam wurde, allerdings, ohne dass es zu einer nachhaltigen Problematisierung der Beziehung zwischen H. M. und R. R. gekommen wäre. Im Fall von E. M. stellt sich die Frage des Ereigniswissens in ähnlicher Weise. Aufgrund der Tatsache, dass in beiden Fällen Kinder zur Welt kamen, gibt es zumindest Gewissheit in Bezug auf das unbestreitbare Ereignis des Geschlechtsverkehrs, den zu legitimieren sich H. M. in weiterer Folge veranlasst sah: Die beiden Frauen waren erwachsen und die sexuelle Beziehung begann erst nach Abschluss der Psychotherapie. Im Fall von E. M. gelang es H. M. offenbar ohne größere Probleme, die Tatsache abzustreiten, dass es überhaupt eine Psychotherapie gegeben hätte und das Märchen von den „diagnostischen Gesprächen" widerspruchsfrei zu verbreiten. Die betroffenen Frauen, die naturgemäß über Ereigniswissen verfügten, gaben dieses vor allem aus Gründen der Abhängigkeit gegenüber dem Täter nicht preis. Sowohl das Diskurswissen als auch das Prozess-/Strukturwissen orientiert sich in diesen Fällen deutlich an der Interpretation des Ereigniswissens: Da offenbar nicht zweifelsfrei behauptet werden konnte, dass E. M. bei H. M. in Therapie war und dass es bereits während der Therapie zu sexuellen Kontakten gekommen war, musste man auf jene Referenzdiskurse ausweichen, die sich mit der Frage befassten, ob man *nach* Beendigung einer Psychotherapie eine sexuelle Beziehung mit einer Patientin beginnen darf. In diesem Zusammenhang scheint es besonders interessant, dass offenbar niemand auf die Idee kam, die entsprechenden Institutsakten nach zuverlässigen Hinweisen über Anlass, Verlauf und Beendigung der Psychotherapie E.M.s bei H. M. zu befragen. Die nicht gesicherte Information, wonach H. M. entsprechende Akten verschwinden ließ, eignet sich eher nicht dazu, seiner Version der Ereignisse Glauben zu schenken.

Die Verdunkelung des Ereigniswissens, die nicht nur von H. M., sondern auch von der damaligen Vorstandsvorsitzenden des Instituts betrieben wurde, kontaminierte auch die anderen Wissensbestände: Das Diskurswissen schien verhandelbar: Ist es erlaubt, mit einer Ex-Patientin zu schlafen? Ist eine sexuelle Beziehung zu einer Ex-Patientin nachträglich legitimiert, wenn man sie heiratet? Weil das durch die sexuelle Ausbeutung der jungen Frau, durch die Deutungsmacht des Täters und durch den Druck zur Geheimhaltung (zum Beispiel der Geburt des ersten Kindes) definierte Missbrauchssystem nicht als solches erkannt wurde, konnte bei der Beurteilung des Falles auf kein konsensuelles Diskurswissen zurückgegriffen werden. Von besonderer Bedeutung ist der Umstand, dass sowohl Jugendamt als auch Kriminalpolizei in dem Fall ermittelten, sodass unter Rückgriff auf ein entsprechendes Prozess-/Strukturwissen ein koordiniertes Interventionshandeln wahrscheinlich geworden wäre. Augenfällig ist die Hilflosigkeit der beteiligten Instanzen angesichts der Tatsache, dass ein fast 60-jähriger Arzt

8.3 Wissensbestände in verschiedenen Systemen

und Psychotherapeut eine gerade erst erwachsen gewordene junge Frau schwängert, die schwere biografische Belastungen zu bewältigen hatte und ihm zur Psychotherapie überwiesen worden war. Die Frage, ob dies legitim ist, wurde innerhalb der jeweiligen Logiken der beteiligten Professionssysteme letztlich mit „ja" beantwortet. Die Frage, ob man etwas dagegen unternehmen kann, mündete in ein „nein". Zwar musste H. M. seine Funktionen am IPP-Heidelberg-Mannheim aufgeben und als Institutsleiter des AKJP-Heidelberg zurücktreten, aber er war weiterhin als Psychotherapeut und Gutachter tätig, und das familiäre System, das aus der missbräuchlichen Beziehung zu seiner jungen Patientin hervorging, blieb von äußeren Anfechtungen weitgehend unbehelligt.

Trotz vielfältiger Bemühungen blieben Krankenkassen, Berufsverbände und Dachverbände bis 2013 bei dem Versuch erfolglos, dem Arzt H. M. die Approbation zu entziehen. Hier ist zu konstatieren, dass man zumindest von Seiten des IPP-Heidelberg-Mannheim und auch in Teilen des AKJP-Heidelberg über ein Ausmaß an Prozess-/Strukturwissen verfügte, dass wenigstens die theoretische Möglichkeit eröffnete, H. M. das notwendige Berufsverbot aufzuerlegen. Diese Initiativen scheiterten letztlich an einem offenbar nicht ausreichenden Ereigniswissen, möglicherweise aber auch an einer unterschiedlich ausgeprägten Bereitschaft der adressierten Instanzen, sich mit dem Fall zu beschäftigen. Zumindest kann dies aus der Einschätzung einer/eines von uns interviewten Expert*in geschlossen werden:

> „Die Berufsverbände sind im Vergleich zu den Kassen tausendprozentig mehr engagiert, um sozusagen den eigenen Stall sauber zu halten, sag ich jetzt mal so; im Gegensatz zu vielen Kammern."

Innerhalb des AKJP-Heidelberg bestand die Taktik derer, die sich hinter H. M. stellten, im ständigen Verweis auf genau dieses fehlende Ereigniswissen: Es sei nicht legitim, gegen H. M. vorzugehen, wenn man auf der Basis unbewiesener Behauptungen agiere. Es war Teil dieser Strategie, immer wieder zu behaupten, dass die Taten H. M.s nicht justiziabel seien, dass daher eine Strafanzeige wirkungslos bliebe und dass die Betroffenen zu keiner Aussage bereit seien. Auf diese Weise erfolgte eine ständige Verengung des Prozesswissens auf die Entscheidung über eine Strafanzeige. Fehlendes Prozesswissen fand hier unter anderem seinen Ausdruck in der Annahme, dass nur die Betroffenen selbst eine Strafanzeige erstatten könnten. Tatsächlich aber ist jeder Mensch dazu befugt. Von der im Jahre 1998 realisierten Einführung des Gesetzes, wonach sexuelle Handlungen im Rahmen von Psychotherapien einen Straftatbestand darstellen, blieb die Beziehung zwischen H. M. und E. M. zumindest aus juristischer

Sicht naturgemäß unbehelligt. Ein Diskurs darüber, dass das in Frage stehende Geschehen zumindest in der Retrospektive nachträglich als Straftatbestand zu bewerten gewesen wäre, fand unserer Kenntnis nach nicht statt. Durch die zunehmende (fach-)öffentliche Thematisierung sexualisierter Gewalt im Allgemeinen und sexueller Grenzverletzungen in der Psychotherapie im Besonderen veränderten sich die Bedingungen hinsichtlich der Verfügbarkeit von Diskurswissen und auch von Prozess-/Strukturwissen, allerdings war dies nicht notwendig mit einem verbesserten Interventionshandeln verbunden – wie die retrospektive Einschätzung einer/eines von uns befragten Expert*in zeigt:

> *„Da gab's ja Anfang 98 eigentlich nichts, das war ein Feld, was unbeackert war. Es waren eigentlich alle immer nur entsetzt, wenn irgendwas auffiel, aber keiner war handlungsfähig, auch von uns, weil wir irgendwie gar nicht wussten, wie wir damit umgehen sollten. Und das ist dann ..., da haben wir alle gedacht, das Strafrecht ist die ‚Rettung', in Anführungsstrichen, und haben dann festgestellt, dass es überhaupt nicht so ist."*

Es entwickelten und etablierten sich Kenntnisse darüber, wie sehr Menschen durch sexualisierte Gewalt geschädigt werden, wie Täterstrategien funktionieren und welche besonderen Risiken mit dem psychotherapeutischen Setting verbunden sind. Die Wissensbestände im Fall H. M. blieben aber weiterhin fragmentiert, zumal der Fall im Laufe der Zeit immer weiter in eine eher als historisch betrachtete Vergangenheit delegiert wurde. Zuvor noch als dringlich erachtete Handlungserfordernisse verloren an Bedeutung, und das Ereigniswissen nahm die Gestalt eines mehr oder minder relevanten Gerüchts an. Dass parallel dazu das familiäre Regime H. M. s und seine psychotherapeutische Praxis weiter existierten, wurde nur von wenigen Personen und zu unterschiedlichen Zeitpunkten als Problem angesehen. Es ist davon auszugehen, dass der sich rasant entwickelnde öffentliche Diskurs über sexualisierte Gewalt einen erheblichen Beitrag dazu leistete, dass sich die Tochter H. M. s zu einer Anzeige gegen ihren Vater zunächst bei der Ärztekammer und in weiterer Folge bei den Strafverfolgungsbehörden entschloss. In der Strafanzeige wegen sexuellen Missbrauchs an seiner Enkeltochter verbinden sich paradigmatisch Ereigniswissen, Diskurswissen und Prozess-/Strukturwissen aufseiten der Tochter H. M. s: Wissen über den sexuellen Missbrauch an dem kleinen Mädchen, Wissen darüber, dass es sich um einen Straftatbestand handelt, Wissen über Hilfesysteme und die Funktionsweise des Justizsystems. Der in diesem Zusammenhang initiierte Versuch der Reaktivierung entsprechender Wissensbestände aufseiten des Ethikbeauftragten des AKJP-Heidelberg scheiterte zumindest partiell: Aus der Sicht des Gerichts blieben die vorgebrachten Anschuldigungen gegen H. M. juristisch gesehen geringfügig, verjährt oder aus anderen Gründen irrelevant. Diskurse, Strukturen und Verfahrensweisen hatten sich im Laufe der Jahrzehnte verändert, aber die im Kontext des psychotherapeutischen Settings verübten Taten H. M. s blieben einer strafrechtlichen Sanktionierung unzugänglich. Doch das innerhalb des AKJP-Instituts Heidelberg inzwischen verfügbare Wissen über veränderte gesellschaftliche Diskurse zu sexualisierter Gewalt ermöglichte – auch auf der Basis des „ZEIT"-Artikels – eine nachhaltige Reorganisation und Reinterpretation des Ereigniswissens. Das allseits geäußerte erstaunte Erschrecken über die Taten H. M. s ist auch Folge einer erhöhten gesellschaftlichen Sensibilität in Bezug auf sexualisierte Gewalt: Verharmlosung, Vernebelung und Relativierung gelten angesichts des nun verfügbaren Ereignis- und Diskurswissens als gänzlich unangebracht. Dass die Integration von Wissensbeständen oft Jahrzehnte dauert, ist Teil des zerstörerischen Charakters sexualisierter Gewalt. Um dies zu verstehen ist die Konkretisierung von Rieske et al. (2018) wichtig, wonach Wissen „nicht unumstößliche Gegebenheiten oder objektiv verstandene Wahrheiten [meint]. Ereignis-, Diskurs-, Prozess- und Strukturwissen sind soziale Konstruktionen, denn sie sind Ergebnis von interaktiven, institutionellen und gesellschaftlichen Prozessen" (S. 201). Dieses Verständnis von Wissen trägt auch zur Erklärung von Handlungsbarrieren im Umgang mit den bekannt gewordenen sexuellen Beziehungen zu Lehranalysandinnen und Ausbildungskandidatinnen bei.

Sexuelle Beziehungen zu Lehranalysandinnen/Ausbildungskandidatinnen:
In Bezug auf Beziehungen H. M. s zu Ausbildungskandidatinnen gab es innerhalb der Institutsöffentlichkeiten von AKJP-Heidelberg und IPP-Heidelberg-Mannheim von Beginn an ein ausgeprägtes, wenn auch unsystematisches Ereigniswissen. Dass er auch zu Lehranalysandinnen sexuelle Beziehungen unterhielt, war zumindest auf der Gerüchteebene ebenfalls bekannt. Im Zusammenhang mit diesen Konstellationen fällt vor allem der allseits grassierende Mangel an Diskurswissen ins Gewicht. Dieser betraf sowohl Kommiliton*innen als auch Mitarbeiter*innen und Institutsverantwortliche, und auch die betroffenen Frauen selbst. Das Argument, wonach es damals keine entsprechenden Referenzdiskurse, die eine Problematisierung solcher Verhältnisse ermöglicht hätten, gegeben hätte, greift zu kurz. Es gab Naserümpfen, es gab Empörung, es gab moralische Empfindungen, aber es gab keine systematische Reflexion darüber, wie ein psychotherapeutisches Institut mit der Tatsache umgeht, dass sein Leiter offenbar immer wieder Beziehungen zu Frauen hat, die ihre Ausbildung an diesem Institut machen. Allein das Konzept der Abstinenz hätte hier einen Ausgangspunkt für entsprechende Problematisierungen bieten können. Es ist hier also der

Befund einer kollektiven Verweigerung der Aneignung potenziell verfügbaren Diskurswissens angebracht.

Dies gilt auch für die betroffenen Frauen selbst, die in einem Beruf ausgebildet wurden, in dem die Fähigkeit zur Achtung von Grenzen und die strikte Einhaltung von Abstinenzregeln als grundlegende Qualifikationskriterien gelten. An diesem Punkt setzt auch die Frage nach Prozess-/Strukturwissen an: Was ist zu tun, wenn das Setting der Lehranalyse erotisiert wird und diese Gefühle nicht nur symbolisch durchgearbeitet, sondern real agiert werden? An dieser Stelle bedarf es der Verfügbarkeit verlässlicher Handlungsoptionen, um eine Entwicklung zu verhindern, die das Potenzial für nachhaltige Schädigungen in sich trägt. Gerade für die Zeit vor 1992/1993 kann gesagt werden, dass gering ausgeprägtes Prozess-/Strukturwissen sowohl aufseiten der betroffenen Frauen als auch aufseiten ihrer Kommiliton*innen vermutlich mit der mangelnden Verfügbarkeit zuverlässiger Prozesse und Strukturen in Verbindung zu bringen ist.

Man sprach mit Freund*innen und Kolleg*innen und man teilte gewisse Beobachtungen seinem Lehranalytiker mit, der dazu vielsagend schwieg. Wenn vonseiten der Institutsverantwortlichen sowohl am AKJP-Heidelberg als auch am IPP-Heidelberg-Mannheim über lange Zeit die Aufgabe konsequent verweigert wird, klare Regelungen und Verfahrensweisen zu entwickeln, die intime Beziehungen zwischen Leitungspersonen/Dozent*innen auf der einen Seite und Ausbildungskandidat*innen auf der anderen Seite untersagen, dann ist fehlendes Prozess-/Strukturwissen aufseiten aller Beteiligten vorprogrammiert.

Dass H. M. als Institutsleiter naturgemäß wenig Interesse daran hatte, solche Regelungen zu etablieren, genügt nicht als Argument für alle anderen Ausbildungsverantwortlichen, die auf die Problematisierung solcher Beziehungen und auf das Erarbeiten entsprechender Regelungen verzichtet haben. Was für sexuelle Beziehungen mit Ausbildungskandidatinnen galt, galt in noch stärkerem Maße für erotische Verhältnisse zu Lehranalysandinnen. Hier half nur der Rückzug auf abgewehrtes Ereigniswissen: Es erscheint z. B. in Bezug auf B. U. wenig glaubhaft, dass sich der Wissensbestand in den beiden Instituten IPP-Heidelberg-Mannheim und AKJP-Heidelberg in zwei trennscharf voneinander zu unterscheidenden Gruppen aufspaltete: Diejenigen, die wussten, dass B. U. bei H. M. in Lehranalyse war, aber nicht wussten, dass die beiden miteinander liiert waren. Und diejenigen, die wussten, dass die beiden miteinander liiert waren, aber nicht wussten, dass sie bei ihm in Lehranalyse war.

Es drängt sich der Verdacht auf, dass die mangelnde Verfügbarkeit von Prozess-/Strukturwissen zu einer ängstlichen Abwehr von Ereigniswissen führt: Wenn ich nicht weiß, wie ich mich verhalten soll, ignoriere ich lieber die Hinweise auf mögliche Handlungserfordernisse. Selbstverständlich gab es ein

Diskurswissen darüber, dass eine sexuelle Beziehung zwischen Lehranalytiker und Lehranalysandin ein schweres Vergehen darstellt, aber das fehlende Prozesswissen (d. h. das Wissen darüber, was ich zu tun habe, wenn ich Kenntnis von einer solchen Beziehung habe) wiegt nicht mehr so schwer, wenn ich die Existenz dieser Beziehung leugne oder mich auf die Verschwiegenheit des psychoanalytischen Settings zurückziehe. Es bietet sich also das Bild fragmentierter, kontaminierter oder völlig unausgereifter Wissensbestände, die die Fähigkeit zum Handeln aller Institutsbeteiligter nachhaltig einschränkten. Hier ist vor allem auf den Verzicht einer entsprechenden Verantwortungsübernahme aufseiten der Mitarbeiter*innen, Dozent*innen und Lehranalytiker*innen in beiden Instituten zu verweisen.

Wir wissen nicht, was etwa vier bis fünf betroffene Frauen gegen Ende des Jahres 1992 dazu veranlasste, sich einer Vorständin des IPP-Heidelberg-Mannheim anzuvertrauen und über sexuelle Ausbeutung durch H. M. im Rahmen von Lehranalysen und Ausbildungsverhältnissen Bericht zu erstatten. Wir wissen nicht, wie lange ihnen zu diesem Zeitpunkt bereits der schädigende und zerstörerische Charakter ihrer Beziehungen zu H. M. bewusst war; aber es scheint klar, dass sie alle zu der Einsicht gekommen waren, dass das Verhalten H. M. s nicht annähernd mit einem entsprechenden professionellen Ethos vereinbar ist und dass dies eine Beschwerde beim Vorstand des IPP-Heidelberg-Mannheim begründet. Dass sie diesen Weg eingeschlagen haben, zeugt vom Vorhandensein eines entsprechenden Prozess-/Strukturwissens.

Hier zeigt sich, wie sich Diskurs-, Prozess-/Struktur- und Ereigniswissen zu wirksamem Handeln verbinden. Die Betroffenen nehmen von einer Strafanzeige Abstand und legen großen Wert darauf, dass ihre Anonymität strikt gewahrt bleibt. Unter Rückgriff auf ihre jeweiligen Wissensbestände gehen sie ihren Weg der Bewältigung, der ein anderer ist als der Weg, vor dem die beiden Institute AKJP-Heidelberg und IPP-Heidelberg-Mannheim stehen, sobald sie Kenntnis bekommen von den Mitteilungen der betroffenen Frauen.

Ähnlich wie bei den Fällen R. R. und E. M. eröffnet der dauerhafte Mangel an Ereigniswissen auch hier problematische Interpretationsspielräume, die nicht zuletzt von den Behauptungen H. M. s gefüllt wurden: Er habe in insgesamt drei Fällen erst nach Abschluss der Lehranalysen sexuelle Beziehungen zu Lehranalysandinnen aufgenommen. Der institutionelle Umgang mit sexuellen Grenzverletzungen muss geradezu zwangsläufig scheitern, wenn alle Initiativen auf das Narrativ des Täters zurückgeführt werden: Ist es legitim, wenn man nach Beendigung einer Lehranalyse eine sexuelle Beziehung zu einer Lehranalysandin aufnimmt? Wer hat diese Beziehungen eigentlich initiiert? Handelt es sich nicht einfach nur um Beziehungen zwischen Erwachsenen?

Die in den beiden Instituten verfügbaren Wissensbestände sind in weiterer Folge mit denen vergleichbar, die insbesondere den Fall E. M. betreffen. Unter der Annahme, dass es sich bei den Beziehungen um gravierende Abstinenzverletzungen handelt, werden entsprechende Mitteilungen an Krankenkassen, Ärztekammern, Berufsverbände und Dachverbände gemacht. Weil es aber an hinreichendem Ereigniswissen fehlt, kann H. M. mit Verleumdungsklagen drohen, sodass den verschiedenen Instanzen die Hände gebunden bleiben. Fraktionen, von denen H. M. geschützt wird, können sich ohne größere Nöte auf die Frage zurückziehen, ob überhaupt etwas Illegitimes geschehen sei.

Die weitere Entwicklung verläuft wie oben im Fall der jungen Patientinnen beschrieben, die von H. M. geschwängert worden waren: Zunehmendes gesellschaftliches Diskurswissen; Etablierung von Strukturen, die Ankerpunkte für Prozess-/Strukturwissen bilden und Reorganisation des Ereigniswissens im Zuge der Gerichtsverhandlung gegen H. M. und auf der Grundlage des „ZEIT"-Artikels.

In allen hier beschriebenen Fallkonstellationen wird sichtbar, dass ein professioneller Umgang mit (Verdachtsfällen von) sexualisierter Gewalt im Kontext psychotherapeutischer Settings und Institutionen darin besteht, dass man sich über ethische Standards verständigt (Diskurswissen), dass man Verfahrensweisen im Fall von Vermutungen und Verdachtsmomenten entwickelt und transparent macht (Prozess-/Strukturwissen) und dass man nach Wegen suchen muss, eine möglichst fundierte Kenntnis über die in Frage stehenden Geschehnisse zu erlangen (Ereigniswissen). Solche Wissensbestände bieten nicht nur einen geeigneten Referenzrahmen für Interventionshandeln, sondern wirken auch in vielfältiger Weise präventiv.

8.4 Traumatisierte Institutionen

Als weitere Hintergrundfolie für die Vorgänge rund um die Grenzverletzungen H. M. s am AKJP-Heidelberg und am IPP-Heidelberg-Mannheim eignet sich das Konzept der „traumatisierten Institutionen", dessen empirisch- wissenschaftliche Fundierung zwar noch aussteht, das aber auf der Basis reichhaltigen Erfahrungswissens in der Beratung von Institutionen entstand (Enders, 2004). In Folge der (partiellen) Offenlegung sexualisierter Gewalt „in den eigenen Reihen" zeigen Institutionen häufig ein Reaktionsmuster, das phänomenologisch an die Symptomatik traumatisierter Menschen erinnert. Enders (2004) beschrieb schlüssige Analogien zwischen individuellen Belastungsreaktionen und dem institutionellen Geschehen in Folge des „Schock-Erlebnisses" einer Aufdeckung sexualisierter

Gewalt innerhalb des eigenen Verantwortungsbereiches. Besonders gefährdet für solche massiven Reaktionen seien Einrichtungen, in denen sexuelle Übergriffe durch die Leitung begangen wurden.

In der Betrachtung der Vorgänge insbesondere am AKJP-Institut Heidelberg lassen sich deutliche Züge einer solchen institutionellen Schockreaktion nachweisen (vgl. dazu auch Burka et al. 2019). Der Verweis auf Analogien zu individuellen posttraumatischen Belastungsreaktionen macht zudem deutlich, welche Interventionserfordernisse in verschiedenen Phasen der Entwicklung der Institution bestanden haben und welche Versäumnisse diesbezüglich nachzuweisen sind.

Die hier vorgenommene Analyse beschränkt sich zunächst auf den rein phänomenologischen Nachweis von Indizien für das Vorliegen der posttraumatischen Symptomtrias am AKJP-Institut Heidelberg, sodass wir uns vor allem auf intrusive Phänomene, Symptome der Übererregung und Vermeidungsverhalten konzentrieren (vgl. Fischer & Riedesser, 2009).

Intrusion: Intrusive Symptome, die sich unter anderem als sogenannte „Flashbacks" manifestieren, sind mit einem unwillkürlichen, emotional sehr belastenden Wiedererinnern an das traumatische Geschehen verbunden. Verkürzt ausgedrückt wird das Individuum von diesen nicht verarbeiteten Erfahrungen immer wieder „eingeholt". Das Risiko solcher belastenden Episoden wird durch damit assoziierte Auslösereize (Trigger) erhöht. In Bezug auf die Institute AKJP-Heidelberg und IPP-Heidelberg-Mannheim erscheint eine Übertragung dieses psychischen Geschehens auf institutionellen Dynamiken unmittelbar evident: Während bis zum Jahr 1992/1993 alle Indizien für eine „krankheitswertige" Belastung durch diverse Abwehrstrategien sozusagen „unter der Decke gehalten" werden konnten (und die Institutionen selbst von damit verbundenen Belastungsreaktionen weitgehend unbehelligt blieben), veränderte sich das „klinische Bild" der Institutionen durch die Krise der Aufdeckung massiv. (Der Verlust der vordergründigen Funktionalität durch die Aufdeckungskrise ist ein bei Missbrauchsopfern häufig beobachtbares Phänomen). Es wirkt zunächst, als wären die Belastungen des Systems weniger durch die Grenzüberschreitungen des Institutsleiters bedingt, als vielmehr durch deren Aufdeckung. Im weiteren Verlauf bietet sich das Bild von Institutionen, die nicht zur Ruhe kommen. Das „unverarbeitete Trauma" bricht – ausgelöst von diversen Triggern – immer wieder in das institutionelle Bewusstsein ein und macht diesbezügliches Bewältigungshandeln erforderlich. Interessant ist hierbei, dass das IPP-Heidelberg-Mannheim – im übertragenen Sinne – immer wieder als „Trigger" des AKJP-Heidelberg fungiert, indem man den Finger in die Wunde des nicht erledigten Themas legt. Von H. M.

unterschriebene Gutachten, Beschwerden von Eltern oder Mahnungen ehemaliger Ausbildungskandidat*innen verursachen innerhalb des AKJP-Heidelberg intrusive Reaktionen, die die Aktivierung „eingeübter" Abwehrmechanismen erforderlich machen. Intrusive Symptomatiken sind – wenn das Belastungsereignis nicht hinreichend verarbeitet ist – unabhängig vom Lauf der Zeit[1]. Was für Individuen gilt, zeigt sich in der Reaktion des AKJP-Heidelberg auf die Gerichtsverhandlung gegen H. M. und auf die Veröffentlichung des „ZEIT"-Artikels. Man könnte hier von klassischen Triggern sprechen, die den Schmerz der institutionellen Belastung plötzlich wieder unmittelbar spürbar werden lassen. Unvorbereitet wird das System von längst vergangen geglaubten Ereignissen eingeholt. Der intrusive Charakter zeigt sich darin, dass es nicht einfach nur um bloßes Wiedererinnern geht, sondern um schwer kontrollierbare Affekte, die mit diesen als aufgedrängt empfundenen Erinnerungen einhergehen.

Die affektive Dimension wird im zweiten Hauptsymptom der posttraumatischen Belastungsstörung, dem sogenannten „Hyperarousal" noch stärker akzentuiert. Gemeint ist damit eine in Folge der traumatischen Erfahrung habitualisierte Übererregung bzw. Übererregbarkeit. Die „kleinsten" Stressreize verursachen starke emotionale Reaktionen; die betroffene Person ist „ständig auf der Hut", weil sie fürchtet, dass etwas Schlimmes geschehen könnte. Die dieser Symptommanifestation zugrunde liegende Erfahrung besteht im Verlust des Glaubens an eine als sicher erlebte Umwelt. Der metaphorische Gehalt dieser psychischen Konstellation in Bezug auf das AKJP-Heidelberg ist evident: Durch die (partielle) Aufdeckung der Grenzüberschreitungen des Institutsleiters bricht ein Gefühl umfassender Existenzgefährdung in das System ein. Was man vorher noch mit Humor, Bagatellisierung oder Nicht-Wahrnehmung abtun konnte, verdichtet sich plötzlich zu einem Geschehen, das alle betrifft: Die Existenz des Systems steht infrage (so wie traumatische Erlebnisse das Leben und Überleben Betroffener in Frage stellen können).

Der sichere Arbeitsplatz ist ebenso gefährdet wie der vorhersagbare Ausbildungsweg, professionelle Identitäten werden angegriffen, der als verlässlich erlebte Rahmen des Ausbildungsinstituts wird plötzlich brüchig und unkalkulierbar (vgl. Burka et al., 2019; Sandler & Godley, 2004). An diesem Punkt repräsentieren bestimmte Protagonist*innen des AKJP-Heidelberg eine Fraktion, die alles dem Primat des institutionellen Überlebens unterordnet. Klinisch formuliert könnte man hier von einer peritraumatischen Notfallreaktion sprechen.

---

[1] „Once an ethical boundary is destroyed, the effects reverberate. Recovery of trust in oneself and others occurs gradually, if at all" (Burka et al. 2019, S. 261).

8.4 Traumatisierte Institutionen

Tatsächlich überlebt das Institut. Die Transformation der Überlebensreaktion in eine reflexive Betrachtung des Traumageschehens gelingt aber – institutionell betrachtet – nicht. Deutlicher Ausdruck dieser fehlenden Transformation ist das institutionelle Hyperarousal: Heftige affektive Reaktionen bleiben jederzeit reaktualisierbar, weil das Gefühl einer grundlegenden existenziellen Bedrohung des Systems nach wie vor in seinen Grundfesten nistet. Dies zeigt eine Schilderung über eine Kollegin im Rahmen der Tagung anlässlich des 50-jährigen Bestehens des AKJP-Instituts Heidelberg: „Ich kann mich an Inhalte nicht erinnern, aber das wurde sehr, sehr dicht, sehr emotional. Sie hat dann da erzählt, wie schlimm das aus ihrer Sicht war. Also die brach dann in Tränen aus, das war ziemlich heftig. Und die konnte gar nicht mehr weitersprechen eine Zeit lang. Ja ... Das war so ein Ereignis ... Also so kam das dann immer. Und dann wird eine Weile drüber gesprochen und dann wieder nicht."

Einige Jahre später, als es um die Beauftragung einer wissenschaftlichen Untersuchung zur Aufarbeitung der „Causa H. M." am AKJP-Institut Heidelberg geht, werden von einer/einem Psychotherapeut*in folgende Beobachtungen berichtet:

„Also ich hab bei dieser Mitgliederversammlung gedacht, und ich neige nicht so zu Trauma, und die sind alle traumatisiert und so, ich bin da sehr vorsichtig. Aber da hab ich gedacht, manchmal denk ich, da geht – also keiner ruht, bis nicht alle beschädigt sind."

„Man" fühlt sich bei jeder Gelegenheit angegriffen und „man" kann sich dem reflexiven Diskurs nicht öffnen, weil mit jeder Thematisierung der „Causa H. M." das Empfinden der Existenzbedrohung assoziiert ist (vgl. Burka et al., 2019). Das AKJP-Heidelberg überlebt, aber es kann sich seiner Existenz nie ganz gewiss sein, da Unverarbeitetes darauf verweist, dass nicht nur menschliches Leben, sondern auch die Funktionalität von Institutionen permanent bedroht sein könnte. Das Ausmaß und die Vielfalt emotionaler Reaktionen, die in Folge des Gerichtsprozesses gegen H. M. und der Veröffentlichung des „ZEIT"-Artikels, im Rahmen von Mitgliederversammlungen und im Verlauf unserer Interviews auftreten, verweisen auf das Potenzial der „Übererregung", das innerhalb des Systems repräsentiert ist. Die Diskursfigur, wonach durch eine wissenschaftliche Aufarbeitung der „Causa H. M." die Existenz des Instituts gefährdet würde, transformiert die grundlegende Existenzangst auf eine diskursive Ebene, vernachlässigt zugleich aber einen wichtigen Aspekt der Traumabewältigung: Die Schmerzen der Verarbeitung haben ihren Ursprung nicht in der Verarbeitung selbst, sondern in dem, was verarbeitet werden muss.

Auch der dritte Aspekt der Symptomtrias der posttraumatischen Belastungsstörung lässt sich auf der Ebene des institutionellen Systems AKJP-Heidelberg deutlich nachweisen: Vermeidung. Im psychischen Haushalt traumabetroffener Menschen spielt Vermeidung im Rahmen der Bewältigung eine bedeutende Rolle (Mosser & Schlingmann, 2013). Krankheitswert erhält diese Strategie dann, wenn durch sie die alltägliche Lebensführung signifikant eingeschränkt wird: Bestimmte Orte nicht mehr aufsuchen, sich aus sozialen Kontakten zurückziehen, Gesprächen über bestimmte Themen aus dem Weg gehen. Vermeidung ist per se nicht pathologisch, in der therapeutischen Behandlung ist sie aber unter dem Gesichtspunkt ihres (dys-)funktionalen Charakters zu betrachten. Ohne Zweifel ist die Vermeidung ein wichtiges Element im Repertoire der institutionellen Abwehrmechanismen, das sich das AKJP-Heidelberg im Zusammenhang mit den Grenzüberschreitungen seines Institutsleiters angeeignet hat. Die Verweigerung jeglicher systematischen Intervention zum Schutz Betroffener über einen Zeitraum von 18 Jahren hinweg ist allerdings nicht im Sinne einer posttraumatischen Vermeidung zu verstehen. Nach der Aufdeckungskrise ist das institutionelle Bild geprägt von einer konkurrierenden Dynamik zwischen Aktivität und Vermeidung. Vereinfacht formuliert könnte man sagen, dass sich – in Analogie zur individuellen Traumabewältigung – die Strategie der Vermeidung immer bis zu jenem Punkt etablieren kann, an dem ein „Trigger" ein intrusives Geschehen auslöst, das zum aufgenötigten Zusammenbruch der Vermeidung führt. Die Vermeidung dient der Funktionalität, indem sie die Zuwendung zu den „eigentlichen" Aufgaben des Systems ermöglicht. Retrospektiv lässt sich in Bezug auf das AKJP-Heidelberg sagen, dass (fast) jedes Bemühen um Konfrontation zugleich mit gewichtigen Ambitionen in Richtung Vermeidung verbunden war. Symptomatisch erscheint hier der Verlauf der Gruppe „Vergangenheit – Gegenwart – Zukunft", der sich offenbar in einen Modus der Rationalisierung verlor, an dessen Ende von H. M. gar nicht mehr die Rede war. In der Analyse des systemischen Geschehens erhebt sich die Schwierigkeit zu beurteilen, in welchem Ausmaß die Vermeidung der Konfrontation der Funktionalität des Systems dient. Diese Frage ist angesichts der Beauftragung zur wissenschaftlichen Aufarbeitung hochaktuell und bedarf daher einer intensiven Reflexion.

Individuen navigieren in ihrer Traumaverarbeitung zwischen Lebensbewältigung und schmerzhafter Konfrontation, wobei das Gelingen dieses Prozesses vom Finden einer diesbezüglichen Balance abhängt, die sich einer reflexiven Betrachtung zugänglich erweist. Exemplarisch ließe sich auf der Ebene des Systems fragen: Dient die Vermeidung eher der Aufrechterhaltung der Funktionalität oder der Abwehr (persönlicher) Schuld? Angesichts der Tatsache, dass es Personen

8.4 Traumatisierte Institutionen

gab, die die von H. M. initiierten Missbrauchssysteme wissentlich geduldet haben, ist diese Frage keineswegs unbedeutend.

Dazu kommt der Versuch, Aufdeckung zu vermeiden, da dadurch erst alles so richtig schwerwiegend wird. Indem eine Institution durch die Aufdeckung sexualisierter Gewalt – metaphorisch gesprochen – „traumatisiert" wird, führen die hier beschriebenen Systemdynamiken zu Einschränkungen der institutionellen Wahrnehmungsfähigkeit, zu Schwierigkeiten beim Verständnis von Zusammenhängen, zu einer entsprechenden Fragmentierung der institutionellen Gedächtnisrepräsentation sowie zu einer insgesamt beschädigten Handlungsfähigkeit der Institution (Burka et al., 2019; Weick et al., 2016). Enders (2004) spricht in diesem Zusammenhang von einer „institutionellen Dissoziation". Diese Phänomene lassen sich im Rahmen des Umgangs des AKJP-Heidelberg mit der „Causa H. M." ohne Schwierigkeiten nachweisen. Es bietet sich daher im Rückblick – bei allen Einschränkungen hinsichtlich der Übertragung individueller Belastungsreaktionen auf institutionelle Systeme – die Anwendung der Diagnose einer „traumatisierten Institution" beim AKJP-Heidelberg an.

Analog zu klinischen Phänomenen, die sich bei Individuen nachweisen lassen, sind institutionelle Belastungsreaktionen keinesfalls kontextfrei zu verstehen. Daher bietet die Metapher von der „traumatisierten Institution" weniger eine Erklärung für die Vorgänge am AKJP-Institut Heidelberg, sondern eher einen hermeneutischen Rahmen, in den beobachtete Phänomene (retrospektiv) eingeordnet werden können.

Hintergründe und Funktionsweisen einer strukturellen Prävention 9

Bevor einige Empfehlungen für eine strukturelle Prävention im AKJP-Institut Heidelberg formuliert werden, bedarf es einiger grundsätzlicher Bemerkungen, die die Notwendigkeit präventiver Überlegungen begründen und einige diesbezügliche Grundorientierungen vermitteln:

- Der Fall H. M. eröffnet die Möglichkeit zur Generierung wichtiger Einsichten in bestimmte Risiken, die mit der psychotherapeutischen Arbeit verbunden sind. Ungeachtet der Frage, ob es sich bei H. M. um einen Extremfall handelt, verweisen allein schon die Fülle und Heterogenität der nachweisbaren Taten auf eine ernst zu nehmende Vielfalt an Gefährdungspotenzialen, die im Rahmen präventiver Überlegungen adressiert werden müssen: Sexualisierte Grenzüberschreitungen gegenüber Kindern und Jugendlichen im Rahmen von Psychotherapien und Begutachtungen; Sexualisierung des psychotherapeutischen Settings mit erwachsenen Patient*innen, zum Teil mit dem Ziel der Vorbereitung körperlicher sexueller Interaktionen und der Etablierung sexueller Beziehungen; Sexualisierung von Ausbildungssettings (hier speziell: Lehranalyse, Supervision), zum Teil mit dem Ziel der Vorbereitung körperlicher sexueller Interaktionen und der Etablierung sexueller Beziehungen. Eine weitere Konstellation, die im Zusammenhang mit H. M. nicht unmittelbar nachgewiesen werden konnte, die aber laut einer/eines von uns interviewten Expert*in häufig vorkommt, ist die Sexualisierung von Kontakten zu Eltern von Therapiekindern (vgl. dazu auch Schleu et al., 2018). Sowohl aus der Literatur als auch aus Hinweisen in unseren Interviews ist bekannt, dass die hier aufgezählten Szenarien keineswegs auf die Person H. M. zu reduzieren sind, sondern auch von anderen Psychotherapeut*innen in einer nicht zu vernachlässigenden Häufigkeit produziert werden.

- Der hier vorliegende Bericht eignet sich als Referenzrahmen, auf den sich Diskurse über (sexualisierte) Grenzverletzungen sowohl innerhalb als auch außerhalb des AKJP-Heidelberg beziehen lassen. Er kann mithin selbst als Instrument für präventive Bemühungen genutzt werden.
- Betrachtet man aktuelle Diskurse über institutionelle Prävention von (sexualisierter) Gewalt, so scheint man sich je nach professioneller bzw. organisationaler Orientierung an zwei unterschiedlichen Leitbegriffen zu orientieren: Während die Prävention im pädagogischen Bereich unverkennbar unter dem Primat des Schutzes steht und sich daher das Instrument des Schutzkonzeptes als Hauptstrategie für entsprechende Initiativen etabliert hat (vgl. Caspari, im Erscheinen; Kappler et al., 2019; Oppermann et al., 2018), bezieht man sich im medizinischen und psychotherapeutischen Bereich vor allem auf die Dimension der Ethik (vgl. Schleu, 2021), was zur Festschreibung von Ethikrichtlinien und zur Einsetzung von Ethikkommissionen geführt hat. Diskursgeschichtlich scheinen sich hier Parallelentwicklungen mit einem auffallend geringen Ausmaß wechselseitiger Bezugnahmen abzuzeichnen. Ein Grund dafür mag darin liegen, dass der pädagogische Bereich primär (aber nicht nur) auf Kinder und Jugendliche bezogen ist, während sich ethische Diskussionen im psychotherapeutischen Bereich hauptsächlich auf (sexualisierte) Grenzverletzungen gegenüber erwachsenen Patient*innen beziehen. Als derzeit beobachtbarer vorläufiger „Kollateralschaden" der Unverbundenheit dieser beiden Diskurslinien lassen sich strukturelle und inhaltliche Defizite hinsichtlich der Prävention von sexueller Ausbeutung von Kindern und Jugendlichen im psychotherapeutisch-medizinischen Bereich identifizieren (Kappler et al., 2019; Kaufman & Erooga, 2016).
- Die Investition von Zeit, Energie und Geld in die Prävention von Vorfällen, die als eher selten angesehen werden, erzeugt Ambivalenzen und Widersprüche. Einer der wichtigsten Befunde der vorliegenden Untersuchungen besteht darin, dass Versäumnisse in der Aufdeckung und Aufarbeitung im Zusammenhang mit der „Causa H. M." in weiten Teilen einem institutionellen und persönlichen „funktionalen Pragmatismus" geschuldet waren. Pointiert formuliert: Man hatte Besseres, respektive Wichtigeres zu tun. Es konnte gezeigt werden, dass diese funktionale Orientierung ohne weiteres damit vereinbar war, dass ein Institutsleiter über lange Zeit hinweg Menschen im Kontext des Psychotherapieinstituts sexuell ausbeuten konnte. Strukturelle Prävention kann vermutlich nur dann gelingen, wenn sie nicht als selten vorkommendes, aber emotional hoch besetztes „Orchideenproblem" gesehen wird, sondern wenn eine nachhaltige Integration von Themen wie „Sexualität", „Körper", „Gestaltung von Nähe und Distanz", „Abstinenz", „Scham", „Macht

und Abhängigkeit", „psychische Gewalt", „sexualisierte Gewalt" usw. ... in den allgemeinen Qualitätsentwicklungsdiskurs eines Psychotherapieinstituts gelingt.

- Dies impliziert auch eine Sichtweise, wonach es nicht um die Verhinderung des Auslebens sexueller Perversionen Einzelner geht, sondern um das Erkennen von Macht- und Abhängigkeitskonstellationen, die prinzipiell anfällig sind für narzisstische Selbstaufwertungen und Missbrauch jeglicher Art.

Die weiter unten formulierten Empfehlungen stellen einen Versuch der Integration der erwähnten weitgehend getrennten Präventionsdiskurse aus dem pädagogischen Bereich einerseits und aus dem medizinisch-psychotherapeutischen Bereich andererseits dar. Wir wählen diesen Zugang nicht nur deshalb, weil ein Institut für Kinder- und Jugendlichenpsychotherapie nachvollziehbarerweise gewichtige Schnittmengen zu pädagogischen Einrichtungen aufweist, da die grundlegende Zielrichtung da wie dort in der Unterstützung der Entwicklung junger Menschen besteht. Darüber hinaus sollte nicht darüber hinweg gesehen werden, dass sich in Deutschland seit über zehn Jahren ein Präventionsdiskurs entwickelt hat, der zwar ursprünglich primär auf die Verhinderung sexualisierter Gewalt in pädagogischen Settings abzielte, inzwischen aber vielfältige Differenzierungen erfahren hat, die sich prinzipiell alle Institutionen und Organisationen, in denen Menschen betreut, unterrichtet und behandelt werden, zunutze machen können (Kappler et al., 2019).

Integration bedeutet: Verbindungen herzustellen zwischen Konzepten wie „Abstinenz" und „Ethik" einerseits und „Schutz" bzw. „Schutzkonzepte" andererseits. In unseren Interviews sind wir teilweise auch einer gewissen Skepsis gegenüber einer „Überregulierung" der Psychoanalyse gestoßen. Die Annahme, dass man mit Regeln und Konzepten menschliches Verhalten im Rahmen der Psychotherapie so organisieren könnte, dass die Wahrscheinlichkeit von Grenzverletzungen signifikant reduziert werden kann, wurde als zu optimistisch qualifiziert. Solche Vorbehalte sind wichtig, weil sie sich als Teil einer bestimmten Professionskultur identifizieren lassen, die sich – um es vereinfacht zu formulieren – weniger für Regulierungen im Außen interessiert als für innere Prozesse, Beziehungsrepräsentationen, Projektionen, Übertragungen und Gegenübertragungen. In diese grundlegende Haltung passt auch die zuweilen berichtete Einschätzung, dass Lehranalysen und Supervisionen jene „strukturellen Qualifizierungsinstrumente" darstellen, die den wesentlichsten Beitrag zur Verhinderung schädigender Psychotherapieverläufe zu leisten vermögen. Weit davon entfernt, diese Perspektive grundsätzlich in Zweifel zu ziehen, liegt dennoch der Hinweis nahe, dass die Übergriffe H. M. s offensichtlich über Jahre und Jahrzehnte in Supervisionen, Lehranalysen und Psychotherapien angedeutet oder klar benannt wurden, ohne dass dieses primär auf sich selbst bezogene, sich auf das Primat der Vertraulichkeit zurückziehende Diskurssystem in nennenswerter Weise zur Beendigung der sexualisierten Ausbeutung beigetragen hätte[1]. Es erhebt sich daher die Frage: Wie können die im Rahmen von Lehranalysen und Supervisionen stattfindenden Entwicklungsprozesse im Bedarfsfall in Strukturen integriert werden, die ein zuverlässiges und wirksames Interventionshandeln ermöglichen?

Organisationsbezogene Prävention hat zudem die Tatsache zu berücksichtigen, dass es in Psychotherapiedachverbänden sowie in der Psychotherapeuten- und Ärztekammer schon seit Langem Strukturen und Instrumente gibt, die prinzipiell geeignet sind, sexualisierte Grenzverletzungen im Kontext von Psychotherapien zu adressieren. Es gibt Ethik- und Schiedskommissionen in unterschiedlichen strukturellen Zusammenhängen, die im Beschwerdefall unterschiedliche Verfahrensweisen zum Einsatz bringen. Zudem existiert mit dem bundesweit tätigen Ethikverein eine Instanz, die sowohl auf der Ebene der Intervention als auch auf der Ebene der Prävention, der Qualifizierung und der wissenschaftlichen Kontextualisierung des Problems als wichtiger Bezugspunkt sowohl für konkrete Vorfälle als auch für eine allgemeine Verbesserung der diesbezüglichen Handlungssicherheit fungiert. Da sexuelle Interaktionen im Rahmen von Psychotherapien seit 1998 einen Straftatbestand im StGB darstellen, eröffnet sich auch die Möglichkeit einer Strafanzeige und somit der Einschaltung von Ermittlungsbehörden.

Trotz der hier kurz aufgelisteten Instanzen und Instrumente bestehen weiterhin Entwicklungsbedarfe. Diese haben vor allem mit bestimmten Charakteristika sexualisierter Gewalt zu tun, die nicht nur mit ausgeprägten Scham- und Angstgefühlen Betroffener zu tun haben, sondern auch mit erheblichen Schwierigkeiten, Situationen, Interaktionen und Beziehungskonstellationen zutreffend zu deuten und aus Andeutungen, Berichten Beobachtungen die passenden Konsequenzen abzuleiten. Diese gravierenden Probleme können in der Analyse des Falles H. M. in großer Häufigkeit und vielfältigen Varianten nachgewiesen werden und sie werden auch in Zukunft in jedem (Verdachts-)Fall in irgendeiner Form auftauchen. Auch aus diesem Grund bedarf es einer Integration einer eher „beziehungsorientierten Prävention" (im Rahmen von Seminaren, Lehranalysen und Supervisionen) in eine strukturelle Prävention, die als deren funktionaler Bezugsrahmen dienen sollte.

---

[1] Interessant ist hier z. B. eine kritische Bemerkung von Wruck aus dem Jahr 1998 zu der Frage, „wie man dem Analytiker methodisch helfen kann, die Gefahr zu erkennen und zu besprechen anstatt zu agieren, sprich also: Missbrauch zu vermeiden. Soweit ich informiert bin, besteht gegenwärtig zur Lösung des Problems hauptsächlich die Vorstellung, die Lehranalyse ausreichend tief zu betreiben. Angesichts von 1000 h und mehr scheint dies aber an Grenzen zu stoßen" (Wruck 1998, S. 340).

Präventive Bemühungen setzen ein Bewusstsein dafür voraus, dass es im Rahmen eines Ausbildungsinstituts für Kinder- und Jugendlichenpsychotherapie unterschiedliche Gefährdungsszenarien gibt, die vor allem im Rahmen der Intervention unterschiedlicher Herangehensweisen bedürfen:

- (Sexualisierte) Gewalt gegen Kinder und Jugendliche durch Ausbildungskandidat*innen oder Kolleg*innen im Rahmen von Psychotherapien. Der Fall H. M. deutet auf einen Teil des möglichen Spektrums diesbezüglicher Grenzverletzungen hin. Dazu gehören z. B. auch Beschämungen durch invasive oder peinliche Fragestellungen.
- Sexualisierung der Beziehung zu Elternteilen von Therapiekindern. H. M.s im Rahmen einer Supervision geäußerte Einschätzung, wonach ihm eine Mutter „sexuell bedürftig" erschien, hätte vielfältige Fragen und Reflexionen auslösen können, z. B.: Woran macht ein/e Psychotherapeut*in die Einschätzung fest, dass Elternteile „sexuell bedürftig" sind und welche besonderen Erfordernisse ergeben sich daraus für den eigenen Kontakt zu diesen Elternteilen?
- Sexualisierung von therapeutischen Beziehungen zu erwachsenen Patient*innen. Auf diese Konstellation richtet sich der „klassische" Abstinenzdiskurs der Psychoanalyse. Aufgrund der Vielfalt möglicher und denkbarer Szenarien sind hier wichtige Differenzierungen vonnöten (z. B. zur Frage, wann die „Latenzzeit" nach Beendigung einer Psychotherapie endet). Wichtig erscheint uns vor allem ein Bewusstsein dafür, dass dem psychoanalytischen Setting ein ernst zu nehmendes Potenzial für schädigende Intimität, Grenzüberschreitungen und Machtmissbrauch innewohnt. Dass dies von mehreren Interviewpartner*innen in Zweifel gezogen wurde, deuten wir als Symptom für die Notwendigkeit präventiver Diskurse.
- Sexualisierung von Beziehungen zu Supervisand*innen und Lehranalysand*innen. Auch wenn diese Personengruppen nicht im klinischen Sinne als „krank" zu qualifizieren sind und die Sexualisierung der therapeutischen Beziehung demnach auch ihre „Heilung" nicht verhindern würde, so ergibt sich eine klare ethische Positionierung aus der problematischen Machtasymmetrie zwischen den Beteiligten. Supervisand*innen und Lehranalysand*innen öffnen sich gegenüber ihren „abstinenten" Psychotherapeut*innen und stehen aufgrund der Anforderungen ihrer Ausbildung in einem Abhängigkeitsverhältnis zu ihnen. Das Lancieren psychischer, körperlicher und/oder sexualisierter Grenzüberschreitungen stellt daher einen Missbrauch von Macht dar. Die Persistenz einer solchen Situation und entsprechend schädigende Auswirkungen auf das Leben Betroffener lässt sich anhand des Falles H. M. paradigmatisch nachzeichnen.

Angesichts der Vielfalt möglicher Gefährdungspotenziale erscheint uns noch ein Hinweis von besonderer Bedeutung, den wir aus einer Bemerkung in einem unserer Interviews ableiten. Ein/e Kolleg*in wies uns darauf hin, dass ihre/seine Kolleg*innen im Rahmen einer Supervision niemals von Verliebtheitsgefühlen gegenüber Patient*innen berichten würden, da sie in diesem Fall befürchten müssten, dass ihre Eignung für den Psychotherapeut*innenberuf grundlegend in Zweifel gezogen würde. Dieser Hinweis überraschte uns, zumal er im Kontext einiger ähnlicher Bemerkungen aus anderen Interviews zu betrachten ist. Er bezieht sich auf den Unterschied zwischen der zumeist im Rahmen von Gegenübertragungen auftauchenden symbolischen Ebene bestimmter Gefühlsmanifestationen einerseits und dem Agieren solcher Gefühle andererseits. Auf der Basis dieser Differenzierung stellen Gefühle der Verliebtheit aufseiten der/des Psychotherapeut*in therapeutisches „Material" dar, dessen Reflexion im Rahmen der Supervision in konstitutiver Weise zur Entwicklung des therapeutischen Prozesses und zum Gelingen der Therapie beiträgt. Nicht die Verliebtheitsgefühle stellen daher ein professionsbezogenes Problem dar, sondern der Verzicht darauf, diese im supervisorischen Setting zur Sprache zu bringen. Es ist unmittelbar evident, dass sich aus dieser Beobachtung schwerwiegende Erfordernisse für die Prävention ergeben. Diese müssten sich unter anderem auf die Frage beziehen, wie es gelingen kann, Supervisionen so zu gestalten, dass sich Supervisand*innen imstande sehen, derart grundlegendes Material ohne Angst reflektieren zu können.

Nicht zuletzt aufgrund dieser letzten Beobachtung sehen wir Präventionsbedarfe in Instituten für Kinder- und Jugendlichenpsychotherapie vor allem in drei grob voneinander zu differenzierenden Bereichen, nämlich 1) Interne Verfahren und Strukturen, 2) Qualifizierung und 3) Externe Kooperation.

Empfehlungen 10

10.1 Interne Verfahren und Strukturen

Risiko- und Potenzialanalyse:
Es bedarf einer grundlegenden Verständigung innerhalb des Instituts über mögliche Gefährdungspotenziale für (sexualisierte) Grenzüberschreitungen und Machtmissbrauch im Kontext der eigenen Institution. Dies sollte nicht mit einer paranoiden Suche nach allen erdenklichen Schreckensszenarien verwechselt werden, sondern in eine offen kommunizierbare Übereinkunft zu all dem resultieren, worauf sich präventive Bemühungen richten sollten. Grundlegend ist hier die oben beschriebene Differenzierung in verschiedene Gefährdungssituationen. Darüber hinaus bedarf es eines offenen Diskurses über Situationen, in denen man sich als Mitarbeiter*in, Ausbildungskandidat*in oder Leitungskraft unsicher in Bezug auf die Einhaltung von Grenzen oder die möglicherweise illegitime Ausübung von Macht fühlte. Mit der Risikoanalyse ist eine Potenzialanalyse zu koppeln: Diese bezieht sich auf die Identifikation von Strukturen, Kompetenzen und Wissensbeständen, die bereits im Sinne einer gelingenden Prävention in der Institution verankert wurden. Hier kann man auch auf Erfahrungen rekurrieren, in denen sich die Nützlichkeit der eigenen präventiven Bemühungen bereits erwiesen hat.

Leitbild:
Nicht zuletzt aufgrund der Erfahrungen aus der Risikoanalyse sollte das institutionelle Bewusstsein über mögliche Gefährdungen und die daraus resultierende Verantwortung für alle in der Einrichtung tätigen Professionsgruppen im Leitbild des Instituts seinen Ausdruck finden. Der hier vorliegende Bericht kann als Anknüpfungspunkt für das Sichtbarmachen der eigenen Reflexivität in Bezug auf dieses Thema verwendet werden.

Das Leitbild dient zudem als Ausdruck einer bestimmten Organisationsethik, über die sich zu verständigen eine überdauernde Aufgabe der Institutsangehörigen sein sollte.

Vertrauensleute:
Im Rahmen präventiver Überlegungen kann es möglicherweise auch zu einer Neubestimmung der Funktion der internen Vertrauensleute kommen. Wichtig ist hier zunächst ein institutionelles Bekenntnis zur Notwendigkeit und Wichtigkeit einer solchen Position, woraus eine entsprechende Ausstattung mit Ressourcen und ein grundlegender Rückhalt von Leitungs- und Vorstandsebene resultiert. Vor allem muss die Rolle der Vertrauensleute als Ansprechpersonen sowohl für die Intervention als auch die Prävention von (sexualisierter) Gewalt und Machtmissbrauch im Verantwortungsbereich des Instituts klar definiert sein (siehe dazu die Ethikleitlinien des AKJP-Heidelberg[1]). Kontaktdaten und Funktionen der Vertrauensleute müssen innerhalb der Institutsöffentlichkeit aktiv und möglicherweise wiederkehrend bekannt gemacht werden, um die Wahrscheinlichkeit ihrer Inanspruchnahme zu erhöhen. Damit geht aller Voraussicht nach eine hohe Bereitschaft aller Institutsmitarbeiter*innen und -mitglieder einher, problematische Situationen als solche wahrzunehmen und einem verantwortungsvollen Diskurs zuzuführen.

10.2 Qualifizierung

Aneignung von Diskurs- und Struktur-/Prozesswissen:
Unsere Analyse hat gezeigt, dass sowohl gravierende Defizite bei der Bewertung von Indizien und Hinweisen als auch ausgeprägte Unsicherheiten in Bezug auf notwendige Interventionen zur Ermöglichung der Taten H. M. s geführt haben und deren Aufdeckung über lange Zeiträume verhinderten. Daraus leiten sich unmittelbare Qualifizierungserfordernisse ab, die sich auf die Aneignung bzw. die Erweiterung von Diskurswissen sowie von Prozess-/Strukturwissen beziehen. Hinter diesen allgemeinen Begriffen verbergen sich komplexe Fragen, die unter anderem Folgendes zum Gegenstand haben: „Wie definieren wir Grenzverletzungen, Abstinenzverletzungen, Machtmissbrauch und sexualisierte Gewalt?" Und: „Was kann ich tun, wenn ich den Eindruck habe, dass Kolleg*innen sexualisierte Grenzverletzungen begehen oder ihre Macht auf Kosten von Patient*innen oder Kolleg*innen ausnutzen? Welche Instanzen kann/muss ich in

---

[1] http://www.andreas-renzel.de/mediapool/131/1313656/data/Ethikleitinien_24-11-19.pdf.

10.2 Qualifizierung

solchen Fällen als Ansprechpartner*innen nutzen und welche Aufgaben haben diese?" Diskurswissen ist eng verknüpft mit Auseinandersetzungen zur eigenen Professionsethik.

Diese sollten im Rahmen von verpflichtenden Ethikseminaren sowie in Supervisionen, aber auch in Lehranalysen geführt werden. Dabei geht es nicht nur um die Frage, inwieweit man als Ausbildungskandidat*in selbst gefährdet ist, Grenzverletzungen zu begehen, die mit dem Professionsethos von Psychotherapeut*innen unvereinbar sind. Vielmehr muss auch ein offener Diskurs über die Arbeitsweisen von Kolleg*innen (insbesondere in Bezug auf deren Nähe-Distanz-Verhalten und deren Umgang mit Macht) und die Arbeitsweisen von Supervisor*innen, Dozent*innen und Lehranalytiker*innen etabliert werden. Dass ein solcher offener Diskurs nicht als Denunziation erlebt wird, ist ein atmosphärisches Erfordernis, dass unter Zuhilfenahme organisationsethisch fundierter Strategien erfüllt werden muss. Die Vermittlung von Diskurswissen beinhaltet auch Informationen über strafrechtliche Rahmenbedingungen sowie über Aspekte von Kindeswohlgefährdung. Dies eröffnet zugleich auch schon einen Zugang zum Bereich des Prozess-/Strukturwissens. Dieser bezieht sich vor allem auf Möglichkeiten des Interventionshandelns.

Wichtig ist dabei, dass man von (angehenden) Psychotherapeut*innen nicht erwarten kann, dass sie sämtliche institutionellen und behördlichen Verfahrenswege bei einem möglichen Verdacht auf eine Abstinenzverletzung oder einen sexuellen Missbrauch kennen. Im Regelfall kann sich Prozess-/Strukturwissen darauf beschränken, dass man die innerinstitutionell vorgegebenen Meldewege kennt und diese zuverlässig zu nutzen vermag. Von Seiten der Vertrauensleute und der Leitungskräfte ist allerdings ein breiteres Prozess-/Strukturwissen zu erwarten, da deren Interventionshandeln in vielen Fällen über die Grenzen der eigenen Institution hinausweisen muss. Der Fall H. M. erinnert zudem daran, dass man auch solche Verfahren festschreiben muss, die im Falle eines Verdachts gegen die Institutsleitung wirksam werden müssen.

Im Rahmen der Prävention sollten verbindliche Kontexte festgeschrieben werden, innerhalb derer die hier beschriebenen Qualifizierungsanforderungen umgesetzt werden.

Selbstverpflichtungserklärung und Verhaltenskodex:
Ein weiterer Aspekt von Qualifizierung (der zugleich auch den oben beschriebenen internen Verfahren zuzurechnen ist) könnte sich auf die im pädagogischen Kontext inzwischen gebräuchlichen Instrumente der Selbstverpflichtungserklärung und des Verhaltenskodex' beziehen. Hierzu bieten die Ethikleitlinien des AKJP-Heidelberg bereits sinnvolle Festlegungen, wobei sich noch Fragen der

Herstellung von Verbindlichkeit (z. B. durch Leisten von Unterschriften) und der Konkretisierung von Verhaltensnormen stellt. Auch wenn anzunehmen ist, dass sich Psychotherapeut*innen ungern zu bestimmten explizit formulierten Verhaltensvorschriften verpflichten, so ist dennoch zu überlegen, ob Selbstverpflichtungserklärungen und Verhaltenskodizes als Orientierungsrahmen sowohl für professionsethische als auch organisationsethische Festlegungen dienen könnten. Mögliche Profite solcher Instrumente könnten darin bestehen, dass sie als Ausgangspunkt diskursiver Vergewisserungen z. B. im Rahmen von Ethikseminaren fungieren und darüber hinaus das Spektrum möglicher Interventionen im Verdachtsfall erweitern. (Mögliches Beispiel: Wenn festgeschrieben ist, dass man die Tür des Therapiezimmers nicht von innen zuschließen darf, wenn man sich mit einer/einem Patient*in darin befindet, dann kann entsprechendes Zuwiderhandeln problematisiert werden, ohne zugleich den Vorwurf einer sexualisierten Grenzüberschreitung erheben zu müssen).

Ein weiterer Aspekt, der hier zu verankern wäre, bezieht sich auf die Reflexion von Macht- und Abhängigkeitsaspekten innerhalb von Ausbildungsstrukturen. Potenziale von Machtmissbrauch müssen in Verhaltenskodex und Selbstverpflichtungserklärung explizit adressiert werden.

10.3 Externe Kooperationen

Beschwerdeverfahren:
Beschwerdeverfahren stellen ein wichtiges Instrument dar, das zum Teil ebenfalls dem Bereich der internen Verfahren und Strukturen zuzuordnen ist. Sie bedürfen aber einer unverzichtbaren strukturellen Ergänzung, die einen Weg ins Außerhalb des Instituts eröffnet. Es konnte im Rahmen dieser Untersuchung gezeigt werden, dass das AKJP-Institut Heidelberg lange Zeit fast ausschließlich auf Impulse von außen angewiesen war, um die Taten H. M. s zu problematisieren, aufzudecken und aufzuarbeiten. Dies macht die Notwendigkeit deutlich, dass es der Implementierung struktureller Elemente bedarf, die sowohl in der Prävention als auch in der Intervention über die Grenzen des Instituts, aber auch über die Grenzen der „Psychotherapieszene" hinausweisen.

Die Etablierung von Beschwerdeverfahren soll es sowohl Patient*innen als auch ihren Eltern erleichtern, sich im Falle erlebter Grenzüberschreitungen oder im Falle eines wahrgenommenen Machtmissbrauchs sowohl innerhalb des Instituts (im Regelfall bei den Vertrauensleuten oder der Leitung) als auch außerhalb des Instituts zu beschweren. Hierfür ist es wichtig, dass Patient*innen und ihre Eltern aktiv und in verständlicher Weise über Beschwerdemöglichkeiten (beim Ethikverein oder bei den Fachverbänden) informiert werden. Darüber hinaus ist die Installierung einer Ombudsperson in Erwägung zu ziehen, die die Funktion einer externen Beschwerdestelle ausfüllt. Beschwerdemöglichkeiten müssen aber auch für Ausbildungskandidat*innen bestehen, damit sie auf Grenzverletzungen und Machtmissbrauch insbesondere im Rahmen von Lehranalysen und Supervisionen reagieren können. Auch hierzu bedarf es zuverlässiger Ansprechpartner*innen sowohl innerhalb als auch außerhalb des Instituts. Ein funktionierendes Beschwerdemanagement beinhaltet nicht nur die aktive Information über Beschwerdemöglichkeiten, sondern auch die Vermittlung einer institutionellen Haltung, der zufolge Beschwerden prinzipiell erwünscht sind, um die Qualitätssicherung und die Organisationsethik weiterzuentwickeln.

Bei diesbezüglichen Überlegungen bedarf es eines Diskurses darüber, dass der psychotherapeutischen Beziehung ihrem Wesen nach ein bestimmtes Potenzial für Kränkungen und Enttäuschungen inhärent ist, sodass daraus Anlässe für vielfältige Beschwerden abzuleiten sind. Dass ein solcher Diskurs keine einfachen und schnellen Lösungen bringen wird, kann kein Alibi dafür sein, dass er nicht geführt wird. Zumindest weist – nicht nur – der Fall H. M. darauf hin, dass das exklusive, klandestine Setting der Psychoanalyse dem/der Psychotherapeut*in ein hohes Maß an Deutungsmacht verleiht, das zum Missbrauch derselben verführen kann. Daher bedarf es einer strukturellen Öffnung dieses Settings nach außen, die mit den interaktionalen und gefühlsbezogenen Anforderungen an eine Psychotherapie vereinbar ist.

Verfahrensrichtlinien:
Im Zentrum jeglicher Prävention stehen festgeschriebene Verfahrensrichtlinien für den „Ernstfall". Wie weiter oben bereits angedeutet, erhöht das Wissen über die Existenz solcher Verfahrenslinien die Bereitschaft aller Akteure einer Institution, mögliche Auffälligkeiten, Hinweise oder „Bauchgefühle" nicht allein schon deshalb zu ignorieren, weil man nicht weiß, was man damit anfangen soll. Analog zum Beschwerdeverfahren bestehen Verfahrensrichtlinien aus intern und extern orientierten Elementen. Eine grobe Unterscheidung kann dahingehend getroffen werden, dass die meisten Mitarbeitenden und Ausbildungskandidat*innen zunächst eher interne Instanzen in Anspruch nehmen, wenn sie auffällige Beobachtungen machen oder entsprechende Informationen erhalten. Wichtig ist hier auch, dass im Rahmen der Verfahrensrichtlinien interne Zuständigkeiten benannt werden, unter anderem mit dem Ziel, frei flottierende Gerüchte und nicht hinreichend reflektierten Aktionismus zu vermeiden.

Wie weiter oben dargestellt, wird die interne Zuständigkeit für die Behandlung möglicher Grenzverletzungen oder vermutetem Machtmissbrauchs bei den

Vertrauensleuten und der Leitung liegen. Deren Aufgabe besteht in weiterer Folge darin, sowohl in der Einschätzung der bekannt gewordenen Informationen als auch in der möglicherweise notwendigen Umsetzung weiterer Interventionsschritte mit externen Instanzen zusammenzuarbeiten. Auf der Ebene der Fallbeurteilung können dies die Ethikkommissionen psychotherapeutischer Fach- oder Dachverbände sein oder aber auch Fachberatungsstellen gegen sexualisierte Gewalt, die ein „strukturelles Außerhalb" der „Psychotherapieszene" repräsentieren. Wenn auf der Basis einer auch extern validierten Falleinschätzung weiteres Interventionshandeln als erforderlich erachtet wird, kann sich das Spektrum externer Kooperationspartner zum Beispiel auf Jugendämter oder Strafverfolgungsbehörden erweitern. Der Einbezug einer Außenperspektive ist jedenfalls unerlässlich für einen fundierten Umgang mit Vermutungs- oder Verdachtsmomenten in Bezug auf (sexualisierte) Grenzüberschreitungen und/oder Machtmissbrauch.

Netzwerke:
Es erscheint wichtig, dass das Institut nicht nur innerhalb psychotherapeutischer Verbände organisiert ist, sondern dass auch zuverlässige Vernetzungen mit Institutionen aufgebaut werden, die nicht genuin psychotherapeutisch orientiert sind, für den vorliegenden Zusammenhang aber hilfreiche Perspektiven eröffnen können. Solche Institutionen könnten zum Beispiel Fachberatungsstellen gegen sexualisierte Gewalt, sexualpädagogische Einrichtungen oder Jugendämter sein, die sich normalerweise im Rahmen regionaler Arbeitskreise beispielsweise auch mit Justizbehörden oder der Polizei vernetzen, um koordinierte Vorgangsweisen im Umgang mit (Verdachts-)Fällen von sexualisierter Gewalt zu entwickeln.

Der große Vorteil dieser Netzwerke besteht in der Etablierung persönlicher Kontakte, die sowohl für eine Weiterentwicklung der Prävention als auch für eine erhöhte Handlungssicherheit im Interventionsfall nutzbar gemacht werden können. Gerade als Institut für Kinder- und Jugendlichenpsychotherapie lassen sich durch die Zusammenarbeit mit Einrichtungen außerhalb des psychotherapeutischen und medizinischen Bereichs wertvolle Synergien erwarten, die zur Verstetigung einer präventiven Kultur im Institut beitragen können. Dabei lässt sich zum Beispiel an die Beauftragung nicht-psychotherapeutischer Referent*innen im Rahmen der Qualifizierung von Ausbildungskandidat*innen und Mitarbeiter*innen ebenso denken wie an die Vermittlung von Kindern, Jugendlichen und Eltern an Angebote, die die am Institut geleistete Arbeit sinnvoll ergänzen könnten.

Inwieweit die hier vorgeschlagenen Empfehlungen in ein Präventionskonzept oder in eine Erweiterung der institutseigenen Ethikleitlinien münden, ist

10.3 Externe Kooperationen

eine Frage, die im AKJP-Heidelberg vor dem Hintergrund einer möglichst erfolgversprechenden Vermittelbarkeit präventiver Erfordernisse geklärt werden sollte.

Wichtig ist, dass es einer zuverlässigen und allgemein bekannten Festschreibung der in diesem Zusammenhang entwickelten Überlegungen bedarf, um einen Referenzrahmen für eine auf das AKJP-Heidelberg bezogene Organisationsethik zur Verfügung zu haben. Solche Festschreibungen sind nach Wenger (2008) im Sinne eines Elements einer Abfolge aus *reification* und *participation* zu verstehen, d. h.: Jede schriftlich fixierte Übereinkunft ist sowohl Resultat eines partizipativen Diskurses als auch Ausgangspunkt für die Einordnung zukünftiger Erfahrungen und für die Identifikation von Veränderungsbedarfen, die wiederum in neue Festschreibungen münden. Prävention ist somit ein sich stetig weiter entwickelnder dialektischer Prozess, der auf verbindliche Strukturen angewiesen ist. Der vorliegende Bericht mag als nützlicher Impuls für einen solchen Prozess verstanden werden.

Literaturverzeichnis

Aisslinger, M., & Lebert, S. (16. August 2018). Das kranke System des Doktor F. Wie ein renommierter Heidelberger Therapeut seine Patientinnen missbrauchte und jahrzehntelang von Kollegen gedeckt wurde. *Die Zeit*, 34. https://www.zeit.de/2018/34/missbrauch-psychotherapie-patientinnen-schuld-system. Zugegriffen: 27. Febr. 2021.
Araji, S. K. (1997). *Sexually aggressive children. Coming to understand them.* SAGE.
Bange, D., & Deegener, G. (1996). *Sexueller Mißbrauch an Kindern. Ausmaß, Hintergründe, Folgen.* Beltz Psychologie-Verl.-Union.
Bauriedl, T. (1998). Ohne Abstinenz stirbt die Psychoanalyse. Über die Unvereinbarkeit von Psychoanalyse und Körpertherapie. *Forum der Psychoanalyse, 14,* 342–363.
Becker-Fischer, M., & Fischer, G. (1995). Sexuelle Übergriffe in Psychotherapie und Psychiatrie. Forschungsbericht des Instituts für Psychotraumatologie Freiburg. In *Bundesministerium für Familie, Senioren, Frauen und Jugend. Materialien zur Frauenpolitik* (Bd. 51).
Becker-Fischer, M., & Fischer, G. (1996). *Sexueller Mißbrauch in der Psychotherapie – Was tun? Orientierungshilfen für Therapeuten und interessierte Patienten (Thema).* Asanger.
Becker-Fischer, M., & Fischer, G. (2018). *Sexuelle Übergriffe in Psychotherapie und Psychiatrie. Orientierungshilfen für Therapeut und Klientin* (5. Aufl.). Asanger.
Bion, W. R. (1991). *Learning from experience* (Maresfield library, 3. print). Karnac.
Bion, W. R. (2013). *Lernen durch Erfahrung.* Frankfurt/M.: Suhrkamp.
Bittner, G. (1998). Liebe in der Analyse – Ein Fall für den Staatsanwalt? Überlegungen zum „Gesetzesvorhaben gegen sexuellen Missbrauch in der Psychotherapie". *Forum der Psychoanalyse, 14,* 301–311.
Blumer, H. (1973). Der methodologische Standort des symbolischen Interaktionismus. In Arbeitsgruppe Bielefelder Soziologen (Hrsg.), *Alltagswissen, Interaktion und gesellschaftliche Wirklichkeit* (S. 80–101). Rowohlt. http://hehl-rhoen.de/pdf/Philosopie/blumer%20-%20interaktionismus.pdf. Zugegriffen: 19. Febr. 2021.
Bohnsack, R. (2000). Dokumentarische Methode und sozialwissenschaftliche Hermeneutik. *Zeitschrift für Erziehungswissenschaft, 6,* 550–570.

Bossi, J. (1994). Empirische Untersuchungen, Psychodynamik und Folgeschäden. In K. M. Bachmann & W. Bröker (Hrsg.), *Sexueller Mißbrauch in Psychotherapie und Psychiatrie* (S. 45–72). Huber.

Bronfenbrenner, U., Lüscher, K., & Cranach, A. v. (Hrsg.). (1981). *Die Ökologie der menschlichen Entwicklung. Natürliche und geplante Experimente* (Sozialwissenschaften, 1. Aufl.). Klett-Cotta.

Burka, J., Sowa, A., Baer, B. A., Brandes, C. E., Gallup, J., Karp-Lewis, S., et al. (2019). From the talking cure to a disease of silence. Effects of ethical violations in a psychoanalytic institute. *The International Journal of Psychoanalysis, 100*(2), 247–271.

Burka, J. B. (2008). Psychic fallout from breach of confidentiality. *Contemporary Psychoanalysis, 44*(2), 177–198.

Busch, B., Dill, H., & Mosser, P. (2020). Betroffene und ihr gesellschaftspolitisches Engagement gegen sexualisierte Gewalt. *Verhaltenstherapie & Psychosoziale Praxis, 52*(2), 317–327.

Caspari, P. (2021). Aufdeckung als Prozess. In C. Fobian & R. Ulfers (Hrsg.), *Jungen als Betroffene sexualisierter Gewalt (Sexuelle Gewalt und Pädagogik* (Bd. 7, 1. Aufl., S. 87–102.). Springer Fachmedien Wiesbaden GmbH; Springer VS.

Caspari, P. (2021). *Gewaltpräventive Einrichtungskulturen. Theorie, Empirie, Praxis*. Springer VS.

Caspari, P., Dill, H., Hackenschmied, G., & Straus, F. (2021). *Ausgeliefert und verdrängt – Heimkindheiten zwischen 1949 und 1975 und die Auswirkungen auf die Lebensführung Betroffener. Eine begleitende Studie zur Bayerischen Anlauf- und Beratungsstelle für ehemalige Heimkinder* (Sexuelle Gewalt in Kindheit und Jugend: Forschung als Beitrag zur Aufarbeitung, 1. Aufl. 2021). Springer Fachmedien Wiesbaden.

Caspari, C. (2012). *Shared decision making – Zwischen Wunsch und Wirklichkeit*. AV Akademikerverlag.

Celenza, A. (1991). The misuse of countertransference love in sexual intimacies between therapists and patients. *Psychoanalytic Psychology, 8*(4), 501–509.

Christmann, B., & Wazlawik, M. (2019). Organisationsethik als Perspektive und Ausgestaltung von Schutzkonzepten gegen sexualisierte Gewalt in pädagogischen Einrichtungen. *Neue Praxis, 49*(3), 234–247.

Dausien, B. (1995). *Biographie und Geschlecht*. Dissertation.

Dehmers, J. (2011). *Wie laut soll ich denn noch schreien? Die Odenwaldschule und der sexuelle Missbrauch*. Rowohlt.

Devereux, G. (1984). *Angst und Methode in den Verhaltenswissenschaften*. Suhrkamp.

Diepold, B. (1994). Von der Psychagogik zur analytischen Kinderpsychotherapie. Vortrag zum 40 jährigen Bestehen des Göttinger Psychoanalytischen Instituts in Tiefenbrunn am 26.11.1994. http://www.diepold.de/barbara/von_der_psychagogik.pdf. Zugegriffen: 11. März 2021.

Draucker, C. B., & Martsolf, D. S. (2008). Storying childhood sexual abuse. *Qualitative Health Research, 18*(8), 1034–1048.

Dreßing, H., Salize, H. J., Dölling, D., Hermann, D., Kruse, A., Schmitt, E., et al. (2018). Sexueller Missbrauch an Minderjährigen durch katholische Priester, Diakone und männliche Ordensangehörige im Bereich der Deutschen Bischofskonferenz, Projektbericht, Mannheim, Heidelberg, Gießen. https://www.dbk.de/fileadmin/redaktion/diverse_downloads/dossiers_2018/MHG-Studie-gesamt.pdf. Zugegriffen: 2. Apr. 2020.

Dührssen, A. (1962). Katamnestische Ergebnisse bei 1004 Patienten nach analytischer Psychotherapie. *Zeitschrift für psychosomatische Medizin, 8*, 94–113.

Dührssen, A., & Jorswieck, E. (1965). Eine empirisch-statistische Untersuchung zur Leistungsfähigkeit psychoanalytischer Behandlung. *Der Nervenarzt, 36*, 166–169.

Dührssen, A. (1994). *Ein Jahrhundert psychoanalytische Bewegung in Deutschland: Die Psychotherapie unter dem Einfluß Freuds*. Vandenhoeck & Ruprecht.

Enders, U. (2002). Institutionen und sexueller Missbrauch: Täterstrategien und Reaktionsweisen. In D. Bange & W. Körner (Hrsg.), *Handwörterbuch Sexueller Missbrauch* (S. 202–209). Hogrefe.

Enders, U. (2004). Traumatisierte Institutionen. Wenn eine Einrichtung zum Tatort sexueller Ausbeutung durch einen Mitarbeiter/eine Mitarbeiterin wurde. http://www.zartbitter.de/0/Eltern_und_Fachleute/6030_traumatisierte_institutionen.pdf. Zugegriffen: 11. März 2021.

Enders, U., Kossatz, Y., Kelkel, M. & Eberhardt, B. (2010). Zur Differenzierung zwischen Grenzverletzungen, Übergriffen und strafrechtlich relevanten Formen der Gewalt im pädagogischen Alltag. Zugriff am 30.03.2020. http://www.praevention-bildung.dbk.de/fileadmin/redaktion/praevention/microsite/Downloads/Zartbitter_GrenzuebergriffeStraftaten.pdf. Zugegriffen: 30. März 2020.

Fahrig, H., Kronmüller, K. T., Hartmann, M., & Rudolf, G. (1996). Therapieerfolg analytischer Psychotherapie bei Kindern und Jugendlichen: Die Heidelberger Studie zur Analytischen Kinder- und Jugendlichen-Psychotherapie. *Zeitschrift für psychosomatische Medizin und Psychoanalyse, 42*(4), 375–395.

Fegert, J. M. (2006). Sexueller Missbrauch von Schutzbefohlenen und Abhängigen in Krankenbehandlung, Therapie und Pädagogik. In J.M. Fegert & M. Wolff (Hrsg.), *Sexueller Missbrauch durch Professionelle in Institutionen. Prävention und Intervention – ein Werkbuch* (2. Aktualisierte Aufl., S. 22–52).Juventa.

Fischer, G., & Riedesser, P. (2009). *Lehrbuch der Psychotraumatologie* (UTB Medizin, Psychologie, Bd. 8165, 4., aktualisierte und erweiterte Aufl.). Ernst Reinhardt Verlag. http://www.utb-studi-e-book.de/9783838581651.

Flick, U. (2013). Paradoxien der Psychotherapie. Psychotherapeut_innen und die Kultur des Therapeutischen. *Freie Assoziation, 16*(3 und 4), 111–128.

Freud, S. (1912). Ratschläge für den Arzt bei der psychoanalytischen Behandlung. https://www.textlog.de/freud-psychoanalyse-ratschlaege-arzt-psychoanalytischen-behandlung.html. Zugegriffen: 26. Febr. 2021.

Freud, S. (1914). Bemerkungen über die Übertragungsliebe. http://www.irwish.de/PDF/Psychologie/Freud/Freud-Bemerkungen_ueber_die_Uebertragungsliebe.pdf. Zugegriffen: 27. Febr. 2021.

Freud, S. (1949 [1914]). Bemerkungen über die Übertragungsliebe. (Weitere Ratschläge zur Technik der Psychoanalyse). *Gesammelte Werke, Chronologisch geordnet* (Bd. 10. Werke aus den Jahren 1913–1917, S. 306–321) Imago Publishing Co Ltd. https://freud-online.de/index.php?page=445644700&f=1&i=445644700. Zugegriffen: 15. Jan. 2021.

Gabbard, G. O. (1994). Sexual excitement and countertransference love in the analyst. *Journal of the American Psychoanalytic Association, 42*(4), 1083–1106.

Gartrell, N., Herman, J., Olarte, S., Feldstein, M., & Localio, R. (1987). Reporting practices of psychiatrists who knew of sexual misconduct by colleagues. *The American Journal of Orthopsychiatry, 57*(2), 287–295.

Geissler, B. (2013). Professionalisierung und Profession. Zum Wandel klientenbezogener Berufe im Übergang zur post-industriellen Gesellschaft. Die Hochschule, 1/2013. https://www.hoH.M.uni-halle.de/journal/texte/13_1/Geissler.pdf. Zugegriffen: 11. März 2021.

Glaser, B. G. (1978). *Theoretical sensitivity (Advances in the Methodology of Grounded Theory)* Mill Valley Socioloty Press.

Glaser, B. G., & Strauss, A. L. (1967). *The discovery of grounded theory. Strategies for qualitative research*. Aldine.

Glaser, B. G., & Strauss, A. L. (1998). *Grounded theory. Strategien qualitativer Forschung (Hans Huber Programmbereich Pflege)*. Huber.

Glaser, B. G., & Strauss, A. L. (2009). *The discovery of grounded theory. Strategies for qualitative research* (4. paperback printing). Aldine.

Goffman, E. (1973). *Asyle. Über die soziale Situation psychiatrischer Patienten und anderer Insassen* (Edition Suhrkamp, Bd. 678). Suhrkamp.

Harvey, J. H., Orbuch, T. L., Chwalisz, K. D., & Garwood, G. (1991). Coping with sexual assault: The roles of account-making and confiding. *Journal of Traumatic Stress, 4*(4), 515–531.

Helfferich, C., Doll, D., Feldmann, J., & Kavemann, B. (2021). Sexuelle Übergriffe unter Jugendlichen als Frage von Macht, Geschlecht und sozialer Einbindung in Gruppen – eine qualitative Rekonstruktion. *Zeitschrift für Soziologie der Erziehung und Sozialisation, 41*(1), 73–89. https://content-select.com/de/portal/media/view/6012d05c-e63c-4b08-8b9e-7d18b0dd2d03. Zugegriffen: 27. Febr. 2021.

Helming, E., Kindler, H., Langmeyer, A., Mayer, M., Entleitner, C., Mosser, P., et al. (Hrsg.). (2011). Sexuelle Gewalt gegen Mädchen und Jungen in Institutionen. München. http://www.dji.de/bibs/DJIAbschlussbericht_Sexuelle_Gewalt.pdf.

Hermanns, H. (2003). Interviewen als Tätigkeit. In U. Flick, E. v. Kardorff, & I. Steinke (Hrsg.), *Qualitative Forschung. Ein Handbuch* (10. Aufl., S. 360–369). Rowohlt.

Heyne, C. (1991). *Tatort Couch. Sexueller Mißbrauch in der Therapie*. Kreuz.

Hirsch, M. (1997). Vernachlässigung, Misshandlung, Missbrauch im Rahmen einer psychoanalytischen Traumatologie. In U. T. Egle & A. v. Arnim (Hrsg.), *Sexueller Mißbrauch, Mißhandlung, Vernachlässigung. Erkennung und Behandlung psychischer und psychosomatischer Folgen früher Traumatisierungen; mit 22 Tabellen* (S. 103–116). Schattauer.

Hirsch, M. (2012). *„Goldmine und Minenfeld". Liebe und sexueller Machtmissbrauch in der analytischen Psychotherapie und anderen Abhängigkeitsbeziehungen* (Bibliothek der Psychoanalyse, Orig.-Ausg). Psychosozial-Verl.

Hirsch, M. (2018). *Das Phänomen Liebe. Wie sie entsteht, was sie in der Psychotherapie für Probleme macht und warum sie missbraucht werden kann*. Psychosozial-Verl.

Holroyd, J. C., & Brodsky, A. M. (1977). Psychologists' attitudes and practices regarding erotic and nonerotic physical contact with patients. *American Psychologist, 32*(10), 843–849.

Horn, H., Geiser-Elze, A., Reck, C., Hartmann, M., Stefini, A., Victor, D., et al. (2005). Zur Wirksamkeit psychodynamischer Kurzzeitpsychotherapie bei Kindern und Jugendlichen mit Depressionen. *Praxis der Kinderpsychologie und Kinderpsychiatrie, 54*(7), 578–597.

Hutterer-Krisch, R. (Hrsg.). (2007). *Grundriss der Psychotherapieethik. Praxisrelevanz, Behandlungsfehler und Wirksamkeit*. Springer. http://dx.doi.org/https://doi.org/10.1007/978-3-211-30671-0.

Literaturverzeichnis

Institut für Psychotherapie und Psychoanalyse Heidelberg-Mannheim e. V. (1995). (Hrsg.), *Psychoanalyse im Widerspruch Heft13/95. Grenzüberschreitung. Missbrauch.* Selbstverlag.

Jaeggi, E., Faas, A., & Mruck, K. (2004). *Denkverbote gibt es nicht! Vorschlag zur interpretativen Auswertung kommunikativ gewonnener Daten.* Forschungsbericht aus der Abteilung Psychologie im Institut für Sozialwissenschaften (ISSN 1433-9218).

Jehle, J.-M. (2012). Attrition and Conviction Rates of Sexual Offences in Europe. Definitions and Criminal Justice Responses. *European Journal on Criminal Policy and Research, 18*(1), 145–161.

Kappler, S., Hornfeck, F., Pooch, M.-T., Kindler, H., & Tremel, I. (Deutsches Jugendinstitut, Hrsg.). (2019). *Kinder und Jugendliche besser schützen – Der Anfang ist gemacht. Schutzkonzepte gegen sexuelle Gewalt in den Bereichen: Bildung und Erziehung, Gesundheit, Freizeit. Abschlussbericht des Monitorings zum Stand der Prävention sexualisierter Gewalt an Kindern und Jugendlichen in Deutschland (2015–2018).* https://www.dji.de/fileadmin/user_upload/bibs2019/28116_UBSKM_DJI_Abschlussbericht.pdf. Zugegriffen: 29. Sept. 2019.

Kaufman, K. L., & Erooga, M. (2016). Risk profiles for institutional child sexual abuse. A literature review. [Sydney, N.S.W.]: [Royal Commission into Institutional Responses to Child Sexual Abuse https://www.childabuseroyalcommission.gov.au/sites/default/files/file-list/Research%20Report%20-%20Risk%20profiles%20for%20institutional%20child%20sexual%20abuse%20-%20Causes.pdf?highcontrast=RegularContrast. Zugegriffen: 9. Febr. 2019.

Kavemann, B., Graf-van Kesteren, A., Rothkegel, S., & Nagel, B. (Hrsg.). (2015). *Erinnern, Schweigen und Sprechen nach sexueller Gewalt in der Kindheit Ergebnisse einer Interviewstudie mit Frauen und Männern, die als Kind sexuelle Gewalt erlebt haben.* Springer Fachmedien.

Kavemann, B., & Lohstöter, I. (1993). *Väter als Täter. Sexuelle Gewalt gegen Mädchen;„Erinnerungen sind wie eine Zeitbombe"* (rororo aktuell rororo Frauen, Bd. 5250, S. 56–60. Tsd). Rowohlt.

Kavemann, B., Rothkegel, S., & Nagel, B. (2015). Nicht aufklärbare Verdachtsfälle bei sexuellen Grenzverletzungen und sexualisierter Gewalt durch Mitarbeiter*innen in Institutionen. Nicht 100 Prozent Sicherheit, aber 100 Prozent Professionalität. http://www.barbara-kavemann.de/download/2015_Broschuere_nicht_aufklaerbare_Verdachtsfaelle.pdf. Zugegriffen: 11. Jan. 2019.

Kernberg, O. F., & Strauß, B. (Hrsg.). (2001). *Narzißtische Persönlichkeitsstörungen.* Mit 33 Tabellen (2., korr. Nachdr). Schattauer.

Keupp, H., Mosser, P., Hackenschmied, G., Busch, B., & Straus, F. (2019). *Die Odenwaldschule als Leuchtturm der Reformpädagogik und als Ort sexualisierter Gewalt. Eine sozialpsychologische Perspektive.* Springer Fachmedien.

Keupp, H., Straus, F., Mosser, P., Gmür, W., & Hackenschmied, G. (2017a). *Schweigen – Aufdeckung – Aufarbeitung. Sexualisierte, psychische und physische Gewalt im Benediktinerstift Kremsmünster (Sexuelle Gewalt in Kindheit und Jugend).* Springer Fachmedien.

Keupp, H., Straus, F., Mosser, P., Gmür, W., & Hackenschmied, G. (2017b). *Sexueller Missbrauch und Misshandlungen in der Benediktinerabtei Ettal. Ein Beitrag zur wissenschaftlichen Aufarbeitung (Sexuelle Gewalt in Kindheit und Jugend).* Springer Fachmedien.

Köhle, K., & Koerfer, A. (2011). Das Narrativ. In R. H. Adler, W. Herzog, P. Joraschky, K. Köhle, W. Langewitz, & T. v. Uexküll (Hrsg.), *Psychosomatische Medizin. Theoretische Modelle und klinische Praxis* (7., komplett überarb. Aufl., S. 359–375). Urban Fischer Verlag – Nachschlagewerke.

König, H.-D. (2003). Tiefenhermeneutik. In U. Flick, E. v. Kardorff, & I. Steinke (Hrsg.), *Qualitative Forschung. Ein Handbuch* (10. Aufl., S. 556–569). Rowohlt.

Körner, J. (1998). Diskussion. *Forum der Psychoanalyse, 14*, 341.

Körner, J. (1998). Editorial. *Forum der Psychoanalyse, 14*, 299–300.

Kreische, R. (1998). Psychoanalyse und staatliche Gesetze zur Verhinderung von sexuellem Missbrauch. *Forum der Psychoanalyse, 14*, 385–387.

Kronmüller, K.-T., Polstelnicu, I., Hartmann, M., Stefini, A., Geiser-Elze, A., Gerhold, M. et al., (2005). Zur Wirksamkeit psychodynamischer Kurzzeitpsychotherapie bei Kindern und Jugendlichen mit Angststörungen. *Praxis der Kinderpsychologie und Kinderpsychiatrie, 54*(7), 559–577.

Krutzenbichler, H. S., & Essers, H. (1991). *Muß denn Liebe Sünde sein? Über das Begehren des Analytikers*. Kore.

Krutzenbichler, S. (1998). Lässt sich die psychoanalytische Ethik kodifizieren? *Forum der Psychoanalyse, 14*, 319–324.

Kuckartz, U. (2012). *Qualitative Inhaltsanalyse. Methoden, Praxis, Computerunterstützung*. Beltz-Juventa.

Lockot, R. (2010). DPV und DPG auf dem dünnen Eis der DGPT. Zur Beziehungsgeschichte von Deutscher Psychoanalytischer Verinigung (DPV) und Deutscher Psychoanalytischer Gesellschaft (DPG) innerhalb der Deutschen Gesellschaft für Psychotherapie und Tiefenpsychologie (DGPT) bis 1967. *Psyche – Zeitschrift für Psychoanalyse und ihre Anwendungen, 64*, 1206–1242. https://dgpt.de/fileadmin/downloads/2-ueber_uns/geschichte-der-dgpt/Chronik_DPV_DPG_DGPT_Lockot.pdf. Zugegriffen: 30. Jan. 2021.

Luhmann, N. (2018). *Soziale Systeme. Grundriß einer allgemeinen Theorie* (Suhrkamp-Taschenbuch Wissenschaft, Bd. 666, 17. Aufl.). Suhrkamp.

Maurer, S. (2018). Die Thematisierung sexualisierter Gewalt durch die „Neue Frauenbewegung". In A. Retkowski, A. Treibel, & E. Tuider (Hrsg.), *Handbuch sexualisierte Gewalt und pädagogische Kontexte* (S. 43–51). Beltz Juventa.

Maier-Kirstätter, C. (1995). Die „Lücke". In Institut für Psychotherapie und Psychoanalyse Heidelberg-Mannheim e. V. (Hrsg.), *Psychoanalyse im Widerspruch Heft13/95. Grenzüberschreitung* (S. 7–12). *Missbrauch*. Selbstverlag.

Mayring, P. (1983). *Qualitative Inhaltsanalyse. Grundlagen u. Techniken*. Beltz.

Mayring, P. (2015). *Qualitative Inhaltsanalyse. Grundlagen und Techniken* (Beltz Pädagogik, 12., überarb. Aufl.). Beltz. http://content-select.com/index.php?id=bib_view&ean=9783407293930.

McNally, R. J. (2005). Debunking myths about trauma and memory. *Canadian Journal of Psychiatry, 50*(13), 817–822. http://journals.sagepub.com/doi/pdf/10.1177/070674370505001302. Zugegriffen: 21. Jan. 2018.

Merkens, H. (2003). Auswahlverfahren, Sampling, Fallkonstruktion. In U. Flick, E. v. Kardorff, & I. Steinke (Hrsg.), *Qualitative Forschung. Ein Handbuch* (10. Aufl., S. 286–299). Rowohlt.

Mitscherlich, A., & Mitscherlich, M. (2007). *Die Unfähigkeit zu trauern. Grundlagen kollektiven Verhaltens* (Piper, Bd. 168, 19. Aufl.). Piper.

Literaturverzeichnis

Molitor, G. (1998). Diskussion. *Forum der Psychoanalyse, 14*, 332.
Mosser, P. (2009). *Wege aus dem Dunkelfeld. Aufdeckung und Hilfesuche bei sexuellem Missbrauch an Jungen.* VS Verlag.
Mosser, P. (2012). *Sexuell grenzverletzende Kinder. Praxisansätze und ihre empirischen Grundlagen; eine Expertise für das IzKK – Informationszentrum Kindesmisshandlung/Kindesvernachlässigung (Wissenschaftliche Texte / Deutsches Jugendinstitut).* DJI.
Mosser, P. (2018). Folgen und Nachwirkungen sexualisierter Gewalt. In A. Retkowski, A. Treibel, & E. Tuider (Hrsg.), *Handbuch sexualisierte Gewalt und pädagogische Kontexte* (im Erscheinen). Beltz Juventa.
Mosser, P. (2019). Auswirkungen sexualisierter Gewalt – Grundzüge einer sozialwissenschaftlichen Theorie unter einer bewältigungsorientierten Perspektive. In G. Stecklina & J. Wienforth (Hrsg.), *Soziale Arbeit und Lebensbewältigung. Grundlagen, Praxis, Kontroversen (Übergangs- und Bewältigungsforschung).* Beltz Juventa.
Mosser, P. (2020). Handeln und Agieren als Formen der Ermächtigung – Betroffene von sexualisierter Gewalt auf ihrem Weg in die Öffentlichkeit. *Verhaltenstherapie & Psychosoziale Praxis, 52*(2), 331–350.
Mosser, P., Gmür, W., & Hackenschmied, G. (2018). Sozialwissenschaftliche Studien als Instrument zur Aufarbeitung sexualisierter Gewalt in Institutionen. In A. Retkowski, A. Treibel, & E. Tuider (Hrsg.), *Handbuch sexualisierte Gewalt und pädagogische Kontexte* (im Erscheinen). Beltz Juventa.
Mosser, P., & Hackenschmied, G. (2018). *Zeugnisse des Überlebens zur Aufarbeitung des Unrechts an Missbrauchsopfern in Heimen und Schulen. Soziale Arbeit – (K)Ein Ort für Menschenrechte?* Tutzing.
Mosser, P., & Schlingmann, T. (2013). Plastische Chirurgie an den Narben der Gewalt – Bemerkungen zur Medizinisierung des Traumabegriffs. *Forum Gemeindepsychologie, 18*(1).
Mosser, P., & Straus, F. (2020). Verlaufskurven der Bewältigung – Bedingungen des Umgangs mit Misshandlungs- und sexualisierten Gewalterfahrungen im institutionellen Kontext aus einer Lebenszeitperspektive. *Verhaltenstherapie & Psychosoziale Praxis, 52*(1), 103–109.
Oevermann, U. (1995). Die objektive Hermeneutik als unverzichtbare methologische Grundlage für die Analyse von Subjektivität. Zugleich eine Kritik der Tiefenhermeneutik. In T. Jung & S. Müller-Doohm (Hrsg.), *„Wirklichkeit" im Deutungsprozess. Verstehen und Methoden in den Kultur- und Sozialwissenschaften* (Suhrkamp-Taschenbuch Wissenschaft, Bd. 1048, 2. Aufl., S. 106–189). Suhrkamp.
Oppermann, C., Winter, V., Harder, C., Wolff, M., & Schröer, W. (Hrsg.). (2018). *Lehrbuch Schutzkonzepte in pädagogischen Organisationen. Mit Online-Materialien* (Studienmodule Soziale Arbeit, 1. Aufl). Beltz Juventa. http://www.content-select.com/index.php?id=bib_view&ean=9783779948360.
Orbuch, T. L., Harvey, J. H., Davis, S. H., & Merbach, N. J. (1994). Account-making and confiding as acts of meaning in response to sexual assault. *Journal of Family Violence, 9*(3), 249–264.
Parin, P. (1978). Warum die Psychoanalytiker so ungern zu brennenden Zeitproblemen Stellung nehmen. Eine ethnologische Betrachtung. *Psyche, 32*(5/6), 385–399.
Pfadenhauer, M., & Sander, T. (2010). Professionssoziologie. In G. Kneer & M. Schroer (Hrsg.), *Handbuch spezieller Soziologien* (S. 361–378). Springer VS.

Pfannschmidt, H. (1998). Der „Gebrauch der Lüste" in der Analysestunde. Oder: Warum es so schwer zu sein scheint, Psychoanalyse und Erotik unter einen Hut zu bekommen. *Forum der Psychoanalyse, 14,* 364–384.

Pope, K. S., & Bouhoutsos, J. C. (1994). *Als hätte ich mit einem Gott geschlafen. Sexuelle Beziehungen zwischen Therapeuten und Patienten* (Goldmann, Bd. 12463, Ungekürzte Taschenbuchausg) Goldmann.

Reichertz, J. (2003). Objektive Hermeneutik und hermeneutische Wissenssoziologie. In U. Flick, E. v. Kardorff, & I. Steinke (Hrsg.), *Qualitative Forschung. Ein Handbuch* (10. Aufl., S. 514–524). Rowohlt.

Retkowski, A., Treibel, A., & Tuider, E. (2018). Einleitung: Pädagogische Kontexte und Sexualisierte Gewalt. In A. Retkowski, A. Treibel, & E. Tuider (Hrsg.), *Handbuch sexualisierte Gewalt und pädagogische Kontexte* (S. 15–30). Beltz Juventa.

Rieske, T. V., Scambor, E., Wittenzellner, U., Könnecke, B., & Puchert, R. (Hrsg.). (2018). *Aufdeckungsprozesse männlicher Betroffener von sexualisierter Gewalt in Kindheit und Jugend. Verlaufsmuster und hilfreiche Bedingungen* (Sexuelle Gewalt und Pädagogik, Bd. 4). Springer Fachmedien Wiesbaden. http://dx.doi.org/https://doi.org/10.1007/978-3-658-15803-3.

Rohne, H.-C., & Wirths, A.-C. (2018). Die Entwicklung des Sexualstrafrechts in der Bundesrepublik Deutschland. In A. Retkowski, A. Treibel, & E. Tuider (Hrsg.), *Handbuch sexualisierte Gewalt und pädagogische Kontexte* (S. 90–100). Beltz Juventa.

Rosenthal, G. (1987). *„...Wenn alles in Scherben fällt...". Von Leben und Sinnwelt der Kriegsgeneration* (Biographie und Gesellschaft, Bd. 6). VS Verlag. http://dx.doi.org/https://doi.org/10.1007/978-3-663-09168-4.

Rosenthal, G., & Fischer-Rosenthal, W. (2003). Analyse narrativ-biographischer Interviews. In U. Flick, E. v. Kardorff, & I. Steinke (Hrsg.), *Qualitative Forschung. Ein Handbuch* (10. Aufl., S. 456–468). Rowohlt.

Rutter, P. (1990). *Sex in the forbidden zone. When men in power-therapists, doctors, clergy, teachers, and others-betray women's trust.* Unwin.

Sandler, A., & Godley, W. (2004). Institutional responses to boundary violations. The case of Masud Khan. *The International Journal of Psychoanalysis, 85*(1), 27–43.

Schleu, A. (2021). *Umgang mit Grenzverletzungen. Professionelle Standards und ethische Fragen in der Psychotherapie* (Psychotherapie: Praxis, 1. Aufl. 2021). Springer Berlin; Springer.

Schleu, A., & Habenicht, I. (Hrsg.). (2014). *Verwickeln und Entwickeln. Ethische Fragen in der Psychotherapie.* VAS.

Schleu, A., Tibone, G., Gutmann, T., & Thorwart, J. (2018). Sexueller Missbrauch in der Psychotherapie. Notwendige Diskussion der Perspektiven von Psychotherapeuten und Juristen. *Psychotherapeutenjournal, 17*(1), 11–19. https://www.psychotherapeutenjournal.de/ptk/web.nsf/gfx/88268FE43120BEABC125825E0041B949/$file/PTJ_1_2018_Artikel%20Schleu%20et%20al.pdf. Zugegriffen: 25. Febr. 2021.

Schuhrke, B. (2002). Sexuell auffälliges Verhalten von Kindern. In D. Bange & W. Körner (Hrsg.), *Handwörterbuch sexueller Missbrauch* (S. 542–547). Hogrefe Verl. für Psychologie.

Slochower, J. (2017). Introduction to panel. Ghosts that haunt—Sexual boundary violations in our communities. *Psychoanalytic Dialogues, 27*(1), 61–66.

Sonnenmoser, M. (2002). *Psychotherapieforschung: Stiefkind Prozessforschung* (PP!, Ausgabe April 2002, S. 153). Ärzteblatt. https://www.aerzteblatt.de/archiv/33456/Psychothe rapieforschung-Stiefkind-Prozessforschung. Zugegriffen: 11. Febr. 2021.

Spieß, H.-H. (1998). Diskussion. *Forum der Psychoanalyse, 14,* 339.

Stichweh, R. (2005). Die Soziologie der Professionen. Zur Zukunft einer Forschungstradition und einer Semantik der Selbstbeschreibung. https://www.fiw.uni-bonn.de/demokrati eforschung/personen/stichweh/papers. Zugegriffen: 25. Febr. 2021.

therapie.de (o. J.). Wo kann man eine Beschwerde über seinen Therapeuten einlegen? https://www.therapie.de/psyche/info/fragen/beschwerden-in-der-psychotherapie/moegli chkeiten-und-wege/. Zugegriffen: 11. März 2021.

Tibone, G., & Schmieder-Dembek, B. (2015). Abstinenz und AbstinenzverletzunFunktion enthobengen in der psychoanalytischen Ausbildung. *Forum der Psychoanalyse, 31*(1), 17–34.

Tschan, W. (2005). *Missbrauchtes Vertrauen. Sexuelle Grenzverletzungen in professionellen BeziehungenUrsachen und Folgen* (2., neu bearbeitete und erweiterte Aufl.). S. Karger.

Unabhängige Aufarbeitungskommission. (2017). Geschichten, die zählen. Zwischenbercicht. https://www.aufarbeitungskommission.de/wp-content/uploads/2017/06/Zwisch enbericht_Aufarbeitungskommission_Juni_2017.pdf. Zugegriffen: 30. Sept. 2020.

Unabhängige Aufarbeitungskommission. (2019a). *Geschichten, die zählen. Bilanzbericht* (Bd. 1). https://www.aufarbeitungskommission.de/wp-content/uploads/2019/05/Bil anzbericht_2019_Band-I.pdf. Zugegriffen: 6. Aug. 2020.

Unabhängige Aufarbeitungskommission. (2019b). Rechte und Pflichten: Aufarbeitungsprozesse in Institutionen. https://www.aufarbeitungskommission.de/wp-content/uploads/ 2020/04/Empfehlungen-Aufarbeitung-sexuellen-Kindesmissbauchs_Aufarbeitungskom mission-2020.pdf. Zugegriffen: 6. Aug. 2020.

VAKJP. (2001). Ethik-Leitlinien der VAKJP. in der Fassung des Beschlusses der Mitgliederversammlung am 30.4.2001. https://www.vakjp.de/pdf/ethikleitlinien.pdf. Zugegriffen: 27. Febr. 2021.

Vogd, W. (2005). *Systemtheorie und rekonstruktive Sozialforschung. Eine empirische Versöhnung unterschiedlicher theoretischer Perspektiven.* Budrich. Verfügbar unter http:// deposit.dnb.de/cgi-bin/dokserv?id=2662437&prov=M&dok_var=1&dok_ext=htm.

Vogt, I. (1991). Konsequenzen für Therapie und Praxis. Forschungsergebnisse. In Arbeitsgemeinschaft „Frauen in der psychosozialen Versorgung" der DGVT (Hrsg.), *Sexuelle Übergriff in der Therapie. Kunstfehler oder Kavaliersdelikt? Dokumentation des öffentlichen Hearings am 19. Januar 1991 in Bonn* (S. 63–70). DGVT.

Wallace, E. M. (2007). Losing a training analyst for ethical violations. A candidate's perspective. *The International Journal of Psychoanalysis, 88*(Pt 5), 1275–1288.

Weick, K. E., Sutcliffe, K. M., & Burkhardt, S. (2016). *Das Unerwartete managen. Wie Unternehmen aus Extremsituationen lernen* (3. Aufl.). Poeschl.

Welzer, H. (2002). *Das kommunikative Gedächtnis. Eine Theorie der Erinnerung.* Beck. http://hsozkult.geschichte.hu-berlin.de/rezensionen/2003-3-147.

Welzer, H., Moller, S., & Tschuggnall, K. (2015). *„Opa war kein Nazi". Nationalsozialismus und Holocaust im Familiengedächtnis* (Fischer Die Zeit des Nationalsozialismus, Bd. 15515, Originalausgabe, 9. Aufl.). Fischer-Taschenbuch.

Wenger, E. (2008). *Communities of practice. Learning, meaning, and identity (Learning in doing).* Cambridge Univ. Press.

Wilson, J. P., Drozdek, B., & Turkovic, S. (2006). Posttraumatic shame and guilt. *Trauma, violence & abuse, 7*(2), 122–141.

Winkelmann, K., Hartmann, M., Neumann, K., Hennch, C., Reck, C., Victor, D., et al. (2000). Stabilität des Therapieerfolgs nach analytischer Kinder-und Jugendlichen-Psychotherapie – Eine Fünf-Jahres-Katamnese. *Praxis der Kinderpsychologie und Kinderpsychiatrie, 49*(5), 315–328.

Wirtz, U. (1994). Therapie als sexuelles Agierfeld. In K. M. Bachmann & W. Bröker (Hrsg.), *Sexueller Mißbrauch in Psychotherapie und Psychiatrie* (S. 33–44). Huber.

Wittgenstein, L., & Kenny, A. (Hrsg.). (1996). *Ein Reader* (Universal-Bibliothek, Bd. 9470, 1. Aufl.). Reclam.

Wolff, S. (2003). Dokumenten- und Aktenanalyse. In U. Flick, E. v. Kardorff, & I. Steinke (Hrsg.), *Qualitative Forschung. Ein Handbuch* (10. Aufl., S. 502–514). Rowohlt.

Wruck, P. (1998). Diskussion. *Forum der Psychoanalyse, 14*, 339–340.

Printed by Printforce, the Netherlands